宗教改革者の群像

宗教改革者の群像

日本ルター学会 編訳

知泉書館

まえがき

本訳書は宗教改革の研究家マルティン・グレシャト（Martin Greschat）が編集した〈叢書〉「教会史の重要人物」(Gestalten der Kirchengeschichte) の中の『宗教改革の時代』全二巻 (Die Reformationszeit I und II, 1981) の選訳です。

ヨーロッパの一六世紀に興った宗教改革は、多くの偉大な神学者たちの参加により一大運動となって新しい時代を形成しました。その影響は今日の日本にまで及んでいます。新時代を形成したため宗教改革は、一般的には政治史の観点から扱われることが多いのですが、本質的にはキリスト教を根本から刷新する運動として最大の意義をもっています。とりわけ旧来のキリスト教の教義の改革を通して、社会的な諸制度のみならず、究極的には宗教自身の改革と再発見を最初からめざしたものでした。

日本における宗教改革の研究はこれまではルターとカルヴァンを中心として進められてきましたが、今日では一六世紀ヨーロッパという広大な枠組みの中で研究をさらに推し進める段階に到達しました。この観点から研究を進めるに当たって、日本ルター学会に所属するわたしたちは、まず宗教改革の火蓋を切ったルターから第二世代の体系家カルヴァンにいたる宗教改革の歩みを全体として把握する必要を痛感しました。ところがこれまでの内外の研究では充分に満足できる成果を挙げておりません。というのは今日の研究状況では歴史の一次資料が余りに膨大となり、一人の研究者によって直接これを解明することは困難であるばかりか、不可能に近いものとなっているからです。そこで宗教改革に参加した重要な人物を個別的に研究した専門の研究者による成果に頼らざるをえません。しかもそれを分かりやすく手頃の大きさで叙述した論文が必要になります。こうした要望に応えてくれるのが、本訳書です。

わたしたちの要望に応えて、本書を推薦してくださったのは、日本ルター学会の指導的な会員である倉松功氏でした。宗教改革の歩みを通観するにはこの書に優るものはないとのことでした。そこで早速検討してみると、本書が優れた専門家たちによる個別的な研究から構成されており、研究者にも一般の読者にも読みやすい手頃な叙述であることが分かりました。なかでも驚いたのはルターに関する叙述がその他の論文よりも二倍も大きく、現代のルター学者の中でももっとも優れた業績を上げているヨストの手になることでした。そこでルター学会のメンバーの中から担当者を選び、各自の訳を持ち寄って検討しあってから、本格的な翻訳にとりかかりました。この翻訳には多数の学会員が参加したため用語の統一や難解な文章の検討に時間がかかり、苦労しましたが、やっと完成に至ることができました。いち早く訳業を完成させてくださった会員の方々には出版が遅れて申し訳ございませんでした。また訳者の中には中途でご病気になり、翻訳を断念せざるを得ないことが起こり残念に思います。なお校正に関しては会員の江口再起氏がご協力くださった。

出版に関しては日本ルター学会の研究誌『ルターと宗教改革』の発行でお世話いただいている知泉書館にお願いしました。学術書の出版事情がきわめて厳しいにもかかわらず、お引き受けくださり、学会員一同に代わって感謝申し上げる次第です。

二〇一一年一〇月三日

日本ルター学会代表　金　子　晴　勇

目　次

宗教改革者の群像

序　宗教改革者たちの時代

金子　晴勇

はじめに

宗教改革者たちが活躍した時代は一六世紀の前半であった。ヨーロッパ史の時代区分にはさまざまな見方があるが、一般的に言って今日では一七世紀の後半から近代に入ると考えられるようになった。それでは歴史家によって一六世紀から近代に入るとみなされてきた時代区分は意味がないであろうか。この一六世紀という時代は「ルネサンスと宗教改革の時代」と呼ばれているように、一つの過渡期として優れた意義をもっている。

実際、一六世紀の前半は政治的にも精神的にも激動の時代であって、この時期に起こった宗教改革も教会のルネサンスであったがゆえに、広義ではルネサンスに属している。宗教改革はこの時代に教会の生命の復興もしくは新生を求めた人々が起こした一大精神運動であり、その指導者はマルティン・ルター（Martin Luther 一四八三―一五四六年）であった。彼はこの改革運動を多数の支持者と協力者を選帝侯や多数の都市の有力者から得てはじめて実現できたのであった。したがって彼は、政治的に見ても、軍事的な出来事に満ちた時代に生き、また外交関係がたえず高度の緊張状態におかれていた激動の直中にあってその使命を果たした。こうした政治的緊張状態の渦中におかれていたので、ヨーロッパはトルコ軍の西進による東方からの恐るべき危険が迫っていたのに一致団結してこれに対処できず、神聖ローマ帝国皇帝のカール五世とフランス王フランソワ一世との二大勢力は拮抗し合い、激しい戦闘をくり返していた。ところが都市は資本の集中によって経済的に強力となり、文化的には最も進歩していたが、農民のあいだには依然として不満の声が高まっていた。これに加えてローマ教皇と教皇庁は教会国家の支配者を自任し、ヨーロッパ二大勢力の抗争の間に割って入り、政治的に画策した。こうして生じた政治上の権力闘争の狭間に立って宗教改革は不思議にも着実に進んでいった。

I　宗教改革の発端

宗教改革は外見的には政治史にすべて還元されるように思われるが、ルター自身は政治的関心もあまり高くなく、事実全く無力であり、同時代の宗教改革者であるツヴィングリやブツァーのような広い視野に立った政治的行動をもできる限り避け、さらには農民との同盟さえもあえて拒否してしまった。それはただキリスト教の教え、とくに福音の教義を純粋に説きかつ守るということ以外に彼の行動の動機がなかったからである。

では、どのようにして宗教改革は起こったのであろうか。そこには遠因と直接的な原因とがある。まず遠因について簡単に述べてみよう。ルターの父ハンスは長男であったので、土地の細分化を防止するために作られた末子相続という当時のザクセンの相続法にしたがって家を離れ、地上には土地がなかったので地下で働く鉱夫として身を立てるためアイスレーベンに移住し、その地でマルチィンが生まれた。ハンスはルターが生まれた翌年にはマンスフェルトに移り、銅精錬業の事業に加わり、一介の鉱夫から出発し、辛苦に耐え、勤労を重ねてやがて成功した。しかし金、銀、銅にせよ、貨幣が商業を栄えさせ、資本の集中によって生産を高めてゆく資本主義はすでに始まっていた。こうして救いばかりか天国までも金で買う贖宥状（免罪符）問題も発生してきた。ルターの父が鉱山業に転じたことは「ファウストの世紀」つまり錬金工房で黄金を作り出し、コロンブスが黄金を求めて船出する大航海時代の開始と一致していた。

だが、もう一つの遠因があった。それは当時の腐敗したカトリック教会に対する改革の要求がルター自身の生活経験の中から自覚されて来たことである。それは聖職者の腐敗として指摘されるところであったが、宗教的な救済にかかわる問題としてまずは自覚され、宗教改革的な認識の開眼となり、ここから彼独自の教えである信仰義認論が形成された。

だが、直接の原因は贖宥状の大々的な販売であった。この贖宥や贖宥状とは何であろうか。中世カトリック教会は一般信徒のためにさまざまな儀式や制度を定めていた。その中に「悔い改め」のサクラメント（礼典）があった。悔い改めのサクラメントというのはグレゴリウス大教皇以来の伝統となっていた制度であって、その中身は次の三つの要素から成り立っていた。すなわち①「痛悔」と呼ばれる、犯した罪に対する心からの悔恨と、②「告白」、つまり罪を衆人の前で口頭で告白する行為、および③「償罪」という犯した罪のために善いわざをもって弁償する行為から成っていた。この弁償のために巡礼に行ったり、十字軍に参加したり、罰金を払ったりした。この最後の弁済行為に中に贖宥（免罪）が入っており、カトリック教会は教会に蓄えられているキリストと諸聖人の功徳である宝によって罪を赦免する権利を主張した。これらは教会が制定した刑罰の赦免であり、教会が発行する贖宥状（免罪符）は地上における罰のみならず、死後の世界である煉獄に対しても有効であると主張した。それというのも「天国の鍵」はペテロ以来教会の手中にあると信じられていたからである。

元来贖宥は我が国のお守り札と同様民衆の信心の対象にすぎなかった。それゆえ贖宥状は教会や市場や街頭においても売られていた。だから大学の構内で贖宥について討論しても、とくに問題ではなかった。だが、時代の趨勢は大きく変化し、これが教会政治の上で悪用されるようになった。マインツの大司教アルブレヒトは教皇の許可を得てローマの聖ペトロ教会の建設に必要な資金を得るために贖宥状を大々的に販売しはじめた。それを任されたのはテッツェルという贖宥説教者であった。これに対しルターは次のように批判した。「銭が箱の中へ投げ入れられて、チャリンと鳴るや否や、魂が〔煉獄から〕飛び立つと言う人たちは、人間的な教えを宣べ伝えている」(「九五箇条の提題」の二七提題)と。こういう批判がいっぱい詰まっている『贖宥の効力を明らかにするための討論』という表題をもった「九五箇条の提題」がヴィッテンベルクにおいて発表され、宗教改革の火蓋が切って落された。

ルターの贖宥状に対する批判は全ドイツを動かし、「九五箇条の提題」は当時ルターが所属していたアウグスティヌス派の修道会でも問題となり、ローマの本部からドイツ支部の代表者シュタウピッツのところに抗議が寄せられていた。そこでシュタウピッツは三年おきに開催されていた同派の総会にルターを出席させ、彼に命じて自己の主張の要点を討論のために提題の形で提出させ、その提題について短く講解し、それを人々の討論に委ねさせた。この総会は一五一八年四月下旬に古都ハイデルベルクで開催され、ルターは総会のために四〇箇条(神学関係二八、哲学関係一二)からなる『ハイデルベルク討論』(一五一八年)を作成し、「贖宥」については論じないで、中世を通して探求されてきた最大の問題「罪と恩恵」が選ばれ、「十字架の神学」をもって自己の新しい神学の中心思想を明瞭に述べた。彼が「贖宥」については論じないで、罪と恩恵の問題を選び、とくに自由意志に関する論題では彼の「十字架の神学」からそれが実質を欠いた名目に過ぎないと論じ、それまで宗教改革の歩みで協力してきたエラスムスと分裂するきっかけを与えてしまった。

ルターとブツァー　ルターはこの討論でオッカム主義の神学から決定的に離れてしまった。だが、議長を務めたシュウタウピッツをはじめ多くの参会者たちはルターに対して予想以上に好意的であった。とりわけ彼が討論で与えた若いジェネレーションへの影響は異常なほどに強烈であった。なでもシュトラースブルクの宗教改革者として活躍したマルティン・ブツァー（Martin Bucer 一四九一―一五五一年）は、たまたまこの総会を傍聴したうえ、親しくルターと会談する機会をもった。そのときの印象を、親友への手紙のなかで、次のように書き留めている。「彼の明敏さは、使徒パウロの流儀を思いおこさせる。簡潔にして的確な、聖書の宝庫からとりだした応答をもって、彼は全員を魅了してしまう。……彼はエラスムスと完全に一致している。けれどもエラスムスがたんに暗示するにすぎないすべてのことを、彼は自由に公然といってのける、そのかぎりでエラスムスをしのぐ。……彼こそはヴィッテンベルクにおいてスコラ学の権威に終止符をうち、ギリシア語、ヒエロニムス、アクグスティヌスおよびパウロを堂々と教えることができるようにした、そのひとだったのだ(1)」。

ブツァーは宗教改革者として一五二三年以降シュトラースブルクの改革に心血を注ぎ、礼拝と礼典の様式を新しく定め、母国語を使用し、聖餐式におけるパンとぶどう酒との二種の受領などを実行した。彼は寛容の精神に富み、教会の一致こそもっとも重要なことと考え、プロテスタントの諸会議に出席し、ルター派とツヴィングリ派の分裂を修復しようと奔走した。一五一八年にはジュネーヴを追われたカルヴァンを呼び寄せて、亡命フランス人教会の牧会を任せた。彼は後にイギリスに渡り、ケンブリッジ大学の教授となり、イギリスの宗教改革に貢献した。

先の討論の参会者の中にはにブツァーのほかに宗教改革の運動に共鳴した者が多くおり、ヴュルテンベルクのヨハン・ブレンツとエルハルト・シュネップまたテオドール・ビリカンがいた。

Ⅱ　エラスムスとその周辺

ところでアルプス以北の人文主義（ヒューマニズム）運動は倫理的・宗教的性格が強く、学芸の復興から新しい神学の形成へ向かう方向転換が生じ、人文主義は宗教改革と結びついて発展していった。ここでの特色は聖書文献学に結実し、すでにローレンゾォ・ヴァラの著作『新約聖書注解』（エラスムスにより一五〇五年に出版）によって開始されていたこの分野での研究が著しく発展するにいたった。それはフランスのルフェーブル＝デタープル、イギリスのジョン・コレット、ドイツのロイヒリン、オランダのエラスムスなどの著作にあらわれ、その成果は宗教改革者たちの聖書神学に決定的な影響を与えた。その特質は「キリスト教ヒューマニズム」であって、キリスト教が新しい学問の精神によって再生することが求められた。

オランダのロッテルダムの人エラスムス（Desiderius Erasmus 一四六六頃—一五三六年）は一六世紀を代表する人文主義の思想を完成する。彼は古典古代の言語・表現・文体を愛好し、古代的人間の叡知が彼の言葉により再生し、ルネサンスが彼において〈言葉の出来事〉となって出現した。それは『対話集』や『痴愚神礼讃』のような文学作品のみならず、初期の哲学的代表作『エンキリディオン』（キリスト教兵士必携）においても明らかである。この書物ではプラトン主義とキリスト教とが総合的に把握され、キリスト教の真理はプラトン哲学との同一視の上に立てられた。そこから「キリストの哲学」が「この種の哲学は三段論法の中よりも心情の中にあり、論争ではなく生活であり、博識ではなく霊感であり、理性よりも生の変革である」と要約して示された。その中でも「理性よりも生の変革である」点と「良いものとして造られた自然の回復」が強調されたが、そこでの「再生」

（レナスケンティア）は後にルネサンスと呼ばれた名称の一つの源泉となった。なお、ヨーロッパ全土を爆笑の渦に巻きこんだ不朽の名著『痴愚神礼讃』では人びとに痴愚と想われているものが実は知恵であり、知恵が逆に痴愚である点が軽妙に摘出され、真の知恵が「健康な痴愚」の中にあって、うぬぼれた知恵は「純粋な痴愚」にほかならないことが説かれた。さらに彼は政治の主権者が権力に訴えて戦争を起こしている時代の狂気に対してもたえず警告を発し続け、『キリスト教君主論』や『平和の訴え』を著わして、対立抗争し合う諸国家に向けてヒューマニズムの立場から平和と調和とを説いた。これに対し君主も教皇も彼の発言に耳を傾けたため、一六世紀の前半は「エラスムスの世紀」ともいわれるようになった。こうして哲学が時代に内在する諸対立を調和にもたらした稀なる時代が出現した。

（1）エラスムスとモア

エラスムスは一五〇九年夏、イタリアからイギリスへ馬で帰る途中、アルプスを越えながら自分の学問研究のことや友人たちとの再会を楽しみに待つ気持ちに浸っていた。そのなかでも第一の友人はトーマス・モアであり、彼のことを考えた。彼の名前「モア」「モルス」（Morus）から、エラスムスは「モリア」（moria 痴愚）を連想し、あの賢明なモアがどうしてこのような名をもっているのかと、また痴愚がこの世でそれからもっとも遠い人に名前として付けられたかと考えた。そこで痴愚を礼讃した書を献呈したら、モアはこのような遊びが気に入るにちがいないとも思った。二か月の旅の後エラスムスはイギリスに到着し、モアの家の客となったが、病気になり、気晴らしにこの思い付きの最初の草稿を一週間で完成させた。モア（Thomas More 一四七八―一五三五年）はイギリスの大法官で、古典研究ではエラスムスやコレットらと交際を深め、カトリック人文主義の代表者となり、国家論では自然法と自然宗教の実践を土台にして理想共同体『ユートピア』を書いた。しかし彼はルターの宗教改革には反対し、それを批判した。ところがヘンリー八世の結婚解消に反対して彼は処刑された。

(2) ロイヒリンとメランヒトン

ロイヒリン(Johannes Reuchlin 一四五五―一五二二年)はドイツ人文主義の代表者であった。彼はイタリアに旅行したとき、ピコ・デッラ・ミランドラと知り合い、ユダヤ教とヘブライ語の研究を開始し、ヘブライ語の文法と辞典からなる『ヘブライ語入門』を出版する。この研究によって人文主義運動がいっそう進展し、旧約聖書の原典研究が促進された。イタリアから帰還後はハイデルベルクで人文主義者として活躍し、さらにインゴルシュタット大学とテュービンゲン大学で教授を歴任した。過激な反ユダヤ主義の運動が起こったときには人文主義の立場からそれに反対し、『蒙昧者に対する手紙』(一五一五―一七年)を共同執筆し、スコラ学の伝統に立つ人々を批判した。これはルターによる宗教改革の前哨戦といえよう。ルターはエルフルト大学にいたとき、ロイヒリンの戯曲セルギタスに関する講義を聞いていた。また初期の聖書講義ではロイヒリンの詩編研究や『ヘブライ語入門』を使用し、ルフェーブルの詩編とパウロ書簡の釈義的研究に頼って、ヘブライ語の引用が行われた。またこの間に出版されたエラスムスの『校訂ギリシア語新約聖書』(Nouvum Instrumentum)を早速用い、生涯その恩恵に浴している。

なお、宗教改革の時代にはヴィッテンベルク大学はまだ新設されて間もなく、不備な点も多くあったため、一五一八年ギリシア語の教師としてメランヒトンが招聘された。メランヒトン(Philipp Melanchthon 一四九七―一五六〇年)は遠縁に当たるロイヒリンの教育を受け、アリストテレス研究を志して人文主義者となり、ギリシア語文法書を著した。彼はその後ルターの影響を受け、宗教改革者となって、ルターの腹心として働き、宗教改革の実現に努めた。彼は義認論を中心にローマ書に即してプロテスタントの最初の体系的神学書『神学要覧』（ロキ・コムネス）を著し、ルター派正統主義の土台を形成した。またメランヒトンの人文主義者としてのすぐれた資質は大学の教育改革にも大いに発揮された。

（3）　ツヴィングリ

さらにエラスムスの影響を強く受けた改革者の中にはスイスの宗教改革者ツヴィングリ（Huldrych Zwingli 一四八四―一五三一年）がいる。彼はウィーン大学やバーゼル大学で学び、一五一六年グラールスの司祭に叙任、その後チューリヒに教区司祭として招かれ死に至るまで活躍した。彼はエラスムスの人文主義の影響を強く受け、「聖書のみ」の原理を修得した。またエラスムスの平和主義によってスイスの傭兵制度を批判し、ルターに共鳴し、宗教改革の運動に参加した。『六七箇条』、『真の信仰と偽りの信仰』、『洗礼論』、『聖餐論』など重要な著作を発表した。しかし一五三一年の第二カッペル戦役で戦死を遂げた。彼は神学的には「聖書のみ」「信仰のみ」というプロテスタントの原理に従ったが、聖餐論ではルターと対立した。夭逝のゆえに神学的成熟には達しなかった。

Ⅲ　ルターと対決した宗教改革者たち

一六世紀の宗教改革の時代には宗教による救済の解決は主として次にあげる四つの方法が一般的に考えられていた。

A　カトリック的な悔い改めのサクラメントによる救済論――痛改・告白・償罪による悔い改めをなし、ミサを拝領し、教会が指定するわざを行うことによって救われる。これは「成義」（Gerechtmachung）としての義認である。

B　偉大な伝統的な神秘主義による救済説――魂の根底における永遠の神性と一つになることによって救われる。したがって、そこからわたしたちが流出してきた源泉に帰還することにより救済は成り立つ。

C　信仰によってのみ救われるという信仰義認論による救い――このような救済の法廷的な認定は「宣義」としての義認である。そうすると罪人は義人となることがないので、倫理への道がふさがれてしまい、義認は受け身的で怠慢な人によってのみ受け入れられるとの批判が当時のカトリック教会から出ていた。

D　ヒューマニズムの霊的な救済方法――これはエラスムスやフランクなどの宗教改革者の見解で、倫理的な形成を唱える立場である。つまり救済は初めから終わりまで道徳的なプロセスであり、道徳的な改造によって内的にキリストに似たものとなることを言う。

だが、これらのいずれにも満足できなかった思想家たちがルターの協力者たちの中から輩出してきた。宗教改革の早創期に起こったこの分裂は、キリスト教の歴史における最大の悲劇の一つである。ルターの同時代人の中には宗教改革に参加しながらも一五二〇年代にはいると、次第に過激な改革路線をとる改革者たちが登場して来た。それは「分離派」(Sekten) とか「霊性主義者たち」(Spiritualisten) と呼ばれる人たちであるが、これに対決して新しい教会はヴォルムスの国会を頂点としてルターを体制内に引き込んでいき、「教義の純粋さ」（pura doctrina）に向かわせ、統一的な性格をもった教会組織を築き上げていった。ところがこの種の教義の確立は、信仰の内実である霊性の喪失に繋がっており、そこで得たものは失ったものと等価である。その際、霊性主義者たちはルターが世俗的な主権者と協力して新しい教会を形成していく点を批判して、宗教改革運動から分離し、当時有力な思想の潮流をなしていた神秘主義や人文主義を受容しながら、新たに内面的で霊的な宗教に向かう傾向をとるようになった。ルターを批判して登場してくる、同時代の神秘主義的傾向の思想家たちは、「信仰のみ」や「聖書のみ」を強調するのではなく、むしろ「内面的で霊的な宗教」を確立しようと試みた。その中でも文字としての聖書、聖職制、幼児洗礼、告悔などを否定したり廃棄したりして純粋な内面性に向かった同時代の改革者が多く輩出した。彼らは神もしくはキリストとの「神秘的な合一」(unio mystica) をめざす神秘主義的な思想傾向を顕著に示しており、同時にカトリックにも、プロテスタントにも所属しないで、「分離派」を形成した。このような分裂の悲劇は、対立する勢力への分化を通して、もし分裂という事態が起こらなかったならば明瞭になり得なかったような真理の局面が力説され、明らかにされたという事実によって、軽減されることになろう。(2)

この分派には多様な傾向が認められるが、その中で過激な革命家たちは「熱狂主義者」(Schwärmer) と称せられ、その代表はミュンツアーであった。

（1）　ミュンツアー

ミュンツアー（Thomas Müntzer 一四八九―一五二五年）は神秘主義と千年王国説とを結び付けてルターに対決し、革命路線を突き進んだ。彼の思想の核心は「十字架の神秘主義」であり、タウラーの神秘主義から多大の影響を受けた。彼によれば、十字架の苦難に耐えられるならば、啓示が聖書の知識と関係なく与えられるがゆえに、救済に必要なのは十字架なのであって、聖書ではない。ここに内面的な聖霊体験を強調する霊性主義者たちの特質が明らかになる。こうして神秘主義の「放棄」は革命的な意義をもたされた。しかし彼がドイツ神秘主義と決定的に異なる点は、根源の完全性への帰還という方法を神と人との関係だけに限定せず、人類の歴史にまで拡大して適用したことにある。つまり彼は神秘主義に終末論的な千年王国論を組み込んで、急進的な革命路線を選びとったのである。

（2）　セバスティアン・フランク

フランク（Sebastian Franck 一四九九―一五四三年頃）は一五二五年にルター派に改宗し、ニュールンベルクの牧師となった。しかし、神秘主義的なスピリチュアリストであるデンクやシュヴェンクフェルトと親しく交わり、大きな影響を受け、「神の御霊による内的な照明」で充分であるから、外的な教会を決して設立すべきではないと説き、ルター派、ツヴィングリ派、再洗礼派に対抗する第四の立場を「御霊と信仰の一致における見えない、霊的な教会」として説き始め、一切の教会制度と教義に反対した。彼の主要な思想は、人間の魂が神の内なる言葉を聞く能力をもっており、魂の根底には最内奥の本質である神的なエレメントがあり、それこそ人間の尊厳の徴であって、宗教経験の真の源泉にして、魂の救済の永遠の基礎であるということである。この点で同じくスピリチュアリストであったシュヴェンクフェルトとの相違が際立って来る。

（3）　シュヴェンクフェルト

シュヴェンクフェルト（Caspar Schwenckfeld 一四八九―一五六一年）はルターの宗教改革に参加し、思想的にも影響を受けたが、聖餐で意見が合わず、また急速に制度化したルター派教会にも反対した。彼はルターとともに人間の堕罪による理性の盲目と自由意志の全き無力とを認めている。ここに彼の現実主義的な人間観があって、ヒューマニストのエラスムスやその影響を受けたデンクさらにフランクとも相違して、人間の魂が神的本性をもっているとは考えず、救済は自己の外から来る神の行為によって生じる、と説いた。この驚くべき出来事がもっぱら神から直接魂に働きかけられて生じるため、救済は超自然的な出来事となり、あらゆる点で新しい創造である一つの経験が魂の内で起こってくる。それは創造のときの「光りあれ」と同じく大きな変動を起こす出来事であって、実にキリストにおいて歴史的に起こったことである。神の言葉の受肉であるキリストは、新しいアダムとして「命を与える霊」であり、人間の本性を霊と生命でもって改造し、神的な実体となしたもう。それゆえ救済とは新しい創造の生に与ることであり、それにより高い霊的な世界の潮流が魂の内に入ってきて、霊的な力によって更生する経験が与えられる。この新生によって死すべき人間の「神化」(deificatio) に到達する。したがって彼は霊的な力としての神の言葉と並んで聖書をも尊重している。この点でミュンツアーやフランクなどの霊性主義とは一線を画している。彼は宗教を内的に生かしている霊的な力を探求していって、ルターの信仰義認論がもっている問題点を摘出した。義認論において罪人の無罪を宣言する法廷的な義認が強調されると、決定的な作用は魂の外の領域にあって、信仰には何か魔術的な効果があるように彼には思われた。そこで現実にはどのように新生し、改造され、更新され、義とされるか捉え、再生を中心とした教えによってドイツ敬虔主義の出発点となった。

Ⅳ　宗教改革の第二世代カルヴァン

カルヴァン（Jean Calvin 一五〇九―一六四年）はパリで神学と哲学を、オルレアンとブールジュで法学を、さらにパリの王立教授団で人文学を学ぶ。一五三二年『セネカ「寛仁論」注解』を著して人文主義者としての出発をするが、一五三三年に回心を経験して福音主義の指導者となる。スイスのバーゼルで『キリスト教綱要』（初版三六年、最終版六〇年）を出版する。その後ジュネーヴでの宗教改革運動に参加する。彼の思想は人文主義の方法を用いながらも、神中心主義という特質をもっている。とくに義認に続いて聖化を説き、キリストに倣う者として歩みを強調した。ここから労働や国家への態度などこの世に対する積極的な関わり方が生まれた。

彼は第二世代を代表する宗教改革者であり、ルターの宗教改革がかたちをととのえてきた後に歴史に登場した。元来ルターによって創始された宗教改革の運動は教会の改革のために新しく公会議を開くことを目的としたものであって、カトリックとプロテスタントに分裂したときでも、共同の公会議開催に向けて努力がなされてきた。一五三〇年にアウグスブルクの帝国議会が開催され、この会議にプロテスタント諸派による共同的な信仰告白が提出された。これが「アウグスブルク信仰告白」であって、草案はメランヒトンの手になり、ルターの同意を得て発表されたもので、カトリック陣営に対しプロテスタントの信仰の基本を宣言したものである(3)。なお、この会議に若きカルヴァンが出席して、次世代の方向を学び取っている。

この信仰告白では当時最大の争点であった自由意志は次のように主張された。「人間はある程度の自由意志をもっており、外的に行儀よい生活をし、また理性の把握できる事がらについては選択をすることができる。しかし、人間は、聖霊の恵みや助力、その働きによらないでは、神に受けいれられ、心から神を畏れ、信じ、また心の中から生来の悪い欲望を取り除くことはできない(4)」。ここに「ある程度の自由意志」が承認されており、理性による選択機能が認められた。これはルターによっても終始説かれている主張であり、ただ魂の救済にかかわる神学問題においてのみ、自由意志が否認されているにすぎなかった。というのは「罪は堕落した意志」に原因し（第一九条）、「すべての者は母の胎にいる時から、悪への傾向と欲とにみちている」（第二条）ため、聖霊による以外に神に向かうことができないからである。とはいえここには宗教改革当初の激しい対決が姿を潜め、それぞれの陣営で自己の神学を組織的に形成していく時代に入っていた。

注

（1）成瀬治『ルター』誠文堂新光社（一九六一年）一六〇頁からの引用。

（2）ルターの義認体験のなかに生きていた神秘的要素は、制度化によって外面化したために喪失するようになる。この要素はヴァイゲルも認めているように若いルターには明瞭に認められていたものであった。それは潜在的には彼の中になお生き続けてはいても、消え行く運命にあった。この真理の局面というのが宗教改革の隠された地下水脈をなしており、ドイツ敬虔主義にまで至っている。Cf. Valentin Weigel, Ausgewälte Werke, hrsg.S.Wollgast, S.500.

（3）これは当時の議会ではトマス主義者エックによって論駁されたとみなされたが、後にカトリックとプロテスタントとの教会合同を目ざした哲学者ライプニッツにより高い評価をえており、さらに今日のカトリック教会はこれを基本的に承認する方向に向かっている。ルターは一五二一年に帝国追放令を受けていたのでこの会議に出席できなかった。

（4）『アウグスブルグ信仰告白とその解説』石居正己訳、徳善義和著、一二一頁。

ヨハンネス・ロイヒリン

ジークフリート・レーダー

I　ロイヒリンの肖像

不思議なことにわれわれは、ロイヒリンの厳密な信頼できる肖像を持っていない。その圧倒的な学識ゆえに、すでに同時代人から賛嘆されていたこの男は、どうやら造形芸術家たちを回避したようだ。彼はその著作によって後代の記憶のうちに生き延びようとした。「わたしは銅像より永続的な記念碑を成し遂げた」("Exegi monumentum aere perennius")――このホラティウスの一句をもって、ロイヒリンは自分の業績に対する誇らしい意識をもって『ヘブライ語入門』(1)の後書きを締め括った。

しかし後代の人たちがこの偉大な教師の顔の特徴を思い浮かべ見ることを願ったので、芸術家たちは自らの想像をはたらかせてその欠けに対処した。その際彼らは、ロイヒリンと全く関係のなかった、多かれ少なかれ勝手に決められた雛形《ひながた》を助けにした。こうして一六三五年ごろにレンブラントの弟子フェルディナンド・ボルスによって描かれた眠っている老女の肖像が、一七〇〇年ごろロイヒリンの肖像へ描き変えられた。下唇の濃い影はあごひげに変えられ、婦人の衣はターバン風帽子を伴った東洋風衣装に変えられ、老女がもたれかかっている開かれた書物の中に、ヘブライ語文字が書き込まれた。彼女の右手の中のめがねは一六世紀には通常「眼鏡

History Von den fier ketzren Prediger
ordens der obseruantz zů Bern im Schweytzer land
verbrant/ in dē jar noch Christi geburt. M.CC
CC.ix. vff dē nechstē donderstat noch pfingstē.
Ein kurtzer begriff vnbillicher freuel hand
lūg Hochstrats / Murnars / Doctor
Jhesus vñ irer anhenger / wider dē
Christlichen Doctor Martin
Luther / von alle liebhaber
Euangelischer lere.

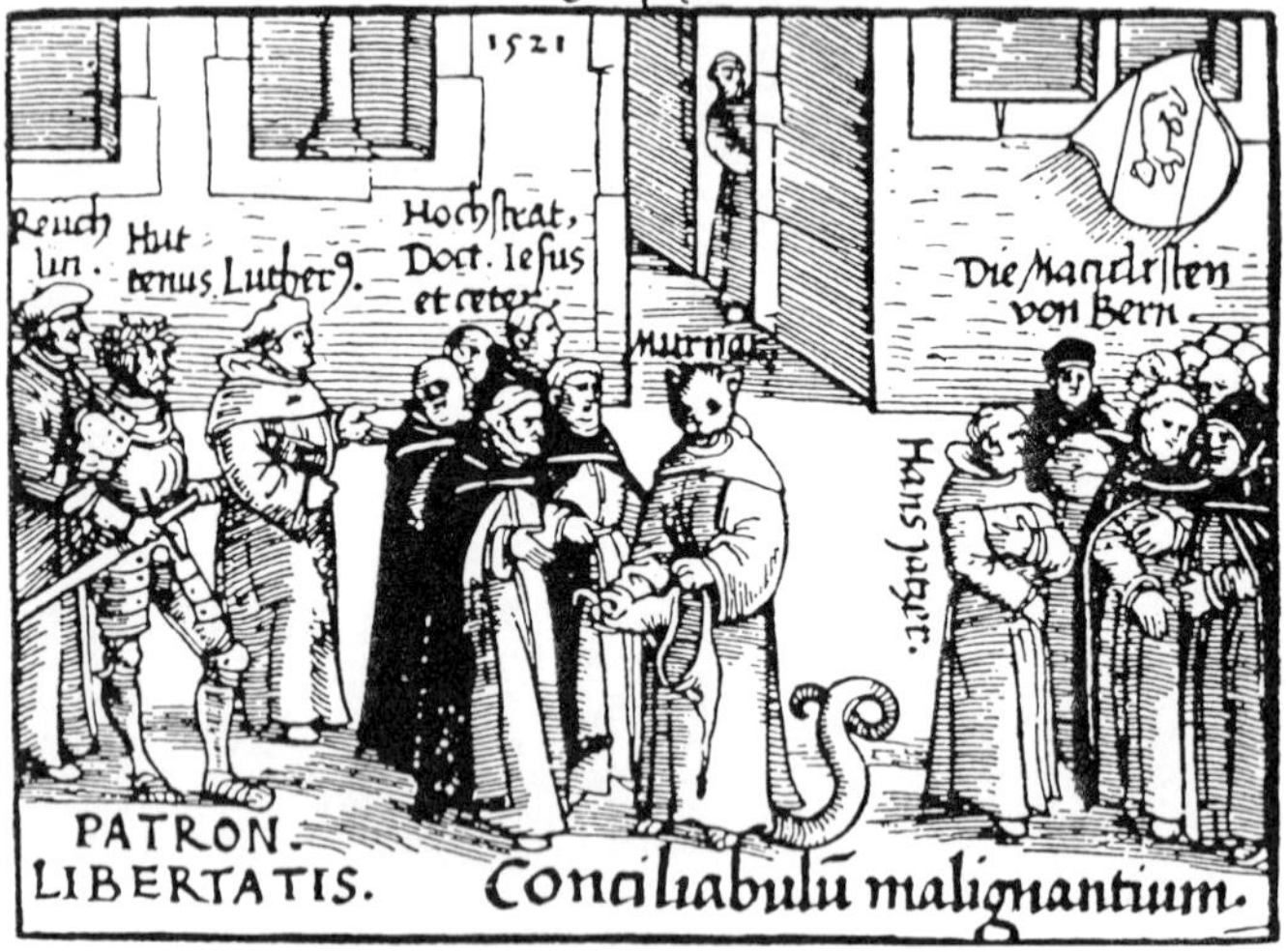

「四人の異端説教者の歴史」（1521年）
（表題の木版画の中に本当のロイヒリンの描写がある。一番左側の人物がロイヒリン。フッテン，ルターと続く）

(Augenspiegel)」と呼ばれていたので、ロイヒリンの有名な同名の著作と関係していることは明らかである。このロイヒリン像にしたがって、哲学者フリードリヒ・ヴィルヘルム・フォン・シェリング(Friedrich Wilhelm von Schelling 一七七五—一八五四年)の仲介によって、スイス人ハインリヒ・マクシミリアン・イムホフが、一八三五年に、ヴァルハラ[2]のためにロイヒリンの胸像を作った。

一五二一年にシュトラスブルクで出された本の表紙の木版画は、たとえ厳密さには欠けるとしても、たしかに唯一の真正なロイヒリン像を含んでいる。その木版画はベルン人イェツァーの事件[3]を、ロイヒリンの論争およびルターの事件と結び付けて表現している。「悪人たちの集い(conciliabulum malignantium)」に対抗して、ロイヒリン、フッテン[4]、およびルターが、「自由の守護者たち(patroni libertatis)」として立っている。この三人の先頭でルターが、ホーホストラーテン[5]とその仲間へ対決して迫り寄る者として描かれている。彼は右腕に聖書を抱え、語るしぐさで左腕を挙げている。ルターの背後に、ただしこの絵のむしろ前景にフッテンが立っている。彼は今にも剣を抜こうとして手を剣にかけている。ロイヒリンの威厳ある姿が「自由の守護者たち」の集団の最後を締め括る。彼は大学教授のガウンをまとっている。博士帽の下には髪がはみ出ている。顔は面長で、ひげは無く、鼻は伸びて、軽く曲がっている。多分歯がないであろう口は落ちくぼんで動き、鼻から斜め下へ走る深いしわによって区切られている。はっきりと際立ったあごは突き出ている。その姿は大きくすらりとしている。

シュトラスブルクのフッテンのサークルによって霊感を受けた肖像の構成は、ある一定の意味を表している。その意味とは、ロイヒリンが自由の守護者たちに属していること、その守護者たちの先頭には、福音の教えをもたらした人ルターが立っていることである。ロイヒリンはこの関連の中で自分の著作が考察されるように見られたくなかった。彼はローマ教会とその教えに対する彼の忠誠のほんの僅かな疑いも許さなかった。彼が彼の死の少し前に聖職者になったとすれば、これはカトリック教会への明瞭な告白であった。しかしある人は、自分が意識的にあろうとするものだけのものであるだろうか。歴史的意味としては、個人から出た影響の結果もまた、その個人に属するのではないか。ロイヒリンがそのきわめて深いカトリック的心情にもかかわらず、彼の学識ある著作によって、宗教改革者たちに、彼らが旧教会の実践と教えに対して戦って彼らの根本命題である「聖書のみ！」を有効にするための武器を手渡したということに、だれが反論しようとするであろうか。たしかに一五二一年のあの木版画は、人文主義者の教会批判と宗教改革者の教会批判の間の境界は流動的であった状況をなお反映している。しかし「ヴォルムスからのルターの旅立ちの後に、彼は殺された」という噂が、アルブレヒト・デューラーにまで届いたとき、デューラーは宗教改革の継続と完成をエラスムスに期待しえたであろうか。またローマでは人々はこの事態をどう見ていたであろうか。波乱に満ちた年月の経過後、一五二〇年にロイヒリンの裁判は教皇レオ一〇世による、『眼鏡』に対する有罪判決をもって終結した。その際ローマ教皇庁は疑いもなく次のような印象、すなわちルターによって引き起こされた反乱においては、ロイヒリンも精神的に準備したことが、ただ現れ出たのであるという印象によって導かれていた。

ルードヴィッヒ・ガイガーは、彼の一八七一年に出版されて今なお揺るぎない基礎的文献となっている伝記的著作において、なるほど十分な正当性をもって、ロイヒリンの宗教改革からの精神的距離を強調しているが、しかし彼はロイヒリンの戦士たることを一九世紀の倫理的理想の光に照らして、すなわち結局は啓蒙主義から解釈している。最近の諸研究は、この後期中世の偉大な学者が強く伝統と結びついていたことを開示した。しかし今日もなおわれわれはロイヒリンの思想世界の厳密な像をもってはいない。この思想世界を完全に、また関連づけて提示することが容易であることを許さない。なぜならそうするためには、研究者が自らにおいて、ヘブライ語学者、ユダヤ学者、神学者、歴史学者、言語学者の知識を統合しなければならないからである。

Ⅱ　ロイヒリンの生涯

ヨハンネス・ロイヒリンは一四五五年二月二二日にバーデンの辺境伯の第二の居住地であったプフォルツハイムに生まれた。彼の父ゲオルクはプフォルツハイムのドミニコ会修道院聖ステファンの世俗管理者であった。ヨハンネスは一五歳で、一四六〇年に開設されたブライスガウのフライブルクの大学へ勉学するためにやってきた。辺境伯の息子たちのうち聖職者になることへ定められていた第三子の同伴者として、ロイヒリンは一四七三年にパリへやって来た。彼はここの人文学部で、哲学、文法学、修辞学の勉強を続けた。彼に強い影響を及ぼしたのは、パリ大学で教えていた哲学者および神学者のヨハン・ハインリンであった。彼はケーニヒスバッハ近郊のシュタイン出身であった（一四九六年没）。彼は穏健な実在主義を代表していた。そして彼の後期スコラ的世界観を人文主義的形式と結びつけた。人文主義の指導的代表者は同じくパリで活動していたルドルフ・アグリコラであった（一四八五年没）。彼の著書『研究への手引き』（一四八四年）は人文主義的な大学改革を進めるためのプログラム書のシリーズを開いた。アグリコラは最初期のギリシア語識者たちの一人であった。後年には彼はヘブライ語にも献身した。彼のもとでロイヒリンは自由学芸の諸学科と並んで、ギリシア語の学習を始めた。最後にロイヒリンに後々まで影響を与え続けた教師たちのうちで、改革的神学者ヴェッセル・ガンスフォルト（一四八九年没）の名があげられるべきである。彼はギリシア語とヘブライ語の識者であった。「ヴェッセル・ガンスフォルトが彼の時代の神学と敬虔の混乱した無力な氾濫から、きわめて価値ある思想を批判的に選び出し、単純化し、独自の個人的色づけにおいて新たに生かしたことによって、彼はドイツ人文主義に、たとえばルドルフ・アグリコラ、ヨハンネス・ロイヒリン、とりわけエラスムスに、強い吸引力を及ぼした」[7]（ベンラート、四五一頁）。メランヒトンが報告しているようにロイヒリンがガンスフォルトをすでにパリで知っていたか、あるいはようやく一四七四年にロイヒリンが自分の師ハインリンを追ってやって来たバーゼルで知ったかどうか不確かである。バーゼルでロイヒリンは一四七五年に自由学芸の学士となり、また一四七七年には自由学芸の修士となった。修士号は彼に人文学部で教える可能性を開いた。多分そのバーゼル滞在の間にロイヒリンはクエスのニコラウス（Nikolaus von Cues 一四〇一―一四六四年）の諸著作を知ったらしい。クザーヌスの思弁的体系を二つの根本思想が規定している。第一は、あらゆる相違と対立はただ被造的存在の領域でのみ妥当し、神の無限性においては相違と対立は解消する。神は「対立するものの一致（coincidentia oppositorum）」である。第二は、もし神が万物の「畳込み（complicatio）」であるなら、全被造物の現実は神の「展開（explicatio）」であり、こうして世界は「見うる神（deus visibilis）」となる。この根本思想はクザーヌスの諸宗教の神学にも影響を及ぼしている。彼は教会の教えの基礎に堅く立ってはいるが、しかし彼はすべての宗教を「神の言葉の、あるいは永遠の理性の、何らかの言述（quaedam loquutiones verbi Dei sive rationis aeternae）」と見なす。それに基づいて彼は一四五三年の著書『信仰の平和について』において、すべての宗教が儀式的相違を度外視するなら、それらの内的本質においては、福音において啓示された真理といかに一致するかを示そうとする。著書『コーランの精査』（一四六一年）においては、彼はコーランからも福音を真理として証明しようと努める（第一序文）。ロイヒリンは自分の著書『カバラ的術について』（一五一七年）において、クザーヌスに「ドイツ人の中で最も哲学的なジュピター大祭司」という称賛の言葉をもって言及している。ニコラウス・クザーヌスがロイヒリンに特に影響を及ぼしたのは、彼の言語哲学、彼の超理性的な神理解、非キリスト教的伝承の「敬虔な解釈（pia interpretatio）」、対話的叙述形式をとおしてである。バーゼルにおいてロイヒリンはハインリンの弟子であった書籍印刷業者ヨハン・アメルバハからの依頼を受けて、ラテン語辞書『ヴォカブラリウス・ブレヴィロクウス（Vocabularus breviloguus）』を著した。それは一四七五年にバーゼルで匿名で出版され、一五〇四年までには第二五版に達していた。その辞書は古典著作家たちの用語とローマの教会法の本文の用語を顧慮したものである。

ロイヒリンはバーゼルからフランスへ二度目の移住をした。たった数か月滞在しただけのパリで彼はスパルタ人ゲオルク・ハルモニムスの許でギリシア語学習を進めた。ソルボンヌ大学ではローマ法は教えられていず、ただ教会法だけが教えられていたので、ロイヒリンは一四七八年にオルレアン大学へ、また一四七九／八〇年にはポアティエ大学へ赴いた。彼は法学の研究をしながら両大学の人文学部で古典語の講義をした。この講義担当との関連で、小さなギリシア語文法書『ミクロパエディア（Mikropaedia）』（オルレアン、一四七八年）が成立した。

一四八一年にポアティエ大学で、ローマ法と皇帝法の学士（リツェンツィアート）の学位を得た後、同年ロイヒリンはテュービンゲンへやって来た。ここで彼は一四七七年に創設された大学の指導的人物たちとコンタクトを得た。神学者コンラート・ズメンハルトと法学者ヨハンネス・ナウクレルスの推薦に基づいて、エベルハルト五世伯はロイヒリンをシュトゥットゥガルトで秘書また弁護人として仕えさせた。一四八二年にロイヒリンはナウクレルスとガブリエル・ビールとペーター・アルルンたちと、彼の領主のイタリア旅行に同伴した。その旅行はロイヒリンのその後の人生にとってきわめて重要な意味をもった。フィレンツェで彼はマルシリオ・フィチーノ（Marsilio Ficino 一四三三—一四九九年）を中心とした新プラトン主義者のサークルとコンタクトをもった。またロレンツォ・メディチ侯のギリシア語文字で満ちた図書館を見学した。ローマではヘブライ語研究の推進者であった教皇シクストゥス四世に謁見した。ここではまたギリシア語教師アルギロプロスの講義室をも訪ね、彼を表敬訪問し、亡命者として生活しているギリシア人たちの運命を嘆き、自分をギリシア語のいくらかできるドイツ人として認識させた。アルギロプロスはどうやらロイヒリンを司教や枢機卿に属する高位の聴講者たちの前で恥をかかせようとしたらしく、彼にツキディデスのあるテキストを朗読し翻訳するように渡した。ロイヒリンはその課題を完全に果たしたので、アルギロプロスは、「見よ、ギリシア国がわれわれの亡命地を通って、アルプスを越えて飛んで行った」と叫んだ。

ドイツへ戻ってロイヒリンはテュービンゲンで法学の博士の学位を得た。そしてシュトゥットゥガルトで多忙な弁護士として働いた。そのときも彼は人文主義の研究をおろそかにしなかった。彼はミュラーという名の、富裕で、彼より数年年長の、シュトゥットゥガルト出身の女性と結婚することによって、土地の政治的に活動的名望家と結び付けられた。そしてそのことは彼に、畑やブドウ畑という形でかなりの財産をもたらした。その結婚には子が授からなかった。彼の妻の死後、一五〇〇／〇一年にカンシュタット出身のアンナ・デッカーと再婚した。彼女は金持ちで、若く、美しかったらしい。しかし彼女も彼より先に死去した（一五一九年ごろ、またはその少し前に）。ロイヒリンは彼女との間には幼くして死んだ一子をもった。ロイヒリンの結婚についてわれわれはほとんど知らない。この有能な、また名声ある法律家は、エベルハルト伯の秘書となった。そして一四八四年には市民の裁判事における最高裁判所であった法廷の陪席判事になった。彼の領主の使者としてロイヒリンは一四八六年のフランクフルト帝国議会に参加した。そして戴冠を受けるためにアーヘンへ行くマクシミリアンに随伴した。多分ロイヒリンはエベルハルトのシュヴァーベン同盟への加入（一四八八年）およびヴュルッテンベルクのための最初の包括的な土地区画の成立（一四九五年）に参与していたと思われる。

一四九〇年にロイヒリンが若い領主伯ルードヴィッヒに随伴して二度目のイタリア旅行をしたとき、彼はフィレンツェの新プラトン主義者たちとの関係を深めた。ジョヴァンニ・ピコ・デラ・ミランドラ（Giovanni Pico della Mirandola 一四六三―一四九四年）をとおしてユダヤ的神智学の秘密に満ちた世界であるカバラが彼に開示された。プラトン主義は古代ユダヤ教の伝承に基づいているというマルシリオ・フィチーノの教えから出発して、ピコは、このカバラという折衷的哲学をとおしてキリスト教信仰の真理を証明するために、新プラトン主義とカバラとを結びつけた。ピコにおいてはむしろ計画にとどまっていたものを、ロイヒリンは後に総合する博識をもって完成した。

ヘブライ語の研究への鼓舞を彼は多分ルドルフ・アグリコラとヴェッセル・ガンスフォルトに負っていた。一四八六年の間中、ユダヤ人カルマンがロイヒリンの教師であったという証言がある。二度目のイタリア旅行はヘブライ語への彼の熱意を強めた。一四九二年に彼はリンツの皇帝フリドリヒ三世の宮廷での比較的長い滞在の間に、皇帝の侍医でマントヴァ出身のヤコブ・ベン・イェヒエルに講義をさせた。ロイヒリンはこの教養あるユダヤ人の仲介のおかげで、皇帝からの価値ある贈与品、すなわち一二／一三世紀に発する聖書のタルグムを伴ったヘブライ語の手書きの本文を受けた（今日「ロイヒリン写本」と呼ばれる）。第三回目のイタリア旅行の間に（一四九八年に）、ロイヒリンはケセナ出身のオバジャ・スフォルノの許で講義を受けた。この研究をとおして彼には徐々にユダヤ教的神秘主義の最も重要な著作がわかってきた。

その研究と並んでかれは、プラトン主義的哲学および新プラトン主義的哲学の研究に没頭した。言語と世界観のつながりへと、ロイヒリンはカバラによって指し示されただけでなく、またプラトンの対話編『クラテュロス』によっても指し示された。その『クラテュロス』は「名前の正当性」を対象としている。プラトンの意味でニコラウス・クザーヌスは次のように書いている。「もしある人がある事柄の本質に合った名前を持っているなら、その人はすべてを正しく名づけるであろう。そしてすべてについての完全な認識を所有するであろう」(『知恵の狩猟について』一四六三年、第三三章)。クザーヌスは神の本質を可能性(posse)と現実性(esse)の一致として、人工的な造語「存在することができる(possest)」をもって言い表そうとする。ロイヒリンはこの表現を踏襲した。彼の哲学的、神学的、カバラ学的研究の最初の結実は『不思議をはたらく言葉について』(バーゼル、一四九四年)である。

一四九六年にエベルハルト五世が死去した。彼は一四九五年以来領主で、子供を持たなかった。その後継者には彼の不従順ないとこエベルハルト六世がなった。新たな支配者の寵愛者はコンラート・ホルツィンガーであった。彼は元アウグスティヌス派の修道士で、彼をエベルハルト五世はロイヒリンの協力を得て投獄させたことがあった。政府の移り変わりによって不遇に陥ったロイヒリンは、自分が家と妻を捨て、ハイデルベルクへ移住せざるをえなくなったことを悟った。〈ハイデルベルク在住の〉選帝侯の宮廷において、またコンラート・ケルティスによって基礎を据えられた「ライン流域の学問の結社」によって、彼は友好的に受け容れられた。その人文主義者サークルの長を、ヴォルムスの司教であり、選帝侯の信頼された助言者であったヨハン・フォン・ダルベルクが務めていた。人々はクエスまでの行脚を企てていた。クエスの救貧院にニコラウス・クザーヌスの図書館があった(そして今日なおある)。人々はスポンハイムの修道院長であったヨハンネス・トリトハイムを尋ねた。そして人々は修道院の書物の宝をじっくり見物した。トリトハイムは神秘的哲学の代表者であった。ハイデルベルクでロイヒリンは喜劇を著作した。『セルギウスあるいは支配者の支配者』(一四九六年)と『俳優の予行演習——すなわち滑稽な事前練習』(一四九七年)である。その最初の喜劇はロイヒリンの敵コンラート・ホルツィンガーを当てこすったものであり、「支配者の支配者」はすなわちエベルハルト六世への助言者のことである。第二の喜劇はあるイタリアの演劇に基づいていて、その後一連のドイツ的脚色を引き起こした。とくにハンス・ザックスによる脚色を引き起こした（一五三一年）。かなり多数の同時代人の証言によれば、ロイヒリンが著作したと言われる多数のラテン語詩のうち、ただ一七作だけが保存されている。最後にロイヒリンはまた、ギリシア語、ラテン語、およびヘブライ語文書のすぐれた翻訳者であった。

プファルツ選帝侯の依頼に応じて彼は一四九八年に三度目のイタリア旅行をした。ローマで彼はきわめて多くの本と写本を購入した。その中には多数のヘブライ語の文書もあった。それらがたいへん多かったので、彼はそれらをフッガー家の代理者にハイデルベルクへ運ばせた。

一四九八年にエベルハルト六世は皇帝の承認をもって領主の地位から罷免された。後継者に彼の年下の甥ウルリヒが指名された。一五〇三年に皇帝マクシミリアンがこの一六歳のウルリヒを成人と宣言した。この間国事は未成年の支配者政府の手の下に置かれていた。エベルハルト六世の罷免後、ロイヒリンは再びヴュルッテンベルクの公務に就けられていた。一五〇二年から一五一三年まで彼は諸侯集団によって選ばれて、シュワーベン同盟の裁判官の三頭政治に属していた。それと並行して彼はシュトゥットゥガルトで弁護士としての仕事をした。たいかにロイヒリンは法学に最高の評価を与えていたわけではなかった。彼は著書『不思議をはたらく言葉について』の中で、哲学者シドニウスに次のように言わせている。「かくして法とは人間が欲することに他ならないと、わたしは主張する」。「法律自身は、それが民の判断によって承認され、また民は王の法によってすべての命令の権力と力を王に委ねてしまったというまさにその理由によって、われわれに義務を課すので、全法学はただ人間の意志にのみ依存している」。「かくも弱い人間の意志に依存しているこの努力のうちに、どんな飾りがあるのか」。

ロイヒリン個人にとって法学は彼の市民生活の基礎であった。しかし彼の心は人文学研究にささげられていた。職業上の多面的な要求が多かったにもかかわらず、この時期の数年に彼の学問的業績能力はその最高潮に達していた。

ここで第一に名があげられるべきは、三つの書から構成される彼の著書『ヘブライ語入門』である。それは彼の優しい親愛な弟であり、司祭であるディオニュシウスにささげられた。中世にはヘブライ語のできる聖書解釈者が全くいなかったわけではない。フランチェスコ会士ニコラウス・デ・リラ（Nicolaus de Lyra 一二七〇ごろ―一三四九年）、およびユダヤ教から改宗したブルゴスの司教パウルス（Paulus Burgensis 一三五一―一四三五年）は、最も有名である。スコラ学者であり宣教師であったライムンドス・ルルス（一三一六年没）の促しによってウィーン公会議（一三一一―一二年）は、宣教の促進のために、パリ大学、オックスフォード大学、ボロニャ大学、サラマンカ大学の各大学に二人ずつ、ヘブライ語、アラビア語、カルデヤ語、ギリシア語の教授職を立てるべきことを決議した。しかしこの決議は強制力を欠いていたので、十分に成就されえなかった。スコラ学的教養を身につけた神学者たちにおいてヘブライ語を知っていることが例外的であったことは、単に中世の学問の伝統主義に関係していたばかりでなく、この言語を習得する上での実践的困難にも関係していた。それまで教科書がなかったので、通常ユダヤ人による授業のみが考えられえた。しかし人々はユダヤ人をその宗教のゆえに軽蔑し、避けた。ヨハンネス・ロイヒリンが最初のキリスト者へブライ語学者というわけではなかった。一四世紀からはとくにペトルス・ニグリの名が挙げられうる。彼は自分の著書『救世主の星（Stella Messiae）』（エスリンゲン、一四七七年）に付録として一種のヘブライ語の絵入り初等読本を付けた。ニグリの影響を受けながら、ニグリを超えて、コンラート・ペリカンの文法と辞書の小さな本（『ヘブライ語を読み理解する仕方について（De modo legendi et intelligendi

Hebraeum)』）が一五〇一年に著され、一五〇四年にシュトラスブルクでグレゴール・ライシュの『哲学的真珠（margarita philosophica）』の中で印刷された。しかしこれらの中世後期の予備的諸著作と『ヘブライ語入門』が比較されるなら、ヘブライ語の教科書を執筆するという「こんなに重い責務を」、「最初の者として」自らに引き受けることを、ロイヒリンが自分のこととして要求したことが理解されうる。この著作をとおして彼は、近代ヘブライ語学の創設者となった。『ヘブライ語入門』はヘブライ語の文字と発音をもって始まる（文字、音節、発音練習、『ヘブライ語入門』第一の書）。その後大きな辞書的部分が続く（第一の書の続きから第二の書の終わりまで）。終結部を文法が形成している（名詞、動詞、consignificativum、第三の書）。この著作の構成においてプリスキアヌスのラテン語の教科書（『文法の教程』六世紀）の影響が現れている。ロイヒリンは個々の文法事項においてもラテン語文法の諸範疇——たとえば奪格を含む格構造、比較級と最上級という能動性の等級、現在、過去、未来という時制——をヘブライ語へ援用している。彼はユダヤ人著作家の著書から、とくに一一六〇年から一二三五年までナルボンヌに生きたダビデ・キムチの『ミクロル』（完成）を利用した。その著書は文法書と、語根に従って秩序づけられた辞書から成り立っている。それと並んでロイヒリンは、ダビデ・キムチの長兄であったモーセ・キムチの簡潔な文法書を参照した。その文法書は、そのドイツ語への翻訳書と共にロイヒリンの手元にあった。

『ヘブライ語入門』は本の売り上げとしては成功しなかった。ロイヒリンは著者報酬を得なかっただけでなく、その上、その印刷業者トマス・アンスヘルムに出版費用まで支払った。出版部数は一五〇〇部であった。ロイヒリンはこの著書の悪い売れ行きに気分を損ねて、一五〇九年五月に次のように嘆いている。「自分は過去二年に、自分の愛好する書物から遠く離れて、シュトゥットゥガルト近郊に別荘を建てた。ほとんどだれも『ヘブライ語入門』を買わないので、自分は本当に、これ以上本を書く気をなくした」（ニコラウス・エレンボク宛の手紙、一五〇九年五月）。最終的にはバーゼル出身のヨハン・アメルバハがロイヒリンから六〇〇部を二〇〇グルデンで買い取って、彼を助けた。旧約聖書解釈にとってこの著書が持つ基礎的意味を認識していた、スコラ学的教養を身に付けていた少数の神学者に、マルティン・ルターも属していた。すでに一五〇九年から一〇年にかけてエルフルトでルターが講義をしたペトルス・ロンバルドス（一一六〇年没）の命題集への欄外注が、『ヘブライ語入門』への指示を含んでいる。

ロイヒリンは『『ヘブライ語入門』に基づくヘブライ語の習得のために』、ヘブライ語本文における七つの悔い改めの詩編を、ラテン語への字義的翻訳と文法的解説をして出版した（テュービンゲン、トマス・アンスヘルム社、一五一二年）。一五一八年に『ヘブライ語のアクセントと正書法について』（ハゲナウ）という著書が続いた。詩編第一一〇編から一一四編までのロイヒリンの翻訳と解説は印刷されないままにとどまった。

この偉大な教養人――彼の最高の幸福は学問研究の静寂であったのだが――が、一五〇九年にある紛争に巻き込まれた。その紛争は彼の晩年の数年に影を落とし、ついに一五二〇年には教皇による彼の有罪判決にまで至った。事の発端はユダヤ人の書物であった。この宗教的共同体〔ユダヤ教〕の構成員たちはドイツでは皇帝の臣下として正式には皇帝の領民であり、彼らは皇帝に対し納税の義務を持ち、同時に皇帝の保護下にあった。しかしユダヤ人は一五世紀のラインラントおよびドイツの多くの諸都市でほとんど根絶やしにされていた。人々はユダヤ人にキリスト者を憎悪する罪、キリスト者の子供を犠牲にする罪、聖餐冒瀆の罪、キリスト冒瀆の罪、および起こりうるすべての罪の責を負わせた。たしかに教会はユダヤ人迫害を認可はしなかったが、しかしそれを阻止することはできなかった。ユダヤ人の改宗のために一四三四年のバーゼル公会議は、罰の脅しの下でユダヤ人が聞くことを義務付けられた説教を定めた。しかしそれでもユダヤ人がキリスト教社会へ受け容れられるようになることはただ例外的であった。このことはとりわけ、諸侯たちは改宗したユダヤ人からもちろんいかなる保護税も取り立てることができなかったので、諸侯たちはそのような改宗に関心がなかったということに起因していた。それゆえ人々はユダヤ人に対して、彼らがキリスト教へ移行するときには、彼らの財産を放棄することを要求した。そのことによってキリスト者になることはユダヤ人にとってほとんど魅力のないものと思われざるを得なかった。教皇庁は確かにこの悪い施策に反対する態度をとったが、この施策は一種の慣習法として主張された。その法の下ではユダヤ人の改宗のためのあらゆる努力が破綻した。

一五〇二年に〔キリスト教へ〕改宗したケルンのユダヤ人ヨハンネス・プフェッファコーンは(8)、彼が元所属していた信仰共同体〔ユダヤ教〕をキリスト教へ導くことを生涯の課題とした。彼はまずいくつかの著書によってそのことを試みた。すでに最初の著書『ユダヤ法鑑』（Judenspiegel ニュルンベルク／ケルン、一五〇七年）において彼は彼の計画を開示した。「ユダヤ人は、自らをキリスト教信仰に対峙させる何ら確固たる根拠をもってはいない。それゆえわれわれは彼らに暴利を禁じることによって、彼らにキリスト教の説教を聞くことを強制することによって、彼らからとくに彼らの強情の源泉である『タルムードの本』を奪い取ることによって、彼らの強情を打破しなければならない」。ただ聖書だけをわれわれは彼らに許可すべきである。プフェッファコーンは自分の企ての強化のためにケルンのドミニコ会士たちと関係をもった。ケルンの人文主義者であり、スコラ学者であり、ユダヤ人嫌いであったオルトヴィヌス・グラティウスの寸鉄詩によって紹介されたプフェッファコーンの著書『ユダヤ人嫌い』（一五〇九年）を、プフェッファコーンはケルンの大司教に献呈した。ドミニコ会士たちは異端的間違いを摘発することに権限を持ちたいと思っても、皇帝の認可なしにはユダヤ人に対する効果的対策は遂行されなかった。そこでプフェッファコーンは、皇帝マクシミリアンの姉クニグンデの仲介によって、ドイツにいるユダヤ人に命じた、皇帝の一五〇九年八月一九日付けの命令書を勝ち取ることに成功したとき、彼の目的達成に一歩近づいた。その命令とはキリスト教信仰に反する意向をもった彼らのすべての書物、あるいは彼ら自身の律法に反した彼らのすべての書物を、ユダヤ教の信仰の精通者としての「われらの臣下であり、王国に忠実なヨハンネス・プフェッファコーンに提出するように」というものであり、プフェッファコーンはそれらの書物をユダヤ人たちから、牧師と二人の市参事会代表の立会いのもとに、受け取り、そして「差し押える」べきであるというものであった。ユダヤ人の書物のこの差し押さえは抵抗に遭ったので、皇帝はついに一五一〇年にマインツの大司教ウリエルに、マインツ、ケルン、エルフルト、およびハイデルベルクの諸大学、またロイヒリン、またドミニコ修道会の異端審問官ヤコブ・ヴァン・ホーホストラーテン、ユダヤ教から改宗した祭司ヴィクトル・フォン・カルベン、これら専門家たちからの意見書を入手し、皇帝へ回送するように委託した。一五一〇年一〇月六日付けのロイヒリンの意見書は、『われわれはユダヤ人から彼らのすべての書物を奪い取り、廃棄し、焼却すべきかどうかについての助言』という表題をもっている。彼はその中でユダヤ人の書物を二つの主要なグループに分類している。第一のグループは明白な恥辱にまみれた書物であり（たとえば『ニツアコン』および『トレドト・イエシュ』）、それらは廃棄されるべきであり、またその所有者は罰されるべきである。第二のグループはユダヤ人たちに残されておかれるべき残余のすべての書物である。皇帝の命令によって直ちに保護されるべきヘブライ語の聖書は別として、この第二のグループの本を彼はさらに以下の範疇に分類している。第一はタルムード、第二はカバラ学的著作、第三はグロッセと注解、第四は説教集と賛美歌集の書物、第五は哲学的また自然学的な書物、第六は詩的な、また風刺的な書である。タルムードをロイヒリンは当時、ただキリスト教著作家の論文からのみ知る。これらの著作家の著書はすべて、キリスト者にヘブライ語とアラム語の習得のためのきっかけを与え、聖書解釈にとって大きな価値を有し、キリストの証言を含んでいる故に、これらの著書すべての保存を彼は推奨する。ロイヒリンはヨハネによる福音書五章三九節からのイエスの言葉をタルムードに向けて語られたと見なす。「聖書の中に永遠の命があると思い込んでいる限りにおいて、あなたがたは聖書を尋ね、探し、あるいは研究するがよい。しかし聖書はわたしについて証言している」。ユダヤ人たちがキリストを信じないことに、われわれは寛容でなければならない。彼らが彼らの心の中でキリストについてどう考えているかは、法的には問題ではない。彼らの書物の中にキリスト信仰に対する明確な非難が含まれているかどうかだけが問題である。異端の実質要件はキリスト教信仰にあるが、ユダヤ人たちはキリスト教信仰から離反したのではないから、われわれは彼らを異端者として扱ってはならないであろう。彼らはキリスト者と全く同様に「直接に聖なる神の国の成員であり、帝国の市民である」。ユダヤ人とキリスト者とは「ひとつの市民権と城内平和の中に」座している。われわれはユダヤ人を友好の中で、暴力に訴えることなしに、信仰へ動かすことに努めるべきである。そのための前提をわれわれは諸大学においてヘブライ語の講座の設立によって生み出すべきである。

この件はまだ判定を下せる段階に達していないと判断したハイデルベルク大学の意見書は例外として、その他の意見書はユダヤ人にとって多かれ少なかれ不利な結果となった。マインツ大学から出された意見書はヘブライ語聖書の引渡しをさえ支持した。皇帝からの委託を受けた全権委員としてのプフェッファコーンは諸意見書の内容を知っていた。ロイヒリンは自分の立場を決定する際に、プフェッファコーンを「水牛、またロバ」(9)とののしり、彼の改宗の動機を疑った。そのことにプフェッファコーンは激怒して、今や彼の著書『ユダヤ人に反しまた抗した手鏡』(一五一一年)でロイヒリンを無知呼ばわりすることによって公然と攻撃した。それに対抗してロイヒリンは『眼鏡』(一五一一年)をもって同じく公然と反論した。その書は皇帝とマインツ大司教の証拠文書、この事件のそれまでの経過の叙述、ロイヒリンの解説も伴った意見書、およびプフェッファコーンの『手鏡』の三四箇所の虚偽を内容としている。ロイヒリンはプフェッファコーンへ向けた非難に、ケルン大学神学部への攻撃を付け加えたことによって、自分に新たな敵を招いた。彼にとって単にユダヤ人の文書の弁護だけでなく、彼個人の名誉の弁護も重要であった。プフェッファコーンの促しにより、マインツの大司教は『眼鏡』の販売を禁じた。他方、ホーホストラーテンはケルン大学神学部にその本の検閲を要求した。ホーホストラーテンはロイヒリンをマインツの異端審問裁判の前へ召喚した。ロイヒリンは自分の代理人をとおして教皇に上訴し、それが功を奏して、異端審問裁判での決定はシュパイエルの司教へ引き渡された。一五一四年にシュパイエルの裁判は、マインツの審理を無効と宣言し、『眼鏡』に対して立てられた訴えを根拠なしと宣言し、ホーホストラーテン一派に沈黙を命じ、その一派にマインツの裁判とシュパイエルの裁判の費用を支払うようにとの宣告を下した。ロイヒリンは最下級審理では勝訴した。しかしその後、名声高いパリ大学が、ケルン大学、マインツ大学、エルフルト大学、レーヴェン大学の神学部を通じて、禁じられた『眼鏡』の一五一二年に出された皇帝からの断罪に同調したとき、そしてタルムードの焼却を要求したとき、情勢は再びロイヒリンにとって危険な成り行きを呈した。ローマの裁判所によって立てられた専門家委員会もロイヒリンに同調する宣言を発しはしたが、教皇が『上座に座ることの命令』の中で、この事件についての最終判断を留保したことによって、その決定を先に延ばした。

そうしている間にこの紛争はドイツ国内に広がった。ロイヒリンの人文主義的弁護者たちにとって、ユダヤ人の著書は結局はどうでもよかった。彼らはただロイヒリンのうちに彼ら自身の教養の理想を見、他方ロイヒリンの敵のうちに、尊大な異端者狩りと一つに結び付いた学問的遅滞を見た。一五一四年にロイヒリンは自分の名声を高めるために、有名人たちから彼へ宛てられた書簡の集成を出版した。彼の友人たちは彼の同意を得て、その書簡集を一五一九年に第二の書簡集によって補完した。フッテンは一五一四年に『勝利者ロイヒリン』を著し一五一八年に出版したが、その際その著書に木版画が添えられた。ところでロイヒリン派の書のうち最も一般受けした書は、あの有名な『蒙昧者たちの書簡』、すなわち『尊い師オルトヴィヌス・グラティウス宛の蒙昧者たちの書簡』（一五一五年）であった。(10) その書簡集は最初の版で四一通の擬装された書簡を含んでいた。(11) その次の版（一五一六年）は書簡が七通だけ増された。それから数箇月後（一五一七年）に、オルトヴィヌス・グラティウスへ宛てられた六二通の書簡から成る第二の書簡集が現れた。その作品はムティアヌス（Mutianus Rufus, Konradus 一四七〇―一五二六年）を取り巻くエルフルトの人文主義者たちの仲間において成立した。第一書簡から第四一書簡までの著者はクロトゥス・ルベアヌスであり、(12) 七通の追加書簡と第二部の六二通の書簡の著者はウルリヒ・フォン・フッテンである。そこで蒙昧者の代表者たちとは、プフェッファコーン、(13) ホーホストラーテンおよびトゥンガルス（Arnoldus de Thungarus, 一五四〇年没）ら、オルトヴィヌス・グラティウスと共に先頭に立っている者たちである。これらの人物の周りに一群の小人物たちが集まっている。彼らは安楽な生活に耽り、ロイヒリンと人文主義に対する陰鬱な憎悪で満ちている。彼らはドイツ語を基にしたひどいラテン語によって、彼らの全くの愚昧と無能さを曝け出している。フッテンによって著された部分には、最初の部分にあった囚われなさが欠けていて、反ローマ的傾向が際立っている。『蒙昧者たちの書簡』は、ロイヒリンの敵たちを、人文主義的教養人たちの目に笑いものとして曝した。エラスムスはこの種の争いに、確かに嫌悪を感じた。またルターは『蒙昧者たちの書簡』の著者を「ばか者」と呼んだ。ロイヒリンは教養人たちの判断では勝利者として立っていたにもかかわらず、その裁判は一五二〇年にローマでルターの事件の影響下で、『眼鏡』の有罪判決をもって結審した。ロイヒリンはその裁判費用を負担しなければならなかった。彼が彼の第二の哲学的・神学的な主要著作『カバラ的術について（De arte cabalistica）』（一五一七年）をレオ一〇世に献呈していたことは、何ら彼の助けにならなかった。

ザクセンの領主フリードリヒ公が一五一八年にロイヒリンの甥であったフィリップ・メランヒトンをギリシア語の教師としてヴィッテンベルク大学へ招聘したことは宗教改革の歴史にとって大きな意味があった。それによって人文学部の徹底的な改革が前進した。

ロイヒリンの最晩年は困窮と孤独によって覆われていた。彼の第二の妻を死が彼から引き離した。一五一九年にシュワーベン軍団によってウルリヒ公爵がヴュルッテンベルクから追放された後には、そしてヴュルッテンベルクがオーストリアの支配に引き渡された後には、彼が四〇年間暮らしていたシュトゥットガルトに留まることは、彼にとってていとわしいこととなった。彼の蔵書の大部分を後に残したまま、彼は彼の教え子であり、ルターの論敵であったヨハン・エックが活動していたインゴルシュタットへ移住した。一五二〇年ここの大学でロイヒリンはギリシア語およびヘブライ語の教授活動を始め、首尾よくいった。しかし一五二一年にペストが流行したために彼はテュービンゲンへ移った。そこで彼はギリシア語とヘブライ語の言語の教職を得た。この時期に彼は司祭の身分になった。そうなることによって彼はきっと、ローマにおける彼の有罪判決後の新たな攻撃を予防しようとしたのであろう。他方、聖職身分へ入ったことはローマ教会への明確な信仰告白であり、宗教改革に対する拒否である。ロイヒリンは、バート・リーベンツェレでの保養滞在中にではなく、シュトゥットガルトで一五二二年六月三〇日に死去した。

Ⅲ　ロイヒリンの「隠された哲学」

教会史にとってとくにロイヒリンのヘブライ語とユダヤ文書への努力は大きな意味を持っている。彼が近代ヘブライ語学の基礎を置いたとは言え、彼の主要な関心は、純粋な文献学的関心を超え出て、カバラと神智学へ向けられていた。このことは『ヘブライ語入門』からも明らかになる。彼は『ヘブライ語入門』を「聖書の研究の全般的堕落について」の深い憂慮から著作した。彼はその罪責を単にソフィスト的スコラ学に帰するのみならず、雄弁と創作の人文主義的過大評価にも帰している。それに対抗して、「神の口が語ったとおりの聖書の根源的語り方」を自立的に理解することが重要である。「もしわれわれが旧約聖書を、わざわざその原語で、ヘブライ語で読み、また理解することができるなら」、数多い解釈から当然起こりうるうんざり気分は解消するであろう。しかしロイヒリンが聖書の原文の中に追求するものは本来、単純な文字どおりの意味ではなく、言葉の中に隠されている神秘である。それゆえ『ヘブライ語入門』は、より高次の教えへの通路を開かなければならない。「後にわたしは、御心なら、より高次の知識を伝達するであろう。その知識は、ピュタゴラスの秘密の教えおよびカバラの術の研究のために役立つものである。しかしその知識は、ヘブライ語の予備知識を持っている者によってのみ完全に理解されうる」。ロイヒリンは『ヘブライ語入門』によって「秘密の哲学のすべての友たちに、教科書的であれ、最も深い学問の研究への道を開こう」としている。秘密の哲学ということで、彼はピュタゴラス的・新プラトン主義的・カバラ的基礎の上に立つひとつのキリスト教的神智学を理解している。

この隠された知恵の最初の叙述を彼は著書『不思議をはたらく言葉について』（一四九四年）によってすでに与

えていた。その著書は三つの書から成り立ち、プフォルツハイムで実施されていた授業の討論の形式をとっている。語っている人物たちは、エピクロス派から折衷派へ変わったフェニキア出身の哲学者シドニウス、プフォルツハイム出身の教養あるユダヤ人バルキアス、そしてキリスト教的賢者カプニオンすなわちロイヒリンである。「第一の書はシドニウスの名の下で哲学の全神秘を説明している。第二の書はユダヤ人バルキアスを創作し、彼がヘブライ人の、あのすべての秘密の、不思議をはたらく、名とその他多くの事柄を説明している。第三の書はカプニオンを導入し、彼が先に記された二つの立場の基礎の上にキリスト教信仰を説明し、証明している。そこで彼はあの言い表されえない四文字神名（JHVH, 旧約聖書における神名）が、すでに言い表されうるものとなったことを証明する仕方で、すべての不思議をはたらく言葉をイエスの名に適用する」（ヤコブ・ヴィンプフェリング宛のコンラト・レオントリウスの推薦文より）。

第一の書は哲学の限界を明示し、それと共に啓示と信仰の必要性を明示する意図をもつ。自分の生涯を自然の研究に捧げたシドニウスはアリストテレスを引き合いに出して次のように言う。「ギリシア人が物理学、彼らの自然学と呼びならわしていた、事物についての卓抜した認識だけで十分であろう。その認識は真実であるものの、われわれによって覆いなしに知覚されるものの諸条件を研究する」。ただ自然に従い、感覚に通用するものだけについて知識が成り立つ。「というのは神的なことについてはいかなる真の認識も人間の分として与えられていないからである」。バルキアスは、感覚による知覚に基づく理性主義的な自然科学の確実さに対して異を唱える。「自然の事物について著述した偉大な人たちをも含むすべての人たちの間でのこんなに大きな相違が特に、その確実さに反対して語っている。ここ（意見の相違）においては、真なるものは成り立ちえない」。自然についてさえも真の知識はむしろ諸啓示に依拠している。すでにモーセはそのような諸啓示を受けた。そして伝承者たちの連鎖によってそれらの諸啓示は後代の人々にまで受け継がれた。「人間の学問をとおしてではなく、神的な伝承をとおして隙間なしに、ある人によって受容され、（それに続いて）同じく他の人にも受容されるのでなければ、人間はどんな任意の感覚的な知覚可能な事物からも、不変の、純粋な、不可謬の知識を持ちえないと、わたしは主張する。これ（伝承された知識）をヘブライ人たちはカバラすなわち受容（receptio）と名付ける」とバルキアスは言う。カプニオンは、可見的世界と精神的イデア的世界の間のプラトン主義的区別から出発することによって、シドニウスとバルキアスの間を調停する。前者〈可見的世界〉の知識は感覚の知覚に依存し、後者〈精神的イデア的世界〉の知識は啓示に依存している。前者のための認識器官は理性であり、後者のための認識器官は精神（mens）である。「多くの哲学者たち、とりわけプラトン主義者たちは、彼らが知識を集めていると思っているものについて、二つの本性があるということを確定している。一方の本性は、われわれが目で見、手で触れることができるものであり、その本性はほぼ時々刻々変化するものである」。カプニオンは、存在のこの領域についてはある知識が成り立つということで、シドニウスに賛同する。「これらの事物は認識された後に、たしかに変化するように、（それらの事物についての）知識も（絶えず）変化する」。それゆえ「天の下の」事物についてのすべての知識は厳密に言えばただ「暫定的意見（opinio）」でしかない。「しかし存在のもうひとつの本性について彼ら（すなわちプラトン主義者たち）は、その本性は過ぎ行かず、変化せず、確定し、同一であり、永続していると主張する。この第二の本性は単に徹底した推論によって捉えられるのでなく、精神（mena）の鋭さにもよらなければ見られない。この種の存在をわれわれは神的と呼ぶ」。これら第二のものについて、死すべきものたちは、人間的力によらず神によるのでなければ、わずかな認識にさえ到達できない。「それゆえ下位の事物の真理は理性の対象であり、より高位の（存在者の）真理は精神の対象である」。もし今や感覚世界を超え出て行くすべての知識が神的啓示に依存しているなら、信仰が決定的意味を獲得しなければならない。「信仰をとおしてわれわれの精神は、より上位の知性者と実際に同一となり、また神と結びつけられる」。「神は愛である。人間は希望である。そして両者の間の紐帯は信仰である。神性は（信仰をとおして）精神と結びつけられる。それはちょうど精神が知性と、知性は注意と、注意は像と結びつけられるのと同様である。そしてこの像は感覚の知覚と、この感覚の知覚は諸感覚と結びつけられ、この諸感覚は結局は事物と結びつけられる。（それも）いつも、より高位の力が、より下位の個々の事物をとおして、すべての任意の存在者の理解能力に対応して、最も下位の事物にまで流れ出るという仕方で」。これは存在の連鎖の新プラトン主義的表象である。神は人間のもとで好んで見出される。そのことは、「われわれが人間的力を超え出て、自ら不思議なはたらきのはたらき手であるということ」から看取されうる。「同時にわれわれは自然の中に置かれて、自然を支配する。そして神性が示す恐るべき不思議のしるしを、奇跡を、われわれ死すべき者たちは唯一の言葉をとおして溢れるばかりに成就する」。それゆえ神の不思議をはたらく言葉をおして神は自らを人間に伝達する。ここでたしかにバルキアスは告白せざるをえない。「言葉のこの力が随伴しようとする、そのヘブライ人が、この時にはいない」。カプニオンはそのことを確証する。「あなたがたから去った、言葉のあの救済する力は、わたしたちを選び、わたしたちに随伴し、わたしたちが見るように、わたしたちの命令に従う」。シドニウスとバルキアスも不思議をはたらく言葉を認識するにふさわしいと評価されるべきなら、彼らはまず彼らの誤謬を断ち切らねばならない。一方は彼のエピクロスとルクレティウスを、他方は彼のタルムードを断ち切らねばならない。「あなたがた自身を洗いなさい、身を清めなさい」。第二の書において、バルキアスはまず、どの言葉の中に神的力が宿っているかを説明する。「必ずしもすべての言葉が神的力を宿しているとは限らない。……ただ次のような言葉だけが宿す。すなわち世界と人類の最高の神が、あるいは見通す天使が、神の命令と予定に基づいて特別な仕方で総括した言葉だけが。そのときこの言葉は永遠のハーモニーの余韻を響かせ、そして神性を保持する」と。そのような言葉は、古くからのものでなければならない。「古いものは無限の時間に近づく。無限の時間は永遠に触れる。永遠は永遠を支配する神に隣接する」。ところで古いものは野蛮なものであるので、「野蛮なものは神性と親近性がある。……ところでわれわれはヘブライ的なもの、あるいはヘブライ的なものから最も近いものとして派生したものを、野蛮的と呼ぶ」。「神は人間と、人間は天使と、個人的に、また通訳なしに、顔と顔を合わせて、疑いもなくヘブライ語で話した」。この言語で、最古の世界文学であるモーセの文書は著された。それゆえわれわれはヘブライ語の中に神的力をもった言葉を探さなければならない。ヘブライ語聖書は神の本質を表すものとして三つの名をもつ。「フー（hu）」（彼自身）、「エヒエ（yehiye）」（わたしはあるであろう）、「エシュ（esh）」（火）である。これらは「三位一体」を言い表す。次いで、世界に対する神の関係を言い表す一〇の名、「セフィロート（sephiroth）」がある。しかし最後に「存在者を超えた神性」の名付けえぬ名、四文字神名（JHVH）が立っている。この四文字神名は、「人間の能力に奇跡を生み出す命令の権威を付与することになっている」。最初の文字（J）は、ヘブライ語のアルファベットではひとつの点のようなものであるが、一〇という数値を持ち、万物のはじめとおわりを表す。第二の文字（H、数値は五）は、「最高の光から流れ出た、霊的世界の最初の光線」を指し示す。第三の文字（V、数値は六）は、全宇宙の完全性を指し示し、第四の文字（H、数値は五）は、ちょうど五が一〇の中間を表すように、「見えざる世界と見える世界の間の」中間領域の構成員としての、理性を備えた人間の心を指し示す。第三の書において、ユダヤ教の神秘学はキリスト教の信仰と結びつけられる。バルキアスはたしかに四文字神名の神秘を説明するが、しかし次のことを認めざるをえない。「聖なる名の力は、今日に至るまでのわれわれの先祖に伴わなかった」。言い表されない神の名がイエスの名（JHSVH）の中へ入り込み、また子音Sが取り込まれたことによって、その言い表されない名が言い表されうる名となったことを、カプニオンは指摘する。「不思議な、また不思議を引き起こす名、声の響きをもって言い表されうる名、その名はもはや言い表されえないものではない。それは四文字神名でなく、五文字神名である！　天においても地上でも、イエス（JHSVH）の名にあえて逆らう力は存在しない。その名より聖なる、またより宗教的な他の名は存在しない。その文字が神であり、その音節が霊であり、その発音が神と人間である。その名は以前かくも長い時間、たしかにかくも長い時代にわたって発音されえないものであった。今やその名は、子音と結び付けられて、発音されうるものとなった。言葉が肉へ下ったとき、その文字が響く言葉へ移行した」。四文字神名の中へ組み込まれた文字Sは、イエスが、最後の、第七番目の時代に、神と人間の仲保者として到来したこと、彼の規定によって教会の頭であることを意味している。

「キリストは世の終わりに、すなわちこの世界の第七番目の時代に、身体を採った。しかし身体は多性において求められうると、われわれは身体について言った。それゆえもし数でなく神を表す一性（最初のアルファベト文字アレフ、その数値は1）に基づいて、ヘブライ人において使用されているすべての数文字の中から、数の七つの家をあなたがたが形成するなら、またその個々の家が順に三つの代数的文字群を包含するなら、そのときその七番目の家において、それも（resh, shin, thau という三つの数文字の）結合の真中において、まさに文字 shin が明瞭に現れ出るであろう。その文字 shin は神と人間の間の仲保者を表し、（同時に）神と人間であるものとして、神と人間の両者を一つにした。ところで第七番目の家の文字の結合は次のとおりである。resh, shin, thau．これはラテン語で次の言葉をもって翻訳される。「shin は頭の規定である」（すなわち shin は、頭であることの規定を持つ）。それはちょうどアルファベトが予示し、予言によって暗示したとおりである。すなわち同じ文字 shin がイエスの名――この名を父なる神はその体である全教会の上に立つ頭としたのであるが――を形成するのに適したしるしとなるであろうことを予言し、暗示した」。

不思議をはたらくイエスの名の象徴は十字架である。「しかしまさにこの十字架という言葉がいかに生み出されたかは、……それは不思議をはたらく言葉の最も大きな深い神秘である」。それゆえカプニオンはシドニウスとバルキアスに耳打ちし、キリストへの信仰へ回心した両者に、あの十字架の神秘を群衆にもらさないことを義務付ける。「この仕方であなたがたが懇願していることが、あなたがたに生じるでしょう」。これをもって討論は終わる。

ロイヒリンの第一のカバラ的著作〈『不思議をはたらく言葉について』（一四九四年）〉から二三年後に、彼の第二の、今や本来のカバラ的著作、『カバラ的術について』（一五一七年）が登場した。この第二の著作も三人の男の間での教義討論の形式をもっている。すなわちカバラに通じているユダヤ人のシモン、イスラム教徒のマラヌス、ピュタゴラス学徒のピロラウスの三人の、この著作のキリスト教的性格が、たとえ無視はされないとしても、背後に後退していることと同じく、キリスト教徒の知者の人物像が欠けている。教皇レオ一〇世への献呈においてロイヒリンは、プフェッファコーンの紛争をとおして慎重になって、次のことを強調している。「このすべてにおいてわたしは何も主張していません。わたしはただ、カバラに通じていたユダヤ人シモンの言葉を聞くために様々な地方からフランクフルトのある居酒屋へ集まっている無信仰者たちの意見をそのまま伝えているだけです」。マルシリオ・フィチーノがイタリア人にプラトンを、ファベル・シュタピュレンシスがフランス人にアリストテレスを近づけたように、ロイヒリンはドイツ人にピュタゴラスの哲学を新たな生へよみがえらせた。「それでもヘブライ人のカバラなしにはこのことは起こりえなかった。すなわちピュタゴラスの哲学がカバラの弟子の指図から始まったからであり、ちょうど父祖たちが思い出しているように、ピュタゴラスの哲学が大ギリシアから離れ去って再びカバラの書の巻物を研究したからである」。第一と第三の書は、もっぱらカバラ的叙述に捧げられている。第二の書はピュタゴラス哲学の叙述を提供している。その著作の内容は簡単にはほとんど言い表されない。なぜならその思考過程は複雑であり、個々の詳述は著書『不思議をはたらく言葉について』においてよりもはるかにより強くヘブライ語と結び付けられているからである。ロイヒリンは彼の古典教養の「豊穣の角」の中身をあけ、読者をカバラ的著作に、その著作の内容と方法に精通した者にし、その間に彼はイスラム教とアラビア哲学のより豊富な知識を獲得した。タルムードとカバラとの間の区別についての彼の詳論は注目に値するものである。カバラは彼岸の霊的な世界の考察に限定されるのに対し、タルムードはその注意を全く此岸的世界に向けている。それに応じてタルムード学者は救世主を身体的困窮からの救済者として理解し、カバラ学者は救世主を原罪の束縛からの解放者として理解する。カバラは精神を神的事柄の考察へ高め、その中に真の幸福が存在する。ロイヒリンは彼の著書『カバラ的術について』の中で、イスラムについての批判の言葉を一切語っていないことも、言及されるべきことである。コンスタンティノープル出身のマラヌスが、ギリシア教父たちを熱心に引用し、「われわれキリスト者」について語るとき、彼はある程度キリスト教界に溶け込んでいる。モハメドがコーランの中で永遠の幸福を、われわれがピュタゴラスのもとで、またカバラにおいて見出すもののように言い表しているということに、何ら疑いはない。もしたとえばコーランにおいて、聖者たちの前でいまだだれによっても処女を奪われたことがない処女たちについて語られるなら、この語られることすべてがピュタゴラス学徒とカバラ学者においてとまさに同じく象徴的表現形式であることをわれわれは知らなければならない。

Ⅳ　ロイヒリンとルター

ロイヒリンのカバラ的著作を読んだ者のうちにルターもいた。ロイヒリンの著作『カバラ的術について』でルターが感銘を受けたのは、論理的な努力によってはわれわれが支配できない「単純な信仰」（WABr 1,Nr61）をロイヒリンが要求したときの、その決断性である。しかし他の場合と同様ここでもルターは、異質な思想を彼自身の神学の確立のために利用した。その異質な思想はその元の文脈ではたしかに別の意味をもっている。ロイヒリンの「隠された哲学」は理性的思考を超越しているので、彼はシロギスモスの技法なしの純粋な信仰を要求している。ルターは理性を信用しない。なぜなら理性には神の言葉を人間的尺度にしたがって解釈する傾向があるからである。ロイヒリンの例はたしかにきわめて強くルターにはたらきかけたので、ルターは彼の第二回詩編講義（一五一九―二一年）において、詩編第五編一二節に関してカバラ的方法で四文字神名を比較的長い論述において、きわめて機知に富んだ仕方で解説した。しかし彼にとって神の名の力はある特定の文字の中にあるのではなく、神が自らの名を結びつけた出来事の中にある。すなわち神はその名をキリストにおける啓示と結びつけた。そしてそれゆえ神の名が神の偉業について告知さえするなら、どの神の名も同じ力をもつ。神はキリストにおいて自らを啓示した。「その結果われわれは神を理解するために全ヘブライ語を必要としないのと同様に、四文字神名をもはや必要としない」（WA 5,186,16f.）。ヘブライ語がルターにとって重要でなかったというのではけっしてない。しかしルターにとって重要なのは聖書の言葉の内容であって、ロイヒリンにとってのように、あたかもヘブライ語が啓示の質であるかのように、ヘブライ語そのものが重要なのではない。

ルターがロイヒリンをどんなに高く評価していたかを、彼は一五一八年一二月一四日付のロイヒリン宛の手紙の中で書き表した。そこには次のように記されている。「あなたはたしかに神のご計画の道具でした。あなた自身には自覚されていませんが、純粋な神学を求めて努力するすべての者たちには最も期待された道具でした。……このきわめて麗しい研究の開始は、わずかな恩恵しか受けていない人間によって与えられることは許されませんでした。そうではなく神が最高の山としてのキリストを——キリストと比較することをゆるしてください——死の塵に至るまで擦り砕き、しかしその後この塵から大きな山が生じたように、あなたもまた、もし殺されず塵にまで解消されなかったなら、ほとんど実りをもたらさなかったでしょう。しかし今やそこからこんなに多くの聖書の指導者たちが生じています」(WABr 1,Nr.120)。

(竹原創一訳)

訳注

(1) Johannes Reuchlin, De Rudimentis Hebraicis, Pforzheim, 1506. ドイツにおける最初の本格的なヘブライ語の文法書および辞書。

(2) 北欧神話における最高神オーディンが戦士者たちを迎える天堂。

(3) 一六世紀初頭のベルンのドミニコ会士であり、聖母マリアの幻を見たというヨハン・イェツァーによって引き起こされた、聖母マリアの無原罪をめぐる、ドミニコ会とフランシスコ会の間の論争。裁判事件となり、原罪における受胎を説いたドミニコ会士は有罪とされた。この事件をきっかけにベルンにおけるカトリック教会の権威が損なわれ、市民を宗教改革へ向かわせることになった。

(4) Hutten, Ulrich von, 一四八八—一五二三年、ドイツの人文主義者、ラテン詩人、一五一四年にエラスムスと会って以来、道徳的教会改革を目指す。ロイヒリンに対するドミニコ会の攻撃に反対。クロトゥス・ルベアヌスと共に"Epistolae virorum obscurorum"『愚昧者たちの書簡』一五一五年を企画し、その大部分を執筆。

（5） Hoogstraeten, Jakob van, 一四六〇年頃―一五二七年、オランダ出身の神学者、宗教裁判官、ケルンで学んだ後ドミニコ会士となり、ケルン、マインツ、トリア地区の宗教裁判官として人文主義者と対立、とくにヘブライ語学者ロイヒリンに対する告発は結局、敗訴に終わった他、有名な『愚昧者たちの手紙（Epistolae obscurorum virorum）』で嘲笑の的となった。

（6） 普遍論争において、普遍は単に名にすぎないとする唯名論に対し、普遍は実在であるとする立場。

（7） Benrath,G.A[Hg.]: Wegbeiter der Reformation.Bremen 1967

（8） Pfefferkorn, Johannes, 一四六九―一五二四年、ロイヒリンの反対者、ドイツのユダヤ人キリスト者（一五〇六年改宗）、「キリスト教にとって有害な」ユダヤ教文書をドイツから抹消する勅令を出すよう、皇帝マクシミリアン一世にはたらきかけ、ケルンのドミニコ会士たちの支援を得て皇帝からヘブル語文書の没収、破壊の委任状を獲得。しかしこの件に関しては神学者や識者の意見を求めるべきだとの抗議が起こったため、皇帝は高名な人文学者でヘブライ語学者のロイヒリンに意見を求めた。ロイヒリンはユダヤ教文書の保存に賛成する意見書を出し（一五一〇年）、プフェッファコーンの友人であるケルンのドミニコ会士さらにケルン大学も加わって文書戦争となり、保守的な学者と学問の革新を求める人文主義者たちとの一大論争に発展した。ロイヒリンは裁判にかけられ、一五二〇年教皇小勅書で断罪される。しかし若い人文主義者たちはロイヒリンに賛同し、フッテンなどによる『愚昧者たちの書簡』Epistolae virorum obscurorum が出される背景にもなった。

（9） 水牛もロバも力仕事をよくするが、愚鈍で理解力に乏しいという特性をもつ。

（10） Gratius, Ortwinus, 一四八〇年頃―一五四二年、ドイツのカトリック神学者、ケルン大学で学び教えた。ロイヒリンを攻撃する文書を発表したことから、フッテンら宗教改革的人文主義者たちから批判された。この批判に応えるために、“Lamentationes obscurorum virorum”「蒙昧者たちの嘆き」を一五一八年に発表した。

（11） ここで「擬装された（fingiert）書簡」というのは、実際はロイヒリンを支援する著者クロトス・ルベアヌス（次注参照）が、ロイヒリンの敵を装い、ロイヒリンの敵対者であるオルトヴィヌス・グラティウスに仕える者、しかも蒙昧者を装って敢えて悪文で作成された書簡だからである。

（12） Crotus Rubeanus, 一四八〇年頃―一五三九年、ドイツの人文主義者、エルフルト大学で学び、当地の人文主義者と親交、ロイヒリンを擁護して『愚昧者たちの書簡』“Epistolae obscurorum virorum”の中心的起草者となる。

（13） 三段論法による論証法。

ロッテルダムのエラスムス

コルネリス・アウグスタイン

一五一六年の二月エラスムスは書見台の前に立って（これはホルバイン作「エラスムス」（一五二三年）のことを指している）、その最新作である『新約聖書』版の最初の頁に付けられることになる献呈の辞を執筆している。彼は次のように書いている。

「キリスト教の再建と改善のための、いわば土台となる希望と聖なる錨は、地にあるキリスト教哲学の信奉者のすべてが福音的で使徒的な著作――その中にはかつて御父の心からわたしたちに到来した天上の言葉がなおも生き、息づき、扱われ、わたしたちとともに語っており、他のどこにもないように活動的にして造形的である――にもとづいてキリスト教の創始者の教えに沈潜することに依拠していることは全く明らかであるし、またあの救済の教えが遥かに純粋に、かつ生けるものとして血管そのものの中に見出され、沼とか脇道に入った小川からよりも源泉そのものから汲まれたのをわたしは知っています。それゆえ、わたしは新約聖書の全文を忠実にオリジナルなテクストにしたがって批判的に改訂しました。無責任であったり、労を省いたりしないで、多くのギリシア語とラテン語の手書き本を、しかも勝手に選んだ写本ではなく、もっとも古くかつ最善の写本を参照して改訂しました」。

ロッテルダムのエラスムス
（アルブレヒト・デューラー，1520年）

完全に幸福であると感じたのはごく稀であったエラスムスがここでは「高揚した気分」にひたっている。黄金の世紀が開始するであろう。そして彼はそれに彼の才能をもって寄与している。先に引用した数行の文章の中にエラスムスにとって特に特徴的な二、三の表現がある。彼が新約聖書を非常に高く評価していることは明らかである。とても高く評価しているので彼は正しい本文を確定し、註を付けて説明しようと、ありったけの努力を注いでいることは明白である。それは厳密な言語学的作業を必要とする。源泉そのものに突き進み、沼や脇道にそれた小川に満足しないことが肝要である。とはいえ大事なのは単に文芸上の仕事だけではない。結局は生ける御言葉、つまり今日においてもなお新約聖書の中で語り、行動するイエスに関わる問題である。イエスが誰に語っているかという問題は「地にあるキリスト教哲学の信奉者のすべて」にと答えられるであろう。だが、この表現は最初一瞥しただけでは理解しがたいものである。

続く数行の叙述によってここに引用された表現がエラスムスの特徴をよく表しているかが明らかにされよう。しかし、わたしたちはもうすでに彼が典型的な行動の人ではなかったことを確かめることができる。わたしたちが彼の発展過程を理解したいなら、何よりもまず彼の発展が書物の人の発展、書かれた言葉の威力を信じるような人の発展であることを認識しておかなければならない。

I　初期エラスムスの歩み

デジデリウス・エラスムスは恐らく一四六六年と一四六九年の間にロッテルダムに生まれた。ロッテルダムは当時ブルグンド王国に属していたオランダであまり重要でない小都市であった。彼はある司祭の第二子であった。

彼はカトリック司祭の独身制の誓約を破ってしまった一人の聖職者の家系を個人的にはいつも恥辱と感じていた。こうしたことは当時しばしば起こった事実であるし、ほぼ一般に受け入れられていたけれども、彼はこういう事情を言いつくろうといつも試みた。

彼は最初ゴータにおいて二、三年間教育を受け、続けて恐らく一四七八年から一四八三年までデヴェンターにある聖ルブイヌス参事会の名門校で教育を受けた。この学校は同所で「新しい敬虔」の影響を受けたにも関わらず、(1)古くさく劣悪な学校であった。その後直ぐ彼の父が死ぬと、彼の後見人たちはエラスムスとその兄弟をヘルツォーゲンブッシュにある学校に送った。一四八七年に恐らく二人はある修道院に宿泊させられた。エラスムスはゴータ近郊のステイン修道院で宿舎を見いだした。この修道院は聖アウグスティヌス会の修道司祭会規に所属していた。そこで彼は一四九二年に司祭に任命された。エラスムスにはこのような人生の定めが少しも気に入らなかったことは確かであったことであろう。この定めは彼の後見人たちや周囲の事情によって彼に無理矢理に押しつけられた。一四九三年に彼は修道院から逃げ出す好機を捉えて喜んだ。彼はカンブレーの司教の秘書となった。それ以後エラスムスは決して修道院に戻らなかった。

この時期における彼の精神的な発展に関して何かわたしたちに知られているのか。どの程度「新しい敬虔」の影響をエラスムスが受けたのかは今なお決着がついていない問題にとどまっている。多くの研究者はこの点に関してとても先まで進んでおり、エラスムスをこの運動を代表する人物とみなした。こういう傾向を指し示す諸特徴は、たとえば質素の理想やすべて思弁的なものに対する嫌悪などは、事実、彼のうちに認められる。とはいっても、その影響は決して深い根にまでは及ぶことはありえない。むしろここで問題となるのは、総じてネーデルランドにおける中世末期の敬虔にとって固有なものであった諸々の特徴である。エラスムスに欠けているのは、ヘールト・フロートの運動を特徴づけていたもの[2]、つまり厳しい、しばしば過酷なまでの禁欲、現世に対する断念、自己の意志が損傷していることの強調、自分の判断を押し殺すことである。だがエラスムスはすでに修道院において新しい潮流であるヒューマニズム、もしくは――当時の言葉で言われているように――「人文学」(bonae litterae) に感動を覚えていた[3]。この表現をわたしたちはエラスムスの著作と手紙の中につねに見いだす。いずれにせよ、この言葉によってギリシア語とラテン語の古典的な作家の研究が考えられている。これがあらゆる学識にとって不可欠の基礎を形成していた。しかし、この特徴に消しがたく結びついていたのは、このような事柄に携わり、こういう仕方でもって初めて完全に人間となるような、人間の全体的な生活態度である。

エラスムス自身はこの年にはすでにラテン語の著作家についてとても多くの知識を自由に行使するようになっていた。彼は一連のイタリヤ・ヒューマニストたちを知っており、古代キリスト教の著作家、なかでもヒエロニムスを称賛していた。彼はすでにラテン語で流暢に書いた。彼はステインの修道院の中で彼と同じようにこういう運動に有頂天になっている大勢の兄弟たちと出会っている。彼らは詩を作り、手紙を交換し、真剣な文筆活動に全面的に没頭していた。彼らの戦いは新しい文化に抵抗する者どもである「野蛮人ども」に向けられていた。彼ら自身は自らを刷新する者、古いものと時代遅れのものを過ぎ去らせ、かつそれに戦いを挑む若者として理解していた。

そうはいってもエラスムスは当時自己の人生目標をなお見いだしていなかった。カンブレーの司教との関係は彼を失望させた。一四九五年彼はパリに行って、ヨーロッパのもっとも有名な大学を訪れる可能性を見いだした。それに続く五年間はエラスムスの人格形成にとってもっとも重要なものとなった。ほぼ四年の間彼はスコラ学研究にとってもヒューマニズムの運動にとっても中心地であるパリに滞在した。ヒューマニズム運動の仲間たちの間にあって彼は全くくつろいでいるように感じた。彼は慢性の金不足に悩まされていたけれども、倦むことなくさらに働き続けた。彼の仕事の成果は、一五〇〇年頃にはアルプスの北における同時代人のだれよりもよくラテン語を意のままに使いこなせたことである。またギリシア語の知識は未だかなり僅かではあったが、彼にもこの言語の意義を理解できるようになった。

その間に彼は神学博士の学位をえるためにパリにやってきていた。一四九七年の手紙の中でエラスムスは講義室における自画像をわたしたちのために描き残している。

「いつあなたは、いとも高名な講壇教授シュワインフバーが講義をしている間に、エラスムスがあの聖なるスコゥトス主義者の間にあって吃驚してぽかんと口をあけ座っているのを見るでしょうか。いつあなたは彼が額に皺を寄せ、頑迷な目つきをし、緊張した表情をしているのを見るでしょうか。あなたはきっと言うでしょう。そんなのはエラスムスではない。何らかの仕方でもって学芸の神や優美の三女神と係わりのある人によっては、この分野の秘密は理解されない、と人々は言うのです。あなたが何らかの方法で美しい学問〔人文学〕に触れていたなら、あなたは〔ここでは〕それを忘れなければなりません。わたしは毅然としてもう何もラテン語では言わないと努めています。もう何も美しく、もしくは楽しく語らないように努めています」。

わたしたちはこれを何ら差し引きなしにすべてを真面目に受け取るべきではない。それでも重大な背景が、誤解の余地なく、現に存在している。スコラ神学はエラスムスにとって未知の学問分野ではなかった。後になると彼はペトロス・ロンバルドゥスやトマス・アクィナスに対する称賛の言葉を見いだすことを知った。しかしながら、そのことは、彼が生涯をとおして彼らの「野蛮にして下品な言語」を鋭く批判した態度を変えてはいない。エラスムスの考えでは、彼らの愚かにして皮相的な問いや窮めがたい神秘を究明しようとする傾向を彼が鋭く批判したことに変わりはない。なるほど彼は二、三世紀前に生きていた偉大な巨匠たちには感嘆したとしても、その門弟たちは時代が変化したことを理解していない。彼らは〔独創性のない〕エピゴーネンであって、彼らの時代の問題に耳を傾けていない。こうして彼らはキリスト教が関わる事柄を傷つけている。今しがた引用した手紙の中でエラスムスは彼らと古代史から知られるエピメニデスとを較べている。(4) この人は洞窟の中で四七年間眠っていたことがあった。ついに彼は目覚めた。彼はどうやら難を逃れたようだとエラスムスは言い添える。なぜなら今日の大多数の神学者たちは目覚めていないから。エピメニデスが目覚めたとき、すべては明らかに変わってしまったので、彼は自分自身に疑いをもち始めたのである。

「彼は町にやってくる。ここもまたすべてが新しいのだ。彼は城壁も、通りも、金も、人々をも知らない。礼拝も儀式も言葉も違っている。社会はこんなにも速やかに移り変わっている」。

うっとりとして彼はあちこち走り回る。以前彼の友人であった二、三の飲み仲間だけが彼をはっきり見きわめる。こういうエピメニデスがエラスムスにとって彼の時代のスコラ神学者の像である。彼らは眠り込んでおり、今日の世界において愚か者のように振舞っている。

一四九九年の五月から一五〇〇年までエラスムスはイングランドに滞在した。そこで彼は後にロンドンの聖パウロ教会の首席司祭となったジョン・コレットと知り合いになった。(5) この人は彼に強い影響を与えた。彼はエラスムスが新しい仕方で、スコラ学が聖書の釈義を縛り上げていた教義学的な桎梏から自由になって、聖書自身にもとづいて聖書を解釈する可能性をエラスムスに指し示した。大体このころイギリスの友人たちの影響の下にエラスムスにある変化が次第に生じてきた。もちろん彼の関心は、いまだ大部分異教の古典文学の研究に注意を奪われていたけれども、それでも新しい理想が輝きはじめる。現代の研究を神学に役立つようにすることができようか。スコラ神学とは全く相違した態度をとる神学は考えられうるであろうか。聖書を中心に立て、聖書に接続するような神学は考えられるか。現代人は、個人的な決断を内容とし、神との実存的な関係を樹立しているがゆえに、教会の教理を単に肯定することに優る信仰を、自分の時代にふさわしい仕方でもって、経験できるであろうか。キリストは信者の目標にして模範となることができようか。教会はいろいろの外面的なことにもう埋没しないで、人間を司祭に依存させることなく神を探究する人たちとの真実な共同体であるように、刷新されうるであろうか。エラスムスは次第にこういった問題に関心を懐くようになった。彼の生涯にはこうしたテーマが一度に結晶したような瞬間をどこにも示すことはできない。むしろそれについては漸次的な発展を語るべきである。

一五〇〇年から一五一六年の間の歳月はエラスムスにとって慌ただしく過ぎた。彼はパリ、南ネーデルランド、イングランド、イタリア、バーゼルと居所を転々と変えた。だが彼にはいつも充分な財政基盤が欠けていた。この時期に彼の精神的な教養は完成した。そういっても彼が人文学の研究を止めるように言われたわけではない。彼はただ将来的に人文学と聖書学とを互いに結びつけようとした。彼は言語の知識によってただ聖書の源泉に迫り、聖書を本当に理解できるように願った。そのときまず何よりも初めに新約聖書の本文が、次に教会教父たちの原典が、中でもとりわけヒエロニムスの原典をその根源的な姿で出版することが可能となるであろう。その結果ヒューマニズムと神学の召喚となる両者の結合が、今やエラスムスの最大の目標設定となる。その中に知恵の全体が含まれている聖書は新しい文化の中心となるべきである。この文化では人文学と聖書学との間には対立はもはや存在しない。この年代においてはエラスムスの生活のうえに何か崇高なものが漂っている。並みの大きさで少し弱々しく速く年を取った男であって、友情にとても大きな価値と称賛を置き、口論と反目を全く嫌悪した彼は、その場合完全には幸福ではないとしても、迅速で安易な成功をはねつけており、あらゆる片隅とたわみに危険が待ち伏せている道に向かってわざと出立する。彼の態度には明確な使命感が出ている。彼は戦いの中に入っていかねばならない。彼にとってそれは完全に明瞭な事実である。それゆえ彼は自分が呼び起こす反抗を理解することができない。そういう反抗はたちの悪い悪意によって養われる、無知や迷信からだけ来るに違いない。

何よりもまず彼はギリシア語を使いこなすように学ばねばならなかった。彼はすでに一五〇二年にはどんなものでもすべてを即座にギリシア語で書くことができるようになった。それに続く時期には彼をすでに生存中に有名にさせた最高傑作が現れる。その内の一つは一目見て紛れもなく人文学の領域に属するものと分かる。たとえば『痴愚神礼賛』である。この本は今日疑う余地なく彼のもっとも有名な作品であるが、わずかしか読まれないし、古典的古代への多くの暗示のゆえにまさに難解な書物である。この作品は独創的なヒット作であって、一五〇九年にイタリアからイングランドへの旅のあいだに思いついた考えを仕上げたものである。古代では自己称賛の演説はよく知られた文学のジャンルであった。さて、ここでは痴愚神が語っており、彼は事細かに述べる演説でもって自分自身をほめそやし、痴愚神がいないと世の中は存在できないことを知らせる。こうしてエラスムスは鋭い、時折とげのある社会批判を行なうのであるが、その中にはあらゆる施設・身分・職業が、また教会とその奉仕者が叱責された。エラスムスのもとにはしばしば見いだされる二重の基盤は、ここでも欠けていない。終わりのところで彼はキリスト教が痴愚の特定のあり方と間違いなく類似しているのを示すと主張した。キリスト教の信奉者たちはこの世の基準に一致しては生きていない。それどころか聖書は愚かさを採用することに賛成である。そしてキリストは人間と等しくなることによってある意味で愚か者となった。

他の作品は最初の着想では完全に古典研究の分野に入れられるはずであったが、年が経つうちに別の特色を得るようになった。たとえば『格言集』は一五〇〇年には簡単な小手引書と考えられており、そこには制限された数のラテン語とギリシア語の格言と表現とが短い注釈が付けられていた。この書物は一五〇八年には新装版でもって再版され、一五一五年版以降は絶えずいっそう大きくなって、エラスムス自身の思想世界を伝播する道具となった。だからといって最終版では四〇〇〇以上の表現に注釈を加えた作品が三世紀を超えて上品な表現を試みたすべての人によって剽窃されたという事実には何の変わりもない。同じような例が有名な『対話集』にも見いだされる。この作品は一五一八年にラテン語の言い回しを学習するための手引き書として構想されたので、わたしたちがどのように区別された仕方と方法でもって人に挨拶したり、自分の健康を知らせることができるかを、読者は学習することができた。けれどもこの作品はすぐにもすばらしい対話を提供するようになり、それはきわめて微妙な主題、たとえば断食の戒律・聖地巡礼・聖人崇拝を、二重の観点から明らかにする機会をエラスムスに与えた。そのさい彼自身は露骨にどちらかの党派に直ちに加わる必要はなかった。同様のことは一五一五年以来彼が受け持った彼の書簡の刊行についても当てはまる。多くの手紙がこういう仕方で公刊され、後代における新聞の社説と同じような機能をもった。

さらに全面的に建徳的な文書の領域に属する著作がある。この分野でもっとも著名な書物は『エンキリディオン』〔キリスト教的兵士の手引き書〕である。これは一五〇三年に発行されたが、一五一五年以後になってから初めて広範囲にわたって知られるようになり、多く読まれた。エラスムスはこの書の中でキリスト信徒の生活を永遠にして見えないものを探求する「霊」と一時的にして目に見えるものを求める「身体」との間における継続的な闘争として描いた。この戦いは罪によって発生し、人間によって絶え間なく遂行されなければならない。そのためには人間が霊となるように配慮しなければならなかった。人がこの理想を目の前に保つとき、彼は必ずやその目標に、つまりそこに召喚されているキリストと諸々の徳にその人は到達するであろう。このことは罪に対する厳しい戦いを意味する。エラスムスは勝利を手にしようとするとき、この対決で人がそれにもとづいて身支度すべき規則を示す。とりわけ彼は三つの規則を強調する。人はあらゆる努力と行動においてキリストにのみ方向づけられるべきである。人は彼だけを愛し、讃美し、熱心に見倣うべきである。さらに人は見える事物から見えないものに昇って行かねばならない。こうして彼はあらゆる迷信に打ち勝つのである。終わりに彼はキリストだけを敬虔の模範としてはっきりと認識すべきである。

Ⅱ　エラスムスの思想における根本的モチーフ

わたしたちの関心を少しばかりエラスムスの思想世界の根本的モチーフに向けるときに来ている。わたしはそれを四つ挙げてみたい。第一のモチーフは疑いの余地なく当時の教会に対する批判である。なかでも『痴愚神礼賛』と『対話集』には告発が満ちている。これによってエラスムスはすでにその生存中に有名になった。『痴愚神礼賛』は一一年間に少なくとも二万冊を販売した。ルターはエラスムスの活動におけるこの側面をむしろ唯一重要なものとして注目した。彼は言う、「エラスムスは悪人をさらし者にした。それを彼は充分になした。だが、わたしの考えでは彼は恩恵を指し示して、人間を約束の地に連れて行くことができなかった」と。実際、エラスムスの作品では批判が中心となっている。それは何よりも迷信に向けられた。とくに『対話集』にはそのために極端な事例が供給されている。ある事例に海難事故が描かれる。死の危険に直面して旅行者と乗組員はマリア、聖クリストフォロス、そればかりか激昂した海そのものに祈っている。彼らは多くの誓願をなし、第一の人は聖地巡礼を約束し、第二の人は修道士になることを、第三の人はパリの教会の一つにある立像ほども大きな蜜蝋のロウソクをクリストフォロスに贈る約束をする。しかし、これらすべては聖者と契約を交わす試み以外の何であろうかとエラスムスは考える。けれども信頼して疑うことなく父なる神そのものに向かうほうがはるかによい。

ファリサイ主義がエラスムスの戦おうとする第二の敵である。この表現で——彼によってそれはユダヤ主義とも呼ばれる——彼が考えることは彼の著作から充分に明らかとなる。エラスムスが問題にしているのは教会における形式主義、戒律を積み上げること、神の明瞭な戒めを犠牲にして造られる、あらゆる種類の人間的な行事である。また人間の良心を超えたところに打ち立てられた専制政治である。教会の規則にもとづいてキリスト教徒であることが生かされなければならない、これらの形式のすべては、「ユダヤ的な儀式」である。エラスムスはそれらを無条件的に拒絶していないが、それらが真の敬虔の本質を排除しているとはっきり自覚している。したがって、それらは生命の危険ともなりうる。ある対話では兵士が舞台に連れてこられる。彼はすべて可能な悪行を犯すが、彼には不安がない。それでも彼はいつもドミニコ会修道士から格安で免罪符を入手していた。彼が罪を懺悔したとき、責任はもはや彼にはなく、その修道士帽の中に自分の糞を注ぎ込んだ司祭にある。

第三の躓きの石はエラスムスにとって——本当は彼だけに当てはまるのではないが——教会の金銭欲であった。儀式は、それ自体として大抵は空虚であり無意味であるが、それはことごとく金銭のために挙行される。領主たちがあらゆる種類の税金を課したことはすでにエラスムスにとって眼の中の茨であった。だが、もっと悪かったのは教会が同じことを行ったことである。洗礼の寄付のさいに、婚姻の締結にさいし、懺悔の聴聞のさいに、ある教会の奉献式において、ミサの祝祭において、最初に金銭が支払われなければ何事も進まない。葬儀においてさえ金が要求され、金が多く支払われるに応じて埋葬の儀が厳粛に執り行われる。アブラハムがその妻を埋葬するためにただで一つの場所を自由に使用させたエフロンはわたしたちに恥ずかしい思いをさせる。(6) それらすべてにもかかわらず教会が信用するに値するかどうかがエラスムスにとって問題であった。教会がその高い要求に答えないとき、その実践活動が教会の主張するのとは明らかに別の精神によって満たされるとき、人々の反感だけを呼び覚ますことになる。

ところで批判することはそれ自体では決して偉大なわざではない。さらにこのような批判は何ら新しいものを含んでいない。それは多くの人によって何度も表明されてきた。したがってエラスムスにとって積極的に眼前に浮かんでいたものは何か。それを一語でもって言い表すために彼は「キリストの哲学」もしくは「キリスト教的哲学」という表現を使用する。ここでわたしたちは第二の根本的なモチーフに突き当たる。恐らく彼はこの表現を『格言集』の一五一五年版で初めて使用している。彼はそこにおいてギリシア的な表現「アルキビアデスのシレノス」を説明し、(7) 最初見ただけでは何か笑うべきもの、軽蔑すべきものが扱われていても、よく観察してみると驚嘆に値するものが際立ってくると説明した。シレノスは愚かな像の外観を呈しているが、それでもその内部が開かれると、そのとき明らかになるのはそれが神性の肖像を覆い隠している、とエラスムスは言う。ソクラテスもそのようなシレノスであって、笑うべき外観、素朴な語り口、わずかばかりの財産をもっていたが、ひとたびこのシレノスの内部が開かれると、一人の人間よりも一人の神が見いだされる。(8) キリストは特に大きなシレノスではなかろうか。彼は名もない貧しい両親から生まれ、つましい家、二、三の貧しい友を弟子にもち、十字架において終わった飢えと悲惨な生涯をおくった。

「まさにその名前を誇示する人々はどうしてこのような肖像を前にしてそのような嫌悪の念を懐くのか。全世界を一人で支配すること、クロッセウスに優る富を所有すること、哲学者の全部を黙らせること、また世に言う知者たちを打ち負かすことは、キリストにとって容易であることは自明のことです。しかし彼には、彼がその弟子たちや友人たち、つまりキリスト教徒たちに先だって生きた、こういう生活態度が気に入っているに過ぎない。この哲学を彼は自分のために特別に選び出した。それはこの世の生活とは根本的に相違している。しかしながら、それだけが、他の哲学者たちが別の方法で到達しようと試みたもの、つまり幸福を授けることができます」。

この引用文の中にわたしたちはエラスムスが何を目標として設定していたかを明瞭に見ることができる。直ぐに注意を引くのは「哲学」という言葉が生活の仕方の意味で、あるいはおそらくいっそう正しくは現象形態の意味で使用されていることである。特定の教説とか体系は重要ではない。エラスムスはこの言葉をイエスがだれであったかを知らせるために用いた。彼はそれをどのように定式化したのか。そのためにはしばらくの間彼の教会に対する批判を思い出すがよい。彼は本質よりも見かけが現れることを拒絶する。この点は教会の創始者の生活に適合していようか。このような権力や華麗さの全体は、とりわけイエスの下した判断では、脆くはないのか。「多くの人たちはシレノスのようであるが、それはまさに逆の意味でそうなのである」と辛辣にもエラスムスは言う。このような見解の背景には真正で虚飾のないものへの欲求、新しくなろうとする勇気をもった人間・世界・とりわけ教会への要望が隠されている。それらは本来なければならなかったものである。時折、エラスムスは言う、人々の目には単純な魂にして半ば愚か者である、名もない男がいるが、そこにはこのような真正なものを見いだすことができる。こうした人たちは以前には存在していた。たとえば現世を価値があるとは感じなかった預言者たち、地上的な名誉をことごとくはねつけた洗礼者ヨハネ、世に対し見せ物とされた使徒などがそうである。だが、わたしたちはこのことをイエスにおいて他の人々よりもいっそう強く見いだす。この関連でエラスムスはイザヤ書五三章を引用する。「見るべき面影はなく、好ましい容姿もなく、彼は軽蔑されて、人々に見棄てられた」(三節)。彼は世にのさばっている教会に対決するようになり、勝利感を鼓舞するいっさいの形式を嫌悪の念をもって拒絶する。ここには支配者なるキリストの代わりに主の苦難の僕が登場する。

したがって「キリストの哲学」という表現は抽象的な概念とは何の関係もない。イエス・キリストがご自身を世に啓示したもうたままの彼が問題となっている。しかし同時にこの言葉はキリスト者とキリスト教会に当てはまる。キリストについての哲学はわたしたちが追求すべき目標でもある。そこでエラスムスはその貧困とその辱めの状態にある、その愛と自己否定の状態にあるイエスに倣うように呼びかける。イエスの名を取って自分に命名するとき、わたしたちは彼のもとに留まらなければならない。このようにしてキリストの哲学はキリスト教的哲学となり、それに敬意を表してわたしたちは次のような讃歌を唱えることができる。

「キリストの哲学はすべての人に同じ仕方でもって自己を適応させる。小さいものにも従い、その群れに順応し、彼らをミルクをもって養い、彼らから離れず、彼らを愛撫し、堪え忍び、わたしたちがキリストにあって成長するまですべてを行う」。

その目標は一つの協同体であって、その中心はキリストである。エラスムスによると協同体は階層的な構成をとっている。それはよく秩序づけられた世界でなければならない。そこではすべての身分とすべての個人は正しい場所を占めている。キリストの周辺には特定のサークルがある。彼に一番近いところには司祭たち、司教たち、枢機卿たちと教皇たちが立っている。第二のサークルには世俗の領主たちがいる。彼らは協同体の秩序を正しく保ち、悪事をなす者どもを制御する。第三のサークルには同様にキリストのからだに所属する一般の民が定住している。これらすべては中世の思想の世界に一致する。しかし静止している要素は、キリストにまで成長するものでなければならないとエラスムスが明らかにするかぎりに、打ち砕かれている。こうした成長過程において自然的な秩序は妨げとなるが、それは肯定的にも評価される。一般の民は身体のいわば足、脚、恥部である。しかし足である者は目となることができる。まさにキリストにもっとも近い諸身分は、大抵の場合、危機に瀕して、他の身分に疾走する。そこでキリストが高い理想となる。人はしばしばエラスムスを道徳主義と合理主義のゆえに責めてきた。いずれにせよ「キリストの哲学」という表現は彼にこういう非難をするいかなる根拠をも与えていない。事実、人がこの言葉に授ける内容が問題である。とするとエラスムスにとって宗教の心臓部はイエス・キリストであることが明らかになる。彼の仕事の目的はキリスト教徒たちを単に名前だけのものではなく、現実においてキリスト教徒にすること、および偉大な模範への、つまりわたしたちの人生の偉大なる師匠への道を彼らに示すことである。

それとも、このような結論を出すのは、まだ少し早過ぎはしないであろうか。わたしたちはエラスムスにとって彼の修道院滞在中には人文学がすべてであったことをはっきりさせた。それはまた後になっても重要なものとして残っていた。人生の終りにいたるまで彼は古典的な著作家たちに没頭し、テクストを編集し、ギリシア語をラテン語に翻訳し、新たに発見されたすべてについて彼は感激に満たされるであろう。これによってわたしたちは第三の根本的モチーフに触れることになる。このような人文学に対する興味はどこから来たのか。また彼によって手に入れようと努められたキリスト教との総合はどのような性質であるのか。第一の解答はエラスムスの全作品の中に含まれている。つまり古典的古代が人間のために調達した学識によってそれは彼に新しい人生観を授け、彼を言葉の真実な意味において人間となすのである。エラスムスは古代と古代の偉大な英雄たちに対する心からの賛嘆の念をいだく。何と古代の英雄たちは真実にして誠実であり、貪欲による誘惑に動かされず、慎み深く、同胞が健在であることを考慮し、寛大にして無欲であることか。「彼らは幸いなときに思い上がることなく、不幸によって打ち砕かれることもない」。するとキリスト教徒はどうであろうか。エラスムスにとって特徴となっていることは、古典的な徳とキリスト教的な徳との間に分裂がないということである。両者は相互に結びついている。もちろんそれらが低次の段階と高次の段階として語られている。ただし生活の実践においては両者の関係はしばしば逆転し、今日のキリスト教徒が当時の非キリスト教徒に遅れをとっていることが明らかである。そうはいっても順序が保たれたままであることに関しては何ら変更はない。エラスムスは『格言集』において出発点としていつも古代から一つの格言を採用し、まず事例を手がかりにしてそれを解明する。その後でそれと完全に結びついた形でいっそう高次の段階に進み、聖書の並行記事を追加して説明し、範例としてキリストや使徒や信者たちに言及するというのがエラスムスに特徴的なことである。

だがエラスムスはもっと深いところへ突き進んでいく。彼は古代の偉大な精神たちが、キリスト教的な人間にとって確かにふさわしかったような、素晴らしい事柄を語ることが、どうしてできたであろうかという問題を立てる。新約聖書に対する入門的な著作の中で文字通り「わたしたちは異教徒の書物の中にキリストの教えと一致するものを多く見いだすことができる」と書いている[9]。さらに言葉だけが問題なのではなく、行為も問題である。この考えをエラスムスはもっとも明瞭に一五二二年に『対話集』に収録された「敬虔な午餐会」の中で表明した。パウロの発言についての詳細な討論の後に、食卓仲間の一人が世俗の著述家からも何かを主張してもよいかと述べたことに対し彼に詫びている。そのうえで彼はキケロの発言を引き合いに出す。その発言の中でカトー[10]なる人物が言う、「自分は生きてきたことに悔いを覚えないし、同様にもう一度人生を新しくはじめたいとも思わない、この人生は憩うべき家ではなく、仮の宿舎に過ぎなかった」と。次の食卓仲間が直ちにこれに加えて言う、「いかに多くのキリスト教徒たちもそのように生きているので、彼らはこの言葉を口にする権利をもっていることか」と。三番目の仲間が対話に貢献しようとしてソクラテスの言葉を引用する。「人間の魂は身体の中にあたかも陣営にいるかのように置かれており、最高指揮者の命令なしにはそこを立ち去るべきではないし、その部署につかせたお方によいと思われるよりも長くそこに滞在すべきではない[11]」。このことは人生を折り畳められる天幕と比較して語った、パウロとペトロの発言と完全に一致しないであろうか。なるほどカトーの言葉にはある程度の自己に対する信頼が認められるが、そのときには毒杯をあおぐ前にソクラテスが述べたことに耳を傾けよう。彼は自分が行ったことが神に認められるか否か分からないが、自分が努力したことで神が満足してくださるという素晴らしい希望に溢れている。「正しいキリスト教的な人間にこれよりもよく一致するものを、異教徒の間で何か一度も読んだことがないようにわたしには思われる」。ここでエラスムスは古典的古代に対する彼のもっとも深い感情を表明する。「それは確かにキリストも聖書も知らなかった人にある賛嘆すべき精神です。ですから、わたしはそのような人についてそうしたことを読むときには、聖なるソクラテスよ、わたしたちのために祈ってください (Sancte Socrates, ora pro nobis) と、どうしても言わざるをえません[12]」。

彼はキリスト教と古代とを同じ価値をもつものとして並べているのか、それともキリスト教は単に異教的な内容の外面的な形態であると考えているのか。この根本問題は否定されなければならない。〔エラスムスは言う、〕「あなたが何か真なるものをいつも見いだすところでは、それがキリストに属することを考慮せよ」。『エンキリディオン』からのこの表現で充分に明らかである。わたしたちはエラスムスのもとで古代のロゴス神学が息を吹き返しているのを見いだす(13)。同様にそれは多くの初期キリスト教会の護教家たちや教会教父たちのもとで、また二、三のイタリヤ・ヒューマニストたちのもとでも見いだされる。それは神の子が地上に来て初めて成し遂げたという思想から出発するのではない。神の子はそれに先だって神の知恵として人類をその運命にゆだねてしまったのではなく、強い制限を受けているが一つの洞察と福音の倫理的要求に一致する、ある程度の徳の高い生活へと人類を導いたのである。それゆえキリスト教的な帝政〔諸国統括政策〕の一つのかたちが重要なのである。そんなわけでキリストがここでも支配的な形態となっている。それは他の仕方ではほとんど不可能である。なぜならキリストの教えだけが統一を形成し、彼においてのみ教えと生活とは一致するからである。「多分あなたはプラトンとセネカの著作の中にキリストの律法を怖れてしり込みする必要のないものを見いだすかも知れない。さらにあなたはキリストの生活と一致しているものをソクラテスの生涯に見いだすかも知れない。しかし、あなたはこのような全員一致したサークルとすべての人が互いに意見の一致を見たことから来る調和の響きをただキリストにおいてのみ見いだすでしょう」。

この終りに述べたことをもっと内容的に補充することは可能でなければならない。何をイエスが命じているのか、イエスとは誰のことか。こうしてわたしたちはエラスムスの思惟における第四のモチーフに達する。そのモチーフというのはルカ福音書のパラフレーズ〔註解〕の中で彼がイエスに「わたしの弟子となりたい人は全面的に霊的となり、物質的な事柄を決して信頼してはならない」と言わせることによって、まさしく綱領的に要約したものである。それは何を意味するのか。エラスムスはこの観点からの自己の考えを『エンキリディオン』の中で詳細に再現した。その書で彼は「可視的なものから不可視的なものへの超越[14]」を特別に詳しく展開した部分をささげている。可視的な世界というのは、過ぎ去りゆくもの、一時的なものであって、不可視的な世界に較べると単なる影にして霊的世界の弱体化した像にすぎない。キリスト教徒の理想は、見える世界から見えない世界へ上昇することでなければならない。エラスムスの心には「生かすものは霊であって、肉は何の役にも立たない」というイエスの言葉の真理が深く浸透していた。彼は言う、「わたしは〈何も役立たない〉と言うことを躊躇したことがあった。つまり肉はほんの少しだけ役立つが、霊は大いに役立つと言えば充分であったであろう。しかし今や真理そのものが〈何も役立たない〉と語っている。肉はもし霊的に根本から基礎づけられていないなら、致命的であるほどに役立たない。身体は霊がないと存立できないが、霊は身体を必要としない[15]」と。

このようにしてエラスムスが完全な霊化に、すべての地上的なものの絶対的な否定に、到達するようには、少しだけ欠けているものがある。そして彼はこうした最後の一歩をふみきることにしり込みする。そこで彼は言う、わたしは外面的な事物そのものに反対して戦わないし、教会によって承認されたものに反対して確かに戦ったりしない、と。その反対に、教会の儀式は敬虔のしるしであって、敬虔にいたる途上で役に立つ。儀式はキリストにある子どもたちにとってどうしても必要でさえあるが、もしくはほぼ不可欠なものである。こうしたすべてのもの、たとえば断食・規則正しい教会出席・度重なるミサ聖祭・多くの詩編による祈祷などは、それ自身で考えてみれば、中立的な事柄であって、善でも悪でもない。それらは肉とも霊ともなりうる。独身生活の道と同じく結婚生活の道も、祝祭日を遵守する道と同じくそれを無視することによっても、人は多くの道をとおって敬虔に到達する。こういう事柄に対する判断はわたしたちにではなく当然神に帰属している。神は心を見て判断をくだしたもう。

このことはそれ自体でもってすでに充分革命的である。しかし、それはエラスムスが外面的で物質的なものへの執心はすべて神に至る別の道であるばかりか、いっそう悪しく卑しい道であるとほのめかすことによって、いっそう腹立たしいものとなる。こうした強調は完全性を呼びかけた著作の中に見られる。子どもがキリストにおいて成人したときには外的なしるしは必要でなくなる。心の中で生じるものの中に対応するものが見いだされないなら、外的なものはすべて役立たない。「神の言葉を内面的に聞く人は幸いである。主が内面的に御言葉を向けたもう者は幸福である。彼らの魂は救われるようになるから」。エラスムスは自らをキリストがもたらした真正なる自由の擁護者とみなしている。なるほど教会は特定の儀式を導入し、規則を作成する権利をもってはいるが、キリストはわたしたちを自由に向けて、少なくとも律法からの内面的な自由に向けて呼び出したのである。意見は益々大きくなる。わたしたちがキリストを見えない事物の代わりに見える事物において崇めるならば、またそこに敬虔の極致を見て、他のものを有罪と判断するならば——こうしてすべて外的なものをとおしてキリストから目がそらされる——、わたしたちは自由の律法を見捨て、ユダヤ教に逆戻りしている。これは行為義認を意味し、したがって迷信を意味する。またしても人間は神を信頼しないで、地上的なものや自己自身に信頼する。残念なことに大抵のキリスト信徒のみならず、彼らの管理責任者、司祭、神学者、司教たちもほとんど例外なしにこの誤りに転落している。

もしわたしたちが、エラスムスは地上的で可視的なものによって単に教会生活の外面的な側面だけを考えていたと思うなら、わたしたちは誤ることになろう。確かに修道士らの誓願、彼らの生活の仕方、教会や聖職者らの豪華さや栄光、国民的敬虔の多様な形態、贖宥の本性、聖者たちへの呼びかけなどのすべては可視的なものに属する。エラスムスが肉と霊を相互に対立させて置いたとき、彼はすでに『エンキリディオン』のなかで聖餐についても〔そうした対立に関して〕語っている。ミサ聖祭という全く外面的な儀式は彼の目には可視的なものに属する。これらすべては、キリストに捧げられた人間の内的な態度がそれに伴われているときにのみ価値がある。つまり献身が人間の心においても生じているときにのみ価値がある。罪の告解に対しても彼は同じように批判的である。その儀式の全体は肉であり、神の前での罪の告白は霊である。後者は絶対に必要であるが、前者はそれが神の前での告白に喜んで仕えるかぎりでのみ必要である。洗礼の場合も同様である。エラスムスは儀式に対しては何の共感も示さないし、洗礼が救済に必要不可欠であるという教義に対しても同様である。強調点は儀式的行為の可視的なものからキリストとの霊的な結合という不可視的なものへと超越していくべき人間に置かれている。教会の教義も下位に置かれている。初期のキリスト教界が当時教義の定式にほんのわずかしか拘束されていなかったことは、一つの素晴らしい模範的な事実であると彼は考える。定式化への渇望は哲学研究から生まれた一つの好奇心である。多くの事柄において判断は各人に委ねるべきであろう。わたしたちが拘束化されるに応じて愛はますます冷たくなり、強制と暴力に屈服する。

わたしたちが全体を概観するならば、それとともに、霊的でないものすべてに対する、つまり人間の魂の中に生じたのでないもの、また魂に働きかけないものに対する、エラスムスの深い不信感が明らかになる。外面的なものはすべて危険である。このことは反作用の現象として全く明瞭に理解される。可視的なものがますます大きな役割を演じ始めた最近の数世紀に対する彼の批判を定式化するに当たって、エラスムスが指摘していることは重要である。エラスムスはその代わりに何を立てようとするのか。その回答は明らかにより高次なもの、不可視的なもの、霊に向かう探求である。人は可視的なものをただより高次のものに導くかぎりで、その価値を認めるべきである。彼の要求は具体的なことを意味する。すなわち「人間によって作成された儀式は真の敬虔が大いに増加するために、少しだけ後退させたいものだ」。諸々の〔外面的な〕像を用いないで心をキリストに向けて高めるほうがいっそうよい。他者に向かうよりもキリストに向かって祈るほうがいっそう完全である。キリストを聖者としてよりも模範として選ぶことはいっそう確実である。このようにサクラメントの受領者の内的な態度を強調することによってサクラメントは神の恩恵の手段から、神にいっそう近づくために使用する補助手段となった。本質的なことはもはや目で感得される神秘の中では演じられなくなっている。

このような思想がエラスムスの同時代人の多くにどんなに大きな影響を与えたかを想像するだけでも困難である。このような「霊の宗教」は霊性主義に、内面化と断念に、時としては現実からの逃避と自分の精神への引きこもりにさえ導く。だがそれにもかかわらず、そのような判断は、多くの人が霊の宗教を解放として経験したという事実をあまりにも少ししか考慮していない。したがって教会が提供した物質的であまりにも粗野な救済手段によるのとは別の仕方でもって、神に奉仕することは、明らかに可能であった。こうして一つの新しい世界が開けてきた。そこでは教会が事物を神聖であるとみなしたからといって、その事物が神聖ではもはやなかった。その世界というのは、そこではすべてのことがキリストを指し示すことができ、キリストの内に真の目標を見いだしてよいような世界である。

Ⅲ　エラスムスの生涯のクライマックス

わたしたちはこれよりも前に事実起こったことにふたたび目を向けよう。一五一六年と一五一八年との間の期間はエラスムスの生涯のクライマックスである。彼は有名人となっており、世界の大人物として認められた。一五一六年に彼はカール五世から市参事会員に任命され、一五一七年に修道の誓願から自由になった。彼の財政状態は著しく改善され、世界は彼のために広く開放された。だが、これよりも何か重要なことがあろうか。今や彼はその理想をも実現するようにすべきである。たとえば次のようなことはとても意義深い。すなわち一五一七年にアウグスブルクの司教となったスタディオンのクリストフは彼が開催した司教区民の教会会議において、自らの聖職者としての個人的な挨拶の言葉の中で、典型的にエラスムス的な理想を提示した。そればかりか彼はその全文を『エンキリディオン』からそっくり採っている。ルーヴァンにて三古典言語の研究が創設され、これによってエラスムスの心からの願望が実現の途についた。ここでは、すべてが平和と調和のうちに生きられる新しい世界の形成に貢献するために、若い世代がラテン語、ギリシア語、ヘブル語の三言語によって養成される。(16)エラスムスは自分の理想を掲げてもはや一人で立っているのではなく、ベアートス・レナーヌス、メランヒトン、ロイヒリン、フッテンとの友情を誇りとしているし、エコランパティウスとも親しくなった。(17)手短に言うと、とりわけドイツの人文主義者たちは彼をその指導者とみなした。だがフランスやイングランドにおいても多くの友人たちがいた。――モアのことだけを考えればよかろう。そして文通仲間たちがこの時期にたくさんひろがりはじめている。この仲間のなかには強力な結束の感情が支配した。時代の嵐に対抗して泳がねばならないと人々は確信し、それをまさにお互いに助け合って実行した。それに応じてエラスムスは彼らが創設した一つのグループについて次のように語っている。彼らが敵の攻撃に一丸となって当たるように励まし、ただ平信徒だけが彼に聞き、聖職者や修道士たちが彼と距離を保っているのが残念である、と。またファーベル・スタプレンシス(18)が一五一七年に彼を攻撃したとき、エラスムスはこれによって彼の仲間たちの統一が破られ、保守的な神学者たちがここから問題を投げかけうることを残念に思った。

この年からエラスムスは二つの企画を実行しようと尽力した。その一つは教父ヒエロニムスの著作を刊行することであった。すでに一五〇〇年頃この作品の出版を彼は考えていた。遂に九つに分割されてその作品が出版された。その序文からエラスムスがいかにその仕事を重要視しているかが明瞭に読みとれる。どれほど多くの労苦を彼がこれまでしてこなければならなかったとしても、完全に新しいテクストを提供していないことを彼は知っている。それでも彼の苦労は報われた。なぜならヒエロニムスに優ってだれも聖書の中に深く人を導入する者はいないし、彼に優ってだれも当代の学問の高みに立っていた者はいないばかりか、キリストの教えをより良く宣教した者もいなかったからである。しかし、この刊行はそれだけで孤立していたのではない。年の経過とともに他の多くの教会教父たちの著作集が刊行された。すなわち、キプリアヌス、ヒラリウス、アルノビウス、クリュソストモス、エイレナイオス、ラクタンティウス、アウグスティヌス、バシレイオスの著作集が刊行された。

これを行ったエラスムスの意図は何であったのか。エラスムスの目には人文学がいかに高い地位を占めていたかをわたしたちはすでに考察した。よい学問を神学のなかに組み入れることがエラスムスの理想であった。人文主義者たちのグループの中には神学を低く評価して見下す人がいた。ここではなお神学とスコラ学とが同一視されていた。加えてスコラ学が開発してきた専門用語と同様にその方法の全体もこの〔神学という〕学問を人文主義者に受け入れがたくさせていた。それに対して聖書的な人文主義者たちは神学をその孤立した状態から解放しようとし、もっとも新しい学問的な要求を満足させるような水準に神学を高めようと欲した。こうしてエラスムスは「人文学がキリストおよびわたしたちの神の栄光を告知するように」努めた。かつては異教に導いていた人文主義の研究が今やキリストをその中心に移動させることになった。このような神学的思索の方法はスコラ神学にとっては許されがたい病的な改革の試みであったが、それに反してエラスムスにとってそれは古代の復興であった。ところで彼は神学と古典文化との結合を教会の教父たちのもとで再発見する。彼の生涯のとても多くの部分を費やした教父学研究の根源はここにある。今日では世界中で使われている〔キリスト教神学と古典文化との〕総合は古代の教師たちのもとに見いだすことができた。とはいえかつてはこの総合が対立的に立てられていた。すなわち一方においてオリゲネス、バシレイオス、クリュソストモス、ヒエロニムスのような神学者たちがおり、他方において若い世代の神学者たちがいる。あちらには黄金の河があり、こちらには源泉から遠く隔たったみすぼらしい小川がある。あそこには素敵な庭園があり、こちらには茨とアザミとが生えている。

しかしながら、これをもって教父研究に関するエラスムスの本来的な動機はなお述べられたとは言えない。この動機は神学的性質のものではなく、初代教会に対する強い願望に発している。彼の心はキリスト教界の最初期の黄金時代に掛かっている。ここには当然強烈なロマン主義的な特質が暴露されている。エラスムスは初代教会についてきわめて美化された考えをもっていた。だが彼は同じように教会の発展とともに正当な成長の過程よりも没落の過程がいっそう強く起こってきたことを鋭く洞察していた。彼はスコラ学のみすぼらしい小川とは反対に、教父たちの黄金の流れという像を教会自体に実際に結びつけた。当時教会は源泉の近くに、キリストのそば近くに生きていた。今日では教会は偉大な教師たちからどんなに遠くに離れていることか。

このようにエラスムスは過去の研究に際しても本当は彼の時代のことを問題にしている。歴史的な関心が決定的なことではなくて、初代教会の人々の模範にしたがって教会を改革するという理想が彼を縛りつけていた。この目標は教会教父たちの作品を刊行したり翻訳したりする際に彼の念頭を去らなかった。人文学が当時のように聖書に奉仕するようになることは可能ではないとすべきか。高名なヨハンネス・ロイヒリンが死去したのち、『対話集』の最新版にエラスムスは彼を偲んで、どのようにロイヒリンが天上界においてヒエロニムスに迎えられたかを描いた。両者は輝くばかりの衣装を着せられ、その上には三色に染められた舌状のものが飾りとして刺繍されており、当時支配的であった三古典言語をあらわす徴しとなっている。両者の姿には精神が働いている。次のようなロイヒリンを憶えての祈りのように現在と過去とが溶け合っている。「神よ、あなたは人類を愛し、言語の賜物を与えてくださいました。あなたはかつて福音の宣教のため、あなたの聖霊によって天から言語をあなたの使徒たちに授られましたし、あなたが選ばれた奉仕者ヨハンネス・ロイヒリンによって今や世界を刷新なさいました。それは、すべての者がすべての言語をもって至る所であなたの御子イエスの栄光を告げるためなのです」。

わたしたちは一五一六年にはじまる第二の偉大な仕事、つまりエラスムスの新約聖書の刊行について語る時になった。すでに一五〇〇年以来彼は新約聖書を理解するためにギリシア語がいかに重要であるかを知っていた。もはや人々は——過去の数世紀にそうであったように——古いラテン語の翻訳であるウルガタでは満足できないでいた。エラスムスは一五〇四年にイタリアの人文主義者ラウレンティウス・ヴァッラの未刊の作品の一つの写本を発見したとき、感動に満たされた(19)。その写本では新約聖書のギリシア語のいくつかの手書き本がウルガタと比較対照されていた。その翌年にエラスムスはこの著作に重要な序文を付して刊行した。この序文の中で彼は、ウルガタに対して神学者だけが批判すべきであって、言語学者はそうすべきでないという異議を論破した。

「聖書を翻訳するというこの課題の全体は文法学者が関与する事柄である。ある場合にはエトロの方がモーセよりも賢いことがあっても、それは馬鹿げていない」。比較は示唆に富んでいる。文法が世俗の学問に属していても、それは神学に役立つことができる。実際、その助けはきわめて必要でさえある。[20]

一五一六年の三月にはそのときが来ていた。今やバーゼルのフローベン社から千頁を超える内容豊かな大型本が出版された。それはギリシア語の本文、エラスムスの手になるラテン語訳、および詳しい入門的な文書と注釈書、さらには本文に対する説明的な注から成っている。この全体を完成するにはエラスムスと彼の協力者たちが半年間かけて極度に張り詰め、きわめて集中した仕事を必要とした。急いで仕事しなければならなかった。というのはスペインにおいても同様な、しかもいっそう壮大な規模での企画がすでにずっと進展していたからである。フローベン社は競合を恐れていた。エラスムスはレオ一〇世への献呈の辞においてこの出版に対して信じられないほどの多くの労働を投入したと誇らしげに述べている。彼は最古で最善のギリシア語とラテン語の写本を使っていたし、さらに教会教父たちがどのような異本交合による異文を知っていたかを多くの教父のもとで調査していた。彼が使用した諸々の写本の年代や特質に関して彼が誤ったことを現在わたしたちは知っている。それらの写本は発行年がまだ新しかったり、それほど良いものではなかった。さらに彼が自由に使うことができたすべての写本の中にはヨハネ黙示録の終りの数節が欠けていた。それゆえ彼はこの部分を単純にウルガタから元の言語〔ギリシア語〕に再翻訳した。しかしエラスムスの作品のなかの根拠の薄弱な箇所を〔このように〕確認することよりも重要なのは、彼の仕事の意義が承認されたことである。今や初めて神学者たちに〔ギリシア語新約聖書〕本文の版、および――新しい翻訳と注によって――本文研究のために豪華な参考資料を自由に使用することが許されたのである。

すでに一五一九年に少なくとも四百箇所の修正を施した〔新約聖書の〕新版が現れた。それはエラスムスが骨の折れる仕事をさらに続けたことの確かな証しである。一五二二年にも、一五二七年にも、また一五三五年にも新版の手配をした。その間に無数の他の印刷所をとおしてテクストの版やエラスムスによる翻訳が復刻された。彼の仕事にもとづくさまざまな国の言語への翻訳も直ちに現れてきた。その中にはルターの手になる有名なドイツ語への翻訳も数えられる。もちろんスコラ神学者たちの側からの抵抗はものすごく、その論拠たるや大群のさまを呈していた。エラスムスは聖書を台なしにした。ウルガタのほうがギリシア語のテクストよりも良いばかりか、何百年も続いた伝統によって聖化されている。エラスムスの翻訳は間違っている。彼の注解は信仰を損ねている。聖書は教会全体のためにあるのではなく、ただ神学者にとってのみ用いられるように定まっている、等々。エラスムスはこれらの抗議を一つも実際には理解できなかった。彼にとって次のことが世の中のきわめて単純な事柄であった。すなわち、古代からのありとあらゆる著作が今や出版されている。その際、あたう限りの細心の注意が正しいテクストの確定と明確な説明に費やされている。それでもキリスト者がこの細心の注意を真っ先に新約聖書に向けようとすることは自明なことである、と。

なるほどエラスムスの作品は神学者のために意図されていたとしても、彼は断固として平信徒にも奉仕しようと願っていた。彼の序文の一つからの次の引用の箇所は有名である。

「聖書を民衆の言語に翻訳したり、平信徒によっても読まれるようになることを欲しない人たちからわたしは手を引きます。この人たちは、一握りの神学者たちによってもほとんど理解され得ない仕方でキリストが複雑怪奇に教えたかのように、またキリスト教が知られないままでいることによって保護されうるかのように、考えています。王たちは自分らの秘密を隠そうとしますが、キリストは自分の秘密が人々の間に広められるように強く欲しています。わたしは女将さんたちがすべて福音書を読むように、またパウロの手紙を読むように願っています。さらに、わたしはスコットランド人やイラン人によってのみならず、トルコ人やサラセン人によっても読んで理解されるように、あらゆる国民の言語に聖書が翻訳されたらよいと思います」。

福音書の記者自身もこのように願っていたし、彼らが単純な民衆の言語で書いたことは理由がなかったわけではない。

これらのすべてにおいて新しいスローガン「源泉に帰れ」がその姿をはっきりと現してくる。エラスムスは聖書そのものに再び発言させようと欲し、そのためには聖書が伝統の重荷から解放されなければならなかった。その際形式問題が重要ではなく、生けるキリストが重要であった。エラスムス自身が聖書の中でキリストを発見し、同時代人らをキリストの許に導こうと欲した。彼はその序文において多様な目に見える救済の徴しに対する因習的な崇拝について次のように語っている。わたしたちはキリストの上着を崇拝し、イエスの像を宝石とか金で飾っているが、わたしたちはそれよりも、その中でキリスト自身を見いだす聖書を、遥かに多く崇拝すべきである。聖書の中では「キリストが充ち満ちて現存しているので、あなたが肉眼で彼をみるとき、あなたはほんの少ししか彼を見ていないのです」と。こういう言葉の背景には一種のスピリチュアリズムが隠されていることは、自明なことである。これらの言葉は中世の皮相化〔した聖書理解〕に対する反動となっている。しかし、わたしたちはこの事態を別の角度から考察して、キリストがエラスムスの敬虔の中心点であり、彼はキリストを聖書の中で発見したと言うことができる。「聖書のみ」(sola scriptura)の原理はまことにプロテスタンティズムだけのテーマではない。

聖書の注釈書（Annotationen）もまたとても重要であった。当時の尺度でもって測ると、それは研究資料で満たされている。それは中世の釈義的な仕事に対して新しい尺度を立て、新時代の開始を告げるといっても誇張ではない。二、三の周知の事例をあげるのをここでやめてはならない。エラスムスが最初の二つの版で所謂ヨハネのコンマ（Comma johanneum）(21)をわざと省いてから、そのわけを弁明したとき、彼は聖書の本文批評の領域に厳密にとどまっていた。多くの同時代人たちはそれを違ったように見ていた。彼らの考えによれば、エラスムスはそれでもって三位一体の教会教理を攻撃したのである。もっと重大な結果を招いたように思われたのは、エフェソの信徒への手紙は思考の道筋ではパウロ的であるが、文体ではパウロ的でなく、黙示録は使徒の作と呼ばれるには困難であると説明したときである。マタイ福音書第三章二節について「悔い改めなさい」（ウルガタでは poenitentiam agite.「悔悛の秘蹟を受けなさい」となっている）という警告は、悔い改めのサクラメントを受けることとは何ら関係がない、と彼は発言した。(22)またローマの信徒への手紙第五章一二節以下では原罪について語られているとすべきではない。さらにヨハネ福音書第一章にあるギリシア語のロゴスをウルガタのように「御言」と訳さないで、「話」つまり語られた生ける言葉と訳したとき、広汎な異議が呼び起こされた。

エラスムスは本格的な注解書を書かなかった。ローマの信徒への手紙を彼は書き始めてみたが、完成することなく、未刊のままになった。直ちにエラスムスは聖書解釈の一つの方法を見つけた。それは彼の性格によく適合していた。それが「パラフレーズ」（言い換え）である。その際彼は単純で、実践的な、広範囲の人たちに分かりやすい解釈を、聖書本文そのものに書き加えていくかたちで提供することができた。こういう仕方でもって彼は一五一七年と一五二四年の間に黙示録を除く新約聖書の全部を解説した。「パラフレーズ」は繰り返し新たに出版され、一七世紀の終わりに至るまで多くの言語に翻訳された。イングランドでは福音書の「パラフレーズ」が聖書と一緒にすべての教会堂に備え付けるべしと定められていた。総じて「パラフレーズ」は非常に称賛された。プロテスタント教会によっても称賛された。

Ⅳ　ルターとの論争と晩年の日々

わたしたちは諸々の出来事を少しだけ先取りしたので、今や叙述の筋道をさらに追跡しなければならない。一五一六年という年は頂点となっており、それは黄金の世紀の開始となるはずであった。[23] この夢はなおしばらく継続した。一五一七年にルターの九五箇条の提題が現れる。続く数年間に明らかになったことは、新しい運動の道が切りひらかれたことである。最初のころにはルターの登場がエラスムスの願望を進展させるかのように思われた。両者は魂の抜けた教会の儀式に反対し、それを純化するという宗教改革に尽力した。最初のころはエラスムスはルターをも擁護した。そうはいっても、はっきりとした冷ややかな態度が初めから欠けていなかった。ルターはすべてを一度に攻撃したので、エラスムスによると、彼の行動は急ぎすぎていたようである。教皇庁の周知の失敗のすべてにもかかわらず、彼の計画を成功させるためには教皇による援助が絶対に必要であることを彼はどうやら洞察しようとしていないようである。エラスムスは新しい運動を受け止めようと試みた。一五一八年に彼はシュレットシュタットの修道院長パウル・ヴォルツに宛てた手紙の形式で書いた序文と一緒に『エンキリディオン』の新版を発行した。[24] ルターの名前をあげないで、エラスムスはルターの奮闘への賛意を表明し、同時に用心のために警告を発した。[25] 一五一七年から一五二一年まで滞在していたルーバンでは今やすでに二、三年来彼に向けられてきた攻撃が益々激しくなっていた。攻撃する者は彼とルターとの違いを無視して取り扱い、ルターの諸々の著作がエラスムスの援助によって書かれたとさえ主張した。このようにしてルターの登場によってエラスムスのライフワークは危険に曝された。それゆえ彼が次第にルターとの距離をとるようになったのも信じられないことではない。それでも彼はルターに敵対しようとはしなかった。そうすることは野蛮の勝利に等しくなるであろう。

何をしても無駄であった。エラスムスの考えをまとめてみると、どうやらルターは救出されるのを欲していないようだ、ということになる。ヴォルムスの国会でルターに刑の判決が下された国外追放は、エラスムスにとって危機を意味した。それでもルターがびくともしないで運動を継続するならば、それは教会の統一が崩壊したときにのみ成功することができるであろう。このことはエラスムスにとっては不可能なことである。彼は自分の理想を変えようとはしないで、大紛争のなかにあって中立を保たねばならなかった。ルターに敵対する政治活動に巻き込まれないために彼は一五二一年にルーヴァンからバーゼルに居を移した。しかし直ちに中立的態度が今や不可能であることが分かった。一五二四年に彼は意志の自由についての論文『自由意志論』(De libero arbitrio)を著述する。これに対しルターは一五二五年に『奴隷意志論』(De servo arbitrio)でもって答えた。この論争は人間が自己を神に向け、救いを獲得するのか、それとも神から自己を離反させるような自由意志をもっているのか否かという問題に関係している。エラスムスは人間が自ら自分の救済に値することができるという見解を主張していない。同様に彼は信仰と善いわざとの間の調和のとれた関係が重要であるとも主張していない。彼の唯一の──そして合法的な──関心は人間的な責任の取り扱いにかかわっている。

「わたしたちの意志は陶工の手中にある粘土に他ならない、またわたしたちが行い、あるいは欲するすべてが絶対的な必然性に帰せられると言われるとき、わたしは多くの疑念に襲われる」。

エラスムスは充分なほどには深く追究しなかったが、ルターの著作は果てしないほど遙かに強力な宗教的関与を提示している、と人は正当に言うことができる。その際、前提されなければならないことは、エラスムスはその思考構造を勘案すれば、それとは異なった仕方でもって論じることができなかったと言うことである。彼にとって罪とは偶然犯される行為にとどまっており、人が逃れることができない暴力ではない。人間の本質は自由意志によって規定されている。神は人間にとって思いやりのあるお方であって、それはキリストにおいてのみ示されている。ルターの回答は、とりわけその激しさとルターが彼にけしかけた個人的な攻撃、「エラスムスは無神論者であり、神を否定する者である」との攻撃によってエラスムスを茫然自失させた。今やエラスムスもまたルターとの断絶をはっきりと見きわめた。この断絶はエラスムスに古代教会へと復帰する決意を意味した。しかし、この決意は彼に強制されたものであって、彼自身が欲したものではない。それゆえ以前に打撃を彼に加えた神学者たちとの彼自身との戦いは相変わらず続行された。彼は今や憤慨して、あらゆる自由を瓦解させたのは宗教改革者たちの罪である、彼らが言いたいことがある場合、それは真の文化を没落させる、と彼らを非難した。また彼らの罪によって自分の意見を述べる自由がついに消滅し、専制政治が耐え難いものとなった、とも非難した。

同じ年に宗教改革はスイスではチューリッヒから成果を収めた。もともとエラスムスは教会の内部にこのような宗教改革の形を造る余地を創出しようと試みていた。彼が書いた一五二二年に刊行された「肉食禁止令についての手紙」はこの方向性をもった一つの試みである。そのことは本来自明なことでもあった。スイスの宗教改革者の多くはエラスムスと精神的に同類のものであった。しかし、ここでもまた彼の努力は失敗に終わった。彼が実際は引き受けたくなかった一つの決断が彼に押しつけられた。聖餐論争に際してツヴィングリ派が彼を証人として提示したとき――このような引き合いは当然起こることであった――、彼は彼らに反対の態度をとり、彼らとは異なる教えに立った教会の伝承を証拠として提出した。一五二九年に宗教改革がバーゼルに導入されたとき、エラスムスは躊躇することなくカトリックの町フライブルクに引っ越した。一五二一年に自分がルターとの論争に巻き込まれたくなかったように、彼は今回も宗教改革のグループに自らを結びつけようとはしない。したがって一五二一年と一五二九年の間の年月はエラスムスにとって戦いと失望に満ちている。両陣営からの攻撃をかわすように強いられていると彼は絶え間なく感じていた。一五一六年と一五一八年との間の年月に懐いた期待の全体は打ち砕かれてしまった。平和と一致の代わりに憎しみと党派心が支配するようになった。彼自身の理想の実現は根本的に不可能となり、完全に別種の対決が今や人々の精神を支配していた。たしかに彼の影響はとりわけ教養ある人々の間では大きく残っており、一五三〇年のアウグスブルク信仰告白そのものもエラスムスの理想と改革の関心事のいくつかを示している。そのような反響にもかかわらず、彼の失望は少なくなかった。彼の理念の貫徹は、とくに「開かれた教会」の形成は実際にはどこにも実現していない。最前線の位置は宗教改革の影響によってずれてしまった。

彼になお残されていた年月、一五二九年と一五三六年の間においてエラスムスは益々孤独になった。多くの点で視野が狭く俗物的な環境にあったフライブルクで彼は孤独を感じた。一五三五年に彼はバーゼルに帰って、そこで一五三六年七月に死去する。この時期に彼は諸々の事件の経過に加わることがもはやできないと感じた。それはそうと彼の体力はもうそんなに強くなかった。一五三〇年にアウグスブルクの国会が開催された。それは重要な会合を意味した。国会の討論会の前に、初めて神学的で教会的な公開討論が教会の統一を回復する意図をもって開催された。多くの者がこれに大きな期待を寄せた。差し迫ったトルコの危険を背景にしてキリスト教界はなお諸々の対立を調停し、世界に平和を贈らねばならない状況にあった。強い調子の呼び出しにもかかわらずエラスムスは国会に参加しなかった。彼は年老いていたし、意気消沈していた。シュトラスブルクの改革者マルティン・ブッツァーに対する、ルターに対する、他の陣営からの多くの反対者に対する戦いはさらに進展した。『教会の一致の回復』という著作の中でエラスムスは依然として開かれた教会の理想に固執した。それはプロテスタントに歩み寄りながらも、ある程度の自律性を組み入れる教会を意味した。それは時代の大きな潮流の中にある現実性とは異質な思想の歩みであり、以前ほどには熱狂的支持を呼び起こすことがない理念であった。そのうえ、さらに彼がその思想を述べる流儀と方法にはある種の疲労が感じられる。彼自身はなおも心を尽くしてその理念の実現を信じているのか。新しい教皇パウロ三世が登場してきたときの一五三四年には希望の気配が認められる。この教皇はエラスムス的な意味での教会の改革を願っていた。エラスムスの精神的な同類たちは、今や教皇庁において指導的な役割を演じるようになる。公会議が開催される約束がなされる。一五三五年にはエラスムスが枢機卿の職と公会議開催を準備する重要な地位に就くことに関心があるかどうかとの意向が探られる。エラスムスはこの申し出を引き受けようとは考えなかった。彼の時間は過ぎ去った。一五三六年七月に「イエスよ、慈悲をください。主よ、わたしを憐れんでください。愛する御神よ」という言葉を残して死んだ。

V　エラスムスの評価と影響

すでにその生前から、またそれにもましてその以後もエラスムスは非常に多様な仕方で評価されている。つまり改革者、宗教改革の先駆者、進歩的な特徴をもった正統的カトリック、カトリック教会にとって最大の危険な存在として、さらに一八世紀の啓蒙時代にその勝利が祝われた新しい精神運動の代表者とさえ評価された。このような問題提起はあまり実り豊かではないと想われる。むしろ当時の時代的な輪郭の中でエラスムス自身の理想にもとづいて彼を理解するほうがよい。彼がまさにその影響力が大きくなってきた瞬間にルターの影で覆われたことは、ある意味で彼の悲劇であった。それでも彼の声は沈黙することはなかった。彼の思想がヨーロッパの精神史において一六世紀と同様にその後においても一つの形成力を表していることは、注目すべき現象である。このことは例えばスイス宗教改革において強烈に現れている。この地域の宗教改革者たちは、何よりもまずツヴィングリは、すでに述べたように、多くの点でエラスムスの弟子であった。彼らはルターの呪縛に陥るに応じて、ますますエラスムスから距離をとっていった。それでも彼の精神はここでも働き続けた。彼らはもはや彼の精神的な同類ではなかったけれども、彼らの理解によれば宗教改革の全問題がその人にもとで開始していた、この人物に対する尊敬の念はいつまでも大きかった。

このことはエラスムスの思想の力がどこにあるのかという問題にわたしたちを導く。この力は非常に異なった諸潮流の内側において決定的な影響を発揮することができる。そうはいっても、またしても至る所でそうなのではない。それはルターを怒らせ、カルヴァンはそれに心を動かされないままであり、エックにとってそれは嫌悪すべきものであった。他方メランヒトンはそれによって心を打たれ、ツヴィングリの後継者ブリンガーもその力の影響を受け、カトリックの司教ナウセアもそれによって魅せられている。したがってここには〔一致を造り出す〕信仰告白がもたらす制限とはあまり関係がなく、さまざまな教会の内部で惹きつけたり同時に反発したりして働きうる何かが生きている。ここではある特定の敬虔の類型、二つの極に方向づけられた一種の敬虔を当然問題にすべきである。

その敬虔は一方において神との個人的で直接的な関係を求めるということによって特徴づけられる。神との交わりがもっとも重要なことなのではない。そうではなくもっとも重要なのは、個人とその個人の神との関係である。その際聖なる事物と制度による仲介は重要ではない。それにふさわしい本質的な徴表は個人主義とスピリテュアリズムである。

他方においてその敬虔は平和、調和、歓喜の思想によって特徴づけられる。このことは神に対する個人的な関係にも、同様にそこから成立する人間的な交わりにも妥当する。そのかぎりで楽観主義と一種の軽薄さという特徴が示される。ここではルターの宗教的な深さに達していないことは明らかである。エラスムスのもとではすべてが単純で簡素であるが、だからといって価値が低いのでは決してない。とても緊張し、時には緊張しすぎたルターの方法よりも、こういう仕方で神との関係を経験している人たちのほうが恐らく多いであろう。山岳地帯の敬虔よりも平地の敬虔のほうが、激しい性格よりも愛情のこもった性格のほうが重要なのである。

（金子晴勇訳）

訳注

（1） 一五世紀に入ると「新しい敬虔」(devotio moderna) の運動がネーデルランドを中心にして興ってきた。この運動は一四世紀の終りに創始者ヘールト・フローテによって霊的生活の復興を目ざして開始された。また「ドイツのペトラルカ」と呼ばれていたアグリコラは人文主義とキリスト教神学とを調和させようと試み、この運動の有力な指導者となった。この運動は神秘主義的思想傾向をもつ思想家を生みだし、リュースブルクやトマス・ア・ケンピスの美しい思想を開花させた。

（2） ヘールト・フローテ (Geert Groote) は一四世紀の終りに「新しい敬虔」の運動を開始し、主として一般信徒の交わりからなる「共同生活兄弟団」を結成し、修道士のような共同生活を営んで学校教育、病人の看護、慈善事業また書物の筆写と教育にたずさわって、人文主義運動をも促進させた。

（3） 人文学はエラスムスの時代には「良い学問」(bonae litterae) もしくは「もっと人間的な学問」(litterae humaniores) と呼ばれた。当時のヒューマニズム運動は明らかに「フマニタス」（人間性）を開発する目的をもっていた。これはギリシア語のパイデイアに当たることばで精神的教養を意味する。キケロはいう「われわれはみんな人間と呼ばれてはいる。だがわれわれのうち、教養にふさわしい学問によって教養を身につけた人びとだけが人間なのである」と。ここには人間の尊厳という思想がふくまれている。と同時にルネサンス時代のヒューマニズムはこの人間性を古代ギリシア・ローマ文化への沈潜によって発見し習得しようとし、古代文芸の復興を意図した。

（4） エピメニデスはギリシアの伝説的な詩人にして預言者であり、七賢人の一人であった。父の命令で迷った羊を捜しに出かけ、暑かったので洞窟の中で眠ってしまい、五七年間眠り続けたと伝えられる。

（5） ジョン・コレット (John Colet, ca1466-1519) は聖パウロ教会の首席司祭で、イタリアでギリシア語を学ぶ、オックスフォード大学の教師であってエラスムスに聖書批評の原理とキリスト教的ヒューマニズムを伝えた。『ローマ書の註解』がある。

（6） 創世記二三章八—二〇節参照。

（7） エラスムス『格言集』III, 3, 1

（8） プラトン『饗宴』森進一訳、新潮文庫、一五頁参照。

（9） エラスムス『パラクレシス』「宗教改革著作集2　エラスムス」（教文館）二一九頁。

（10） カトー (Marcus Porcius Cato, BC234-149) はローマの将軍にして政治家。ギリシア文化への傾斜を戒めて、古代ローマへの復帰を唱えた。学者としても優れ、『起源論』や『農業論』で有名。
(11) エラスムス「敬虔な午餐会」金子晴勇訳、聖学院大学総合科学研究所『紀要』四一号(二〇〇八年)一二七頁参照。
(12) エラスムス前掲訳書、一二八頁。
(13) ユスティノス(一〇〇年頃—一六五年頃)はキリストは神のロゴスを完全に実現し、人間化された真理であるとみなし、プラトンも同じロゴスにしたがったと説いてキリスト教を迫害することの誤りを指摘した。彼によってキリストは「ロゴス」として捉えられて、古代キリスト教教父の伝統が形成された。
(14) エラスムス『エンキリディオン』(『宗教改革著作集2 エラスムス』(教文館))七六—一〇七頁。
(15) エラスムス前掲訳書、八三頁。
(16) レーナヌス(一四八四—一五四七)バーゼルに住み出版活動を行い、エラスムスの九巻の著作集を出版した。
(17) エコランパティウス(一四八二—一五三一)スイスのバーゼルで活躍した宗教改革者。
(18) ファベル(一四五五頃—一五三六)フランスのヒューマニストで『パウロ書簡註解』で有名となる。
(19) ヴァッラ(一四六〇頃—五七)イタリアのヒューマニストで『新約聖書註解』で聖書文献学に貢献する。
(20) エトロはモーセの舅で、ミディアンの祭司。出エジプト記三章一節参照。
(21) ヨハネ第一の手紙五・七以下の解釈問題を言う。
(22) 当時のカトリック教会が一般信徒のために制定した「悔い改め」のサクラメントは①「痛悔」と呼ばれる、犯した罪に対する心からの悔恨と、②「告白」、つまり罪を衆人の前で口頭で告白する行為、および③「償罪」という犯した罪のための善いわざによる弁償から成っていた。この弁償の中に大問題となった贖宥券(免罪符)が入っていた。エラスムスによると「悔い改め」とはギリツア語のメタノイアつまり「心の転換」を意味する。この発見によって中世カトリシズムの宗教的世界全体が崩壊する運命が招かれることになった。
(23) 「黄金の世紀」というのはエラスムスは一五一七年にフランス王からアカデミーに参加するように要請を受けたとき知人のギョーム・ビュデ宛の手紙に記されている次の言葉に明瞭である。「不滅の神よ,なんという世紀がわたしたちの眼前に展開しようとしていることか。若返ることができたら、どんなにうれしいことだろう」(エレーヌ・ヴェトリーヌ『ルネサンスの哲学』二宮敬・白井泰隆訳、白水社、七頁からの引用)。

(24) エラスムス『ヴォルツ宛の手紙』金子晴勇訳「宗教改革著作集2　エラスムス」(教文館)参照。
(25) エラスムス前掲訳書、一九九―二〇〇頁にはルターの九五箇条の提題への賛成が述べられている。

マルティン・ルター

ヴィルフレッド・ヨスト

はじめに

マルティン・ルターは、一四八三年一一月一〇日、アイスレーベンでハンス・ルターとマルガレーテの息子として生まれた。父ハンス・ルターは、アイスレーベンで坑夫として働き、後にマンスフェルドに移りそこで小さな鉱山の経営者となる。母マルガレーテの実家の姓はリンデマンといった。ルターは、マンスフェルドで市立学校、その後マクデブルクで司教座教会付属学校に通い、一五〇一年からはエルフルト大学で学んだ。そこで当時の学業コースのとおり、修辞学、哲学、その他の知識からなる一般教養を学ぶ学芸学部に通った。学芸修士の学位をとった後、ルターは、一五〇五年から、父の希望に従って、法律の勉強を始める。ところがその年、落雷にあい、彼は修道士になることを誓い、エルフルトのアウグスティヌス派隠修修道会に入ったのである。そこで彼は、一五〇七年、司祭に叙階され、さらにはオッカム主義的傾向に方向づけられていた神学の研究職に合格した。当時、ルターは救いの問題をめぐる重い試練に悩んでいた。修道会の副総長であったヨハン・シュタウピッツが彼の牧会者であったが、しかし彼に完全な解決を与えることはできなかった。そこでシュタウピッツは、ルターをヴィッテンベルクの修道院に移し、そこに新設されていた大学の哲学と神学の講義をさせることにした。修道

マルティン，ルター
（ハンス・ブロサマー，1537年）

会の仕事のためローマに旅行したが、最終的に一五一一年、ヴィッテンベルクにもどり、そこでルターは神学博士の学位を獲得し、聖書学の教授として任じられたのである。この仕事が死ぬまでルターの正規の職務上の社会的地位であった。

聖書の、とりわけロマ書の理解と解釈をめぐる集中的な研究の中から、やがてその後、ルターの中に、神の恵みのみによる罪人の義認という認識が熟してきた。この認識は、彼をあの重い試練から解放し、聖書の使信をめぐって、当時の神学の傾向とはちがう根本的に新しい理解へとルターを導いていったのである。彼は最初、この見解を彼の大学の学部の中で主張した。このことによってルターは学生や仲間内でかなりの評判をえたが、しかしそれ以上には直ちに公けのより広範な影響を与えたわけでもなかったし、ローマの教会体制との関係を意識的に壊すつもりもなかった。教会との関係の悪化は、ルターが彼の神学的認識の帰結として贖宥状に反対したとき（つまり一五一七年の提題の提示のとき）に初めて生じたのである。その後ルターは、教会当局との関係の悪化、そして彼が書物で主張した神学のゆえに、公然たる当局との衝突へと突き進んでいった。しかし同時に、彼の登場はドイツ国民の中に広範な反響を呼び起こし、ルターの領主である選帝侯フリードリッヒ賢公は、賢明にも慎重に彼を保護したのである。

ルターは、彼に対する異端訴訟の経過の中で、教皇使節カエタヌスによって、アウグスブルクで審問をうけた（一五一八年）。しかし彼は、要求された自説の撤回を拒否し、そして時の経過とともにますます次のような確信へと到ったのである。すなわち、彼が聖書の中に証言されていることを見出した福音に対する服従は、教皇の教会権力への服従と、もはや一つにすべきではないという確信である。この確信は、一五一九年のエックとのライプチッヒ討論で、聖書に代わる最後の権威としての教皇あるいは公会議の正当性をめぐる公けの論争へとつながっていく。その後一五二〇年、彼に突きつけられた教皇の破門教書を公然と燃やしたことが、ルターのローマ教会体制に対する最終的な決裂のしるしとなったのである。

一五二一年、ヴォルムスの国会で、ルターの問題が審理されることとなった。皇帝カール五世は、この修道士に帝国追放令を下した。だが、ルターを常に保護していたフリードリッヒ賢公は、彼をヴァルトブルク城にかくまうのである。その地でルターは、聖書のドイツ語への翻訳をはじめる。しかし、一五二二年の春には、ルターは再びヴィッテンベルクの町にもどった。宗教改革の運動を押さえつけようとした皇帝や司教たちのすべての努力は、不成功に終わったのである。改革運動は、その間にドイツ全土に拡大し、とりわけルターのドイツ語による文書の影響を通して、驚くべき速さで広がっていったのである。その後、ルター自身による修道士身分の破棄やカタリーナ・フォン・ボラとの結婚という問題が生じ、さらには政治的要求（とりわけ一五二五年の農民一揆）と結びついた福音主義運動の登場をめぐる争いが次々と起こる。また新しく形成された福音主義の教会制度の構築が問題となる。さらには、聖餐理解をめぐっての、スイスの宗教改革運動の指導者ツヴィングリとの論争が起こった。ヘッセンのフィリップ伯がヴィテンベルクとスイスの神学者の間の一致を期待したマールブルク宗教会議（一五二九年）は、確かに広範囲に渡る相互理解に達したものの、しかし聖餐問題での対立を調停することはできなかったのである。

翌一五三〇年、アウグスブルクの国会で、宗教改革運動の中で結びついた諸侯と諸都市が、福音主義信仰の更なる前進の土台となる信仰告白である「アウグスブルク信仰告白」を提出した。当時、法律上の保護を剥奪されていたルター自身は国会に姿を現すことはできなかったので、コーブルクから手紙を書くことによって、交渉の上に影響をおよぼした。

ルターの死にまで続く年月は、目立つ出来事はあまりなかった。とはいえ、福音主義教会の制度の安定化やその組織的な形成をめぐる心労、また古い教会の敵のみならず同じ隊列から新たに生じた敵との神学論争など、いろいろなことがあった。その上、ルターには最後まで続けたヴィッテンベルク大学での教授活動の仕事があった。それは特に福音主義の新しい世代の説教者の養成のためである。しかも、ルターは長らくいくつかの病気に悩まされてもいた。このようなすべての重荷にもかかわらず、ルターが最後までやり抜いた仕事の力は、ほとんど超人的なものにさえ見える。そして、マンスフェルトの伯爵間の争いの調停のための旅行中、一五四六年二月一八日に、ルターは亡くなったのである。

ルターの姿を簡単な概要で叙述することは、ほとんど不可能な企てと言えよう。よく考えられた制限と選択がどうしても避けられない。したがって、私は、ドイツの宗教改革史全体の中でルターの生涯とその教会での活動を叙述することは断念し、ルターの神学的な根本思想の見取り図を描くことに限定して叙述したい。また、彼の初期の神学的展開を追跡することはせず、ルターの宗教改革的な神学の成熟した姿のみを叙述することとした。それは、福音の新しい理解から形成されているのである。彼は長い闘いを通してその福音の新しい理解へと突破することができたのであり、そのことによって彼は教会の改革者となったのである。それゆえ、まずこの問題からはじめるべきであろう。

ルターは、イエス・キリストの福音を新しく理解した。ルターが学び彼を生みだした神学（中世後期のスコラ神学）からみれば、次のように言うことができよう。すなわちルターは、そもそもはじめて福音を再び根源的に福音として理解したのである。つまり、人間を無条件に受け入れる神の、すばらしき自由をもたらす使信として理解したのである。このことは、ルターを生みだしたその神学に簡潔にでもふれずには、明確にできないであろう。中世後期の「スコラ」神学は、罪人が神によって受け入れられる、つまりパウロ以来の神学的伝統の言葉づかいに従って言えば、罪人が神の前で「義認」を獲得する、その道筋について何を教えていたのだろうか。

I　中世後期神学における救済方法の理解

私は生涯の終わりに神の前にどのように存在し、またどこに私は行くのであろうか――永遠の生命に至るように救われるのか、それとも永遠の破滅に向かうのか。このような問いはあの時代の多くの人たちをとても悩ませたのであった。ルターの自己証言によると「どうしたら恵み深い神を見つけることができようか」という問いが彼に特有な問題であった。神学者たちが与えた回答は全く統一を欠いていた。彼らは、人間が自分の力から神の律法を実現することによっては単純に救済に値することができない、それゆえむしろ神の側から恩恵が効果的に働かねばならない、という点で一致していた。その際、彼らはまた人間が何らかの仕方でもって〔神と〕協働しなければならないことでも一致していた。しかしながら、この恩恵とこの協働をいっそう厳密に理解すると中世後期の神学の二つの学派、トマス・アクイナスの神学的伝統に立った所謂「古く尊い方法」(ウィア・アンティクア)とオッカムに由来する「新しい方法」(ウィア・モデルナ)が区別されている。ルターは彼が勉強したエルフルトで「新しい方法」の神学を学んだ。しかし彼は「古く尊い方法」の神学も知っていた。

まず初めに「古く尊い方法」の神学における救済方法に関する理解の大まかな概要を述べておかねばならない。その神学によると人間的な行動のすべては魂の根本的な性質から生まれ、性質によって評価される。人間はアダムの堕罪以来、彼が神の律法を愛の二重の戒めがもつ完全な意味で実現でき、永遠の生命の中に受け入れられるように神の許可が得られるような、自己の魂の正しい状態を喪失した。しかしキリストの功績のゆえに神は今や罪人に恩恵を注ぎたもう。つまりこの神学の理解によれば、神は人間をあわれみたもうのみならず、神は人間のうちに何かを移し入れ、ある状態を成立させる。神は人間の魂の中に堕罪によって喪失したあの「超自然的な」正しい状態を更新する。スコラ神学の術語を使って言えば、神は恩恵にもとづく「習性」（habitus）を魂に注入する。[1] わたしたちはそれを霊的な素質のようなものと翻訳することができる。この「注入」（Eingiessung）はサクラメントを通して起こり、しかも洗礼によって根本的に起こる。魂のこのような新しい状態という恩恵の贈与のおかげで人間は神の律法を現実に実現し、それでもって永遠の救いを受けるに値しうる行為を今や実行することができる。神は最後の審判において彼を義とされている者として義と宣告することができよう。だが今や人間は洗礼の際に自分に授けられた恩恵の賜物を遊ばせておかないで、それを良い行為によって身につけ堅固にするように真面目に努めることだけが問題である。すべての罪は授けられた恩恵の習性を弱めてしまう。すべての死罪は魂からそれを根こそぎにしてしまう。そのときには悔い改めのサクラメント（懺悔と司祭による赦免）を受けることによってのみこの習性は再度獲得されうる。悔い改めない、懺悔しない、赦されることのない、死罪でもって良心において死んでいる者は永遠に滅びる。

この体系においては次の二点が強調されうる。すべては恩恵にかかっている。なぜなら神ご自身が人間に、その魂がそれによって総じて功績に値する行為をなすことができるような正しい状態を（トマス自身においてはすべての強調点が出来事のこの局面に置かれていた）、魂に授けているからである。だが、同じように多くのことが人間の任務に関わっている。人間は授けられた恩恵の賜物を功績となる行為に向けて不足することなく真剣に使用し、身につけたのかどうか、それをむしろ罪によって弱めたり、危険に曝したり、全く喪失してしまったかどうかと問われており、またそのように自ら問わなければならない。

なお「新しい方法」の救済論では人間的な協働の意義がいっそう強力に立ち現れる。この学派の神学は人間の行為を魂の内面的な現状に結びつけて理解しない。そのため人間が正しい性状となっていないなら、善に対して役立たなくなるであろう。ここではむしろ次のように考えることができる。行為は意志から来る、そして意志は本質的に自由な決断であって、どんな状態にあるかによって制約されず、拘束されてもいない、と。人間は真剣に意志することをなし得る。彼は完全な神の愛と隣人愛の行為を実現することができる。彼は単にたいていは意志をそのようにができない。彼は堕罪以後でも実際は神の戒めを実現できる。彼はただいつでもそれを行うこと奮い起こすことができない。それゆえ何らかの特別な恩恵の性状が賦与されないのでは、神の前に義とされるに値しえないであろう。だが、今や神もまた、しかも正当には神が初めて完全に、自由な意志であって、何ものにも拘束されない。神は人間をその善い行為にもとづかないで義としなければならない。事実として神はその自由にもとづいてこのようにはしないで、彼があらかじめあの「超自然的な」恩恵の状態を授けた者だけを永遠の生命に向けて受納するように決定した。(こういう傾向の神学者たちも、彼らの前提からすると、神がそうしなければならないとは、ほとんど理解できないにしても、教会の教義的な伝統に縛られてそれが授けられねばならないと教える。それについて人は質問すべきではない。——神はそのように決定されたのである)。そこで改めて、神は恩恵の状態を授けなければならないのか〔と問うてみよう〕。このこともまた神の完全な自由決定に置かれている。〔したがって〕このことはわれわれを極端な動揺に導くかも知れない。とはいえ、その際、この神学は慰めをも準備する。われわれは神を何によってもはっきり確定できないが、彼はわれわれを不当に扱わず、人間的な真面目な努力を顧みてくださることを、あらかじめ計算に入れておくべきである。神の戒めにできる限りよく従おうと努力する人間に、神は、それなしには誰も義認に達しない、恩恵の状態を、賦与することを拒絶しないであろう。「自分のうちにある限りを行う人に対して神は恩恵を拒絶しない」（Homini facienti quod in se est Deus non denegat gratiam.）(2)。この教えによると結局のところ、〔この学派は〕何ものによっても確定されない神の自由を強調しているのに、その救済のため人間との協働を、トマスに由来する傾向の神学に従うよりも、もっと強力に力説するようになった。

形式的に見るならばこの二つの〔つまり古い方法と新しい方法との〕傾向をもった救済論は恩恵論であった。然り、そのすべては神が授けなければならない恩恵の「習性」（habitus）に依存する。しかし、それは神の救済を個人的に分有することに対して疑問を懐いた人を不確実にさせる恩恵論である。キリストは原則として恩恵の賜物をわれわれに授与するように貢献した。そして教会はこの恩恵の宝を管理し、斡旋する。だが、まさに私がそれに与るかどうかは依然として不確かなままである。この点はすでにトマスの体系にしたがって教育を受けた人たちにも当てはまる。というのはその人は、私が洗礼のときに私に贈与された恩恵の素質を今なお保持しているか、それを善い行為によって確立するように充分に努力したか、恐らくは認識していない死罪によってすでにそれを失っているのではないのか、と問わねばならないからである。オッカム主義の体系にしたがって「自分のうちにある限りを行う人に対して神は恩恵を拒絶しない」と教えられた人たちにも、このことはますますもって妥当する。私は一体〔なそうと思えば〕なし得ていたかも知れないことを、実際に行っていたであろうか。

あの時代の人たちは確かにそのように心を不安にする問題だけをもっていたのではない。それはいつの時代にもどうでもよいような問題として与えられていたのである。そして確かに心から神を信頼して生きていたキリスト信徒もいたのである。そうはいっても救いの確証を追求する信心が当時は支配的であった。そして支配的な神学によってそのような信心はただ強化されただけであった。素朴な人々の段階では、たとえば贖宥販売では、この確証を求める信心がその姿を現していた。より高度の、また最高の人たちの段階では、修道院の生活で禁欲を志向する諸衝動のなかに、自分らが修道士であることを本当に真剣に考える人たちの身体的な自虐行為と精神の自己分析のなかに、その姿を現したのである。

このような仕方でもってルターはこの救済を確証する歩みを徹底的に追求していった。明らかに最初は全く慰められもし、足どりもしっかりしていたが、その後は修道院で益々不安が募ってきた。この不安は後の自己証言によると時折彼を破滅的な絶望状態に連れ戻した。「いつになったらお前はついに敬虔となり、神を満足させるのか」。それを理解するためには、われわれは彼がオッカム学派によって、人間は、もし欲するなら、完全な神の愛と隣人愛に至るまで神の戒めを実現できると、また「自分のうちにある限りを行う人に対して……」と教えられたことを考慮しなければならない。だが彼は自己愛によって曇らされていない神に対する愛や罪の悔悛を自己の内に見いだすことも造り出すこともできなかった。その悔悛ではただもう感情を害した神が問題であって、もはや彼は自分自身の救いには全く関わらなかった。

解放がルターに起こったのは、彼が福音を神の無条件的な約束として新しく理解し、本当にそれを信じるようになったことによる。このように新しい考えを身につけるには、確かにかなり長い経過が必要であった。そこには単に神学的な思考活動のみならず、個人的な経験も一緒に働いている。つまり牧会的にルターを助けることができた人々との幾多の出会いがともに働いている。最終的な神学的解明は、彼の自己証言によると、ローマ信徒への手紙を釈義する仕事をしている間に、パウロがそこで「福音のうちにそれ〔神の義〕が啓示された」（ローマ一・一七）と書いている神の義でもって本当は何が考えられているかが、彼に明らかとなった瞬間に達せられた。この地点でわたしは宗教改革的神学の叙述を開始したい。

II　福音の新しい理解

自己を贈与する神の義

ルターはその神学的発展を回顧して長い間ローマ信徒への手紙一・一七「神の義は福音のうちに啓示される」と言う命題に躓いていたと報告している。というのは彼は神の義を、それに基づいて神が、人間が神の前に提示しなければならないものの程度に応じて、人間を取り扱う、神の属性としてしか理解できなかったからである。したがって義とはそれに基づいて神が義人を受納し、不義なる者らを退けるものである。ルターはこの言葉を全く憎んでいた。福音は報復する義の脅迫を二倍ほどもそのうちに含んでいると見るべきか。だがその後で彼はそれをそれに直属する言葉「義人は信仰によって生きるであろう」と関連させて違ったように理解することを学んだ。〔わたしたちが提示する〕程度に合わせて報復する義ではなく、神が人間のために、また義の欠乏のために差し入れた義、神が不義なる者らに贈る義《ただ》しい存在が、福音の中に告知されている。こうして不義なる者は今や本当に「信仰によって」つまりこの贈与したもう神を信頼して、生きることができる。そのときこの発見は彼には、つまりルターには、天国の門が自分に開かれたかのように感じられた。

「何時になったらお前は遂に信心深くなり、神を満足させるのか」。——まさにそれを経て彼が逃れ道のない絶望状態に入り込んだ自分の霊的な状態に対するこうした反省から、神の義が無条件の贈り物であることを彼が理解したとき、ルターは自分が解放されたのを知った。自分自身において正しいのは神だけである。義が性質として理解される場合、それはただ神の性質だけなのである。「唯一の神のほかに、善い者はだれもいない」(ローマ三・一〇)。しかし神はその義の中に一人とどまり続けることを欲したまわない。神はご自身の前に単に不義なる者としてのみ立ち得るにすぎない人間のために義を差し入れてくださる。神は「人間を義とする」、つまりそのときには神が人間のうちに義なる性質を正当に認めるということはもはやない。そして神がご自身を霊的な恩恵の贈与として媒介させる義であってもそうである。そうではなく端的に次のようである。神は不義なる人をそのままにしておくが、それでも神は正しい。神は受納しがたい者である人間を受納したもう。神は人間に義に関する家法(Hausrecht)を与える。その義は神の義であり、ご自身の義である続ける。神はこのご自身の義でもって人間を被い、包み隠す。

ルターはこのことを根本的には神が実現する判断の行為として理解した。神が語ることは正しい。罪人が現実には罪にまみれて神の前に立っている、罪の責任を神は罪人に負わさない。神は罪人にご自身の義を与えると決定する。このことがルターにとってイエス・キリストの義という意味である。

しかしルターはこの義と宣言する〔無罪放免という法廷的な〕判断の中に「……であるかのように」との単なる仮定の判定——その隠れ蓑のもとに人間が試練に見舞われることなく現に彼があるような罪人のままにとどまっている——だけを見たのではない。彼の理解によればこの神の判断の力は、まさしくそのようなものとして、〔義を〕実現する力をもっている。人間が義をその生活において活動的に実現するものとなるように、神は自己の義を人間に与えようとなさる。神は、人間が罪をその生活から根絶する事態が起こるように、人間の罪に対して、それが神の前に妥当することを〔その判決によって〕否認する。神のわざというのは、ルターが言うように、われわれの洗礼において始まり、われわれの死と死人からの復活において初めて完成される。

今や中世の神学における義の理解と対比して、ルターが義認の出来事をどのように理解したのかという区別は、かしこ〔中世神学〕では人間が義と宣告されることが現実に義とされることと結合していたのに、ルターにとっては義の宣告が生活に変化をもたらさない単なる「かのように」〔という無罪放免〕の判断にあることで成立するのではない。そこからルターがかつて教育を受けたスコラ神学は言う、（人間自身の努力を投入しないのではないが）神が人間に義の性質を与えたがゆえに、また与えた限り、神は――しかもこの人間の実情に基づき今や正当な根拠をもって見られ――人間を義と宣告するであろう、と。ルターは言う、神は不義なる者らを、何らの前提なしに、何らの条件なしに義と宣告するがゆえに、また宣告することによって、神はまた人間のうちに義を活動させるであろう、と。だが、このような区別のうちに決定的なものが存在している。そこでは次のことが決定される。すなわち、神による私の受納が確実となるために、私は自分の生活の霊的な性質を手に入れなければならないのかどうか、それとも、まさにこの確実さにおいて神と共に生きることを恒に新たに開始するために、私の受納が無条件的に確実でなければならないのかどうか、が決定される。

御言葉とキリスト

自己を贈与する神の義はどの道を通して人間に到来するのであろうか。ルターは言う、それは聞かれ、かつ、信じられようと欲する神の言葉による、と。神はその言葉による以外にはわたしたちと関わりたまわない。聖書の中で証言されている福音がそこでは考えられているが、それが単純に文書として現にあるからではなく、実際に話しかけたり訴えたりするものとして人間に出会う出来事となっているからである。それは説教を通して、牧会的な語りかけを通して、とりわけ圧縮された赦免〔宣告〕の形で起こりうる。――それはルターにとって極めて重要であって、聖書の朗読に関してもそうであった。次いでそれはいつも人間的な媒介を貫いて、その言葉がわたしたちに出会う、神ご自身なのである。神の義の道は聞かれ、かつ、信じられようと欲する神の言葉を通して人間に到達するとルターが強調したことは義認の新しい理解によって基礎づけられている。義認はもはや「人間の魂のうちに新しい性質が注ぎ込まれる」とは言われない。それは多様な仕方でもって起こりうるかも知れない。そうではなく義認とは、神が自己自身とご自身の義を投入している人の状態のままで罪人を受納することを言う。義認とは神のもとに新しい地位が開始することである。そのような地位の供与は、本質的には、ただ神によってわれわれに語りかけられ得るものである。神は聞かれたいと願うその言葉によって、われわれと関係しようと欲しておられることを強調して、ルターはとりわけ何かを「顧みよう」とする人間の努力とも対決する。つまり自己の内的な状態やその所有の獲得や保存を確実にするために自分が尽力している点を顧みることで〔魂が頼みとする〕あの性質と対決する。人間が御言葉に頼っていること、つまり自分自身に語りかける神に向かって投げかけられており、他の拠り所を探求すべきでないこと、とりわけ自分自身の霊的な「外観」に拠り所を求めるべきではないことを彼は強調する。

言葉の中でそのような現実化する力を有する神的な判断の力に遭遇するということが、今や、この御言葉に当てはまる。ルターはこのことを『ローマ書講義』の中で人間を自己判断の欺瞞から真理へと連れ戻す御言葉の威力によって明らかにする。御言葉は傾聴と信仰を創造することによって人間に自己自身を認識させ、自己を神の前に事実そうであるような不義なる者として認めさせる。またそれは彼に神を本当に存在する者として、つまりただひとり正しくあり、義となす神として認めさせる。またこの認識が生活の変化の始まりである。

ルターが人間に対する神の義の道として御言葉に聞かれなければならないと頑固に主張したことは、古代の神学において人間の姿をしたキリストとその犠牲的な死に由来するサクラメントの力として理解されていたことがルターによって精神化され、思想化されたのだと、人が考えるとしたら、それによって彼は誤解されるであろう。全くその反対である。キリストの出来事の中に恩恵のいわば「歴史的な」発生原因だけ——それは今では霊的な「事柄」として魂に伝達される——を見ようとする傾向が、その昔、古代神学において成立することができたのに対して、それによって神と人の間のすべてが生起する、御言葉に関するルターの発言は、同時にキリストご自身との出会いを前代未聞の仕方でありありと思い浮かべることを意味する。福音の言葉はキリストが現在発している呼び声である。その中にキリストの「日毎の到来」が、彼がいつも新しくわれわれに到来することが起こっている。

神が語りかけることによって義を授けると判定する御言葉が、ルターにとって、不義なる者らに神ご自身が到来することをまさしく意味することが明らかになったとき、われわれはこのことを理解する。だが、それは不義なる者が今や無罪と認定される、何かいわば客観的な伝達にすぎないのではなく、この人間を神との交わりに受納することである。神が義と宣告する言葉は神が自らなす約束である。神は言う「私はあなたのためにあるし、あなたと一緒にいる。あなたはもはやあなたの罪とだけ一緒にいるのではなく、見放されているのではない」と。しかし堕落した人間のもとでは神の存在はイエス・キリストという名称をもっている。〔三位一体の〕位格においてキリストは、われわれと共になりたもうた神である。このことが起こったのは、その御子が人間となられ、十字架への道において神が罪人のもとへこのように義認を授けるべく到来することを実行したもうたときである。十字架に掛けられ復活したペルソナにおいてキリストは罪人らのために現存し、そのようにあり続ける。そして福音の言葉はそこからあらゆる時代にこうした彼の現存の呼び声として入っていき、この呼び声によってわれわれはキリストとの共存に呼び入れられ、われわれが迷い込むかもしれない孤立した歩みのすべてから繰り返し呼び戻される。それゆえ御言葉にはキリストが現存するということがルターには妥当する。そして御言葉を信じるとはキリストを各自に現存せしめ、キリストに寄りすがることをいう。

こうしてルターは御言葉に聞くことに関して語ったすべてを人格的な表現方法を用いてキリストとの出会いについても語っている。とりわけ『キリスト者の自由』(一五二〇年)において人間は御言葉を信じ、信仰の「結婚指輪」(Brautring)によってキリストと一つにされるという。御言葉は義を約束する。キリストは自ら人間に話しかける。御言葉は人間を変える創造的な力であることを示す。キリストは人間の罪を人間から取り除き、彼自身の義を人間に伝える力を発揮して人間を自己のうちに受け容れる。キリストが罪人の罪責をその身に引き受け、それを彼から取り除き、彼と取り交わす共同生活が同時に罪の現実を克服する力であるということを、人はまた判決の言い渡しとそれを実現する力との統一によって理解すべきである。キリストは人間に彼自身の義を言い渡すのであるが、彼が人間と取り交わす共同生活の力によってこのキリストの義は人間のうちに実現するようになる。キリストがその人に立ち向かった現存する当人の中で彼は活動的に現存する。ルターがこのキリストとの結合について語る(そのためには結婚の比喩を用いる)生き生きとした描写の仕方が、キリストがもともとは聞いて信じられるべき御言葉の「衣をまとわない裸の」出来事として理解していたことを、キリストご自身の人間への到来に関する人に即した語りでは、単に非本来的で比喩的な表現で把握されているのだと惑わされてはならない。ルターは比喩的なことも実際には裸の出来事と考える。彼が「福音を宣教するとはキリストがわれわれに到来することにほかならない」(WA 10/I, 1, S.13)と語るとき、彼はこのことを真剣に、かつ「文字通りに」受け取られるように欲する。

信仰と行為

キリスト自らが語りかける御言葉が人間に対する神の義の道であるように、ルターは今や同様に「御言葉は人間からは信仰のほか何ものも欲しない」ことを力を込めて強調する。神との交わりにおいて地位を認可する御言葉は、信仰によって受け入れられることを欲する。ここではそれ以外のことは人間の側では問題になりえない。信じるとはルターにとって「……に委ねる」ことを、つまり「この言葉を語らせ、妥当させる」ことを意味する。将にこのようにしてそれは、キリストおよび彼において〔啓示された〕神自身がわたしたちが義とされるための責任を取りたもうたという絶対的な確実性のもとに、キリストを各自に現存させることを意味する。信仰とは神の前で自己自身の救いを問うて自分自身を全面的に放棄することである。この意味において、またこのような問に関して、ルターは信仰を「受動性」(passivitas) と呼んだ。(なお他の観点では彼が信仰の活動性 (activitas) を強調していることが言及さるべきであろう)。

このような信仰の遂行によってのみ、人間は神がキリストおいて人間に現存するようになる救いに入れられるが、それに反し信仰を拒否するなら、自らの罪のうちにとどまり、ただ神の怒りの下にとどまる、とルターは主張することができる。信仰とは人間が自己の内に引き起こさねばならない魂の作用、救いの状態をもたらす梃子の作用であるかのように理解されうるかも知れない。だがそのように理解するとルターは完全に誤解されるであろう。彼にとって信仰とはまさに人間の活動的な能動性ではなく、神がキリストにおいて授ける無条件的に有利な条件にもとづき自己を率直に放棄することである。そうはいってもこのことは人間によって「可能とされるべき」(könnende) かつ果たされるべき出来事ではない。信仰を活動させるのは聖霊なる神である。われわれは信仰によって自分のうちにキリストの出来事を起こすようにめざすのではなく、神が信仰を活動させることによってわれわれのうちにその目的を達成すべく来たりたもうのである。

ルターは救済問題に関して信仰の「受動性」をきわめてラディカルに人々に説いたがゆえに、キリスト信徒の良いわざが全く否認されたという非難が彼に向けられた。ルターはこの非難を断固として撃退する。まさにそれゆえに彼は、どのようにして本当に良い行為に至るのかをむしろ教えようとする。彼は偽りのわざと本当に良いわざとの間を「良い実が良い木を造るのではなく、良い木が良い実を結ぶ」という原則にしたがって区別する。つまりわざが人格を造るのではなく、人格の状態が正しければ、それは良いわざを生み出す。ところで彼は人格の正しい存在の下で、キリストを通して罪人とともにある、神との交わりにおいて義とされた罪人の状態を理解する。この状態をわたしたちはただ信仰の受動性(passivitas)によってのみ受容することができる。人間がその行為によって神の恩恵のうちにある状態に値し、働いて入手し、確かにしようとする限り、すべての行為、したがって自己の救いをもたらそうとの意図から起こる行為は、非難されなければならない。人間がこのような配慮を神の義認の無条件的な約束によって取り除こうとするとき、初めて本当に良い行為が起こることが可能である。それは利己心(自己追求心)から――「霊的な」利己心からも――清められた動機、神の意志を行い、隣人の窮乏に奉仕する動機において起こりうる。

こうして今やルターはこの本当に良い行為は信仰から内的必然性をもって現れ出る、ときわめて決然として語り、信仰の「活動性」(activitas)をここに語りだす。「信仰は活動的にして活気のあるものである」。まさに信仰は神に対して保証を求める信心の自己懸念から完全に解放されているがゆえに、真の信仰で隣人に対していっそう奉仕するようにならないような信仰などありえない。われわれのすべての行為に先行する神的な愛の経験は神を再び愛し、愛を他者に伝えるために世界の中へ入っていく。われわれのために尽力するキリストは――彼は、実際、この神の愛の贈与の生き生きとした現実である――怠惰ではなく、われわれと一緒に活動する。彼は彼を信じて彼に寄りすがる人たちの中にあって、そのような愛がさらに〔他者に〕転送されるように働く。

このような真の良い行為とその根源に対する理解は、どのようにルターがこの行為と神の律法の戒めとの関係を理解しているかという結論を伴っている。そこでは律法の実現が起こっている、と彼はそれに対し主張する。だが、それは命令する律法の脅迫のゆえに、罰の脅迫を恐れるがゆえに、愛のわざとして起こっているのではない（もしそうなら、実際、行為者の自信をえるためにと再び言われることになろうから）。良い行為は、信仰から自ずと成長してくる実りとして、自発的に、かつ、喜んで現れ出る。ルターは一度大胆にも次のように語った。本当に信仰に生きるキリスト者はなすべきことを彼に告げる律法を全く必要としないで、「自分自身で十戒を造ることができよう」、つまり彼を動かす神の愛は、律法がなくとも、彼を正しい人たちの行いに導くであろう、と。とはいえルターは諸々の戒めを説教することを止めるべきである、との結論をそこから導き出すことはしなかった。むしろ彼は諸々の戒めを要求し、その発言と多数の著作でもって自らそれを実行に移した。

ルターによるとキリスト者も戒めの説教を必要とする。というのは全面的にキリストによって生き、自ずから成長する実りとして善行をもたらす信仰だけでは、キリスト者は完成されないからである。彼はなお死のときに至るまで罪人にとどまる。ルターはこのことを有名となった定式「義人にして同時に罪人」（simul iustus et peccator）で捉えた。これによって彼が考えたことは、繰り返し議論の的となり、誤解されもした。なぜならルターがしばしば用いたこの定式を彼自身がさまざまな仕方で、外見上は矛盾さえしている仕方で、解釈しているからである。

だがルターは、われわれは全く義人であるが、それでも同時に全く罪人でもある、と言うことも可能である。

神がわれわれに与えようと判断した、キリストの「他なる」義のお陰でわれわれは全く義人であるが、わたしたちが自己自身において、かつ、自己自身から、存在することによっては、全く罪人である。神の算定において全体的に義人であり、わたしたち自身の現実においては全体的に罪人である。この発言は、それでもなおルターがそれについて語っていた、神の義認判断の現実化する力と矛盾しているように思われる。

しかしルターは次のように言うことも可能である。キリストの義においてわれわれは全く義であると宣告されているが、われわれが復活に際し、神が創造する全く新しい人間となるまでは、われわれは始源的にはすでに義と成っている（gerechtgemacht werden）と。現世においてはわれわれはなお罪人であるが、神は、それにもかかわらず、罪がわれわれから全く根絶されるまで、罪を粛清することができる。このことは実現する力としての宣義判断の理解と一致するが、義人にして同時に罪人の最初に挙げた解釈と矛盾するように思われる。

この矛盾は、ルターが人間の生活と行為において実現される善を原則として人間の性質や能力に由来しないものと理解していたという点を明らかにするとき、解消する。その善はむしろ人を引き受けて尽力するキリストの実現力からその人の生活に中に入って来る。そうすると義と宣告されることから生じるあの義とされること（Gerechtigemachtwerden）は、始源においてはただ与えるように判断する神の義にもとづいてのみ義人と呼ばれうる人間が、自分自身において存在し、所有し、可能であるものによって益々義人となることを意味しない。そうではなく、まさしく自分自身で存在したり、自分自身で行為するという願望からいつもいつも、キリストと一緒にいることに向かって、キリストが彼と共にあるお陰で彼のうちでキリストがその行為と生活を「なしうる」（kann）ものに向かって呼び出される。このことは人間が信じる、つまりキリストに寄りすがる程度に応じて起こる。しかしながら、そのような信仰する人は死に至るまで決して完成せず、何時までも罪人である。――とりわけ、まさにわれわれが神の前で自分自身の存在と善に対する能力から生きようとする点でそうである。そしてそのとき事実次のことが重要である。われわれが自分自身において存在し、自分自身から行為することは、われわれを罪にとどまらせ、この罪はわれわれを全体として罪人と判定する。われわれが少しだけ良くなり、また良い行為をしても、その善でもって罪人としての存在をある程度減じることができようとも、そうである。それでも、われわれが自分の内にあることや自分から行うことをまさにそれだけに放っておけないので、わたしたちの罪の現実は競技場（活動領域）に一人だけでとどまらせておかない。信じる者には神がキリストにおいて活動的に現存し、信仰が良いわざの実りの収穫と罪の「掃き出し」（Ausfegen）を開始する。〔信仰において〕何かが起こっている。だが、それが起こっており、起こっている点において、まさに人間は義の援助に差し向けられたままである。その義は人間の「特性」（Eigenschaft）として、人間の「力量」（Können）として誤って算定されることはありえない。なぜなら、まさに人間の生活と行為において起こっていることは、人間自身からではなく、キリストにおいて人間と一緒にある、神の現存と力から起こっているからである。

律法と福音

ルターが「義人にして同時に罪人」という定式において義認の出来事の内にある人間の実存を要約したように、彼の神学にとって同様に特徴的な二重性「律法と福音」（Gesetz und Evangelium）によって彼はこの出来事における神の言葉の活動を要約する。彼は律法と福音のもとでまず第一に神が人間と出会う際の神の言葉の二つの活動様式を理解する。御言葉は罪人に無罪を、罪人にキリストとその義を、言い渡すがゆえに、福音として、解放する知らせとして、人に出会う。しかし、それと切り離しえない仕方で御言葉は人間とまた出会い、それに先だって律法として出会う。なぜなら律法は人間の罪を暴露し、かつ、告発して、人間的な自己義認を打ち砕き、裁きの下に置くからである。したがって律法と福音は活動する神の言葉の手中に陥った人間に襲いかかって来るものである。だが同時にルターはこれらの区別を御言葉の異なる内容に関係づける。ここから次のような活動が起こってくる。律法は要求と戒めであり、福音は聖書の約束と語りかけ、とりわけキリストの告知である。その際、ルターにとってこの内容的な区別は、旧約と新約の区別と完全に一致しない。というのは旧約聖書においてモーセに具現している神の要求は、新約聖書においてはその約束のすべてがイエス・キリストにおいて実現したものとして中心に置かれているけれども、二つの聖書において要求としても約束としても出会われるからである。

御言葉の両方の活動の仕方をルターは強く力説するが、それらは相互に対立しながら働く。律法は告発し、裁きの下に人を立たせる――福音は無罪を言い渡す。しかしまさにこういう対立関係において両者は必然的な関連の内に立つ、しかも人間の救済に、つまり神の意志の貫徹に向けられた一義的な関連の内に立つのである。律法の活動は神が福音を通して行おうとすることのために雇われる。キリストにおける無条件的な義認の語りかけに人間が開かれるために、律法によってその独りよがりの態度と自己義認とは打ち砕かれなければならない。神は律法によって人間に対する「他なる」(fremd) わざをなさねばならない。それは神が福音によって人間に対するその本来的なわざに到達するためである。神は生かすために殺さねばならない。それゆえ福音は宣義のわざの御言葉として律法を、つまり裁く御言葉を先行させ、同時にそれを自己において止揚する。

律法と福音の正しい区分と配分はルターによると「神学者の最高の技術」、正しい「分割」(Teilen) つまり両者に適切な場所を与える決定であり、説教者と牧会者の決定的な課題なのである。律法と福音とを正しく区別することは、一方を他方とごちゃ混ぜにすることなく、両者を純粋な仕方で教えることを意味する。罪人が神の意志を拒むときには非難しなければならないという、その純粋な「職分」(Amt) において律法の力が発揮されないで、罪人が自ら戒めを実現することによって義認に到達すべきであるし、到達できると説教されるときには、律法は歪曲される。福音は、それが罪人を無条件的に受け入れるものとして説教されないで、人間によってもたらされるべき諸条件に拘束されているときには、歪曲される。律法と福音の混同は、ルターによると、キリスト教的宣教のきわめて重大な誤りである。なぜなら救済を創造する神の義に対する信仰の道がそれによって遮断されるからである。

したがってルターはこれらすべてにおいて「律法」(Gesetz) のもとで神の意志自体の内容を素朴に理解していない (神の意志は事実、福音によって廃棄されないで、信仰に由来する愛のわざにおいてまさしく実現される)。そうではなく彼は律法のもとでこの神の意志の訓戒が人間に伝えられねばならないし、また伝えるべきである特定の作用を理解している。この人間は (未だなお、もはや決して) 信仰によって、それゆえ自らを贈与する神の義の力によって生きていない。律法の作用は人間の罪を暴露し、人間が神の前で実はそうである罪人と、自分自身の前でもなさねばならない。このことが起こるのは、とりわけ神の意志の要求が、キリスト自身がそれを教え、かつ、生きたもうた深淵と根源において遭遇するところにおいてである。ルターはこのことを律法の「霊的な使用」(usus spiritualis) と呼ぶ。霊的であるというのは、ここで神は神の恩恵から来る生活に向けて人間を備えさせるわざをすでに開始しているからである。それと並んでルターは、法秩序が十戒を外面的な事情に応じて遵守するように強いたり、またその違反を罰する限り、地上的な法秩序の手段を通して神の律法と出会うことをも知っている。ルターはこれを律法の「市民的用法」(usus civilis) と呼ぶ。彼はその背後で神の意志が働いていると見てはいても、それでもなお人間の心にある罪を暴露するには至らず、ここではまさしく罪はその本来的な深さにおいては認識されておらず、ただ人間の生活を崩壊させるようなとても深刻な影響を抑えるように働くと見ている。彼のかつての教え子の一人であったアグリコラが、神の律法は法秩序の形態においてのみ妥当させるべきであって、律法を必要としているのは信仰するキリスト者ではなく、粗野な罪人であるがゆえに、律法は「説教壇にではなく、市役所に」所属する、との提題を掲げて歩み出てきたとき、ルターはそれを激しく反駁した。(3) というのはキリスト者たちが現実に信仰によって生きている限り、善を自発的に喜んで行うように動かされてはいても、彼らは死のときに至るまで罪人であり続けるからである。罪人は自らを罪人として認識し、あらためてキリストの許に逃れるためには、法秩序を営む働きを通してではなく、まさにその霊的な働きにおいて、律法を必要とする。地上での彼らの生活は霊的な所有によって休息することにあるのではなく、自分自身のところにある罪から、彼らのためにキリストが現存する信仰へ向かって、またそれゆえに律法によって傷つけられることから福音の新しい慰めの言葉に向かって、絶えず歩みを進めることである。

それゆえルターはキリスト者がなお罪人である限り、律法の説教をキリスト者と関係させる。このことは、もちろん、キリスト者にその罪を暴露し、罪の拘束状態にあって彼を罪から解放するために、彼に責任を負わせるという消極的な機能においてである。しかし〔律法の〕戒めは積極的な機能において理解されてもよいし、また理解されるべきではなかろうか。その機能においては、戒めがまさに信仰者としてのキリスト者に妥当し、福音が導こうとする行為のための指針となることが彼に与えられる。ルターはこの積極的意味において神の戒めを信仰に対する道標として十全に解釈することができた。彼の数多い十戒の講解や『善いわざについての説教』がこのことを立証している。しかし彼はこのために「律法」概念をまさに使用しない。律法はむしろ罪を暴露する消極的な機能に制限される。このことは彼の神学の固有な特質であって、近代において著しい対決へと導かれた。

この叙述の制限された枠内ではそれに立ち入って考察することは禁じられている(4)。

Ⅲ　神の理解

ルターの神理解は基本的には彼の新しい福音理解によって形成されている。このことは真なる神認識の問題について彼が語っているところでも証示される。

神認識の方法

神の救済意志がイエス・キリストにおける神の啓示からのみ認識されるということは、ルターが教えた神学においては議論の余地がないことである。しかしこの神学においてはそれと並んで神の現実性に関する普遍的な知識、世界の創造者にして主としての本質、神の要求とその義が理性の思索から推論できることも教えられた。つまり創造された存在者はその創始者として「最高存在」である神を示しており、被造物のもとでわれわれに知られうる偉大さと充ち満ちた価値はその源泉としての神の偉大さと崇高さとを示す。

「ハイデルベルグ討論」(一五一八年)の提題において彼はどのような道によって神の認識に到達できるかという問題を検討した。そこでは彼は造られたものの価値と偉大さから昇っていって、神の本質をその超越的な崇高性において把握しようとする、理性的な形而上学の認識方法に対し根本的に異議を唱えた。われわれは神の認識に昇っていくための道をもっていない。神がご自身を「受肉」に向かった下降させる道からのみ真の神は認識される。ただキリストにおいてのみ、しかもその受難と十字架の卑賤さにおいて神はご自身を本当に存在する者として認識させる。

その際、ルターは神の優越せる荘厳さと創造的な力そのものを疑おうとしない。彼が疑っているのは、罪に拘束された人間が被造物の価値を思弁的に法外に引き上げることによって崇高なる神の認識に上昇する権限である。彼はこのような企てを「栄光の神学」（theologia gloriae）と特徴づけ、拒否し、それに対して十字架に付けられたキリストにおいてわれわれの許に下降したことから得られる神の認識を真の「十字架の神学」（theologia crucis）として対置した。この対置がいかに根本的に考えられているか次の点に示される。つまりルターがキリストの卑賤における神の自己啓示に頼っているのは、われわれが自己を贈与する神の義――それは信仰の「受動性」（Passivität）によって受容されるのを欲する――に頼っていることを直接の原因として当然伴っている点に示される。それとは逆に彼は被造物の価値から崇高なる神の認識に上昇する試みの中に、認識におけるのと同様行為においても神自身への通路を開こうとする、人間の自己の義やわざの義に対応するものを洞察する。形而上学的な認識の道はこのようにルターや人々を舞い上がらせ、神の前における自己の状況の真理に対して盲目にする。この方法でもって神を探求する人は、根本においては自分自身の性質を意識して、それが高く評価されるように努める人間である。彼は地上的な諸性質の序列を天上的に高揚させていって有資格者を高く評価し、資格のない者を拒絶する義にもとづいて物事に対処する。だが真の神は、キリストにおいて身分の卑しい者や堕落した者を受け入れ、こうして義を贈り、義として働く神であるとご自身を示す。神は自己の性質を意識することによってではなく、ただ神の憐れみによってのみ生きる人たちの身分に入るようにわれわれに指示する。

それと並んでルターは確かに各々の人間に内住する、神に関する「自然本性的な」（natürlich）知識についても語ることができる。そのような知識が、神の存在についての表象であるばかりか、あらゆる善の創造者にして賦与者である神の表象でもある、と彼は認めている。このことは、一見すると、今し方述べたことと矛盾しているように思われる。だがその際、われわれはルターがこのような普遍的な神に関する知の可能性に関して妥当するとした保留を見逃してはならない。第一に彼はそのような知のもとで人間が自己の思考能力を活動させて到達できるものを考えていない。むしろ彼はその知のもとで神の側からいつもその都度出会われるものを考えている。したがって理性の推論によって神の真理に到達するのではなく、人間がその良心のもとで神によって接触され、不安に陥ることが考えられている。第二に彼は、このような良心の知（Gewissens-Wissen）(5)――わたしたちは多分このように名付けなければならない――について、それが「何らかの仕方で」（irgendwie）神について知ってはいても、キリストから離れると、神は本当は誰であるか、どのように神はわたしたちに関わり、わたしたちを扱おうとしているのかが分からなくなると言う。第三に、ルターによるとまさしく理性は、そのような良心の知を今や思考によって粉飾を加え、その知から常習的にいつも、いずれにせよ、見当違いの神の像を造り出す。とりわけ人間はその営みで貸借を決算できる神を造り出す。したがって神に関する普遍的な知は、ルターのもとでは真実な神の認識に対してまさしく何らの積極的な意義をもっていない。

次に人は、どうしてルターがそのような普遍的な神の知識一般について語ったのかと問うことができる。その場合には彼はその時代と視野の中でそのような知識に気づいたから、したがって神の観念が当時はなお普遍的にかつ自明的にそこにはあったから、と答えることができよう。ルターは、そのとき、現代の神学にはもはや与えられていない、とにかく、もはや普遍的には与えられていないような状況に立っていた。しかし決定的なことは、ルターはそこから真の神認識のための理性的な下部構造を、キリストにおける神の救済啓示を理解するための「結合点」（Anknüpfungspunkt）として、獲得しようとしたので、そのように語ったのではないということである。(6)

そのような知識はルター神学を基礎づける機能をもっていない（神についての普遍的な知識の主張がスコラ神学においてもっていた機能、および現代の神学的な企図においてもっている機能と区別して）。

したがってルターにとってイエス・キリストにおける神の自己表明は根本的には神に関するすべての正しい認識根拠にして判定基準であると言ってもよかろう。それに一致して今やわれわれが問題にしている神理解の内容的な展開は、キリスト理解とキリストによって規定された神の存在に関する表現から出発し、その後になって初めて神理解のいっそう広汎な要素に近づいていくべきである。

キリストにおける神

ルターは神の神性（Gottheit Gottes）はまさしくイエスの人間性において認識されると主張することができる。この人間において、飼い葉桶から十字架に至る彼の人間的な歴史において、荘厳なる神、荘厳なる万物の創造者にして主なる神は現存する。神がわれわれに到来したもうたのと全く同じように、彼はわたしたちによって認識されるのを欲する。

イエスの意義を彼の神人性においてではなく、純粋にかつ模範的な人間性において探求することは、研究計画の意味での「下からのキリスト論」（Christologie von unten）とは何ら関係がない。というのはルターの関心はイエスの人間性そのものには向かわずに、この人における神の現存に、神がその高みから罪の深淵を超えてわたしたちに向かって「肉」となって下降する運動に立ち向かっているから。この神の運動の担い手として人間イエスは、ルターにとって人格となった神の義の現実性であって、この義は罪人に無条件的に贈与される。イエス・キリストが真の人間にして真の神であるということは――したがってキリスト論的教義が古代教会によって公式化されたような意味で――、ルターによって尊敬すべき伝統として多かれ少なかれ無批判的に受け継がれたばかりでなく、全面的に肯定されされた。その際、彼はイエスの人間的な「自然本性」が神的な尊厳を分有することだけでなく、その反対に神性がイエスの人間的な受難と死の中に立ち入ったことをも主張することができた。その背景にはルターのもとには抽象的で形而上学的な思弁に対する欲求はなく、神自身が全体としてイエスのもとにあり、わたしたちにも全体としてである、という確実性に対する歓喜がみられる。

人間イエスにおける神の現存をもってルターは神の三位一体性をも無条件的に肯定する。神が三位一体であることは、救済の出来事に関する彼の理解においては前提されている。このことが実際まさに意味していることは、イエスの人間存在の有する神的なるもの（現代の神学者のやり方で「神の死の後に」何か）を通して神を創造者と主なる神の尊厳という「高みに」に置き換えることではない。そうではなく、まさに高みにとどまっている神が――ルターにとっても――息子の姿をとって人間のもとに到来することであり、同時に聖霊を通しての人間における活動である。聖霊はイエスにおける神の現存をわれわれに認識させ、聖霊に対する信仰を創造する。神は人間をこれほどに全面的に引き受けたように、その交わりの中へわたしたちを取り戻すためにこれほどにまで専一的にすべてを行いたもう。われわれを全く超えている神が同時に御子において全くわれわれと一緒になりたまう神であり、御霊によってわれわれの内に、われわれからは産み出すことができない、信仰を活動させ、わたしたちに対する神の現存をいわばご自身のようにわれわれに提示する。したがってわれわれは、ルターの意味で、三位一体の神に対する告白が無条件的な恩恵からの罪人の義認に対する告白を表現するものとして理解することができる。そしてこのことはまたしても三位一体の神に対する告白を実存的に適用したものとして理解できる。ルターはこのことを小教理問答書の解説の中で、そこでは「義認」という言葉を用いないで、三つの信仰条項のもとで実施している（7）。

神がイエスにおいて「肉」となってわれわれに来られたのは、最終的な結論として、十字架に掛けられたイエスにおいて神がわれわれの死と罪人の死のときに来られ、イエスの復活において神はこの死を克服したもうたという意味である。ルターはこの出来事をさまざまな仕方で解明している。彼はそれを古代教会の神学の生き生きとした方法を使って戦闘の出来事として叙述する。人間は罪・死・悪魔といった堕落させる諸力の虜となっている。キリストは十字架において堕落させる諸力の攻撃に自らを曝す。だがキリストは今や（そして彼においても）この堕落の牢獄にわれわれを訪ねることによって、諸力に打ち勝ち――諸力は彼をむさぼり食うことができず――、捕らわれ人たちを解放する。これと並んでルターのもとでは、とりわけヨーロッパの神学的伝統において展開されたように、十字架が贖罪の出来事として理解される。すなわち、人間は神の律法によって告発される。キリストが罪人の死を要求する律法の判決に身を任せる。しかし罪のない彼がこの死を身をもって引き受けることによって、神の怒りと律法の判決に償いをなし（genuggetan）、「赦免」（Lossprechung）を獲得する。

このような贖罪論の借用はルター神学の本質的なモチーフとある仕方で矛盾しているかどうかとかつて論じられたことがあった。この贖罪論は、その義が原則的に業績もしくは失敗と報いという尺度にもとづいて処理され、この原則に対しそれが資格を得るとき初めてその恩恵が施されうる、神を前提していないのであろうか。また他方ルターは、神が根本的に、かつその神性のゆえに、自分に必要な業績に応答するのではなく、自発的で、自由に贈与する恩恵から、人間と取引しようとする点にすべての重点を置くのではないのか。その際、ルターからは次のように恐らく回答されるであろう。すなわち神の恩恵は罪をどうでもよいものとして見逃したり、傍らに押しやったりすることを意味しない。罪の審判は起こらなければならない。しかし、このことは神に差し出した業績によって神の恩恵を「買収すること」（Erkaufen）を意味するという考えに反対して、ルターはきわめて強力に次のように力説する。神は自らその御子をわたしたちの罪に対する償いとして犠牲にされたのである、と。神が恵み深くあり得るために、償いは「下から」（von unten）神に捧げられたのではない。そうではなく神は罪人らに恵み深くあり、彼らをあわれみ、彼らにすべてを贈ろうとするがゆえに、彼は自らこの審判の出来事のためにその御子を犠牲に供されるのである。ルターの詩「愛するキリスト者よ、今や、一緒に喜びなさい」においてこのことはとても明瞭になっている。

神の愛と怒り

神が人間の中に、神に見捨てられる死に至るまで罪人らを死から救済するために彼らの傍らに来たりたもうたイエスを、認めようとするとき、神の本質について何が言われねばならないであろうか。ルターは言う、神の最内奥の本質は燃えるような愛である。われわれが神の心〔心臓〕を描こうと欲するなら、「愛のパン焼き窯」（Backofen von Liebe）を描かねばならないであろう。しかし神の愛は、われわれが単純に愛と知り、そう呼んでいるようなものではない。それは愛すべきものとして歓迎されるものだけを愛することができるように拘束されていない点で神的であり、人間的な愛を無限に凌駕する。神は何も前提しないで、また愛へと動かすことができるものがまさに何もないところで、愛したもう。神は価値のない、愛するに値しない者に立ち向かい、こうして彼に存在と価値とを贈る。「神はその愛する対象〔の有様〕を見ないで、これを創造する」（Deus non invenite, sed creat suun diligibile）(8)。こうして底知れない愛の意志としての神の本質は、ルターにとってまさに神の神性とその創造主としての力と同じ意味をもつものとなる。われわれを無から創造された者としてわれわれにその現実存在を与えかつ保ち、罪の死から救われた罪人としてのわれわれに対し義と認定された者の新しい存在を贈るのは、同じ無条件的で創造的な愛である。このことをルターは好んで次のような表現に圧縮している。神は根本的に彼に何かを与える人ではなく、彼がすべてを与える人を欲する。神は自分が受け取るのではなく、すべてを授与する点で総じて神であろうと欲する。

しかしルターは同様に、罪に対し、したがって罪人に対し火を噴き、永遠の滅びをもって脅迫する、神の怒りのすべてを舐め尽くす焔について力を込めて語る。彼はこの怒りをわれわれが想像することもできない戦慄すべきものであると好んで名付ける。それはわたしたちの隠蔽作用によって大抵の場合は覆い隠されている。そのような何も予感できない隠蔽作用でもって神が人間を無為に日を過ごさせるとき、ルターはそれをまさにこの怒りの影響であると理解する。また神がその言葉を律法として出会わせることによって神の怒りの燃焼をわたしたちに感得させるとき、彼はそれを救済のしるしとして理解することができる。

ルターが神について語っているとき、突然ここに、緊張した対立関係が姿を現す。神はまさに救いがたい場合には、すべてを贈ろうとする愛なのであろうか。それとも神はまた愛よりも報復しようとする怒りなのか。神は罪人の死を欲するのではなく、その救いを欲する意志なのか。神はまたそれに先だってその怒りによって罪人の死を欲するのか。神自身において一方の意志が他方に意志と戦っているのか。

ルターはこのことを組織的に調整し〔て語ら〕なかった。われわれは神について彼が語っているときの二元論的な着想を誤認してはならない。(ルターは別の局面において再度啓示された神と隠された神との区別においてわたしたちに出会うであろう)。とはいえルターはなおそれでも、神の怒りがまさにその愛の手段として理解されるように欲する、と言うことができる。怒りの燃焼というのは神が行わねばならない「他なるわざ」(fremdes Werk)

である。なぜなら神は罪人をその罪から救うという「本来のわざ」（eigenes Werk）に到達しようとしており、このようにして神はそこに到達できるからである。神は本当に生かすためには殺さねばならない。神は「反対の相のもとに」（sub contraria specie）活動する。怒りは最後的なものではなく、愛を隠している被いである。そのときルターは次のように言うことができる。われわれが神をわたしたちを滅ぼす怒りの神と考えるとき、このことがまさに隠蔽であり不信仰であるが、それでもその意味はなるほど神がその怒りにおいて罪の死を欲していても、実は罪人の死ではなく、むしろ罪人の生を欲している、ということである。

創造者にして全能者なる神

神の創造力に対する告白は、ルターにとり神の救済する力の認識によって、罪と悪が存在したところで義と生命を創造する、神の力によって全く本質的に規定されている。しかし総じてすべての被造的存在はこの同じ神に基づいており、そこから相対的自立性をもって存在するであろう出発点だけを創造者が彼に定めておいたといったものではない。神が創造者であるという意味は、ルターにとってむしろ、神はすべての被造的な出来事において自ら活動する者であり、活動者にとどまるということである。被造物は、あらゆる瞬間に神の遍在と独占活動（Allgegenwart und Allwirksamkeit）によって支えられており、無からいわば引きだされることによってのみその存立と生命とを得ており、放任されると無に沈没せざるを得ない。ルターは被造物の活動を、神が被造物に活動能力をかつて授けておいて今やこの能力のお陰で、獲得競争に寄与するとの意味で創造者と協働する、活動の自律的な「主体」（Subjekt）となるという風には理解していない。そうではなく彼は被造物を、本来的に活動している、神の手中にある、単なる道具と見なす。被造物が事件の行為者のように思われるところで、本当は神が行為者であることを主張するために、ルターは被造物を神の「仮面と仮装」(Larva und Mummenschanz)と呼ぶ。このことは神の活動に対する人間の活動の関係にも妥当する。神はわたしたちの活動を通して活動し、われわれに働くように命じる。しかしその成果はわれわれの行為としてではなく、神の行為として理解すべきである。働いている人間は道具であって、神がこの道具を通して起こっていることの行為者である(このことは人間が意志のない、内的に関与していない神の手中にある「器具」(Gerät)となっているように考えられてはいないということに関して、ルターの人間論の箇所で後に示されるであろう)。

ルターは被造物の出来事のすべてに見られる創造者の独占活動についてこのように言明し、それをすべての善の制作者にして贈与者として神を告白する積極的な関連において広範囲にわたって展開する。被造物は「パイプと手段」(Rohre und Mittel)であって、これを通して神は、絶え間なくかつ極めて多岐なる仕方で、彼の賜物である良きものをわれわれに注ぎ込ませ、生命を贈り、保存したもう。この限りで神の全能と独占活動の思想は、神の救済力、救いを造り出し、不義なる者らに自らを贈与する神の義に対するルターの理解と内的な関連をもっている。だが他方においてルターは、ただ存在し生起するすべてにおいて全能なる創造主なる神を活動するものとして、「神はまたサタンにおいても不敬虔なものにおいても働く」とその著作『奴隷意志論』(一五二五年)で言うことができると、主張する。そしてこのことから生じる結果に驚いて後ずさりしない。というのは、神に対して独立した主体が自分の意志と活動を対峙させるような何かをどこかに入って来させうるとしたら、どうして神は創造者にして全能者であることができようか。ここでは全能の思想がキリストにおいて認識された神の本質、つまり無と堕落から創造的に存在と救済へ向けて活動する愛の意志との関連から離れて、それ自身の合理的な結論を導き出しているように思われる。このような神からは今や「めしい」の顔つきをした冷酷な因果性が生じたのであろうか。

確かにルターはある重要な箇所でこの全能思想が有する合理的な結論を突破した。神は罪が起こるように働いて、今や罪人の行動において罪そのものを願っているとは彼は言っていない。どのように、また何故に、罪が神の創造の中に入ってくることができたかを不可解となし、ただ次のように彼は言う、罪が現に生じた後でも、「刃こぼれした」道具となった後でも、神はそのように劣悪な道具でもって活動するのをやめるわけにいかない、と。それとは別の道具をもちたいというのは、神がその絶えざる活動の中で停止しようとすることを意味するが、それでは神が神であることをやめようと欲する意味になるであろう。その活動をする際に、悪い道具によって悪いことが生じてくるのは、道具に責任があって、道具を使う者には責任はない。

啓示された神と隠された神

自由意志についてエラスムスと大論争を交わしたルターの『奴隷意志論』の中でルターは何故にある人間は信仰と救済に到達し、他の人は到達しないのかという問題に対して神の独占活動から結論を引きだす。エラスムスは、神が恣意的で不正であると考えられてはならないなら、人間に決断の余地が与えられるように考慮されるべきである、と主張していた。彼〔人間〕には確かに神の恩恵が必要であるが、それでもそのことは、彼が神の恩恵の戒めを受領するのか、それとも拒否するのかにかかっている。

ルターはこれに激しく反論した。もしそうなら、神だけ（allein）がその恩恵から救いを贈るということが、もはや妥当しなくなるであろう。もしこれが妥当するとしたら、そのときには、われわれが、キリストにおいて出会われる恩恵を受領するために、われわれ自身からは行動を起こさないことをそれは意味する。神が「ただひとり」（allein）いっさいを（alles）わたしたちが救われるために行う。またこのことは神が聖霊としてわたしたちの中に彼の恩恵を受容する信仰を起こすことを意味する。だが今やルターは次のような結論を引きだす。もし人が信仰するようにならないなら、このことは彼の自由な自己決断によるのではなく、神がここで信仰を起こすのを欲しないからである。人間は神との関係の問題、彼が信仰するかしないかの問題に対して、自分の決断力を全くもっていない。このようにしてルターは二重予定の教義に導かれることになる。どの罪人を救い、誰を断罪に委ねるか、それゆえ誰に対し神が信仰を起こすか、また誰に信仰を拒絶するかは、神の意志の内に永遠にわたって定まっている。（アダムの堕罪によってすべてが罪人となっており、罪人として劫罰に値するということが、その際、前提されている。しかしルターは堕罪そのものが神によって意志され、なし遂げられたと主張することはなかった）。

そのように語るように駆りたてるのは、何よりもわれわれの救済がただ神の手中と力の中にのみあって、われわれの動揺する不確かな決断にもとづかない点が、本当にどこまでも粘り強く説かれ続けなければならない、という切なる願いからである。もしそうでないなら

「私は絶えず不確かさの中で労苦するように強いられるであろう。そして私の良心は、神に償うためにどれほど多くのわざを積んでも、決して確実でなく、確かではないであろう。ただ今や神が私の救いを私の決断から全面的に取り去り、彼自身のものとされ、私をわたしの行為や疾走に応じてではなく、その恩恵とあわれみからそれを守ると約束されたからには、私は確信に満たされ、確実である。神は真実であり、私を欺かない。そうするように神は力強くあり、権力をもっているので、いかなる悪魔も障害も彼の意志を打ち破ったり、私を彼から引き離すことはできない」（『奴隷意志論』WA 18, 783）。

われわれの救済が全く神の手中にあるという、このような積極的な言明が有する論理的な結論では、不信仰者の不幸も神の決断によって定められるという消極的な言明をも回避されない。ここでも、この全能から救済が生じるか、それとも破滅が生じるかという問題から全く解き放たれているように思われる、あの全能思想からルターはまさに理論的に議論することができる。何が起ころうともどうでもよい――神が全能的に活動する意志であるなら、神の意欲と活動から出てこない何かが起こるようなことなど考えられない。この思想の歩みが有する論理に対して何も反論されることが許されない。だが、この問題でルターにとりわけ重要であった信仰の確実性は、先に引用された言葉がその全体を直に証言しているように、人間の救いに賛成の意をはっきりと表明する一人の神に置かれていないのか。まさしくいっさいが絶対的にそこから来るがゆえに、その意志から救いと同じく破滅もやって来るような神の顔は、それでもなお一義的〔に明瞭〕であろうか。

エラスムスは、神が福音においてすべての人が救われる（Ｉテモテ二・四）という意志をはっきり述べていると主張して、以前にもルターを反論していた。これに対してルターは答えて言う、然り、啓示された神、キリストにおいてご自身を啓示され、われわれの許で説教されることを欲せられる神は、このような彼の意志をわれわれにはっきり示された、そしてわれわれはその意志に何時までもとどまるべきである、と。しかし啓示された神は、同時にまた、窮めがたい荘厳なる神意の中に隠れている神である。この神の隠された荘厳においてわれわれは黙して彼を崇めるべきであって、神の意志と行為の根拠を穿鑿してはならない。キリストにおいてご自身を啓示された神はその民の「死について心痛を懐かれ、それを克服しようと意志される。それはわれわれが罪と死から解放され、救いに至るためである」。だが「その荘厳のうちに隠されたままである神は、死について心痛を懐かないし、それを克服しないで、生と死とすべてをすべてにおいて働きたもう」。

ルターはこのような思想がもたらす躓きと試練に気づいている。しかしこの神をその恣意と不義のゆえに非難するような躓きに対しては、そのすべての正当性に彼は異論を唱える。神はすべての罪人を救うように義務づけられているのか。わたしたちは恩恵について喜んで耳を傾け、その好意を神の手から進んで受け入れておきながら、神の神的な自由に関してはこうした親切を拒絶し、それについて何も知ろうとしないのは、われわれのむき出しの我欲ではなかろうか。どんな人間が総じて大胆にも神に釈明を求めたりできようか。

自分が一体選ばれているのかという問題によって試練を受け愕然とした人々に対し、ルターは、隠された神について熟考すべきではなく、神ご自身が命じているように、キリストの内に啓示された神を見つめるべきである、と言って牧会的な忠告を与えている。あの隠された荘厳の内にではなく、キリストの内に神はわたしたちによって認識され、御言葉のもとにとどまるように欲している。これと並んで「強い精神の持ち主」(starke Geister)に対する忠告がなされる。たとえ神があなたを地獄へ導くことがあっても、神の意志を全面的に肯定し、それに身を委なさい。あなたがこのような肯定のゆえに実際神の意志によって地獄に行くようになっても、それでもあなたはその点で神と一つであって、地獄はもはや地獄ではない。しかし、この忠告は——その両方の形において——その根底においては、神の荘厳の中に隠されている破滅への意志に対する信仰を排除する、一つの信仰を呼びかけてはいないだろうか。こうした簡略な叙述でもって、この独特で、多くの論争の的となったルターの隠された神と啓示された神についての主題が取り扱われてはならない。とはいえこの問題が「キリストにおいて、ただ彼においてかつ彼において明瞭に、神が本当にあるがままな自己を認識するようにわれわれに与えている」という神認識に関するルターの発言と完全に一致しているかどうかについては、黙っているべきではない。だがこの問題についての討論はこの叙述の枠を超えてさらに展開されるであろう。

Ⅳ　人間の理解

ルターによる人間の定義

ルターが新しい福音理解を得ることによって神の認識と同じく人間の理解も、新しくなり、人間について中世の哲学的――神学的伝統が語ることができたことに対比すると、独特な仕方で他なる印象が刻み込まれた。『人間について』(De homine) という討論の提題においてルターは、人間の特殊なものを形成しているものの「定義」という形で、この主題に関する根本的な考えを表明した。したがって人間はこの特殊なものによって自分が他の被造物と共有しているものから離れて際立っている。

この提題でルターは人間の伝統的な定義である「理性的動物」(animal rationale) つまり身体と感覚を超えて理性を賦与された生物から出発する。彼はこの定義を人間と動物との間の区別の純粋に内世界的考察によって受け入れ、この関連にもとづいて理性の賜物についてきわめて積極的な発言をしている。しかし彼はそれに対し、これは哲学的な人間の定義であって、これをもってしては人間がその他のすべての被造物から際立っているあの特殊的なものについては、ほとんど何も言われていない〔に等しい〕と付言する。この特殊なものは神学的にのみ把握されうる。

そこでルターは人間の哲学的定義に対して神学的定義を立てる。それは上位の類概念(生物)とこの類概念の下位に付属するものに対する種差(理性の賦与)から作られる形式的――教科書的な意味では、もはやほとんど定義ではなく、どちらかといえば神がこの被造物とまたこれとのみ関係する歴史を短く述べた説話となっている。

わたしはここにその説話を字義通りに引用しないで（それだけではさらに解説が要求されるであろう）、その内容を書き換えて再現させてみたい。

神が人間との間にある特別な交わりの使命をもって、それゆえに地上の存在を超えて永遠の生命という目標に向けて創造したことによって、人間は他のすべての被造物から高く引き上げられた。事実上は人間がアダム以来この彼の使命と矛盾するように捕えられたので、人間の神との関係は禍の歴史に転じたが、その歴史は地上の生活を超えていって、今や永遠の死に向かうものとなった。しかしながら人間は事実このような罪人であっても、神はイエス・キリストによって禍との結びつきから人間を解放し、生命の目標に向けて救済されるように彼を定めた。とはいえ、ただ人間がその生命を救済するのにただひとり力をもつ神を信じ、神に関係し、神を信頼する限り、そうなるのである。ルターはこれを要約して、人間は「ただ恩恵によってキリストを通して義とされる罪人」（peccator iustificandus sola gratia per Christum）である、ともっとも簡略に定義されうる、と言う。

したがって、その意味はこうである。ルターによると、他の生物と比較して人間がもっている装備の世界内的側面を、またそれと一致する内世界的な行為の可能性を単に分析するだけでは、人間の本来的に人間的なるものは把握されえない。それはただ神との関係からだけ理解すべきである。つまり神を通して永遠の生命をめざし、神との交わりに向かう使命を目的とすることから、理解すべきである。人間は現にあるような罪人であるにもかかわらず、そのような存在であるのは、神がキリストにおいて人間がこの自己の使命を実現するように徹底的に尽力するからである。人間は自分の使命を実現するためには、まさしく自分自身の行動からはその可能性をもたず、自己の生が義とされるためにキリストの内に現存する神の力に全面的に頼る信仰に差し向けられている。

このような人間の神学的本質規定は次のように問うきっかけを与える。

〔1〕 第一に、ルターにとってあの内世界的な人間の特殊性と理性を賦与された生物としての装備は、彼に「哲学的」定義を持ち出したのであるが、全く無意味であろうか。あるいは彼はこの装備と関係づけることを神学的な本質規定から正当に評価できるのか。

〔2〕 次に、あの信仰の「受動性」(passivitas)——それは人生の目的を実現するためには何もなさない——をもてとの人間に対する指示——それはむしろ全く信仰によってのみ受容することができ、かつ、そう欲するのであるが——は人間が事実において「堕落した」人間にして罪人であり、そのような者としてキリストの恩恵を必要としていることによって条件付けられているのか。このように目的まで連れて行く神の行動に徹底的に依存することは、すでに神に対する被造物としての関係に立っている人間には、そもそも根本的な意義をルターにおいてもっているのであろうか。こうした関連において、とくにルター神学に対するカトリックの疑念を考慮すると、次のように問われなければならない。神に対してこの受動性を指示することは人間を神の〔単なる物的な〕「対象」にまで引き下げること、神に対向する人間が人格存在であることを廃棄することではないのか、と。ルターは総じて人間の人格存在をどのように理解しているのか。

〔3〕 最後にまた次のように問われる。ルターは人間の罪人としての存在をどのように理解しているのか。自分の被造物としての定めと矛盾するようになって、神の被造物である人間が罪人となるようなことが、総じてなぜ可能なのか。ルターはこれについて彼の神学的な人間の本質規定の枠内で何か説明しているのか。

それに続く本論文の部分では、ルターの神学的思考の中でそれに対する解答が見いだせる限り、この問題に立ち入って考察することになる。(9)

理性と感覚、霊と肉

ルターはその神学的な人間理解をどのように理性を賦与された生物としての人間の特性と結びつけたか。つまり彼はそれを総じてどのように試みたのか。感覚と理性の区別は人間の魂の二つの根本的な能力として西洋の哲学的伝統からあらかじめ彼に与えられていた。その際、感覚能力は人間と他の生物とに共通するが、理性の所有は彼を他の生物を超えて高める。しかし人間には聖書のテクストによると霊と肉との対立があらかじめ与えられており、この対立は理性と感覚の区別と直ちに等置することはできない。終わりに、これらの概念がすべて一定の関係へと統合されていた、スコラ神学の人間学的な体系が、ルターにはあらかじめ与えられていた。このことは個別的には学派傾向のさまざまな形を伴って何かしら次のような印象を与えていた。

人間の下部に属する感性的な魂の領域においては、物体的事物の感覚的知覚とこれらの事物との交渉する際の感性的な欲望とは相互に一致している。上部の理性を授けられた魂の領域においては、創造の内的で精神的な構造秩序への理性的洞察とそのような洞察に導かれて行動を決定する意志は一致する。洞察が意志を決定しており、それに一致して意志は感性的な欲望を導き、秩序正しい軌道に入らねばならない。洞察にしたがって自由な意志決定によって行動することが本質的に人間らしいことである。

これに対して霊と肉との聖書的な対立は次のような仕方で関係するようになる。罪によっては理性の洞察力と指導力とは廃棄されないが、弱められる。感性が優位を保っていて人間を「下方」(unten) に引き寄せる。人間は無秩序の衝動生活に転落し、物体的な事物との交渉によって生活の充実を求める。人間はこういうものとして肉的な人間である。

自分の理性を正しく使用し、その洞察にしたがって行動する人間は、ただそれだけではもはや霊的な人間ではない。彼が霊的な人間になるのは、堕罪によって喪失した恩恵の性質をその魂に賦与することによってのみ可能である（これについては中世後期神学における救済方法の理解に関して本稿の導入部で語られたことを参照されたい）。罪人においても世界の精神的で道徳的な構造秩序を認識できる、完全にはぬぐい去られていない理性の可能性によって、人間には少なくともこの秩序の創造者として神に注目するように促される。自分の本質である感覚的側面と衝動的側面に身を捧げるときよりも、衝動を秩序づけるように理性が授けられている点で、彼は恩恵にいっそう近くあり、それを受け取る備えができている。それゆえ理性を賦与された生物としての人間の内世界的な卓越さは、その神学的な理解にとってもどうでもよいものではない。それは世界を超えた神との共同的交わりへの彼の本来的で霊的な使命に案内する指示として意義をもっている。

ルターは永きにわたってこの問題と取り組み、遂に次のような見解に到達した。一方では精神性と感覚性との人間学的区別と、他方では霊と肉の聖書的な対置とは、厳密に分離して分けられなければならない。一つの「分割線」（Teilung）が他との間に横断的に引かれる。身体・魂・霊として存在する人間（このようにルターは「テサロニケの信徒への第一の手紙」五・二三にもとづいて三つの部分に分ける）は、その全体的な生活態度において――感覚と衝動が賦与されているのと同じく理性が賦与されている場合でも――全体として霊的か肉的かである。つまり神の霊の力のうちにあるか、それとの罪の力のうちにあるか、いずれかである。

ルターはその『マグニフィカトの講解』（一五二一年）のなかでこのことをいっそう詳しく論じる。ここでも彼は身体・魂・霊の三分法から出発する。「魂」が身体とその行動を統治する。その際、魂の許では理性と感性とが統合されている。このところでルターが言うには、人間は理性の中に自分を導く光をもっており、それによって身体的な事柄を扱う。つまり内世界的な所与と当を得た交渉をなすことができる。しかしルターは「霊」（Geist）

を（ここでは何よりも人間の霊を）そこから全体的な生活態度が操作される、人格の中枢として理解する。そしてまさしくここでは人間は「自分自身の光をもたず」（kein eigenes Licht）、自分の生活全体を照明するために神の言葉と霊を受容するように指示される。この人格の中枢はそこから人間が生きる根本的信頼の「場所」（Ort）である（ルターは「霊」の代わりに「心」（Herz）と言うこともできるが、一般にその種の表現を断念する）。信仰としてはそれが神の御言葉に寄りすがっているなら、御言葉の力によって人間の全体は霊的である。別の力に寄りすがっているなら、その力によって人間の全体は肉的となる。

したがってルターは、神に対する人間の関係が決断され、そこから生活態度の全体が定められる人格の中枢を、その力によって人間が自分に可能な行為を実行する一つの魂の「能力」（vermögen）として、もはや理解していない。また恩恵の習性として賦与される霊的な力――それは「超自然的」（übernatürlich）行為に対する力を授ける――という意味でも理解しない。彼はそれよりもむしろ一段と人間における一つの「場所」、そのところで彼がその行動を規定する力によって「取り憑かれている」（besessen）場所として理解する。それでも、まさしくこの能動的な自己規定が剥奪された場所において、その人間的な使命の実現や転倒が決定される。

他面においてルターは、人間の諸感覚と理性を、その力によって彼が実際自分に可能な行為を実現できる、どこまでも自分に委ねられた能力として理解する。しかし、これらの行為は「低次なもの」（inferiora）に（人間の「下に」あるものに）関連する。つまり諸感覚と理性は、それを使って人間が内世界的な所与の中で自己の実用的な方向づけを遂行する器官であって、この器官は何らかの目的を達成するために適した手段を認識し、かつ、選ぶことができる。諸感覚からだけでなく理性からも、「高次のもの」（superiora）が（人間の「上に」（über）あるものが）、つまり神自身、人間に対する神の関係と態度、したがってまた神によって定められた人間の生活の目的、それゆえにまたそこを目ざしてすべてが追求すべき目標と選ぶべき手段が方向づけられるべきものが、剥奪されたままである。

したがってルターは、人間の神に対する関係にもとづいて、理性と感性の評価の勾配（差異）を均等化した。知性的な洞察はもはやそれ自体としては神の近さへとわたしたちを導かない。それでも人間が感覚と理性を備えていることは、彼にとって、どのように人間が信仰において（あるいは不信仰のままに）生きるかと関係しないような、神学的に見てどうでもよい所与ではない。この備えはむしろ利用手段であって、これによって人間がその人格の中枢においてそこへ向けて動かされるものを人間と事物との交渉によって手に入れ、実践においてそこへと移動させることができる。理性と感覚と身体は、いずれにせよ、人間を全体として動かす力に奉仕する利用手段となる。人間は信仰に向けて、また信仰において神によって動かされると、それら〔理性と感覚と身体〕は愛に奉仕する尽力の手段となる。しかし人間が他の力によって「取り憑かれる」と、それらは同様に自己追求と破滅の道具となり、しかも衝動的生き方と同じく合理的な生き方でさえも自己追求と破滅の道具となることができる。

人格としての人間

それとともに、わたしたちはルターの人格理解の問題に導かれる。人間がその人格中枢において揺り動かされることに関して彼が言っていることは、彼は人間を総じて不撓不屈の人格として理解しているのか、という疑問を懐くきっかけを与える。とはいえ人々はこの概念をなんとなく自律性や自主性と結びつけようとしてきた。それも現代になって初めてそうしたのではなく、ルターも属していた中世でもすでにそうであった。そこではかつてボエティウスが新しく造った定義「ペルソナとは理性をもつ自律的な個別的実体である」（Persona est rationalis naturae individua substantia）が広く行き渡っていた。この定義に現れており、古代哲学に由来する「実体」概念は、何か素材となるものだけではなく、任意の自律的なすべての存在、主体それ自身、諸性質と活動性の担い手のことを考えている。したがって、これらの諸性質と活動性は実体に対しその述語とみなされることが可能である。これを一般化して言えば、このことは人間以外の「諸実体」、たとえば動物や諸対象にも当てはまる。だが人間はまた真っ先にこの〔ペルソナの〕規定に属する。しかも特別な差異がそこにあって、理性の所有によって際立っている。このことこそ人間をして単に実体としてばかりか、同時に人格となしている。これは実体概念の特徴が高まったことを意味する。つまり自律性がここでは自己意識、意図的な自己規定、および自己所有となる。また、主体としての人格からその態度は〔……であるとの〕述語として表明されるばかりか、(10)同時に人格には功績とか罪責が問われる。

中世神学では恩恵が授与される筋道は「人格」のこの構造が破壊されないような仕方で理解されていた。神は義認の恩恵を人間における一つの性質として移し入れるが、人間はこの性質を「本性」からもっているのではなく、功績あるわざを可能にする働きとして移し入れる。この功績あるわざを人間は自力で造り出すことができなかったが、現実に人格の中にそれを移し入れると、人格は今やこの性質の主体となり、こうして可能となった功績が人格に対し現実に人格に属するものとして算入されることが可能となる。これに反対してルターは、彼が人格の中枢において〔根底的に〕揺り動かされた〔外的な〕力に対する人間の関係をあの〔中世神学の〕人格概念を粉砕するのみならず、まさしく転倒させるカテゴリーを使って次のように表明する。「人間の本来的な〈実体〉（Substanz）は、まさしく彼が自律的な存在であることや、自分自身においてあることではなく、外側から入って来て彼の生命の根底や中心となるものである」と。人間で「ある」（ist）もの〔人間の実体〕は、人間がそれに依存する当のもの（woan er hängt）から来ている。信仰とはキリストに寄りすがることであり、キリストの中に自分自身の生命の「実体」をもつことである。このときまた人格の行動をこの行動の主体として人格自身に算入するというあの伝統的な図式がひっくり返される。とにかくルターにとってこのことはキリストに寄りすがる信仰から来たる行動に当てはまる。人間がこの信仰によって「存在し」、「行う」ことは、彼が自分自身において成し遂げ、実行するものとして、それによって人間が身につけさせられ、かつ、支えられている力に属することが認められねばならない。ルターの著作の全体を通して無数の表現をもってこの算定の逆転は繰り返し姿を現している。たとえばこう言われる。「われわれの（神）認識はむしろ（神によって）認識されることである」。「われわれの（信仰における、また信仰からの）行動とは、神をわれわれの中で行動させることを言う」。したがってまさに生活態度の全体を規定する根底においてルターは、人間が自己自身の決断から自己を規定することから免れているものと見る。この自己規定は伝統的な定義の意味では人格が理性を所有することによって傑出した生物であることを本質的に形成する。われわれは世俗的な事物およびそれとの実用的な交渉の可能性を、われわれの決断の手中に収めている。この領域では先の〔伝統的な〕定義が事実と一致する。しかしながら、われわれはわれわれ自身〔が根底的に揺り動かされる〕根本運動――それはわれわれの実用的な諸可能性の動機と投入方向を定める――においては、自分自身を手中に収めていない。ここではわれわれはむしろ突き動かされている。そしてルターはこの突き動かされる運動をとりわけ理性的な領域の概念によってではなく、情意的―動態的な領域の概念によって書き換える。われわれは駆り立てられており、連れて行かれる〔拉致される〕。

すべてを要約して人はルターの脱中心的な人格理解を語ることができよう(11)。彼は人間を人格として自分のうちに中心をもたないで、むしろ彼を援助する者との関係によって規定されると理解する。この援助する者の力から彼は生命の営みを受容する。信仰とその行為にとってそれはキリストによってその人に現存し、その御霊によって彼の内に活動する神の力である（さらに罪にとっても同じモデルが他の援助する力に関しても形式的に妥当するかどうか、さらに問われなければならない）。

こうした観点からは人間が神の（あるいはサタンの）単なる対象となって、神と人間との人格的な対向や一般に神に対する人間の応答する態度がもはや妥当しなくなると、この脱中心的な人格理解は、誤解されるかも知れない。カトリック教会がルター神学との対決においてしばしばこのような異議を唱えてきたし、現在も唱えている。この異議はルターが本来考えていたことを看過している。なぜならキリストが人間に語りかけ、人間がこの言葉を信じるために、キリストはまさしく人間のために本当にその生命を担う者となられたからである。神と人との対向は消滅するようにはならないし、単なる「事物」（Sache）のように人間は神の救済の力に引き入れられるのではなく、キリストの語りかけに寄りすがる信仰によって応答するように召される。この応答する態度は、ルターのもとで抜け落ちることは決してないのであるが、もちろん彼の理解では、人間が自己の能力から、たとえそれが取るに足りないものであっても、それ相応のものを神の活動に付け加えることができる貢献という特性をもっていない。信仰の応答する態度というのは、まさに自分の救いそのもののために何かを「なし得る」人であろうとはもう欲しないという人間の告白であって、ただ自分の生命が義とされ、かつ、救われる力であり、それをただ一人もっている、神に自己を譲り渡すことである。だが神は人間においてまさしくそのような仕方で活動し、それ以外ではないので、人間の内にこの信仰の応答する態度を覚醒し、人間をその活動の非人格的な対象とはなさない。

その際、世界に対する人間の態度、人間や事物との実用的な交渉に関して、洞察とか決断という自己の諸可能性から行動するという人間に所属する特性をルターが決して否認しなかったことをわれわれは忘れてはならない。人間が総じてその生活態度の根本的な運動おいて自分ですべてを決めることから免除されているように、人間は自分自身を信じる者や愛する者となすことはできない。しかし人間が神の言葉と霊によって信仰や愛に向けて揺り動かされるならば、すべてを動かす神によって世俗的な洞察や決断という人間自身の諸能力は「良いわざのために」要求され、雇われる。ルターはこの関連において何らの偏見も懐かずに、人間と神との協働について語ることができる。協働といっても自分の救いを目的にするのではなく、隣人の福祉に役立つための協働である。

この関連において「不自由な＝奴隷的な意志」(unfreier Wille) についてのルターの発言が理解されなければならない。彼はこれでもって人間が――彼が、今、神の霊の揺り動かす力のうちに生きようと、「肉的に」(fleischlich) 生きようと――内世界的な事物との交渉においてこれやあれを決断する自由をもっている。たとえば畑を耕して、あれやこれやの果実を作ったり、家を建てたり、それをやめたりする自由をもっていることを否認しようとしなかった。ルターは「不自由な＝奴隷的な意志」について語るとき、厳密には、次のことを、ただそれだけを考える。すなわち、自分の救いのために、自分の生き方を義とするために、自己自身を神の恩恵の中に置いたり、そこに自己自身を保持したりすることは、全体としても部分的にも、人間の決断の内には存在しない。神ご自身によってこの世の生活に引き入れられ、その中で支えられているなら、人間は、強制的な自動装置の意味では、またもや不自由ではないが、そこに向けて神の霊が動かす人そのものの意欲にとってはまさに自由である。

罪人としての人間

このような脱中心的な人格理解——人間の生命が神によって義とされる活動に頼らざるをえないこと——をもってルターは罪人となった人間の事実的な状況を特徴づけようとしているのか。換言するなら、次のように問われる。アダムは始源の状態において本来的には神の意志に一致する生活そのものを「なし得る」(können) はずであったのか。またこの能力は堕罪によって初めて失われてしまったのか。ルターはこのような思弁的な問いを自分では試みておらず、彼の神学的な思索は事実的な状況——まさしく罪人としての人間の状況——にもとづいて行われる。彼は今しがた立てられた問いに直接答えていないとしても、われわれがここで人間の脱中心的人格理解と呼んだものは、もともとは他の規定に逆らって入ってきた例外的な状態の特徴としてだけ彼によって考えられているのではなく、人間は人間として全面的に恩恵から、つまり援助し、活動し、担ってくださる神の力から生きるように造られている、と原理的に考えられていることが分かる。

このことはルターが罪の本質をいかに理解しているかという点でも示される。彼はすべての罪の中に働いている根本的な運動を「自己自身への人間の歪曲」(incurvatio hominis in se ipsum) として理解する。人間は罪人としてすべてに優って自己自身と自己の利益を愛し、欲求する。これによって (そして抑制され得ない感性的な衝動における何かではなく) ルターはアウグスティヌス以来好んで罪の根本的な本質として言い換えられてきた「むさぼり」(concupiscentia) を理解する。彼はこの自分に引きつける性質 (Selbstbezogenheit) が衝動的性格におけると同じく理性的で、「霊的な」(geistige) 人間の諸機能においても働いていることを強調する。然り、この諸機能においてそれが働いているのは、自己義認や自分が正しくありうることへの努力と、おそらくもっとそれ以上に、それが結びついているからである。感性と悟性がその活動の動機と方向を受け取っている、あの人格の中枢において、御言葉と神の現存に対する信仰のなす帰依が、自分自身に向けて自我が振り返り屈折するように転倒されている限り、人間は全体として罪人なのである。したがってルターはまさに罪をもっとも深く人格の神に対するあの脱中心的な結合への反抗として理解する。つまり神の現存と恩恵の内なる生命から出ていって、自力で自己存在を獲得しようとすることへの逸脱として理解する。この逸脱がわがままな律法無視という特徴とか「敬虔な」業績主義者の特徴、およびそれと結びついた自己義認の特徴を帯びているかどうかはどうでもよい。アダムは始源の状態で自力によって善をなし得たのか、またなすべきであるのか。ルターはおそらく次のように答えたであろう。全く神の恩恵の力から生きることのほか何もアダムは欲しなかったであろう。本来的な意味での堕罪は、人間が自分の力で「できる」（können）に違いなかったことを彼が拒否することではなく、より深く見ると、神に対し自律的に対向している主体として自己自身の生命を「支配しよう」（können）と欲するように総じて逸脱することなのである。

いうまでもなくこの逸脱は今や、ルターが捉えているように、自己の力による人間の現実的な自律性に導くことはできない。むしろそれは神から解き放たれた者を悪魔的な力に駆り立てられて虜とされた者とならせる。この力は彼を自分に引き寄せる態度の禍に閉じ込め、神との最終的な分離という破滅に追い込ませる。したがって（罪によって獲得した）自主独立と自律性が結局のところ人間において拒否されたままであり、彼が神から引き離されると、その人格の中枢において別の力に取り憑かれ駆り立てられた者として現に存在しなければならない限り、彼は「脱中心的な」実存への使命によってなお特徴づけられ続ける。しかしながら、この悪の力は、語りかけによって出会われ、それに信仰が寄せられ得るような対向するものではない。この力はその歪曲性へと縛り付けた者を、その力をもって、したがってただその実存の無底性をもって見放すのであり――キリストがこの牢獄を破り開かないならば、そうなる。神によって創造された人間における罪の解放は、総じて、どのように起こりうるのであろうか。神に対して自力で善を決断する自由を根源的に所有する主体として人間を理解する人格理解は、この問いに答える一つの可能性をもっている。その場合には人は自己決断というあの根源的な自由を参照するように指示し、堕罪を、悪への拘束性を生じさせたものの誤用として説明する。神が人間をそこに向けて創造した自由を、ルターのように、選択の自由としてではなく――そこでは人間は自分から善に対して決断できる力を備えていなければならなかったであろう――、神の活動によって取り巻かれ、かつ、担われて、恩恵の力のもとでの生命として理解する者は、罪からの解放に対しこのような説明を与えることはできない。神が人間をその恩恵の力によって担うのをやめて、神自身が罪からの解放を意志され、働くのでないなら、そうである。ルターはこのような罪の起源に関しては説明したことがない。『奴隷的意志論』においてもしていない。彼はここでは総じて何の説明も与えなかったし、彼の神学の枠内では説明することができなかった。彼もカール・バルトのように「罪は神の創造においては〈不可能な可能性〉(unmögliche Möglichkeit) である。それでもこれは現実となったのだ」と言うことができる。

現代の人間理解に対するルターの関係

神の経験によって全体的に規定されたルターの人間理解は、今日の思考とは疑いの余地なく強烈なコントラストを呈する。このことは叙述の歩みをここで一時的に中断して、中間的な短い反省をすることを要請する。コントラストというのは決定的な点においては対立するようになっても、互いに他を否定することではない。それでもわたしの考えでは、ある限定された見方では現代的な発展にルターがある程度の近さをもっていると語ることができる。ルターは理性の使用をある仕方で非神学化した。彼は形而上学的現実とその頂点をなす神性を認識すること、もしくはそれを証明する課題を理性から取り除いた。そして内世界的に経験されうるものを断固として理性に割り当て、それを批判的に検討したり、目的合理的な視点のもとに地上的な現象と実用的に交渉するようにさせた。この領域において彼は人間に何らかの世界を制覇する力、その理性の「能力」（können）をきっぱりと承認した。この関連においてルターは実際、中世の思想よりも「いっそう現代的」であると言ってもよい。近世後期の合理性が超越的な神の現実について何も見いだすことができないと説明するとき、ルターはもちろんこの種の合理性と対決してはいないが、彼が今日生きていたら、彼は彼の前提からそのような発見に対してその合理性は原理的に何ら権限をもっていないと証明できたであろう（彼は確かに付け加えて言うであろう、「まさにそれゆえに、その合理性はその実用的な世界を制覇する力にもかかわらず人間の本来的な意味と目的決定について全く何も知らない」と）。現代の合理性が理性に対して目的合理的な世界解明の機能を超えて人間の自己実現の可能性と課題を与える場合には、ルターの人間理解は現代の合理性と対立する。したがって人間によって分析され、変動されるべき世界とのみ関わって、人間はその理性使用の市民社会的なプロセスの中で、その本質を真に実現する目的を前提し、この人間の使命から人間を疎外する、諸々の強制から自己を解放する途上において、それを実現すべく持ち込むことができるし、自らそうすべきであるという主張が支持される場合には、ルターの人間理解は現代の合理性とラディカルに対立する。それに対してルターは、自分の生き方が義とされるためには人間が自分自身の力をもっておらず、神の配慮と活動に全面的に頼らざるをえない、と主張する。まさに真実の生活の実現を自分で欲しうるように打開することによって、人間は初めて本来的な疎外に落ち込み、その禍を産む力から自分自身を解放することができない。

この主張は理性的な自己規定と自己実現という現代的なプログラム（行動計画）にとっては、ほとんど宗教的な偏見による妨害の最悪な形のように思われるに違いない。それに対して以前にルターが撲滅しようと試みた、とりわけ中世後期神学のオッカム主義的伝統に固有な人間の理性に導かれた決断の自由についての強調は、〔ルターと〕比較してみると「現代的な」考え方として受け取られることができるであろう。それとは反対にルター神学の側から考えると、理性による自己実現や自己解放は――いずれにせよ、あれやこれやの具体的な面倒な事からの解放だけでなく、その本質の真理に向けて人間を救済すべく断固として突き進むのであるが――まさにルターにとってあらゆる罪の中でも罪である「自己を実現したい欲求」（Selbstseinwollen）の典型的な表現として現れる。カトリック神学は、神との関係においても人間の相対的な自立を力説することによって、ここでむしろ現代的な理解に歓迎される可能性をもっているように思われる。

この問題はここでは徹底的に解明されるよりも、少しだけ示唆されえたにすぎない。少なくとも次のことがそれになお加えられねばならない。理性の力で疎外する諸力から解放することを通して真の人間存在を実現しようというプログラムは、現代人の生活感情と自己意識を簡単に再生させることはできない。理性の実現する力に楽観的な信頼を寄せることに対しては、歴史の事実的な経験からむしろ諦めたほうがよいとの合図が送られてくる。それは今日ますます大きくなって広がっているように思われる。確かに人間理性の世界支配は「実現可能なことを実現する」点でその限界を絶えず拡大して捉えられている。しかしながら、その支配は人間の自己解放やその生活をいっそう人間化することに導かず、むしろどちらかといえば自己自身の「進歩」がもたらす圧倒的な不幸の連鎖にますます屈服するように導く。人間はいよいよすべての可能性をその目的合理的な「製作」（Machen）の手中に委ねるのだが、本当はこの製作でもって彼が向かう終局目的の手中に自己自身を委ねている。実際のところ、人間はその現存在に対する意味の決定や目的の実現化を意のままにできる者として、むしろ匿名の勢力によって駆り立てられていないのか。

事実的な経験をこのように指摘することは、むろんその自己表明からルターが人間を理解した神の現実に関する何らかの証明でもありえない。神の現実といったが、それはわれわれ自身の力や無力の彼岸からわたしたちの生活を正しくなるように解放する力としてわれわれに立ち向かう神である。このことをわれわれに語りかけるのは、まさにルターによれば、どのような世界や自己の経験からでもなく、キリストにおいて語られた神の言葉そのものだけである。しかし先の指摘は、いずれにせよ、ルターの人間観が今日の見方においても、最初考えられるほどには、非現実的ではないことを指し示すに違いない。

V　サクラメント理解

ルターの新しい福音理解、そして彼の神理解や人間論の叙述の後、それらに関連させて彼の教会理解について述べることが、事の順序として当然であろう。なぜなら福音の言葉こそが、ルターにとって教会をつくりだす言葉だからである。サクラメントについては、その後、教会の礼拝において生じる行為として論じるべきである。しかし私の考えでは、逆の配列の方がよい。というのはルターにとってサクラメントの出来事はまず第一に、神の行為、すなわちイエス・キリストの自己臨在（Selbstvergegenwärtigung）という点で御言葉と一つとなっているからである。イエス・キリストの臨在は教会から生じるのではなく、逆にイエス・キリストから教会が生じ、かつ維持されていくのである。

まず最初にルターのサクラメント理解について、いくつかの一般的な事柄について述べよう。その後、彼の聖餐論と洗礼論を分けて論じたいと思う。

サクラメント一般

ルターのサクラメント論は、ある解釈問題が前提となっている。このサクラメントのテーマに対する、とくに祭壇のサクラメント（聖餐）に対するルターの見解においては、宗教改革的な福音理解がすでにしっかりと刻印された彼の神学の中で、明確に二つの時期が区別されなければならない。第一の局面は、カトリック的スコラ的なサクラメント論とその実践に対する論争が中心となっており、一五一七年から一五二〇年にかけてのルターの一連のサクラメントをめぐる説教と大作『教会のバビロン捕囚について』（一五二〇年）によって代表される。第二の局面は、ツヴィングリや「熱狂主義者」との論争が中心となっており、大作『キリストの聖餐について』（一五二八年）もその中に含まれる、一五二五年以降のツヴィングリに対する論争文書によって代表される。

これらの両局面においては強調点が相違する。第一の局面では、ルターはサクラメントの出来事における身体的事象の御言葉への従属、および信仰とサクラメントの救いの働きとの結びつきということを強調した。第二の局面では、聖餐における身体的な要素《エレメント》（つまりパンとぶどう酒）の中における救いの賜物の臨在（Gegenwart）、および信仰から独立したこの臨在の客観性ということが強調された。このような強調点の移動は、しばしば次のようなルター解釈を生んだ。すなわち何と言っても御言葉と信仰を強調するところに特徴がある、ルターの宗教改革的傾向というものは、本来第一の局面のサクラメント理解にのみ合致するのではなかろうか、という解釈である。第二の局面においては、ある種の再カトリック化的な硬化が目につき、本来の宗教改革的傾向に対して潜在的な矛盾がひそんでいる、というのである。しかし、こうした評価はその核心において間違っている。というのは、こうした評価にはルターがいかに御言葉と信仰の関係を理解していたかということについての誤解がある、と私は思う。ここが正しく理解されるならば、たとえ個々の点について多くの疑問が生じたとしても、ルターの後期のサクラメント神学もまたその意図に従って、彼の宗教改革的傾向との内的な関連の中で理解されうるであろう。その時に、こうした強調点の移動は、ルターの立脚点の内的崩壊によるのではなく、彼が強調点の変化をあえて主張せねばならなかったのは、論争相手の交代によって条件づけられていたということが、はっきりするであろう。このことをわれわれはこれからいっそう正確に論じていかねばならない。

まず第一に、ルターが「サクラメント」という概念に与えた一般的な規定について考えてみよう。ルターは『教会のバビロン捕囚について』の中で他の文書でもくり返していることだが、次のような概念規定を与えている。すなわちサクラメントには御言葉を欠くことができない。なぜならその御言葉を通してサクラメントがキリストによって設定されたからである。御言葉はサクラメントの執行と結びついた救いの約束を語っており、サクラメントの儀式のなかで事をすすめる。次に、この御言葉と結びついたしるし、つまり身体的事象がなければならない。この身体的事象の下でキリストはサクラメントを設定したのである（すなわち、水による注ぎ、パンとぶどう酒による飲食である）。この御言葉と身体的事象とが、実際に存在し結びついているところでのみ、ルターはサクラメントについて語ることができた。そして彼はサクラメントの概念を（まずは罪のゆるしに関連づけたことに従って）こうした基準に基づいて洗礼と聖餐という二つに制限したのである。というのは、スコラ神学によってサクラメントとみなされていたその他のものは、キリストによる明確な設定が欠けているか、あるいは（ルターによって非常に尊重された罪の赦しとして）確かにキリストによって設定されたとしても、キリストによって設定された身体的なしるしが欠けているからである。福音とはルターが小教理問答書で語っているように「罪の赦し、いのち、救い」であるが、彼によると、サクラメントの救いの賜物とは、そうした福音の説教の言葉あるいはそうした福音による罪の赦しを語る言葉による救いの賜物と別のものではない。それゆえルターにとってそれはキリストご自身、つまり人間を自らの共同体に招くキリストなのである。キリストは、御言葉においてと同様にサクラメントにおいて自らを人間に与えるのである。そこでどのようにその賜物が与えられるかというその方法に、サクラメントの特殊性がある。その特殊性とは、賜物が身体的要素と結びついて与えられるということである。そしてその身体的要素によって賜物が「しるし付け」られ、その要素《エレメント》の中で、かつその要素《エレメント》によってまさに賜物が実際に臨在するのである。賜物が同じであるのに、なぜ御言葉の宣教とならんでサクラメントがそもそも必要なのか、という問いに対して、ルターは簡潔に答える。それは、サクラメントの執行がキリストによって設定され、命じられているから、と。しかし同じ賜物であるのにサクラメントの場合、それが身体的なしるしと結びついた形態で与えられるという、サクラメントのもつ特別の意味について、ルターはさらに次のように語る。身体的事象というものは、個々人一人ひとりにおいて起こる。そのことによってわかることは、キリストの約束というものは、私に個人的に向けられたものであり、そのようなものとして信じることができる、ということである。もちろんキリストの約束は、一人ひとりに向けられたものであると同時に、すべての者に向けられた御言葉の宣教でもあるのだが、その場合、それは具体的なものとして目に見えるわけではない。さらにまた、身体的事象を伴うということは、キリストの約束がその語られた救いの中で、魂も身体も含む心身統一体としての人間全体に向けられている、ということを示している。

要するにルターは、サクラメントにおける身体的なしるしに決して無関心でなかったし、また彼のサクラメント神学の初期の局面においてもそうなのである。とはいえ彼はその初期の局面において次のようにも言うことができた。すなわち、約束の言葉こそがサクラメントにおいて決定的であり、身体的なしるしよりもはるかに重要である、と。言葉なきしるしは空疎である他ない。そしてさらに彼は、すべてのことは信仰にかかっており、信仰はしるしを越えて御言葉に聞き、御言葉により頼むと語ることができた。信仰なきたんなる儀式の執行は無意味である。ところで、こうしたルターの考えは、時として次のように理解されている。すなわち初期の局面においてはもちろんのこと、そもそもルターは、神と人間との間に現実に起こっていることを、サクラメントのしるしの儀式がもつ身体性、外面性、客観性と対比して、「精神的な」内面的な事柄として理解しているのだ、というのである。しかしわたしの考えでは、それはルターに対するいかにも近代主義的な誤解である。ルターにとって重要なことは、身体的なことと区別された精神的なこと、あるいは外面的なことと区別された内面的なことではない。そうではなくてルターは、内面的に感じることや経験することに寄りどころを求める、彼の時代の主観主義者たちに対して、全力をこめて次のことを強調した。すなわち神は、より厳密に言えば言葉においても、われわれと出会いそしてご自分の霊を与えるのだが、それは「外面的な」、すなわちわれわれの外から接する形態におけるものと別のことではない。より厳密に言えば、それゆえ神こそが現実にわれわれに出会うがゆえに、われわれ人間がつくりだした思想や感情や行いに、われわれを委ねたくはないのである。

なぜルターが、まず第一にこれほど強く御言葉と信仰とをサクラメントの出来事の本質として強調するのか、ということを理解するためには、第一の局面でルターが論争した中世後期の教会のサクラメント論とその実践を考えてみなければならない。その教えによれば教会のサクラメントの行為とは、人間に注入される超自然的なるものの分配である。またその実践、つまり儀式の執行それ自体が、すでに神の意志にかなう、救いの力を生みだすわざと考えられていたのである。

それに対して、ルターは、御言葉こそが決定的であり、御言葉はサクラメントにおいて分かち与えられる恩恵のスコラ的に物質化したものとはちがうと語っている。賜物がなにか「精神的なるもの」として理解されねばならない、と言っているのではない。そうではなくサクラメントにおいて出会う恩恵とは、われわれに与えられるキリストご自身である、と考えられている。そのキリストがわれわれにこのような身体的な出来事において出会おうとされているがゆえに、どんな事情があろうとも、キリストご自身がわれわれに語りかけるその言葉に聞かなければならない。ルターが、サクラメントにおいてはこの御言葉により頼む信仰が決定的であると言うとき、それは教会の儀式的行為におけるサクラメントの変質に反対して述べられている。その儀式的行為においては、秩序正しく儀式を受けるというただ人間の側の行為がありさえすれば、その人に場合によっては自覚的な信仰がなくても恩恵の働きは伝わるとされている。これに対してルターは信仰を強調したのである。この強調は、「精神的な」賜物が、ただそれと対応する「精神的」主観的な働きによってのみ獲得されうるものである、ということを主張しているのではない(もしそのように信仰が理解されるならば、その信仰なるものは、もちろん全く別のレベルにおいてではあるが、再びまた「敬虔な行為」となってしまうにちがいないのである)。より正確には次のように考えるべきである。すなわちサクラメントにおいて肝要なことは、儀式の執行によってであれ、あるいは内面的・主観的な活動によってであれ、そもそも人間が何事かを生じさせる行為を行うということなのではない。そうではなくてわれわれ人間に自らを与え、そしてわれわれに受けとめられるであろうキリストご自身が問題なのである。キリストが自らを語り与えるその言葉は、その言葉にそしてその言葉の中でキリストにより頼む信仰において受け入れられるということが、サクラメントにおいて起こっているのである。

要約しよう。サクラメントにおいて御言葉と信仰が強調されたのは、ルターにとってわれわれ人間の救いのために現実に臨在するキリストとの具体的な出会いこそが問題であったからである。(それは、「精神的な」出会いということではなく、「人格的な」出会いであり、一人ひとりに人格的に関わるものである)。そしてこのキリストとわれわれとの具体的な出会いは、一方においてサクラメント的客観性、また他方において精神的主観性と対立する。このことは、ルターのサクラメントについての初期の主張が、聖餐論や洗礼論の後期の展開と、いろいろ相違があったとしても、その根本的な思想において結びついているということを示している。

ツヴィングリとの論争以前のルターの聖餐論

初期のルターは、聖餐をめぐる文書の中でサクラメントのもつ特別な意味として神と結びつく共同体の思想を強調した。つまり、キリストとの、そしてキリストを通して信者同士の、相互に結びついたキリスト者の共同体である。聖餐を通してわれわれは、キリストが彼に属する者つまりすべての会衆と共に、われわれを弁護する、ということを確認することができる。そしてわれわれは、キリストの会衆の一部として、相互に弁護し合うために結びつけられているのである。一方において多くの穀粒が、われわれが養われる一つのパンになるということ、そして他方でこの食物とキリストが一つとなり、かつそれを食べるわれわれの中にキリストが入ってくるということは、共同体になることの目印である。

ルターにとって主の聖餐設定にある罪の赦しの約束(「あなたのために与える」)は、キリストがサクラメントの中で与える「新約聖書」の根本的な内容どおり、共同体になるという思想に関わっている。それゆえに、サクラメントの執行の中でこの御言葉が発せられ、それをサクラメントに参加している一人ひとりが自分に語られたキリストの約束として聞き信じることが決定的に大事なことなのである。パンとぶどう酒においてキリストの身体と血を食することは、罪のゆるしと生命のこうした約束のしるしであり担保である。とはいえルターは初期の文書で、約束を聞き信じることはそうしたしるしよりも大事であると語っている。すなわち「キリストにとってはしるしよりも言葉が大事なのである」と。

こうした一連の発言は、ルターが決して「しるし」の要素《エレメント》（つまりパンとぶどう酒）における主ご自身の現実的な臨在を否定したのではない、ということを示している。これらの発言は、この主の臨在を司祭によってとり行われ敬まわれているパンとぶどう酒の聖変化の奇跡としてしまうような聖餐の実践と信心に反対して語られている。つまり、キリストが自らの臨在を約束し贈るということを聞き信じることから離れてしまう、抽象的な聖餐儀式に反対している。すなわち聖餐においてはそもそもキリストが与える者であり、われわれ人間は受けとる者であるということから、聖変化の奇跡が切り離されているがゆえに、そうした抽象的な聖餐儀式に反対しているのである。つまり、ルターは聖餐が「犠牲のミサ」に変質したことを批判している。犠牲のミサにおいては教会が恩恵を獲得し増やすために神にキリストの身体を捧げるのだと考えられている。つまりそこでは、聖餐の設定の言葉が、キリストご自身の会衆への約束として理解される代わりに、司祭が犠牲を実現させるための小声でささやかれる儀式的な決まり文句となっているのである。ルターは、そこにキリストの賜物から人間のわざへの聖餐の本質的な変質を捉えている。もちろん付け加えておけば、当時ルターが闘っていた犠牲のミサの考え方は、今日のカトリックの信仰と神学における聖餐理解と同一視すべきでないということは、言うまでもないことである。

ツヴィングリと彼の根本思想に対する聖餐論争

ルターは一五二四年以降聖餐理解をめぐって全く新しい状況に直面した。宗教改革運動の内部から、ツヴィングリやエコランパディウス、その他スイスや南西ドイツで活動していた神学者たちによって、キリストの設定の言葉に対する新しい解釈が主張された。彼らは、イエス・キリストの身体と血がパンとぶどう酒の中に臨在しており、そしてそのパンとぶどう酒と共にキリストの身体と血を「口」で飲食するということを、文字通りに理解することを拒否した。むしろパンとぶどう酒はキリストの身体と血を、つまり十字架への生命の献身を意味し、このパンとぶどう酒という聖餐の要素《エレメント》を飲食することは、キリストの死がもたらした実りへのわれわれの関与を意味していると、キリストは語りたかったのだという。したがって彼らは聖餐をわれわれのために十字架にかかったキリストへの「記念」として評価し告白する。またキリストと一つになるということは、ただ地上的・身体的な食事の「意味する」ことに従って、信者の魂が霊的な方法で天の主のもとへと高められるときに限り起こるのだと主張する。したがって信じない者にとってはこの聖餐の出来事は無意味であり、パンとぶどう酒を飲食したというだけのことである、と彼らは主張した。

こうした彼らの考えは、いままで当時のカトリックの聖餐と犠牲のミサの儀式と闘っていたルターの主張、つまり赦しの慰めの言葉とそれへの信仰は身体的な「しるし」よりも重要であるという主張と完全に一致するように見える。ところがルターは設定の言葉の彼らの象徴的な解釈を即座に断固として否定した。ルターは全力をこめてキリストの設定の言葉によればキリストの身体と血はパンとぶどう酒の中に臨在するのだ、ということに固執した。つまりより厳密に言えば、食べ飲むことにおいて、キリストの身体と血が実際に口で食べられ飲まれるということは現実のことであり、そしてその食事に参加した人々によって、キリストの身体と血が信じる者には救いのために、信じない者には審きのために飲食されるということも客観的なことである、ということに彼は固執したのである。

聖餐の食事における霊的賜物の身体的な「しるし」の本質と内容の問題は、ルターにとって従来陰に隠れていたが、今や意外なかたちで中心問題となってきた。もちろんルターが従来から聖餐の要素《エレメント》（パンとぶどう酒）におけるキリストの身体と血の現実的な臨在を確信していたことは、忘れてはならない。とはいえルターの聖餐神学の中心ではなかったテーマが、他の者たちが問題にするにおよんで、今や中心問題となった。主の身体的な臨在への疑問視に対して、ルターは何を問題にしたのだろうか。言葉を代えていえば、実際ルターはこうした疑問視を重大視して情熱を傾けて闘ったのだが、その動機はどこにあるのだろうか。

まず第一に、ルターは聖書におけるキリストの言葉の具体的な字句に対する忠実さが軽視されていると感じた。聖書には「これは私の身体である」と書かれている。「これは私の身体を意味する」と書かれているのではない。この個所でもそうだが、そもそもルターにとって信仰とはわれわれに語りかける神の言葉に寄り頼むことであって、人間が自分の思想や感情に基づいて生きることではない、ということが大事なのである。ところがルターは、かのスイス人（ツヴィングリ）の解釈の中に、神の言葉を自分の考えに従って抑えこもうとする理屈ぽい理性を見たのである。

しかしまたさらに、パンとぶどう酒における主の身体的臨在へのルターの固執は、実は彼の神学全体の根本問題と内的に関連しているということを認識しておかねばならない。まさにそうであったがゆえに、ルターが「〜である」という字句にこだわったとき、彼はいわゆる「聖書絶対主義」的にではなく、その字句に聞き、その字句に従ったのである。ルターは、福音の根本を、神がその深みにおいて自らのすべてをもって人間の下に降るために、人間イエスの低みの中に自らの神性を与えたということであると理解していたが、その福音の根本をくり返し学んだ聖書の字句に聞き従ったのである。そして今やイエスは、高められたキリストとしても常にその深みの中でわれわれの下に完全に存在するために、身体をかねそなえた神人としての臨在を、パンとぶどう酒という手に届くような近さで人に与える。キリストが自らの臨在を、無条件的にかつ無前提的に、まさに信仰のためにそのように定めたということが、ルターにとって重要なのである。なぜなら信仰は、何らかの形で生起するキリストとの出会いの条件としての心的な現象と理解されてはならないのである。信仰とは自らの存在をわれわれ人間のためにすべて与えるキリストに、しっかりと寄り頼むことにほかならないし、それ以外であってはならないのである。ルターにとって、信仰はわれわれに語られた御言葉にすべてがかかっているがゆえに、ルターの理解に従えば、常に説教された御言葉において、その言葉の中に臨在しているキリストが、そして、そのキリストをそこに存在せしめる信仰が大事なのである。それゆえルターは、キリストがわれわれのためにパンとぶどう酒における身体と血の臨在というあり方で、ご自分の存在に与えた特別の「しるし」を、今や、無条件に与えられたこのキリストの臨在を疑問視するような方法で解釈することを容認できない。ルターはこのスイス人の霊的な解釈の中に、地上的な低みから神性を遠ざけ、信仰をキリストとの出会いのための一つの条件、つまり一つの精神的な「行為」としてしまう傾向をみたのである。

スイスの神学者たちは、この点で間違っていた。さらにまた彼らは、神の恩恵はキリストにおいて無条件に贈られるということを疑問視した。彼らはなにゆえこの恩恵が食べられるパンというキリストの身体の見ゆる物質的な臨在の形態で与えられるのかを理解していない。彼らは、パンとぶどう酒の中に霊的なるものの物質化を見てとり、それに対して、ヨハネ福音書六章六三節の言葉「肉は何の役にも立たない」を盾にとって論難したのでである。しかし、こうしたスイス人たちに対して、ルターは、彼らが、「霊的（geistlich）」と「肉的（fleischlich）」の区別および、「精神的（geistig）」と「肉体的（körperlich）」の区別を混同していると批判した。それに対してはそれが身体的（leiblich）であっても神から来るものが霊的であり、そのようなものとして身体的なるものは肉的なのではなくて、罪と罪から来るものが肉的であると考えられねばならない。神は御子の受肉において、まさに人間の身体性へとへり下り、そしてキリストがまたサクラメントにおいてパンとぶどう酒へとへり下ったのである。ここで大事なことは、物質性ということではなく、具体的・身体的な臨在におけるキリスト自身である。スイス人たちは、なにゆえパンとぶどう酒における身体的な臨在が、キリストが地上で肉体をもって存在し十字架にかかったということよりも「役に立た」ないと言うのだろうか。ここで再びわれわれはキリストにおける神のわれわれのもとへの降下を聖餐においてもしっかりと貫くこと、そして（ツヴィングリやその仲間たちは曖昧にしていたのだが）われわれが自らを精神的に高めねばならぬ超越の中へと神を閉じ込めてしまうことを防ぐということにルターの関心事があったのに気づかされる。こうした聖餐論争におけるルターの関心事と、彼のハイデルベルク討論のテーゼとの根底における関連は明白である。この討論において彼は、肉体を身にまとったキリストの中で神を真実に認識することを問題にし、そして形而上学的に上昇する認識に反対している。

本論文では、聖餐をめぐる聖書テクストの釈義上の問題を考慮しつつルターの聖餐理解を根本的・批判的に論究することはできない。もちろん今日的な釈義上の観点から食事の出来事におけるイエスの臨在のあり方（つまりパンに変容した彼の身体、ぶどう酒に変容した彼の血）についてのルターの考えの正当性が、いかに広範囲に保たれえるかについて問うことはできるだろう。しかし私の考えでは、御言葉とそれに結びついた食事の行為をイエスがその食事によって、この身体的な行為をとび越えて「精神的」な地平で生じる彼との共同体を象徴化しようとしたのだ、と解釈することは成り立たない。確かに食事の行為は一つの比喩である。しかし、それはその行為それ自体の中で与えられる比喩である。ルターが身体的に飲食することをあたかも「より本来的なこと」へのたんなる指示であるかのように軽視することに対して反対したことは、正しいのである。ルターは正当にもイエス・キリストはその人格において、完全な神との結びつきへといたる、こうした食事の身体的な出来事の中で自らをわれわれに与えるということに、固く立っていた。これらのことについては今日、ルター派と改革派の神学者の間に一致が可能であり、そして事実一致が生じている。現実にキリストご自身が確かに存在し、そして現実に留保なしにこの食事の中で確かに存在するならば、私の考えでは、キリストとこうした身体的な出来事との結合のあり方については考え方が自由であってもよいであろう。

ルターの洗礼論の大要

洗礼についてもルターはまず第一に、スコラ的なサクラメント理論と対決した。スコラ的なサクラメント論によれば洗礼の執行によって恩恵により形成される習性という「超自然的」性質が人間に注入され、それによって原罪の性質が人間の中から消される。その後にはただ「罪ノホクチ（fomes peccati）」、つまり新たに罪を犯すことへの誘いとそれに対する弱さが残るだけである。ところで人間はまたいろいろなことで罪に屈伏し、その死の罪を犯すことがその人から洗礼の中で与えられた「恩恵」を失わせてしまう。ただその恩恵は、悔い改めのサクラメントによってのみ回復されうるのである、とスコラ的なサクラメント論は主張する。ルターもまた、洗礼がキリスト者であることにとって根本的な出来事であるということを、力をこめて強調した。その際、ルターにとってキリストによる設定（マタイ福音書二九・一九、マルコ福音書一六・一六）が土台となる。その設定によって「水による洗い」が救いの約束の言葉とつながれ（「言葉の中に水が捕らえられる」）、このことを通してのみ洗礼は普通の洗いとはちがうものになるのである。

しかし洗礼によって生じていることは、ルターにとりいま言及したスコラ理論との関連とは別に、彼の根本思想との深い関連の中でも理解されねばならない。つまり恩恵とは、御言葉の中で約束された神との結びつきの贈与であり、そして救いとはこうした約束に由来する、かつこうした神との結びつきの中にあるいのちなのである、ということとの関連の中で理解される。ルターは洗礼の中に、神が洗礼において罪人を受容するという、キリスト者の全生涯を支える義認の宣告の根本的な姿をみた。つまり洗礼はまた救いの約束の根本的な姿でもある。救いの約束とは、神が洗礼によって受け入れた者において罪に汚れた「古き人」を殺し、神の義の中で新しき人を生かすという約束である。ルターは人を完全に水の中に沈めるという古代のキリスト教の洗礼を思い浮かべていたのだが、こうした水に沈めることそして水から出すことは、この救いの約束の「しるし」なのである。しかし、ここでもまたその身体的なしるしが別の次元のなにかを「意味している」のではない。そうではなく洗礼の具体的な執行の中で神の約束が現実になされるのであり、そして水に沈めるというしるしがわれわれの下で起こるとき、神の約束もまたわれわれの上に力をおよぼすのである。

またルターの理解によるならば、洗礼はある出来事（死に値する罪）によって効力が失われたり、別のこと（悔い改めのサクラメント）によって回復するというような、人間の性質の変化ではない。むしろ義認の出来事一般に対してと同じことが、洗礼に対しても該当する。すなわち洗礼は神によって最終的に定められた身分の承認なのである。つまり神によって永遠の生命へと救われ、罪の力と死には委ねられないという身分の承認なのである。洗礼の執行のその瞬間に人間から罪が取り除かれるというようなことではない、とルターは考えていた。しかし洗礼は、罪人を赦しの下に置き、また神の力と御心の下に置くのである。神は罪に打ち勝ち、人に語りかける義を実現する。洗礼は洗礼を受けた者に神の赦しと力に寄り頼む権利を与える。また人間は愚かにも罪をくり返し犯すであろうが、この古き人を殺し新しき人を創りだす新しい神のわざにくり返し逃げこむ権利を与える。この神のわざは洗礼の時からその人の死と復活において神のわざが完成するであろう人間の全生涯におよぶのである。

洗礼はこのような神との結びつきの約束である。それゆえ洗礼は信仰を要求する。ルターは常に信仰を強調する。信仰は神の約束に聞き従い、そして洗礼に寄り頼む。その信仰を素通りしては洗礼は救いを実現できない。そこで洗礼の約束の前で、信仰とは人生の土台となるこの約束を私に与えてくださる神により頼むこと、しかしまたそれと共に死者と生きている者への神の救いのわざに関わりをもつことであり、これによってこの救いのわざが起こる。洗礼の約束とそのわざとは、全生涯に広がっているので、神への信仰をこのように尊重することもまた全生涯を通じて保たれねばならない。また悔い改めは決して洗礼の失われた賜物を回復させる儀式ではないが、悔い改めは、洗礼によって全生涯におよんでいる神の約束への信仰の、常に新たなる神への立ち返りにほかならない。

「再洗礼派」との論争

洗礼理解に関しても、ルターと伝統的なスコラの教説との間の論争の後に、新たに登場してきた運動との論争がはじまった。その運動はさまざまなグループを含んでいたが、いずれにせよ霊の直接的な働きをもち出すことと、すべての「外的な」教会制度を拒否することが共通であった。ルターは彼らを「熱狂主義者」（Schwärmer）と呼んでいる。彼らの中の一部は、そもそも水による洗礼一般を、外的なそしてそれゆえ無意味な儀式であるとして拒否し、内的な覚醒の経験がともなう「霊の洗礼」を支持した。また他の一部のグループは幼児洗礼のみを否定した。彼らは未成年の子どもたちはまだ信仰をもつことができず、それゆえ幼児の洗礼は無意味で空虚な儀式である、と主張した。そして彼らは聖霊を受けとめることができる大人の「再洗礼」(Wiedertaufe) へと踏み出した。彼らの理解に従えば、それは洗礼のくり返しではなく、そもそも真正な洗礼のはじめての執行なのである。ルターはこうした主張に対して、スイスの神学者たちの聖餐の心霊的解釈の場合と同様、断固として反対した(付言すれば、スイスの神学者たちは幼児洗礼の問題に関して「再洗礼派」の側には立っていなかった)。ルターはここでもまず第一に原理的に次のように考えた。すなわち「外的なるもの」は結局のところ最後の決め手はまさに個人の感覚や内なる自己の経験次第なのだが、その「外的なるもの」が神がわれわれに彼の約束を与えるための方法なのである。その方法とは聖書の書かれた言葉・説教・免罪の宣告のときの口からでる言葉を通して与えるということであり、そして洗礼においては「言葉に捕らえられた」水を通して与えられるということである。ルターは、彼もまた恩恵の物質的な媒介の方向で考えているように、今やおりにふれてこの水の救いの力について、それが見えうるかのような強い表現で、語ることができるのである。ルターがそのように語るのは、彼にとってもここでもまた最終的に信仰こそが大事なのであるということに関連しているからである。つまりルターは、人間に左右されない神の約束に寄り頼む真実の信仰に固くとどまり、特殊な「霊的」な状態を手に入れようとは思わないがゆえに、神の約束と結びついている外的な身体的なるものを疑問視する必要はないのである。「熱狂主義者たち」は、結局のところ、神の代わりに彼ら自身の信仰心を信じるというそのような道に迷い込んだのではなかろうか。

こうしたことから幼児洗礼の正当性と必要性についてルターが説いた情熱も理解できる。ルターはまず第一に、すべてのキリスト教徒にとって従来から全く自明であった伝統に基づいて幼児洗礼の否定に対して闘った。つまり、もし幼児洗礼が正しくなかったとするならば、神は幼児洗礼を今日まで存続させはしなかったであろうし、幼児洗礼を受けた多くのキリスト者に神の霊と信仰を与えはしなかったであろう、とルターは言う。しかし、まさにこの点こそが、未成年の子供はまだ信仰をもちえないと主張する幼児洗礼反対者の異論のポイントなのである。ルターは、洗礼と信仰は原理上、一対となっているということをめぐって論争した。当然ルターもこのことに反対ではないし、反対するはずがない。しかしルターは反対論者の異論に対して、まず第一に信仰は理性の有無とは関係がない、と反論した。つまり神は小さな子どもにも洗礼を通して十分に神の霊を与えうるし、たとえわれわれがこうした「子供の信仰」のあり方についてうまく考えることができないとしても、神は子供たちの中に信仰を目覚めさせることができる。しかしルターは、受洗者の信仰が洗礼のときにすでに直接的に与えられているかどうかの問題は決定的ではないと『大教理問答書』の中で語ったとき、彼自身問題に感じていたであろうこの思想を再び留保した。なぜならばわれわれの信仰ではなくて、神の御言葉と命令が洗礼を有効ならしめるのであり、そして洗礼のときにはまだ信じることのできなかった者が、今は信じており、神がかつて洗礼において与えた約束により頼んでいるからである。もちろん信仰は洗礼において決定的ではないという命題は、そもそも信仰とは関係のない、言うなれば魔術的な救いの効力という観念への後戻りとして理解されてはならない。むしろ、ここでもまたルターにとって、洗礼と一対である信仰は、救いの効力の原因となるような魂の「わざ」として理解されてはならない、ということが大事なのである。このことはまた特に、ルターがあえて幼児洗礼を受けず成人洗礼を受けるということに反対した、ということに表れている。なぜなら、そうした成人洗礼は、どうしても人間が自分自身の方へ逆に光をあててしまうからである。というのも、今や次のように問わねばならない。

つまり、そもそも私が私に洗礼を受けさせ、そしてその私の洗礼を有効であると評価しうるほどの十分な信仰を、いったい私はいつもちうるのであろうか、と。もしそうした十分な信仰を持つことができると言うならば、それはその信仰なるものが、神の約束に寄り頼むということから、自分の「信心深さ」への信頼へと逆転しているのである。

こうした事柄は、幼児洗礼の実践の問題をめぐって今日においても新たに生じてくるであろう討論においても、また今日的状況の中でこの問題を当時のルターや神学者たちよりもより強く感じるときにも、いぜんとして考えなければならない問題である。

Ⅵ　教会理解

ルター神学に対しては、しばしばそれが主観的であり個人的経験に偏っている、また教会の統一性と信仰という点で不十分である、と異議申し立てがある。もちろんルターにおいて彼の個人的な信仰や人生の歩みの痕跡は蔑ろにされるべきではない。しかしルター神学は、その神学的組み立てとしては、宗教的個人主義からははるかに遠い。ルターはあくまで教会の中で、そして教会に対して教えようとした。いずれにせよ、彼にとって、もはや教皇に集中した教え（教義）の職務（Lehramt）という形式的な権威の下への服従は問題にならない。ルターは教会に対する神学の責任を神学を聖書の言葉に結びつけることとして理解した。つまり教会は、その職務上の最高責任者といえども、この最終決定的な御言葉のみがもつ権威の下に立つのである。ルターの教会理解をめぐっては、まさに従来の伝統に対する彼の新しい強調の中で理解すべきである。われわれはここから出発しよう。

教会における聖書の権威

聖書は信仰の根本的規範である。このことが教会の中で、またルターにおいて原理的に認知されねばならない。それは中世後期の個々の改革運動の中で、すでにここかしこで教会の伝統や慣行に対抗して批判的に持ち出されていた（ヴァルド派やフス派など）。しかし、全体としては聖書とともに、司教による公会議や教皇の教え（教義）の職務もまったく疑問の余地のない権威として有効であった。そうした権威が今や聖書から直接に基礎づけられるべきか、あるいは伝統からのみ基礎づけられるべきかという問題についても、公会議や教皇のこうした決定機関によって公布される教えが、無条件に義務づけられるべき信仰の原則として有効であった。聖書を正しく解釈することや諸説の中でその正しい理解を最終的に決定することは、教会の教えの職務にのみゆるされるという主張は、こうした教えに対して聖書を引き合いにだした批判とは対立するのである。こうして理論的ではなくとも実践的には、聖書の言葉の権威は、教会の職務という権威の鎖につながれていたのである。

ルターは聖書の権威をこのように教会のもつ教えの権威の下に固定化してしまうことに反対し、聖書をそれに聞きかつ教える教会の上位に、つまり教会の職務と会衆の上位に位置づけた。実際、司教も公会議も教皇も間違いうるし、間違ってきた。彼らの教えが聖書と一致するならば、彼らに従うべきであり、聖書の言葉と衝突するならば反論すべきである。またルターは聖書の解釈について諸説がある場合、教会の教えの職務こそが正しい解釈を決定するという原理を断固として否定した。というのもルターは、次のことを考えていたからである。すなわち聖書は聖書自身がもつ明瞭性の中で語り、そして聖書は聖書自身を自ら解釈する。そういうわけで聖書は原理的に言えば、キリスト者個々人によって理解されうると考えていた。もちろん書かれた御言葉（つまり聖書）の中でわれわれにむけられた神の呼びかけに気づかせる聖霊を通してである。ということは聖霊は教えの職務のみの特権ではないのである。

　聖書の言葉に対しての教会の教えの職務のこうした相対化は、ルターが最初からいだいていた革命的理論というわけではない。むしろ長い間ルターは教会の諸権威を攻撃することをためらっていたのである。しかし、彼は聖書解釈者としての自らの経験に従った。つまりルターはとくに彼が聖書を通して聞き、今やその解釈者として教会の中で主張すべきと確信した福音に対して、教会の諸権威が耳をかそうとしないという経験をした。このように福音の圧倒的な解放の力の中でルターは教会の職務的な権威に対する聖書の自己貫徹性を体験したし、後にそのことを原理的に教え主張したのである。

　しかしまたこうしたことと同時に、ルターは聖書の権威を教科書のように形式的に受けとめたのではない、ということも指摘されねばならない。教科書に書かれている「命題」なるものは、「その命題が本の中に書かれているがゆえに」それだけで単純に真実であると思われている。しかしルターにとっては聖書の内容が、つまり「中心」が大事なのである。すなわち聖書のさまざまな証言がさし示し、そしてそれらの証言がそこから出てくる「中心」が大事なのである。それは、すなわちイエス・キリストであり、キリストの中における神の生きた言葉ということであり、われわれを裁きかつ慰めを与える福音へとわれわれをせきたてる律法のことである。聖書の権威について語るとき、ルターは聖書をいわば道具として理解していた。その道具を通して神ご自身が、神の言葉としてのキリストを用いて、つまり神独特の仕方で教会の諸権威に向かい合うキリストを用いて、教会の真の生活を動かし統治するのである。聖書の権威の下に教会の権威を従属させるということは、ルターにとって、決して生身の教皇の代わりに「紙の教皇」を設定するといったことではない。ルターにとって教会における主なるキリストの存在こそが問題なのである。

神の生きたそして人を生かす言葉としてキリストご自身が教会の中で語っている。聖書がそのための道具であるならば、聖書は中心としてのキリストから理解され解釈されねばならない。聖書の中心にはキリストのみにおける恩恵のみによる罪人の義認の慰めが立っている。それゆえ聖書のすべての約束は、戒めにおいても、聖書はキリストを素通りしてしまう救い道がもっている律法として理解されるのではなく、救いの唯一の成就者としてのキリストへと人々を至らしめる律法として理解されることを示している。またルターは、こうした聖書の中心に義認の慰めがあるという理解に対して、聖書の語句（たとえばヤコブ書）を盾に論難されたとき、聖書の内部にも批判的な区別の傾向があることに気付くことができた。つまり聖書においては「キリストを前面にだすもの」こそが「正典的」であり基準となるのである。したがって場合によっては正典的とは、形式的に聖書正典に含まれているものに対立することでもある。もちろんこうした事は、ルターにとって、教皇の代わりにある神学者が聖書の主人となって主観的に勝手気ままに振舞うのではなくて、聖書自身によって、つまり聖書の中心であるキリストの福音の明白な証言によって基礎づけられるということを意味する。

ルターにおいては、聖書の権威をめぐるキリストの福音の「内容」によって規定されたこうした理解と、形式的な聖書主義とが緊張関係を形づくっていた。時としてルターは、誤ることなき聖書の言葉を武器に、キリストとその福音とはおよそ接点のない問題についても論争した。たとえばルターは、ヨシュア記一〇章一二節の「(大地ではなく）太陽よ、とまれ」という言葉によって、当時有名であったコペルニクスの理論の誤謬を証明できると信じていた。こうしたことの背景には、古代教会以来の伝統である逐語霊感的な聖書理解があった。ルターはそれを特に強調していたわけではないが、しかし幾分かそれを分かちもっていたのである（彼は、聖書のある部分についてはその霊感が疑わしいと批判的に判断していたにもかかわらずである）。要するに、近代的な聖書批判の問題はルターにはまだ無縁であったと言えよう。

共同体としての教会

ルターは教会を〝creatura verbi〟、すなわち言葉の被造物と名づけていた。つまり教会は説教された神の言葉から生じたのである。彼はそれを教会の歴史的な開始についての言及として語っていたのではない。教会は、はじめ使徒の説教によって土台がすえられ、そして現在、教会は「恵みの手段」である御言葉（説教）とサクラメントを執行し管理する主体なのである。教会が説教された言葉によって生み出されたということを、ルターは常に現実に生起している出来事として理解していた。教会はこの御言葉からそのいのちを常に新しく受けとるのであり、その中で自らを保っている。そして聖霊を通して、キリストにおける神ご自身こそが、この出来事の真実に働いている主体なのであり、そしてそうありつづける。教会の中で人間が説教をしサクラメントを授けるということは、こうした神の働きのいわば道具なのであり、神こそが真実の説教者なのである。

同じようにはっきりとルターはまた、御言葉が説教され信仰が働くところで教会は生みだされると語る。そして、教会はキリスト教的な個人がただ横に並んでいるということではないと言う。ただ横に並んでいるのではなく、各人が教会を構成する会員であるということが大事であり、そのことなしに福音の言葉を信じることはできない。またキリストに結びつくこともできないのである。神の言葉が告げ知らされるところでは、神の民もまた集められることをわれわれは確信すべきなのである。キリスト者であるということと、教会の会員であるということは、ルターにとっても切り離すことはできない。もちろんその際ルターは、教会の中に、キリストと個々の信者の間をとりもつ、信者よりも上位に立つ一つの制度をみたのではない。そもそも教会とは本来何であるのか、という問いに対して、ルターははっきりと答える。すなわち、教会とはキリストに結びつく御言葉とサクラメントを通して集められた信者の共同体以外のものでは決してないと答える（後のルター主義が時として、「救済機関」としての教会と会衆の共同体との区別を重視したが、それはルターとは無縁である）。ルターはある時、次のようにさえ言うことができた。すなわち、「教会」という言葉自体あまり好ましくなく、むしろ「会衆」あるいは「神の民」という言葉の方がよいと。教会の信仰告白の第三項が叙述していることは、ルターの理解に従えば、真の信者の会衆（の共同体）について語られているのであって、特定のヒエラルキー的な構造と結びついた制度についてではないのである。すなわち教会は、唯一のキリストへの信仰において一つであるがゆえに唯一であり、教会を御言葉を通して信仰へと目覚めさせ信仰の中に保つ聖霊の聖なる力の中にあるがゆえに聖なるものであり、教会が使徒の証言と信仰に従いつつ生きるがゆえに使徒的なのである（司教が形式上、使徒的な職務の後継者であるがゆえに、使徒的というのではないのである）。

またルターは、教会の真実の姿を共同体として理解した。より正確に言えば、彼の初期の聖餐神学（前項を参照）の意味において、お互い同士の財の分かち合いと重荷の担い合いということを通した会員相互のつながりとして理解したのである。そのつながりは身体的なことについても、そしてなによりも精神的なことについて言いうることである。キリスト者の集まりが教会であるということは、彼らがお互いどうし福音の言葉を語り信仰を強め合うということであり、一方が他方の弱さと罪を担うということであり、神の前にお互い同士とりなし弁護し合うということなのである。キリストが人間の罪を自らに受けとり逆に人間に自らの義を贈るという「喜ばしい交換」を土台として、キリスト者は生きている。それゆえキリスト者もまたお互いどうし財の分かち合いと重荷の担い合いへと結ばれていくのである。こうした考えに基づいて、ルターは、当時の教会のヒエラルキー的支配構造に反対し、また特別な「功績をつむ」生き方によって自分を他者から切り離し自分の救いを確保しようとする人々の信心深きエゴイズムに反対したのである（もちろん、こうした批判はルターの時代の歴史状況に条件づけられたものであり、修道生活とその動機についての単純な一般的判断ではない）。さて教会は本当に信者の共同体であるのだろうか。それを今、どこに見出すべきなのだろうか。神の言葉が聞かれ、信仰が働いているところは、どこでもである。それはルターによればある限定された教会に固定化されないし、また宗教改革運動によって成立した教会に固定化されてしまうのでもない。ルターの教会理解は本当の意味においてエキュメニカルなのである。真の信者の神の民は、ローマや教皇制につながれてはいない。それは「ギリシア正教会」（東方教会）にも、また神の言葉が働いている地上のどこにおいてでも見出すことができるのである。なぜなら神の言葉は、聖書が読まれその証言が聞かれ広がりうるところではどこにおいても働くことができるのであり、さらには神の言葉から教会の公認の教理やその職務の担い手が離れてしまったところにおいても働くことができるからである。しかも教皇制の時代においても、神は隠れた形で彼の民を支えていたのである。とはいえルターはまた次のような企てには反対した。すなわち、こうした真の神の民、真の信者の会衆を、現にある教会共同体から区別し、多くの「熱狂主義者」のグループの意図がそうであったように、教会をいわば「純粋培養」の中で思い描くことには反対したのである。「体制的」な教会に対抗してではなく、そうではなくて、その中でそしてそのために、純粋な福音の説教による信仰の確信をめざして闘うべきなのである。

ルターが真実の教会の範囲や境界をこのように確定しなかったということは、彼が教会を「見えざるもの」と考えていたからであろうか、そして具体的に現実に存在する教会を見えざる教会へと解消してしまったということだろうか。この問題は細心の注意をもって考えられねばならない。ルターは、信者の共同体としての教会について、事実、教会は隠されていると語ることができた。神のみが人間の信仰を働かせるがゆえに、神は目に見える外面ではなく、心の中でのみその人の信仰を知るのである。真実に信じている者と見かけだけのキリスト者との間にはっきりとした境界線を引くことは、われわれ人間の仕事ではない。しかし、教会が隠されているということを、あたかも真実の教会は現実の教会とは区別され、その現実の教会に反対してその彼方にまったく見聞しえない何か偉大なるものがあるかのように、絶対的な不可視の意味で理解する必要はない。まさにルターが「熱狂主義者たち」に対してくり返し異議を唱えていたように、信仰は主観的な体験の純粋な内面性の中で成立するのではなく、御言葉とサクラメントの中で成立するのである。神の霊は、信仰をまさに「外的な手段」(御言葉とサクラメント)を通して働かせる。そして、そうした「外的な手段」は、見える教会という空間の中で具体的に起こることなのである。信仰というものが、人間が実際に確かめうることや、統計的に数えうる具体的な姿の信者の共同体から遠ざかってしまうならば、そこではこうした「外的な手段」が具体的な姿でくり返し必要とされるのである。信仰はまた、純粋な内面性に閉じこもっているのではなく、そうではなくてルターの表現に従えば「身体化」して、愛のわざの中に、証言の中に、そしてルターが教会の真実の姿として生き生きと思い描いた相互の助け合いの共同体の中に存在するのである。また、こうした愛のわざや証言や助け合いの共同体の働きが、神のみが知る心の中の信仰から生じるのかどうかについて、人間には判断できぬとしても、しかしそうした働きがある限り、信仰は存在するのである。そこでルター的な意味で、真実の教会、信者の共同体は統計的に数えうる具体的な姿では把握できないが、しかしそれは絶対に見えざるものというのではないと言うことがゆるされるであろう。なぜなら信仰は具体的な源泉と具体的な働きをもっているからである。

教会的職務（Das kirchliche Amt）

おそらくルターの教会理解と中世的・カトリック的伝統の教会理解との本質的な違いは、ルターが新約聖書を引き合いに出して、聖職者身分と平信徒身分というキリスト教の会衆の区別に根本的に反対したという点にある。ルターは、すべてのキリスト者は洗礼の力によって聖別されていると言うことができた。つまり、すべてのキリスト者に、神に自由に近づくことが、そして神の前でお互いのために、また世界のためにとりなし弁護する権利が与えられているのである。ゆるしのなぐさめの言葉や宣教の務めを通して、このように神に近づくことが媒介されるならば、根本的に言って一人一人のキリスト者は他のキリスト者に対して、こうした媒介の奉仕者になりうるのである。ルターによれば、このように務めやサクラメントを授けることは、ただ特別な叙階のサクラメントを通して聖別された聖職者の身分にのみ託されているのではない。

このようにルターは、教会のすべての会員に当てはまる「万人祭司」の教えを常にしっかりと保持していたが、だからと言って他方で特別な職務のもつ務めを単純に解消したわけでもない。教会における公けの説教や礼拝の管理、またサクラメントを授けることは、緊急の場合を除いて、個々の任意の教会員に託すべきではなく、やはり教会においてこうした務めに正規に任命された者に託すべきである。ルターはこうしたことを、教会生活は愛と一致のために秩序を必要とするという点から説明した（ルターは、熱狂主義運動の進軍とともに現れた分派的な「偽説教師」の登場の際に、その秩序の必要性をより強く主張した）。ルターは「平信徒」による御言葉とサクラメントの執行は間違った聖別のゆえに有効ではない、と言ったのではない。公けの場合の秩序の必要性から言ったのである。したがって緊急事態の場合には、むしろ一人一人のキリスト者が職務の担い手の働きを代表できるのである。教会の公けの礼拝ではない、個人的な領域においては、一人一人が他者に対して教会に正規に任命された者がする務めを互いになすべきなのである。

教会の正規の職務の起源については、ルターはまとまった考えを述べてはいない。まず第一にルターにおいては、説教の職務というものは、キリストが根本においては教会の会員のすべての会衆に与えた霊的な委任権から間接的に生じたものである、という思想が中心になっている。つまり、会衆はこの委任権によって公けの礼拝に関しては秩序維持のためにある一人の者に説教の職務を託する、という思想である。また後期のルターにおいては、次のような思想も前面にでてきた。すなわち教会の正規の職務というものは、キリストが教会のただ中で与えた、そしてキリストご自身の設定に直接由来するある特別な霊的才能に基礎づけられているという思想である。この前期と後期の両方の把握は単純に矛盾するわけではない。つまり、ある一人の人に職務を託した会衆は、その人の中に、キリストが与えた賜物を認識する。すなわち会衆の任命を通してキリストが認定したのである。しかしルターは、この両方の把握を体系的に相互に調整しなかった。しかし、いずれにせよルターは、キリストによる職務の設定について語るときには、この職務を独占的な聖職者の身分として理解すべきではないということを固く保っていた。要するに教会の正規の職務は、一人一人のキリスト者に、洗礼を授けられた者として託された霊的な務めの代わりをすべきではなく、そうではなくてその一人一人の霊的な務めの活性化のために援助すべきである。

Ⅶ　教会と「この世で上に立つ者」――二王国論

われわれは、ルターの二王国論を、ルターの時代の倫理的諸問題に対する彼の立場が十分に現れたものという視点から、この分野における彼の重要なそして歴史を動かした思想として解釈する。ルターは二王国論において、教会の霊的な職務と「この世で上に立つ者」(Obrigkeit)の職務の関係を、またキリストへの信仰からでてくる行為とこの世の秩序という枠組みの中での行為の関係を考えた。その際ルターは、それだけではないが特に国による法律の制定と法による秩序ということを考えた。またこの世の秩序についての彼の概念の中には、この世の職業における上下の秩序の関係も、親による教育の任務も含まれている。ルターは、教会の宣教の任務と「この世」の職務のいろいろ具体的な秩序の任務との両方を、神による設定と委託として考えた。このような意味においてルターは、神の霊的なまたこの世的な「王国」と「統治」について語る。(ルターは、「王国」と「統治」という二つの概念を使っている。「統治」という概念の方が、固定的な二つの領域ということではなく、むしろいかに神が人間の奉仕を通し人間に働きかけるかということを、よりよく表している)。霊的な統治とこの世の統治の二つは、ルターによれば一方では厳しく区別されねばならないが、他方では相互に関連づけて理解されねばならない。

同時代史的背景

ルターの二王国論は、まず時代状況との関連の中で理解する必要がある。二王国論の形成には、神学問題のみならず、政治的な要因もあるのである。

一方で、千年以上にわたるキリスト教会と国家秩序との結びつきがある。その国家秩序は、法律に対する正統信仰を形成し、異端を刑法上迫害してきた。こうした結びつきの上に、古い信仰にとどまっていた領主や司教たちと連合して、宗教改革運動を力で押さえつけようとした皇帝の企てもあった。つまり上からの力による正統信仰である。他方、まさにその時代には、一連のさまざまな革命運動が生じていた(農民の暴動、ミュンスターの再洗礼派など）。それらの一部は「福音的自由」を引き合いに出したり、あるいは既成の秩序の崩壊の中でこの地上に真実の神の国を実現する計画をもっていたりしたのである。つまり下からの力による神の国である。

ルターはこうした状況の下、福音の宣教への「この世で上に立つ者」の力の行使に対しては、その行使の正当性を否定すべき立場にあった。しかしまた他方で彼は、宗教改革運動が力づくで目的を貫徹しようとしたり、あるいは宗教的動機からではあるにせよ社会転覆をもくろむ運動を助長したりすることを防がねばならなかった。力によって成し遂げられるものと、真実の信仰へと導くものとは、原理的に区別しなければならない。

ルターが集中的に考えた神学問題とは、イエスの山上の説教の戒めに従う生き方と、政治的な支配そして不正に対して報復で対処するこの世の法秩序の力の使用とを、いかに全体として一致させるべきかということであった。それは決して新しい問題というわけではない。それは伝統の中で、二重倫理の方法によって解決されてきた。つまり、二つの身分がある。一方はより一層の完全性に向けて努力し、山上の説教の「福音的勧告」どおりに生き、この世の所有や営みから修道院へ隠遁する身分である。他方はイエスのあの厳しい勧告にしばられることなしに、神の戒めへと生き方を整えていくことができうる、この世のキリスト者の身分である。ところが宗教改革の時代の心霊主義的運動（「熱狂主義者」）の一部が、この問題に挑戦した。彼らは、山上の説教は真剣にキリスト者であろうとする者すべてに当てはまるし、当てはまらなければならないと主張した。それは公けの職務の中でキリスト教とは特に関係のない任務や裁判など、あるいは戦争を任務としている者にも当てはまる。

ルターにとって、山上の説教の戒めを特別な完全性に向けて努力する身分の者にだけに該当するものとすることは、もはや問題とはなりえない。またルターにとって、公けの職務が担う任務は原理的にキリスト教に関係ないものだから停止すべきであるという結論も、キリスト者のこの世への義務という観点からみて不可能なことであった。確かに、信仰へと帰着することと、力や武力で遂行されうることとは区別されねばならない。しかし法で認められた力の行使と、信仰からでたキリストの愛に基づく行為とは、その区別にもかかわらず、キリスト者の人格の中では統一されねばならないのである。

ルターに与えられたこの歴史的状況という文脈の中で、彼の二王国論の形成は理解されなければならないのである。

二つの王国の区別と連関

ルターは、ともかくも神が別々に生じさせた霊の王国とこの世の王国とを区別した。

霊の王国においては、神は、御言葉が説教されサクラメントが与えられることを欲するのである。こうした「手段」を通して神ご自身が人間の心の中に、罪の認識、回心、福音への信仰、そして聖霊の力による新生を生じさせるのである。霊の王国は、御言葉とサクラメントに媒介された、キリストと信仰者の、そして信仰者同士の共同体である。神は、霊の王国において、永遠のいのちに至る人間の救済をおこす。他方、この世の王国での職務の担い手の働きを通して、神は地上での人間の共同生活における「外的な」秩序を設定し維持することを欲するのである。これらを通しては、罪の認識はもちろんのこと、心の中に信仰や愛がわずかばかりでも生じることはない。とはいえ、それらを通して人間の地上での身体や生活に対する罪の破壊的な影響が抑制され、この世のいと小さき者がさまざまな暴行から職務の担い手である力ある者によって守られる。このように神はこの世の統治を通して（たとえその職務の担い手がキリスト者でなくても）、この地上での人間の生活を守るのである。

神がこの二つの王国のそれぞれ異なる目的に応じて働くその手段に関して言えば、二つの王国は明確に区別されねばならない。霊の王国においては、強制と力によっては何一つ起こらないし、起こってはならない。心の信仰は強制してはいけない。強要された「信仰」は、決して本当の信仰とは言えないのである。つまり、誤った信仰や異端に対して、外的な力でもって闘おうと思うべきではない。霊的統治の「武器」は御言葉であり、その言葉は無力なまま人間の下にやってくるが、神の霊のみがその言葉に力と効力を与える。御言葉と霊によって信仰へと揺り動かされた霊的王国に属する者は、彼らになされた不正に対して、報復をもってではなく、ゆるしをもって対抗する。彼らは山上の説教の戒めに従って生きる。

それに対しこの世の統治は神の意志に従って、強制的にでも任務が遂行されねばならない外的な秩序を堅持するために、武力を持ち使用しなければならない。（ルターにおいて、とりわけ強調されていることだが）こうした外的秩序を破ることは、報復の刑法によって防止しなければならない。その道具は「剣」であり、それは悪人を抑制するのである。

霊の王国ではそこに属するすべての者が神の前に平等であり、お互いに兄弟姉妹であるのだが、ルターによれば、この点においても二つの王国にはちがいがある。ルターの理解に従えば、この世の王国においては、どうしても相互の区別や依存関係、上下の関係、命令と服従といったことが必要なのである。

しかし、区別だけが二つの王国についての唯一の言葉ではない。ルターは同時にまた、この二つの王国において機能的な連関をもみていた。そもそも二つの王国は、その中で神の働きの方法がちがうということで相互に連関しているのである。それぞれの職務の担い手は、神の戒めを正しく取り次ぐために神の委託を受けたのである。政治や経済などには世俗的な「固有の法則」があるといった近代思想は、ルターには全く無縁であり、ルターの二王国論においてはそういうことは全く考えられていない。二つの王国に関して言えば、そうしたことを越えて、神に委託された二つの任務は、神の二つの相互に無関係な意志に由来したものではなく、相互に連関づけられたものである。つまりむしろルターは、神がこの世の統治を通して遂行しようと欲していることは、神が霊の王国で行うことと深く関係する任務なのだと考えていたのである。神は人間に救いをもたらし、人間の下に福音の宣教のための場所をつくることを望む。それゆえ神は人間の罪の破壊的な働きを防ぐための秩序を通して、地上での人間の生活を守ることを欲するのである。またそうであるから神は法を破ることに対してはこの秩序が強制されることを望む。強制がないならば、秩序は罪に支配されている人間の中では維持できないからである。このようなわけで、この世の統治の務めも、ただそれがその時々の必要に応じた務めであるにしても、最終的には人間に永遠の救いをもたらす神の愛の意志からでてきたものである。神がもはや人間の永遠の救いを望んでいないとすれば、神は悪魔が罪を通して人間を突き落とそうとしている混沌の中に、人間を委ねてしまうことになるだろう。

二つの王国におけるキリスト者の行動

すべての人間はこの世の王国の中で生きており、それゆえこの世の王国の秩序の下にいる。しかし信仰者は同時にまた霊の王国の中で、キリストの戒めの下にも生きている。そこで信仰者にとって、一方の王国での行動が、もう一つの王国での生活と行為とどのように統一しうるのかが問題となる。

まず第一に、とくに領主や裁判官のような職務の担い手として、この世の統治の中で行動する者にとって一つの問題が生じる。力を使って罰する必要がある、しかし同時にキリスト者でありたい、という問題である。この問題に対してルターは、地上の生活を支える神の意志は救いの意志との機能的な連関をもっている、ということを思い起こすことによって対処できた。すなわち、人間の生は、神が人間を回心と真実の生へともたらす、その福音の宣教のための場所が開かれることによって、支えられるべきなのである。このことは、この世の統治の職務の担い手として務めねばならぬキリスト者に、その務めを愛の務めとして理解する可能性を与えるのである。キリスト者は、自分に対してはもちろん、彼が厳しく接しなければならない人々に対しても、イエスの精神や山上の説教の戒めと内的に矛盾するような態度を強制することはない。キリスト者が法を破る者を罰しなければならぬ場合、彼はそれをキリスト者として、その人に対する個人的な憎しみやその人の不正への報復としてではなく、彼が職務として保護せねばならぬ、無法な暴力に脅かされている人々への愛のゆえになすのである。その際、彼は兄弟愛を彼が罰しなければならぬ人々にも持たねばならないし、持つことができる。彼は「個人的なこと」としてではなく、託された「職務」の中で行動する。彼の「職務としての行動」は怒りと権力欲からではなく、彼に委託された人々の生活への配慮によって動機づけられている、とルターは考えていたのである。

この世の秩序の中で、職務の担い手としてではなく、支配される側として生きるキリスト者にとっては、この世の秩序を神の秩序として認識し、それを喜んで受け入れるということが大事である。ルターは、近代的な意味での市民の民主的な協力ということをまったく知らなかった。彼は秩序を形成し遂行する「この世で上に立つ者」（領主や役人や市参事会その他、また家庭や家族の中では父親）と、根本的に法的な秩序に服従する支配される人々とをはっきりと区別した。ルターはそうした区別を、歴史的に制約された変革可能な社会制度とみるのではなく、聖書に記されている神の設定による無前提に妥当なることとみていた。その際ルターは、「この世で上に立つ者」の職務についている人間が、その職務をしばしば神の委託の意味において果たしておらず、それどころかひどい不正を働いているということを知っていたし、時として厳しい言葉でそのことを語ってもいた。しかし、「職務の中」にいる人々の不正は、職務の担い手は秩序を維持するという委託を神から受けており彼らに支配される人々はその委託を受けていない、という原則などないということにはならなかった。ルターの考えによれば、もし委託を受けていない者がこうした委託を不当に用いるならば、そこからは秩序のカオス的解体という、「この世で上に立つ者」の最悪の秩序よりももっと忌まわしいことが必ず起こるにちがいない。たとえばルターから見ても農民がそれなりに正当な理由で抗議したとしても、やはり暴動というものは力による自己救済として、彼の目には、どんな場合でも暴動を起こされた側よりも大きな不正であり法の秩序への攻撃なのである。こうした視点からのみ、ルターの農民戦争に対する、今日ではとても納得しがたいほどの厳しい態度も理解できる。

もちろんルターにとっても、キリスト者は「この世で上に立つ者」にいついかなる場合でも服従しなければならぬ、というようなことはない。キリスト者は服従の限界というものを知っている。つまりキリスト者は、神の戒めに反する不正なことを命じられたならば、その良心のゆえに、人間にではなく神に従わねばならないのである。キリスト者はその服従を拒否してもよい。しかしそれは自己救済を求めるのではなく、服従拒否の結果を痛みをもって自らに受け止めるということなのである。つまりルターは合法的な防衛の枠内においては、「この世で上に立つ者」の不正に対する批判を決してやめはしなかった。宣教の職務はどんな場合でも、それが領主たちの良心に語りかけそして神の前での責任を厳命するということの正当性と義務をもっている、とルターは考えていた。そして実際ルター自身、こうした義務を恐れることなく行使したのである。

ルターの政治倫理は当然、彼の神学において、彼が生きた時代と世界との特別な結びつきの中で、最も時代と関係した分野である。「この世で上に立つ者」をめぐるルターの思想は、近代との関係の中で変化しつつ転用されていった。われわれはもはや今日においては、「剣」を支えとする「この世で上に立つ者」つまり政治的・法的に限界ある側面を強調するのではなく、その建設的な使命、つまり法や平和維持の確立と防衛という側面をより強く前面に打ち出すであろう。そのことはルターにおいても見落とされてはいない。しかし、二つの王国をめぐるルターの考えの中で、このことは、報復的な刑罰の法と赦しの愛との対立的緊張の影にかくれてしまっている。したがって彼の政治倫理は問題をはらみつつ歴史に影響を与えてきたのである。

しかし、それでもやはりルターの二王国論は、その根本的な傾向において、政治的責任についてのキリスト教的理解にとって、また今日のさまざまな諸関係の中で、その道しるべとなる意味を失ってはいない。つまり二王国論は、そうした政治的責任の中での行動を神の委託として理解すること、それゆえこの委託に託された神の意志を問うということを、改めて問いただす。すなわち二王国論は、人間の世界形成のほかの領域の場合も同様だが、こうした問いかけと無縁な政治的領域の「自律性」というようなことに異議を唱える。しかし同様にまた重要なことは、二王国論が、政治的行動をめぐる神の委託と教会にゆだねられた委託との間を区別するということである。国家は良心を支配すべきではなく、信仰を律法にすべきではない。つまり、信仰を国家の公の全体的なイデオロギーやきまりきった既成の信条としてはいけない。信仰は人間を自由にする神の働きなのであり、また信仰へと人を呼びだす福音は、人間の行動に対する律法ではない。まさにそれゆえ教会は、宣教の委託を国家の武力によって押しすすめるべきではなく、またそのようにして力を及ぼすべきではないのである。教会の言葉は武力によらず人間の中に力を及ぼすべきなのである。要するに「二つの王国」のルター的区別は、究極において彼の神学の根源でありかつ中心である福音理解によって決定されているのであり、しかしまた同時に、もはや昔の「キリスト教的社会有機体（corpus chistianum）」ではなく、かつ法律を制定することによっても今後そうなることもありえない社会の中での教会と国家の関係についての道しるべとはなりつつも、しかしやはり彼の生きた時代によって規定されているのである。

（「Ⅰ～Ⅳ」は金子晴勇訳、「はじめに、Ⅴ～Ⅶ」は江口再起訳）

訳注

（1）「習性」（habitus）というのはアリストテレスによって倫理思想を形成したトマス・アクィナスによって説かれた学説である。アリストテレスによると倫理学（ethica）とは「良い性格を形成する学」であって、性格（エートス）は習慣（エトス）によって形成される。それゆえ良い行為とは習慣によって形成された良い性格が前提される。これが罪人に欠如している場合には聖霊によって人間の心に注がれなければならないと説かれた。良い性格や良い性質を形成することがアリストテレスの形成倫理学の特質である。これを神学に適用したトマス以降のスコラ神学を批判して、ルターは倫理を義務の観点から捉え、律法を実現する意志をその都度主体的に考察する。これは義務と当為の倫理学である。

（2）一般的に言って、義認、つまり神によって義人と認定され、判断されることが修道の目的であるが、ここでは義認への準備についてのビールの学説がもっとも重要である。その際スコラ神学によって古くから提示されてきた公理をどのように解釈するかが各々の学説の特色となっていた。その公理は「自己の中にある限りをなしている人に対し神は恩恵を拒まない」という命題によって示される。この命題はさまざまに理解されている。スコラ神学の最大の権威者トマス・アクィナスは、この義認のための準備が神の恩恵と自由意志との協働によって行われると初め説いたが、後に恩恵の先行性を強調し、この命題では恩恵を受けるに値する功績が自由意志に帰せられているのではない、なぜなら恩恵は無償で与えられるから、と説くにいたった。それに対しオッカムとビールにおいては義認への準備を自由意志の功績に帰する解釈がなされていた。『ローマ書講義』にはこの言葉について次のような説明がなされている。「しかし真実に善を行っている人は、人間が自己自身から何もなし得ないのを知っている。したがって〈自己にできる限りをなしている人に、神は誤りなく恩恵をそそぎたもう〉という慣用となった命題は全く馬鹿げており、ペラギウス主義の誤謬を熱心に弁護するものである。その際〈自己にできる限りをなす〉という語句によって何かをなす、またなし得ると理解されている。こうして実際、社会全体は明らかにこの言葉への信頼によっておおかた滅ぼされている」（WA.56, 502）。

（3）ワイマール版全集三九巻Ⅰ部、三四四頁三〇行にある言葉。

（4） この問題はいわゆる「律法の第三用法」を指しており，ヨストは『律法の自由――ルターにおける律法の第三用法の問題――』（一九六一年）で詳論している。
（5） 良心の知（Gewissens-Wissen）というのは特殊な知のあり方である。良心も「何かの前での知」つまり「共知」であって、前綴 Ge は「共に」を意味する。ルターの場合には「良心」は「神の前での自己意識」であるから、良心の知というのは神に触れ不安に陥った自己の実存状態に関する知を指すといえよう。
（6）「結合点」（Anknüpfungspunkt）というのは現代の神学者ブルンナーが使用した神学用語であり、神と人との間に想定した自然本性的な関係点を言う。これをめぐって展開した論争については金子晴勇『現代ヨーロッパの人間学』二七〇―八三頁参照。
（7）「三つの信仰条項」とは「十戒」、「使徒信条」、「主の祈り」を指している。
（8） これは「ハイデルベルク討論」第二八提題である。
（9） 続く三つの節ではここに挙げた三つの疑問が答えられる。
（10）「〔……であるとの〕述語」というのは、主語に対して述語の作用で、たとえば「ソクラテス（主語）は人間である」という文章の「……である」という述語する作用を言う。「述語する」（カテゴレイン）から「カテゴリ」（範疇）と呼ばれた。
（11）「脱中心的な人格理解」とはプレスナーによって説かれた概念である。彼によると植物は周囲世界のなかに組み入れられており、世界に向かって開放的な有機的な組織を造っている。それに対し自己を間接的に周囲に組み入れかつ生命圏から独立したものとなす動物は開放的ではなく、世界に対し閉鎖的であることになる。だから動物は中心をもち、そこから外に向かって生きかつ行動することができるとはいえ、動物は中心としては生きていない（H.Plessner, Die Stufen des Organischen und der Mensch, S.219; 288.）。自己を反省できる人間の場合には、中心として生きるばかりでなく、この中心を自己の身体の外にもっている。もしそうでないなら、反省できないであろうから。したがって自己の身体を超えたところに中心をもって初めて、反省とか対象化と言われているものは成立する。プレスナーはこの事態を「脱中心性」（Exzentrizität）と呼んだ（H.Plessner, op. cit., S.290.）。プレスナーはこの「脱中心性」を自説の中心に据えてその哲学的人間学を展開させていく（詳しくは、金子晴勇前掲書、七四―七六頁参照）。

フルドリヒ・ツヴィングリ

ゴットフリート・W・ロッハー[1]

フルドリヒ・ツヴィングリという人物の全体像をその限界と重要性の両方において認識するためには、一五〇〇年以降、スイス誓約同盟が置かれていた状況に目を向ける必要がある。また、彼の辿った生涯の主な場所、彼の活動と主な著書を概観する必要がある。これらを背景に、彼の性格ないし思索と闘いの特徴を浮き彫りにする。最後に、総括的な印象を述べ、評価を試みる。

I　政治的な環境

「南部ドイツ語圏における大連盟」であった「旧一三州のスイス誓約同盟」[2]は、一六世紀には、農民の「地方共同体」と、貴族的・同業者組合的都市共和国と、「属領」、つまり連邦の準加盟州と、一つの、あるいは複数の州によって交替で統治されていたにもかかわらず、明確に規定されていた彼らの自由と権利を死守していた「共同支配領」（従属州）から構成されている複雑な集合体をなしていた。古来の居住権が残存していたこれらの地域では普及することがあまりなかった農奴制は、（本来オーストリアに傾倒していた）貴族の権利の制限と併合によりほとんど消滅しており、その残留物は宗教改革が一掃した。政治世界の基盤となっていたものは、以下の通りである。

ツヴィングリー
（1531年戦没記念メダル）

第一に、帝国直轄制が挙げられる。一四九二年の「シュヴァーベン戦争」[3]（ドイツでは「スイス戦争」と称される）以来、帝国直轄制はおおむね帝国自由権として実行されていた。次に、自分たちが選出した役人による共同体の同業者組合的自治が挙げられる。最後に挙げられるのが、満一六歳から満六〇歳までのすべての男子の兵役義務である。人数的には何倍も優位な立場にあった家臣の武装は、支配者たちに用心深さを身に付けさせた。いかなる措置も反逆のリスクを招くようなことがあってはならなかった。一丸となった抵抗勢力に反して上から宗教改革を導入することも不可能であった。

勝利を収めたブルグント戦争[4]の後、軍事力の画期的な向上がもたらされたが、同時に、政治的・経済的脆弱化を伴った。それは、ヨーロッパの諸侯が市参事会員とその他の国や都市で影響力を持っている人物に定期的に「年金」と引き換えに、人気のスイス人傭兵（Reiser, Reisläufer）を募集する許可を確保していたからである。一〇年代と二〇年代には、特に教皇とフランス国王が力関係を競い合っていた。これによって、役所、隊長たちと民衆は不透明な相互依存に陥り、そこに絡んだ勢力によって食い物にされた。青年たちは北イタリアの戦場で戦利品を追いかけていたため、ツヴィングリの言う「金目当てに人を殺し」、多くの者は心身ともに崩壊していたので、里の谷間では飢饉が蔓延し、商業が低迷していた。

一方、都市では注目すべき文化活動が繰り広げられていた。人文主義者たちは宗教改革的志向を持った民族の教育に力を注ぎ、古代の英雄の傍らに今やテル[5]とヴィンケルリート[6]も民族のお手本に掲げた。

教会の活動は皆の物欲に汚染されていた。なお、置かれていた状況はヨーロッパ全土と同じものであった。というのは、中世末期の人々が体験した精神的衝撃は、不可知論的懐疑心と深い迷信に表れたからだ。一部少数派は熱烈に魂の平和を求めていた。領土の北部と東部はドイツ最大の司教区であったコンスタンツ司教区に属しており、西部にはバーゼルまたはローザンヌに属する地域があった。グラウビュンデンはクールの司教、ヴァリースはスィッテンの司教の管轄下に置かれていた。しかし、都市の参事会員はすでに半世紀前から教会および修道院の財産を精力的に監督し始めていた。

Ⅱ　ツヴィングリの生涯と業

フルドリヒ・ツヴィングリ（Huldrych Zwingli）――この表記は彼自身によるもので、本来の洗礼名はウルリヒ（Ulrich）である――は、一四八四年一月一日にトッゲンブルクのヴィルトハウスで独立した農夫兼長官の息子として生まれた。[(7)] 五歳でヴァーレン湖畔のヴェーゼンで司教補佐の叔父バルトロメーウス・ツヴィングリのもとに行き、一〇歳でバーゼルのラテン語学校に、一二歳でベルンのラテン語学校に進学した。叔父は、ドミニコ会修道院の修練士であった一四歳の彼を再び連れ出し、多くのスイス人が学んでいた有名なヴィーン大学に送り込んだ。そこで彼は自然科学と詩学の研究に精を出していた東ヨーロッパ流の人文主義の影響を受けることになった。なかでもコンラート・ツェルテス（Konrad Celtes）[(8)]とヨアヒム・ファディアーン（Joachim Vadian）[(9)]は最も著名な教授であった。彼が一年間パリに留学したという（僅かな）情報がもし正しいのであれば、これがツヴィングリの後の思想に見るトマス的神学傾向を裏付けることになるであろう。とにかく、彼が一五〇二年に、「新神学」（via moderna）と「旧神学」（via antiqua）が並存していたスコラ学派系のバーゼル大学に入学し、そこで一五〇六年に修士号を取得したことは確かである。神学部における勉学はすでに以前から開始していた。ここでは、旧神学派のトーマス・ヴィッテンバッハ（Thomas Wyttenbach）[(10)]と説教論を教授したウルリヒ・スルガン（Ulrich

Surgant)[11]から受けた影響が著しい。しかし、同年に司教フーゴ・フォン・ホーエンランデンベルク（Hugo von Hohenlandenberg）[12]が彼をコンスタンツで司祭に叙階した。

ツヴィングリは一五一四年までグラールスで都市教区司祭として活躍した。その肩書きで彼はアーヘンへの巡礼に参加し、従軍司祭として二度イタリアへ同行した[13]。彼は、教師活動を展開していたスイスへの愛国心に燃えていた人文主義者たちの輪に溶け込み、そこで名声を博した。そこで、教養人の洗練を目指し、同時に、古い資料をスコラ哲学的解釈に頼ることなく読解するために文献学にも取り組んでいた宗教色の濃い中央ヨーロッパの人文主義の影響をロッテルダムのエラスムス（Erasmus von Rotterdam）[14]の著書から存分に吸収した。早くも一五一六年の早春に、ちょうどエラスムスが編集したギリシア語原典の新約聖書が出版された時、グラールスからバーゼルへ出向き、この熱烈な弟子は師を訪問した。そこで聖書とその解釈について語り合ったのである。以下の書簡を注意深く読むと見えてくるのは、そこで二人の意見が分かれたことである。エラスムスは「隠された意味」を転喩に認めたが、後に改革者になったツヴィングリはそれに対してすでにその時懐疑的であった。早くも同年の一五一六年に彼は明瞭さへの突破口を見いだした。「……あなたは……神の意志をただ神の言葉の一義的な意味から学び取らなければなりません。そこで私は神に御光を乞うようになったのです。すると、聖書の意味が次第に明確になってきたのです、ただ読んでいるだけであったのに」（Z I,379; H I,113）。つまり、字義通りの意味こそ霊的な意味である、ということである。常に感謝の念を抱きつつも、エラスムスもまた、ツヴィングリが聖書の一読者として独立を果たしたいっぽうで「注解者や講解者」の中の一人であった。

その間、ツヴィングリは教皇との同盟の支持者として、マリニャーノの敗戦[15]（一五一五年）後、フランス側から退かなければならなくなった。彼は、（一五一六年末より）巡礼地アインジーデルン[16]で修道院直属の司祭職に赴任した。ここで彼は教父たちとエラスムスについての研究を続けた。その傍ら、一五一六年の冬から、ギリシア語原典による新約聖書の研究に精を出し、聖書は人間の教えによってではなく、聖書自らによって解釈されるべきであり、聖書の証言は神の霊によって身に付けなければならないということ、その中核が、現存するキリストであるということを発見した。アウグスティヌスの影響下、その後次第にパウロ的人間理解と救済理解に至った。このプロセスは長きにわたってチューリヒ時代まで続いた。宗教改革の実践は序々に浸透していった。（宗教改革的志向だけではなく）ある程度の宗教改革的な神学を筆者は一五二二年八月に刊行された『始終』（Archeteles）[17]において初めて認める。一五二〇年にもなお、ツヴィングリはルターを人文主義的な意味で誤解していたこともあり、ルター[18]が彼に及ぼした影響はどの程度のものであったのか、把握し難い。一方、彼は一五一九年のライプツィヒ討論[19]でルターがエック[20]に対して貫いた徹底ぶりに感銘を受け、模範と励ましを感じ続けた。

　一五一九年の正月、今や傭兵制そのものに反対する論者になったツヴィングリは、同業組合の要望により、チューリヒのグロースミュンスター（大聖堂）教会[21]の教区司祭に選出された。彼はそこで初日から聖書日課《ペリコーペ》の規定に反して、替わりに（マタイから始めて）聖書の各巻の連続講解を始めた。牧者として身を砕いて病人に尽くした。一五一九年の夏、チューリヒで人口七〇〇〇人の内二五〇〇人が押し寄せるペストの波に飲み込まれた時、疲れ果てた本人も感染した。快復期に詠んだ「ペストの歌」は、摂理への信頼において宗教改革的思想に基づいた罪の自覚には達していないが、確かに宗教改革的意気込みを示している。「私はあなたの器／私を完成してください、さもなければ砕いてください」（Z I,67; Künzli Auswahl, 18）。説教がもたらした最初の実りは、一五二一年五月にチューリヒがしぶしぶ下した政治的決断である。孤立し、危険に晒されることになったこの決断とは、年金受領禁止、傭兵条約の解除と、それに伴うフランスとの通商条約の解除のことであった。しかし、聴衆の熱狂振りは高まるいっぽうで、一五二二年三月に出版社フローシャウアーの印刷所や他所で友人たちが数人教会の断食規定を破ることによってついに弾《はじ》けた。ツヴィングリは『食物を選ぶ自由について』という書で彼らを擁護した。この書の中で彼はすでに、キリストのうちなる神の恵みを信じるか、それとも人間の教えを信じるかという、彼にとって決定的な宗教改革の問いがなされている。コンスタンツ司教区庁の使節と催告状は不安を煽った。市参事会は、神学的にも法的にも指針がないなかで、異端やそれに似た妄言をかどに提出された数多くの告訴状に向き合わなければならなかった。そのため、ツヴィングリは一五二三年一月に聖書原理を基にチューリヒ第一公開討論[22]を開催するよう、市参事会に促した。告訴側と同志の両方に論拠を提供するために、残された数日の間に彼の宣教内容を六七の結論（提題）に要約したものを著した。その提題の弁護に成功したからと言って、宗教改革が現実のものになるということでもなかったが、少なくともチューリヒ州全域における宗教改革的説教の公認を意味していた。しかし、宗教改革者ツヴィングリ自身は、交渉中にとっさに思い立って古代教会に倣って市民共同体を地域教会会議に格上げした。詳細にわたる『提題の解題』は、福音主義信仰の教理をドイツ語で総括した初めての書であった。秋には第二公開討論（聖画像とミサについて）が続き、今や教会の革新への第一歩を踏み出した、要するに、牧師たちに課せられる聖書原理に基づいた説教の任務、個々の共同体の多数決議の導入、聖画像の撤去、死者ミサ奉納金の学校運営と救貧事業への充当、「預言大学」、つまり、聖書の翻訳と講解に加え、（一般信徒を含む）共同体が参与する神学校の設置、一五二五年からは福音的聖餐式の実施。同年、『真の信仰と偽りの信仰』（Commentarius de vera et falsa religione）という、徹底的に、しかも明快に宗教改革の教義を初めて総括した書が刊行された。

　その間、チューリヒにとってローマに忠実な州との政治的・宗教的抗争は次第に危険を増していった。都市で広がっていく福音主義運動だけがチューリヒに対する連邦諸州の強攻突破を阻止していた。警告を受けた市参事会は、教区司祭ツヴィングリに、州代表者会議が招集した一五二六年のアールガウ地方のバーデンにおける公開討論への参加を禁止した。なぜなら、直前に同じ地でシュタムハイムの「殉教者たち」が処刑されたからである。(23)(24) その結果、バーゼルの柔和で学識高いエコランパディウス（Oekolampad）が、しかも魅力的に、インゴルシュタットの粗暴なエック博士（Dr. Eck）と対決することになった。しかし今や州代表者会議は、宗教改革の弾圧を推し進める一連の決議をした一五二一年のヴォルムス帝国議会と一五二四年のレーゲンスブルク総会の決議に歩調を合わせた。その後数年間、激しい抗争が続いた。先ず、年金を手放そうとしなかったチューリヒ市貴族の反対派との抗争が挙げられる。ここでは、信望の厚い長老の市参事会員ヤーコプ・グレーベル（Jakob Grebel）の処刑によって実例が示された。次に、地域の農民との抗争が挙げられる。宗教改革者ツヴィングリの働きかけで、十分の一税制度と地代制度の改善策がいくつか実行され、社会の目指すべき新しい目標の導入によって都市との関係改善も実施された。第三に、ツヴィングリ本人の説教に熱中した人たちの間から生まれた急進派の自由教会運動との対立が挙げられる。この運動は終末論的色彩を帯びており、キリスト者のあらゆる政治責任を拒絶し、その運動の特徴ともなった成人洗礼を導入した。ここで生まれた宗教改革「左派」は、今日われわれが宗教改革の正統な「第三の教派」と認識するところだが、宗教改革者たちは無政府主義的・自由思想家的な危険分子があると懸念した。ルター、メランヒトンとカルヴァンも政府当局にこの運動を俗権によって鎮圧するよう奨めた。チューリヒ都市共和国の市内外では、復讐断念誓約を含めた国外追放が実施され、違反行為発生の場合は処刑が執行された。数多くの「会談」が持たれた。再洗礼派に対する牧師たちの長きにわたる努力の末、一五二七年、フェーリクス・マンツ（Felix Manz）が市参事会議議決によりリマート川で溺死の刑に処せられた。洗礼派運動は、宗教改革全体に重く圧しかかる未解決の問題であり続けた。

同時に、聖餐式に関するルターとの論争が激しさを増して展開した。この論争で、ツヴィングリは直截的な言葉を貫くなかでも罵詈雑言を避けたが、人文主義者特有の痛烈な嘲笑も事欠かなかった。論争の根底には、元修道士と宗教改革的志向を持った元教区司祭とが目指す改革目的の相違があった。そのため、この論争は肝心な共通点を見えにくくしていた。

ツヴィングリとブーツァー(31)を始め高地ドイツの宗教改革全体は一五二八年のベルン公開討論(32)で大成功を収めた。アーレ河畔の強力な町ベルンを福音派の側に付かせ、引き続き宗教改革をジュネーブまで広げた。福音主義教会の精神史において最も影響を及ぼした出会いは、一五二九年、マールブルクにおけるルターとの出会いである。マールブルク条項(33)は、聖餐式における現存説の理解以外、すべての教理上の論点における一致を確認した。法律上の相違は、果たしてこの教理上の相違が教会の分離に至らなければならないかという問いにあった。ツヴィングリは「否」と考えていた。

ザンクト・ガレン、バーゼル、シャフハウゼン、ビール、エルザス地方のミュールハウゼンの諸都市では、いよいよ宗教改革が勝利を収めた。ようやくチューリヒの孤立は打破されたところでチューリヒ市共和国自らが共同支配領とザンクト・ガレンの領主大修道院長管轄の領土における福音派の強力な保護と支援により攻撃に進み出た。ツヴィングリはこの攻略に、「非公開会議」(一種の特別委員会)に頻繁に陪席する委員として積極的に関わった。そこでツヴィングリは共同支配領において宗教改革を実施する権利が合憲的に確立されることを目指していた反面、チューリヒ市の参事会員は同時に東スイスにおける彼らの影響拡大を目指していた。ベルン市はより控え目な政策へと働きかけた。ベルンの関心は西部に向けられており、そこではサヴォワ、つまりスペインの威力にも晒され、回心して傭兵制から身を引いた元傭兵の指導的政治家ニクラウス・マヌエル（Niklaus Manuel）[34]は、福音を軍事力と関連付けるようなことを一切避けた。しかし彼は従属地区における独立の強化もまた危惧していた。ツヴィングリは福音主義信仰を誰かに押しつけようとはしなかったものの、福音的説教の自由化と、各々の共同体が宗教改革の導入について議決する（引いては、自分たちの教会財産を自由に使う）権限を確立させようとした。

「旧教諸州の特殊同盟」[35]（ベッケンリート、一五二六年）に対抗してチューリヒは一五二八年からベルン、コンスタンツ、シュトラースブルクと組んで「キリスト教都市同盟」[36]を設け、そこにバーゼル、シャフハウゼン、ザンクト・ガレン、ビール、ミュールハウゼンも加わった。そこで、包囲される危険に直面したカトリック諸侯たちは一五二九年の春にオーストリア国王フェルディナントと「キリスト教連合」（Christliche Vereinigung）を結成した。しかし、政治的着眼の優れていたツヴィングリは、プロテスタント諸勢力がもはや回避できなくなった皇帝との衝突に備え、信仰上・軍事上の結束と準備をする必要性があることをすでにいち早く察知していた。この視点において彼はドイツ福音派諸侯の中で最も有能な政治家であったヘッセン方伯フィリップ[37]と共鳴した。他の反ハプスブルク勢力（フランス、ミラノ、ヴェネチア、ハンガリー）に接触し、広範な同盟システムの構築を目指した。一五三〇年の帝国議会において南部ドイツ諸州をアウグスブルク信仰告白[38]から遠ざけておこうとする、ザクセン不同意の工作はそれらの傾向と無縁ではなかった。現にカール五世は当時すでに、宗教改革と帝国都市の自由に対して戦闘を開始しようとしていたが、トルコ人に阻止されていた。しかし、シュマルカルデン同盟（一五四七年）[39]の歴史と破局は、ツヴィングリの危惧していたことが正しかったことを立証している。

圧力が掛けられていると感じていた旧諸州との緊張が高まり、旧諸州は流血を伴う攻撃に出た。第一カッペル和議（一五二九年）[40]は戦争をなおも回避した。改革派の方が優勢であったにも拘わらず、ツヴィングリは目的を達成することができなかった。その後、チューリヒとベルンによる不手際で強硬な措置（経済封鎖、ツヴィングリの抗議に反して）が（カトリックの）森林五州を絶望のあまり突然の反撃に踏み切らせた。今度は無防備のチューリヒ市民は一五三一年一〇月一一日にカッペル・アム・アルビスで壊滅的な敗戦に遭った。従軍牧師ツヴィングリは戦場で「勇敢に戦って」死んだ。州同士の小さな私闘が宗教改革全体の進展を著しく後退させたのである。精神的指導の抹消により、ベルンとチューリヒの以後の戦闘遂行は停滞した。第二カッペル和議(41)は、ドイツ語圏スイスにおける宗教改革の前進に終止符を打ち、ザンクト・ガレンの領土、アールガウの東部と他の地域で直ちにカトリック教会における強力な反宗教改革を始動させた。しかし、ツヴィングリの同僚レオ・ユート（Leo Jud）(42)の毅然とした態度と、若手後継者ハインリヒ・ブリンガー（Heinrich Bullinger）(43)の才気に満ちた勇猛果敢な姿勢により、その後、ベルン、バーゼル、ザンクト・ガレン、シャフハウゼンと従属地域は福音派に留まった。共同支配領においても福音派はわりと良く生き延びることができた。五年後、バーゼルでジャン・カルヴァンの『キリスト教網要』（Institutio religionis christianae）の第一版が出版された。

ツヴィングリの宗教改革は、同時に宗教的な改革と社会的な革新を求め、教会においても政治においても民主主義的な傾向を孕んでいた。彼の宗教改革は、類似した目標を持っていたシュトラースブルクの友人マルティン・ブツァー（Martin Bucer）の運動と、コンスタンツのブラーラ（Blarer）兄弟(44)とツヴィク（Zwick）兄弟(45)の運動と密接に連携していた。彼の著書はすでに生存中に、特に南ドイツ、エルザス、ヘッセン、ネーデルランド、東フリースラントで多大な影響を及ぼした。しかし、一五三一年以降、スイスの軍事支援はもはや当てにすることができなくなっていたにも拘わらず、南部ドイツ・ツヴィングリ派の教えがドイツ南部の帝国都市において勢い良く普及し続けていった原因の一つには、この教えが自由な、同業者組合的共同体体制との親近性を持ち合わせていたからだと言えよう。シュマルカルデン同盟の破綻によってついに両者が共々消滅してしまったのである。

Ⅲ　ツヴィングリの性格と全体像

（1）人　物

容姿、健康状態

イェーナ近辺の旅籠「ツム・シュヴァルツェン・ベーレン」で、知らずしてマルティン・ルターに出会ったことをとても生き生きと書き留めたザンクト・ガレンの年代記作者ヨハネス・ケスラー（Johannes Kessler）[46]は、チューリヒのツヴィングリをもまた以下のように描いている。「ツム・ヴィルデンハウスと呼ばれていたトッゲンブルク伯爵領出身のフルドリヒ・ツヴィングリは、体格の良い気丈な人物で、身長は中くらい、面持ちは優しげで赤みがかっており、心持ちは聖と俗の交渉において賢く、思慮深く、協調性があり、品行方正であったので、淑やかな弦楽器の演奏で疲労回復すること以外には、彼の敵対者から咎められることは何一つない。」（Kessler Sabb. 90）

後に、ハインリヒ・ブリンガーが次のように語っている。「ウルリヒ・ツヴィングリ先生は、飲食に関して大変に節度があり、他にも体力のある健康的な体質で、憂鬱ではなく、むしろ自由で穏やかな性格の持ち主であった。従って、多方面にわたる膨大な仕事を神の特別な恩寵と御加護によって、立派に果たすことができた。そのため、彼は気苦労を癒し、心和ませる音楽に興じた。また同じくそのために、信仰深く穏やかな人々と忌憚のない歓談の時を持ち、楽しく有益な話を聞かせた。ただし普段は勤勉で時間を有意義に使い、一時も無駄にすることがないように時間を細かく割り当てた。いつも早朝に起きた。夜間を執筆に当てることによって多くの仕事をこなした、しかし、それは延期や遅れが許されない仕事が山積している時だけであった。」
ブリンガーがここで自己体験をもとに補足していることは、すでに一五三一年にツヴィングリの最初の評伝を書いた教師オスヴァルト・ミコーニウス（Oswald Myconius）[47]がやや細か過ぎるほど厳密に模範として伝えている。「彼は研究をすべて立ったまま行い、そのためにきちんと時間を定め、重要な出来事に強いられてもなおそれらの設けた時間を決して省くことはしなかった。早朝に起床した後一〇時までそれぞれの時間と状況に応じて読書、聖書釈義、教育、執筆に費やした。食後、報告者や相談者に耳を傾け、二時まで友人たちと会話や散歩をしたりした。そして仕事を再開した。夕食の後、再び短い散歩に出掛け、殆ど一晩中、文通に専念し、時には深夜までこれ以外他に何もしなかった。その上、職務上必要な時にはいつも参事会に依頼された仕事をした。」（Rüsch, 51）
今日もなお、ツヴィングリの研究に取り組む人は、彼のこなした仕事の量にただ驚嘆するであろう。言うまでもなく、その前提になっているのは、情念と強い意志の他に、何度も前に述べたように山岳地帯出身の芯から頑健な体質である。カペルの戦場で行われた裁判がゲルマン人の法に従い、没した「裏切り者」ツヴィングリを四つ裂きの刑に（また「異端者」を火刑に）処した時、ルツェルンの死刑執行人（この職業以外には当時殆どだれも解剖学的知識を持っていなかった。）は、「これ以上健康的な体は未だかつて見たことがない」、と表明した。それは、異端者の体内では内臓が腐るという、広く行き渡った見解に掛けた発言であった。その上、彼の赤みがかった光沢のある髪の毛も、もしかしたらツヴィングリが悪魔に憑かれているかもしれないことを示しており、彼が「赤毛のウーリー」（der Rote Ueli）というあだ名を着せられたほどであった。これは、ヴィンタトゥールのハンス・アスパー（Hans Asper）[48]作の絵画では目を凝らせば見えるし、ワシントンのアルブレヒト・デューラー（Albrecht Dürer）作の絵画では、もしここに描かれているのが間違いなくツヴィングリであれば、はっきりと見える。

強健な体質のお蔭でいくつかの重い病気も乗り越えることができた。早くもチューリヒに就任して数か月後、一五一九年七月下旬、どのような病が教区司祭ツヴィングリを（ザンクト・ガレン地方の）タミーナ渓谷にあるプフェファース修道院[49]の有名な温泉に行かざるを得なくしたのか、われわれは知らないが、ルターとカルヴァンを始め、エラスムスも患った宗教改革者たちの病として知られている胆石あるいは腎石であったようである。しかし、八月一〇日に恐ろしい黒死病の波がチューリヒに流れ着いたとき彼は就任の誓約に忠実に、湯治を中断し、臨終の人たちに（終油の）「手当て」をすべく牧会遂行のため、急いで市に帰った。九月中旬、疫病は彼自身をも襲った。病気は悪化の一途を辿り、バーゼルでは早くも彼の死の噂が広まった。当初から革新者ツヴィングリに対する不信感を抱き、彼を論駁するための材料をとうに集めていた聖堂参事会の長老コンラート・ホフマン（Konrad Hoffman）は、「気づかわしい死の困窮」は、司教座教会首席司祭の働きかけで回心を促す好機と見なした。ヨーロッパの政治において当時最も重要な黒幕だったと思われる教皇特使、ヴァリースの枢機卿マテウス・シーナ（Mathäus Schiner）[50]は、より巧妙な手口で彼の好意を取り付けようとした。彼は、人文主義者としてツヴィングリの同志であり、教皇のためにスイスの傭兵制度の大掛かりな整備をする人として彼の敵であったシーナは、自分の医師を送りつけたのだ。治療に関しては僅かな情報しか残されていない。ツヴィングリは種々の飲み薬の粉を処方され、腫脹と傷には湿布を巻き付けた。そして一一月から快復祝いの手紙が届き始めた。趣向を凝らした「ペストの歌」を彼が快復期にすでに作詩・作曲したという説は信憑性がかなり高い。その歌には彼の体験が信仰の視点から織り込まれている。徹底的な罪の自覚は未だ語られてはいないものの、献身と信頼が語られている。「思し召しのままになしたまえ／何であれ、わたしはそれに耐えましょう。」翌年もなお一年中、改革指導者になる途上にあったツヴィングリは、発熱、脱力状態と記憶障害の発作に悩まされ、湯治を強いられた。しかし、良く快復した結果、後に何週間も続けて殆ど休む間もない時も切り抜いた。例えばバーデン公開討論の際、夜間に論証と資料を供給するなどした。また時には頭痛にも悩まされた。いつも障害になっていたのは彼の近視である。これはすでに青年時代の勉学で身に招いたもので、すべての肖像画に（もしツヴィングリだと確定できれば、デューラーの版画にも）見える皿のように大きく開いた左目から窺える。一五二五年、聖画像にまつわる論争をめぐって、彼個人としてはこれらの画像によって誘惑されるようなことはない、と書いている。何故なら、「良く見えないから」、と。（Z IV,84）

いっそう驚くべきことは、彼の労働力と記憶力である。アインジーデルンの牧師ツヴィングリがエラスムスによる新約聖書が出版された後にパウロの手紙をギリシア語で暗記した、とブリンガーが書いたメモ（「彼はそらを暗記している」）は過言とされ、その信憑性が疑われた。しかし、その書き写しは未だ存在しており、それ以上に重要なことは、彼がこの行為によって、広く普及したエラスムスの『キリスト教兵士のエンキリディオン』(Enchiridion)[51]の中で尊敬する恩師が薦めていたことに従ったということである。そして、ツヴィングリの著書の中で特に際立つのは、あまり知られていない旧約および新約聖書についての知識の豊かさである。そこでテクストが時には正確さを欠いているということは、彼が記憶の中から引用していることを証明している。多くの場合驚くほど自由自在に聖書を引き合いにしていることを鑑みると、宗教改革者の中でもツヴィングリが最も深く聖書に精通していた人であったように思える。そこで、恐らく『預言』の執筆に当たっての準備も影響して、聖書の中でも決まって取りわけ多くの言葉を提供している書は、旧約に関して言えば、イザヤ書、エレミヤ書、アモス書、新約聖書に関して言えば、マタイ福音書、ルカ福音書、ヨハネ福音書、ガラテヤ人への手紙、エペソ人への手紙、コロサイ人への手紙、ヘブル人への手紙、ヨハネ第一の手紙である。彼はしかしまたアウグスティヌス、ヒエロニュムス、そして教会法典（Corpus iuris canonici）も自由自在に活用している。西洋古典には、今まで思われていたほど精通してはいなかったものの、ホメロス、プラトン、セネカの言葉もみごとに織り交ぜる教養を備えていた。

彼が能力を発揮したことの一つとして、研究室に籠りがちで体力がない当時の研究者にとって特に辛かった旅にも目を向けなければならない。ベルンやマールブルクへの騎行、第一カッペル戦争における陣営生活[52]、アルビス山脈を越えた最後の行進も「坊主」ツヴィングリは難なく切り抜けた。

性　格　ここまでの論述の中ですでに、ツヴィングリに接近しようとする人にとっていつもすぐさま目に付く傾向が浮き彫りになった。それは、ある種の冷静さと明快な思考力、闘志、気合、自制と強い意志である。彼の著書を読む人は、とりわけ彼のドイツ語の著書の中で文体と論述において朗らかさと生き生きとした言葉に心動かされる。そこには、平凡な人に身を向けながらも、彼らの理性と判断力に信頼を置く教区司祭の言葉遣いがある。明るく大らかな性格は、彼に実際に出会った人たちをも魅了したことをすべての証言が明らかにしている。彼は辛辣な批判を浴びせる時にもユーモアを交えた。ルターは次のように振り返っている。「ツヴィングゲル君は品のいい、陽気で誠実な人であった」、「ツヴィングゲル君は陽気な、礼儀正しい話し相手であった」。（TR VI,4023; 6874）このように目標に向かってまっしぐらに行動する能力は、彼の高度な外交手腕においても発揮された。化体説の否認を彼は一五二三年には説教と著書の中で未だ公にせず、親友との文通に留めていた。一五二五年は、彼がこれを公言できるまでに共同体と読者層が成熟していた。一方、彼は永きにわたってチューリヒがフランスの同盟に再加盟することに反対してきたものの、話し合いの再開と引き換えに（フランス）王国における福音主義的説教の自由を取り付けることを期待して一五三一年に歩み寄った。

この陽気な、理性と意志を最優先させた人が、果たしてより深い感受性を持ち合わせていたのだろうか？この問いに対する答えを出すのは容易ではない。本来、読者が、あるいは史学者がおおよその勘に従って自分なりに答えるしかない。ツヴィングリが自分の感情や内的経験について殆どの場合ただ漠然と語っており、そもそも彼自身については、やむを得ない時にのみ語っているという事実は、意志による内的緊張の抑制が働いている、つまり、心理学的に言うと、強烈な心的エネルギー源があることを示しているかもしれない、と筆者は考える。同じくツヴィングリは、聖餐式に関する論争が頂点に達していた時、ルターにとって大変重要で内的必要性のあった論拠の一つであった、信仰者の試練と聖礼典におけるキリストの現存による慰めに関して、個人的な事柄と関わってくるところでは言及していない。無愛想な、やや嘲笑的な防御は、自身の試練について語るのは彼にとって恥であろうことを露呈している。ここでは異なる尺度の対立が見られる。修道士ルターは、（告解を通して）これを行うことを学んだ一方、ストア哲学に傾倒した人文主義者ツヴィングリは、これを行わないことを学んだのである。ツヴィングリは、自分が怒り立つこともあった、と告白しているが、大方伝えられているのは、彼の素直な、早く和解をする性格である。彼は、人文主義者特有の隠れたイロニー、或いはあからさまな嘲罵を振り撒くこともあったにも拘わらず、一方ではたとえばファーバー(53)、エムザー(54)、あるいはエックに対する激論、片方ではルター、あるいはオジアンダー(55)に対する、長年にわたって続いた厳しい激論を通しても、この時代にしては稀に見る柔和な性格と気品のある公平さを失うことはなかった。これは、彼が内々の話し合いで幾度か辛辣な口調に転じていることを見ると、彼にとって決して容易なことではなかったように見受けられる。こういう時にツヴィングリは個人的に深く傷ついていたり、良心の疚しさを感じたりしていたようである。彼の私的な書簡の中には、最も古い同志の内、何人かが加わった再洗礼派に関する憎悪に満ちた発言がある。また、フープマイヤー（Hubmaier）(56)が約束していた撤回宣言をしなかったためのチューリヒにおける彼の「恥ずべき」聞き取り調査について、また、長老ヤーコプ・グレーベル（Jakob Grebel）の処刑についても意地の悪い発言が残されている。ただし、ここでは同時に、彼が終始宗教改革の事業を傭兵制度との戦いと、傭兵制度と組織的に繋がっていた年金制度との戦い、より厳密に言うと、流血の代価として受け取った給料によって富を得た受給者との戦いと連結させていた情念が脈打っている。機会ある度に、彼はその受取人たちを容赦なく糾弾し、仮面を剥ぎ取り、攻めたて、妥協することなく彼らの死刑を要請することによって、ベルンとスイス内陸部その他の地域で、人間的に言えば至って非外交的なやり方で彼の事業に対して強烈に、そして死に物狂いで対抗する敵を作った。――因みに、死刑は大抵の場合実行されなかった。その際、恐らく彼は、長い伝統によって民族の感情の中で「旧来の法律」になってしまっていた弊害は禁止令を通してではなく、専ら犯人の処罰の見せしめによってのみ「不正の立場に」追いやることができる、という――正しい――理解に導かれていたと言えよう。しかし、心理学者なら再びここで問うのは、ツヴィングリの生涯の一事実、つまり、過去に教皇を熱心に支持したツヴィングリ自身が長年にわたって――無論、いかなる義務も負わないという表明のもとで、そして、多額の書籍代の債務返済用に――公金を受け取っていたという事実が、もしかしたら無意識に影響し続けているのか、という問いであろう。彼は公に受給を断念した後、自ら進んでチューリヒ市当局にこの件についての調査を申請し、無罪の判決を得た。しかし、贈呈がいかに依存を招くかということは彼の記憶に刻まれたことと思われる。これらの事柄を見る上でわれわれが重要視していることは、恒常的に柔和な性格のフルトリヒ・ツヴィングリの著作と人生において、特定の場合――われわれはそれらすべての場合を網羅しているとは決していえないが――何らかの問題が特定の人物に対する個人的な敵対心に転じ、言うまでもなくそれによって「解決済み」にはならないという事実である。

それ故われわれはここで、ツヴィングリが果たして「宗教的」な人間であったかどうかという、さまざまな形でよく表明された問いを取り上げることにする。もちろん、この疑問は、一九世紀以来のわれわれの宗教概念が感情と内的経験に決定づけられるという、ジレンマの中で発せられる。そのため、信仰告白にこだわりを懐いた会ルター派の人達は、彼らの異議を具体的に、以下のように論述したことがよくある。ルターにとって信仰者の存在の一部であり、それを認め、それを通して信仰における義認を得た良心の葛藤と信仰の試練をツヴィングリは知らない、と。ルター自身がすでに、ツヴィングリは絶望を知らないがゆえに義認も知らない、という懸念を述べている。それに対してツヴィングリは、自身の宗教改革的正統性を裏づけるものとして、彼が以前書いた「神の言葉の明瞭さと確実さについて」(一五二二年九月)と題する小論を引き合いに出したが、前述した通り、自身の内的生活に言及することは拒んだのである。

しかし、彼の著書の何箇所かに突如として深い心の悩みが露わにされる。中でも最も詳しい箇所を見ると、そこでは個々の敵対者に対するまさにあの根強い怒りを認識し、改悛に向かう意志を伴った洞察が浮き彫りになる。これは、「主の祈り」の講解のくだりで第五番目の祈りにある「われらが罪をゆるすごとく」という箇所を機に、われわれの祈りが功績になるという考えに反対する告白に現われている。あまり知られていないツヴィングリの一側面を紹介するために、この件をここで省略せず挙げる。

「私はあなたをあなたの祈りにおいて究めよう。あなたが〈我らが赦すごとく、我らの罪をも赦したまえ〉という壁に突き当たった時、あなたはどのような気持ちでしたか。私が常日頃体験したのと同じような体験をあなたがしたのであれば、あなたは後退りしなければならなかったでしょう。それは、私がこの一点に辿り着いた度に、その条件を受け入れることができなかったからです。私がいかに赦すかを尺度にして、神が私を裁くことがないという特権が欲しかったのです。しかも、神がこれを正確に、かつ完璧に御言葉において教えられたことを認めなければならなかったにも拘わらず。そして、果たして私が正しく、また心から赦したかどうかということを究めた長い内省の末、私は御恵みによって少なくとも喜んで赦す心情を見いだしました。しかし、いつも最後に思わざるを得なかったことは、もし、あなたの敵があなたに愛されているよりも、あなたが神に愛されていないならば、すべてが無意味であろう、ということです。このように、私が私の敵に対して行動するように神が私に働いては困るということを心の内に体験しました。そして、我が貧しい良心における多くの訴えと弁明〔ローマ人への手紙二・一五参照〕の末、私は征服され、捕らえられた者として退き、最後には神に降参しなければなりませんでした。〈主よ、わたしが赦すように、あなたが私を赦す前提で御前に出ることは私には許されません。主よ、私は捕らわれの身です！　お赦しください、主よ、お赦しください！〉祈りの時が終わる前に、私はあまりにも祈ることに疲れてしまい、これ以上の言葉を連ねる気力もなく、神が私に課した祈りのゆえに正体を暴かれてしまったという強烈な不安だけが残りました。そのような時、私が瞑想のために一篇の詩篇と向き合っても、私の良心は、〈ほら見なさい、机上の空論に耽る人よ！　ここではあなたは勇ましく、自分が気に入り、霊的な意味を把握したと思い込む。あなたがそれほど立派ならば、この言葉を吟味しなさい。我らに罪を犯すものを我らが赦すごとく、我らの罪をも赦したまえ。〉このように、信仰において、また自己認識を伴って、「主の祈り」よりも徹底的に人間を究める祈りが、地上に現れたことはいまだかつてどこにもないということを私は知るのです。それは、この言葉〈我らの罪を……〉によって自身を認識し、すべてを神の恵みに委ねる必要性がないほど柔和な心を持った人は

一人もいない、と考えるからです……。」（一五二三年。Z II,225f; H III,296f. 修正込み）

この告白を根拠に、ツヴィングリもまた正統な宗教改革者である、ということを立証するのはツヴィングリの意に即したものではなかった。また、このような彼自身についての証言を他の人々の自己証言と対比することも、それ以上に不遜にして悪趣味なことであろう。しかし、より正確な理解のために観察し描写しようとする者がここでおさえておきたいことは、マルティン・ルターの前宗教改革的試練は選びに関するもの、後の試練は召しに関するものであったのに対し、フルトリヒ・ツヴィングリの内的葛藤は、厳格に霊的に捉えられた倫理的要求を前にした絶望的な状況によるものであったということである。同じことは彼が一五二五年の農民戦争を機に書いた感動的な短文にも見受けられる。長く根気強い交渉の末、宗教改革者ツヴィングリは、十分の一税その他に関する鑑定の結果を当局の最終的な声明のための第二鑑定書に纏めなければならなかった。その鑑定の中身は、彼が同僚と共に切に薦めていた福音に相応しい寛容な精神から程遠いものであった。ツヴィングリが、彼の信念に相応しくないことをここで敢えて推薦するのは、さもないと、保守的で宗教改革と農民の両方に敵対していた都市文書官係のヨアヒム・フォン・グリュート（Joachim von Grüt）[57]が委任されるところであったことからのみ理解できよう。ツヴィングリは、救済できるものなら何であろうと救済しようとしたのである。内に秘めた困窮の直中で彼は二つ折り判の紙の上端にギリシア文字で‘Ἡ ἐλπίς μου ὁ θεός’（神は我が助け。詩篇第七〇篇五節 LXX; Z IV, 536）と書いている。

何代にもわたる司祭たちと共に若きツヴィングリは重く圧し掛かる教会規則、特に貞潔の規則に苦しんだ。ここで誓願を破ったことが、百年前からすべての改革の試みが滞ってしまった最大の要因の一つであった。やましい良心を抱えた人々は、批判と提案を掲げて公の場に姿を現すことはない。そのためには、聖書で再発見した神の言葉として提供された、赦しによる魂の解放と、人間のいましめを払いのけた生活の解放が必要であった。それ故、ツヴィングリと彼の友人たちが、聖書的な説教の自由化と司祭の妻帯を許可してほしい、とコンスタンツ司教に宛てた要望書は――最終的な表明は『始終』（Architeles）（一五二二年八月）にあり、万聖節の連祷に倣って七回繰り返される「我らを聞き届けて下さい！」、「我らを解き放ってください！」で締めくくられる――追い詰められた良心の真の叫びであったと同時に、社会心理学的観点から見て、制度化された心的抑圧に対する切なる抵抗でもあった。（Z I,325）

宗教改革全体が着目した「追い詰められた良心」の兆しにも拘わらず、これらの兆しと取り組む方法は、ツヴィングリとルター、さらにカルヴァンとも異なることを認めなければならない。宗教的目標の設定が違うのである。ルターに拠れば、試練はそもそも信仰のしるしであり、信者は終生、キリストにおける確信（certitudo）によって、しかし安心（securitas）を得ることなく試練と共に生きていかなければならないのに対し、ツヴィングリにとっての試練は、信仰の弱さであり、十字架上の贖いによって常に新たに魂を内なる平安に導く聖霊において力強く克服しなければならないものである。つまり、宗教的目標は完全に同一のものではない。ツヴィングリは次のように言う。“Fides est res vera et constans a numine, in quod solum recte speratur, homini data, qua certe et firmiter fidit invisibili deo”. これはおよそ以下のことを意味する。「信仰とは、誠実で揺るぎない実践的な態度であり、唯一信頼することが許され、また信頼できる神ご自身から人間に授けられたものであり、その信仰をもって人間は確固たる確信のうちに見えざる神に信頼を置くものです」（S IV,121 ツヴィングリの考えるヌーメン numen は、三位一体論的概念であり、三にして一である神性を表している）。「信仰とは、人間がキリストの功績に信頼を置く確固たる安心以外の何ものでもありません……つまり、キリストの功績における安息と安心です。」(II,182; H III,236)

文　化　彼の信仰生活に見える誠実さや特性と問題設定は、彼の詩歌において今日の読者にも直接語りかけるところがある。これらの詩歌は個人の抒情詩であり、歌詞と旋律において巧みに知的・人文主義的スタイルで構築されており、従って会衆の用途に沿ったものではない。これは、一五二九年の第一カッペル戦争の際に詠まれた憂慮に満ちた祈り(S II/2,275f; Bull. II,182; WK BRZ, 270)に関しても言えるものの、それにも拘わらず讃美歌集に編み込まれた。歌詞と(テナーの)旋律はリュートの伴奏を伴った実に自由なレチタティーヴォで歌い上げることを前提にしているが、詩人本人が四声及び五声編成の伴奏を作曲している。テクストは複雑なリズムと行内韻を駆使している。しかし、内容はシンプルかつ明確である。「主なる—神よ—助けて下さい」というアクロスティックを骨格に、民族と教会における和解への願いを三つの短い詩節で展開している。「あらゆる恨みと／決別できますように……」(もっとも、ここでもやはり「悪しき雄羊」の処罰なしにはことが済まないのである。)一九世紀末に、「主よ、今や御自身で舵を取ってください」というこの歌をフリードリヒ・シュピッタ(Friedrich Spitta)(58)が優れた新高ドイツ語に改作した。また、オランダ語の新しい歌集にある改作では、狭谷に墜落しそうな山岳地帯の馬車のイメージを、オランダではむしろ親しまれている嵐の中の船のイメージに置き換えているのも同じように賞賛に値する。(Gez. 306, Jan Wit.)

これでわれわれはすでに、「冷静な」宗教改革者のよく指摘されてきた高水準の音楽的才能も挙げた。彼は、九つの楽器を演奏できたそうである。一方、この(「聖画像破壊主義者」ならぬ)「聖画像反対論者」は個人的には諸芸術の愛好家であったことはあまり知られていない。「他の人々以上に私は美しい絵画や像を観賞しています。」(Z IV, 84)「絵画と彫刻は神の賜物であることを私は認めます。」(Z VI/II,813; H XI,286)そもそも彼は教養人であり、それは礼儀作法にも及んだ。彼が一五二四年にファディアーン宛の手紙で自分の性格について「なんせわしは根っからの百姓だから」（Z VIII,326）と述べていることはそれと矛盾しているわけではない。書き手がお世辞を連ねながら気品ある謙譲語で「粗野」なラテン語を詫びることは、人文主義者同士の文通における儀式の一つであり、それこそ“fishing for compliments”である。

一五一八年の懺悔状、「独身制」、妻帯　グラールスとアインジーデルンでカトリック司祭として司牧していた時の若きツヴィングリの私生活における一面は、一五一八年一二月五日に聖堂参事会員ハインリヒ・ウティンガー（Heinrich Utinger）宛のいわゆる懺悔状をヨハンネス・シュルトヘス（Johannes Schulthess）が（一八二八年頃）発見し出版して以来、当初から関心を呼び人々を狼狽させたのも無理はないが、われわれがこの手紙をここで取り上げるのは、一九六九年に初めてゲルハルト・ゲーテルス（Gerhard Goeters）が鋭い洞察力によるデータの比較に基づいて踏み込んだ見解を示したことを踏まえてのことである。エラスムスの『キリスト教兵士のエンキリディオン』（Enchiridion）と、恩師との個人的な出会いの影響の下、グラールス在任中の司祭ツヴィングリは、一五一六年の春に「女に触れないこと」を決心した。「それは、パウロが言ったように女に触れないことが良いからです。しかし、私はそれをそううまく実行できませんでした。グラールスでは私はその後半年間、決心に従っていました、アインジーデルンでは一年間、それ以上は無理でした。何しろアインジーデルンには、この決心を私と分かち合う人が誰もいなかったのです、むしろ少なからずの誘惑者たちがいました。ああ、そこで私は落ちたのです、そして、使徒パウロが書いている、吐いたもののところに戻るあの犬（II Pt. 2, 22）になってしまったのです。おお、神は知っておられる、私がただ深く恥じ入りながらこれを心の隅から持ち出すのを……」、と「懺悔状」（Z VII, 110f.）にある。ゲーテルスは、貞節の決意には、エラスムスへの傾倒（ツヴィングリにとってそれは同時に聖書の権威に対する傾倒でもあった）が本気に回心する行為をもたらしたという有力な間接的証拠が含まれている、と言う。補足しなければならないのは、この回心が性的舞い戻り、それも恐らく複数の舞い戻りを通過して持続したことである。何しろ怪しいほどに饒舌な懺悔状の中で最も深刻で好感の持てる箇所は、教区司祭の任に応募するツヴィングリが、今、悪習から自由になり、懸命な徹夜の勉強で自制しているものの、自身の弱さに鑑み、何かを誓う勇気が一切ないと説明している箇所かもしれない。（Z I, 112, 34）ここにすでに宗教改革的罪の自覚への方向転換が現れている。一方、公衆浴場の医師の娘との情事は、――因みに彼女が彼を誘惑したという話だが――彼が「罪をとうに最高かつ最善の神に祈り償ったから」（culpam apud D. Opt. Max. dudum deprecati sumus）、彼を「もう汚れたものにすることはできない」（non inficiamur）、と弁明しているからには、アインジーデルン在任中の司祭ツヴィングリが未だカトリック的・法的感覚に留まっているということなのである。この決まり文句は、人文主義的な「新しい敬虔」（Devotio moderna）に沿ったもので、告解（confiteri）と罪の赦しではなく、魂自らが「至高なる方」に直接恵みを乞うという形になっている。ただし、告解制度から引き継がれているのは、罪の赦しを受けた後、ことは解決済みと見なされるということである。（軽率さからもたらされたに違いない）女性に対する責任と、場合によっては生まれてくる子（父親の認知は不確実）に対する責任は眼中にない。評価をする上でさらに重要なのは、手紙の前提にもなっている通り、世間も司祭本人も貞節の誓願を破ったこと自体には言及していないことである。（この点に関しては未だ頑健な）良心が苛まれているのは、むしろ「女に触れないのが良い、と言った」パウロの言葉であり、エラスムスが霊的騎士として完璧に生きることを目標として掲げたストア的感情のコントロールという理想の前で躓いたということである。妻帯なし――乙女なし――修道女なし（Z I, 110f.）という生活原則（vitae rationem）を常に守ったという弁解（apologia）は、当時の聖職者と一般信徒の風潮に従い、この件に何ら重要性を認めることなく、事実、大聖堂就任決定に際しても何ら影響を及ぼすことはなかった。ただ、相手が長官の令嬢であったという噂が一時危険だったということに過ぎない。このようなことは、司教の場合のみ容認されていたからである。少なくとも手紙の文末では、困惑した差出人が、やはりひんしゅくを買い、「キリストが冒瀆される」可能性があるという印象を友人たちが持つのであれば、応募を差し戻す心構えはできているとの意志表示をしている。遠まわしの表現は、この提案が彼にとっていかに困難であったのかを物語っている。

親密且つ屈託のない手紙のわざとらしい文体と無秩序な回りくどさは、以下のことを明確に立証している。書き手が過去に関する問題点を決して解決したとは言えず、主張しているようには自身ときちんと折り合いがついたわけではないということである。当時の倫理的概念と、人文主義者の間で特に恒常的な傲慢さを考慮しても、やはり哀れな女とその家族を蔑視した悪態は、当初から一番反感を呼び起こしてきた。正にこれらの発言はまぎれもなく、やましい、つまりやはり未だ安息を得ぬ良心の問題を全面的に浮き彫りにしている。「文章の基本姿勢は真剣である」と言うオスカル・ファルナー（Oskar Farner）の指摘は正しい。

さらに一年半、聖書を掘り下げ、聖書的宣教の業を深めた結果、良心の真剣さを掘り下げるに至り、その思いが結晶した司教フーゴー（Hugo）への嘆願書とスイス誓約同盟会議当局への『お願いと忠告』の中で、成長しつつあった宗教改革者ツヴィングリが同志と共に福音主義的説教の解禁だけではなく、司祭の婚姻の解禁も要求したのである。（一五二二年七月、Z I,189ff; 210ff）。今度はもはや「弁明」ではなく、告白を込め反論を招く大胆な表明であった。一五二三年の夏、もはや解放された司祭は第四九条（「これ以上大きなつまずきを私は知らない……」）の解釈をめぐって司教の教会財産を潤している弊害に対して思いのままに抜刀する。一五二四年には以下のように簡潔に述べている。「貞節を守って生活せず、なお妻帯しない司祭は皆、偽牧者である。」（Z II, 361ff.; III, 53）

一五二二年の春、三八歳の教区司祭ツヴィングリは、ロンバルディアで戦死したユンカーのハンス・マイヤー＝フォン＝クノーナウ（Hans Meyer von Knonau）の未亡人アンナ・ラインハルト（Anna Reinhart）と無式結婚（matrimonium clandestinum）を果たしていた。式の無い結婚は、決して秘密裏の結婚ではなく、教会法に基づいた結婚の形式であり、人目を避けるためによく活用され、今日も活用されている。アンナには、二人の娘マルガレーテ（Margarethe）とアガーテ（Agathe）と息子ゲロルト（Gerold）がおり、彼は継父を大変慕い、父と共にカッペルで戦死した。この子どもたちは裕福であったのに対し、アンナ自身は大変粗末な「用益権」だけで生活し、持てる高価な装身具を身につけることはなかった。彼女の堅実でつつましい身のこなし方と気前良さ（「だから私は彼女を妻に迎えた」）は、宗教改革の社会的要求との関わりの中で重要であり、夫ツヴィングリはそれを感謝の念を込めて自覚していた。彼は噂話を阻止するためにそのことについて説教壇から語ったこともある（Z IV, 407f.）。ツヴィングリの家庭生活についてのその他の僅かな言明（オスカー・ファルナーとエドヴィン・キュンツリ（Edwin Künzli）がこれらの情報を纏めている）も、結婚生活が良好なものであったことを示している。彼らの間に生まれた子どもたちの名は、レグラ・ツヴィングリ（Regula Zwingli）、一五二四年生まれ、後にルードルフ・グアルター（Rudolf Gualther）と結婚、ヴィルヘルム（Wilhelm）、一五二六年生まれ、神学生であった一五四一年にシュトラースブルクで没した、フルトリヒ（子）（Huldrych jr.）、一五二八年生まれ、後にプレーディゲルンにて牧師、アンナ・ブリンガー（Anna Bullinger）と結婚、アンナ（Anna）、一五三〇年生まれ、夭折。父ツヴィングリは、継子と自分の娘・息子たちを誠実に、心を込めて教育し慰めながら見守った。ゲロルトに献じた教育書（一五二三年、ZI, 526ff; V 427ff）と、ベルン公開討論から妻アンナに宛てて急いで書いた有名な一筆（一五二八年、Z IX, 346f.）を一瞥しただけでもそれが鮮明に印象づけられる。

このような実践的な行動を取る一方、ツヴィングリは、他の宗教改革者（特に、エラスムス）と同様、なおも論説の中では古代と中世から引き摺ってきた「本来虚弱な」女性に関するさまざまな固定観念にとらわれていた。女性は、気まぐれで虚栄心に傾倒し易く、感情的である等々、そのため、女性は男性にとって危険因子になりうる、と。しかし、通常、男性にとって孤独の方がより危険であるため、結婚生活は不貞に対する救済策としても必要である、と。ルターも少々無邪気で粗野な言い方を交えて、彼の妻ケーテ（Käthe）が決して虚弱ではなく、むしろ精力的で有能な淑女であったにもかかわらず、これらのことすべてを主張したことは周知の通りである。宗教改革者達によって実践された牧師館における結婚生活は男性と女性の関係を人格的共同体として理解することを大いに助長した。ただし、理論が実践に追いつくには中々時間を要した。しかし、この時点でツヴィングリは以下のように書いている。「神が人間（「アダム」）に妻をお与えになったのは、助けになるためであり、気まぐれのためではありません。……二人は共にまるで一人の人間なのです。……結婚生活の真髄は、まことの、不可侵の誠実です。……」（S VI/I,343f）。

友としてのツヴィングリ　「私にはいつも信頼の置ける友がいた」（Z V, 358）。これは伝記作者たちも最初から認めているところである。ツヴィングリは一匹狼（カルヴァンにはこのような素質があったが）ではなく、仲間と交流する人であった。人文主義はこれらの関係を、多くの場合信望を目当てに、大切にしていたので、彼は若い時から友好関係の中で育まれた。スイスの人文主義者たちのグループには多くの師弟（G.WS.L., Ref., 51ff）がおり、生涯持続する関係を築き、これらの関係は、教派が分かれた時もなお断絶することはなかった。このグループの往復書簡は、互いの陽気な信頼関係を物語っており、他の人文主義者同士の往復書簡に見る了見の狭い口げんか、やきもち、毒舌と比べて、驚くほど際立っている。

後に、改革のために戦っていた仲間は戦友同志へと団結を深めていく。共通の信仰と任務遂行がツヴィングリの友情の特徴になっていく。「あなたが信仰によってキリストの道義のために尽力しているのを見て、あなたが私の友の一人であるように私もあなたの友の一人であることを私は疑わない」、と一五二五年にコンスタンツのアンブロシウス・ブラウラー（Ambrosius Blaurer）宛（Z VIII, 458）の手紙で書いている。オスカー・ファルナーは彼のいつも通りの誠実さで多くの人名を網羅した。最も重要な名前ならば評伝によって周知されている。従って、ここではツヴィングリの友好関係の中でも、彼の思想的展開や決断を反映している友情や、危機の中でその真価を発揮しなければならなかった友好関係に絞り込むことにする。

文献学者であり、また著名な歴史学者であり、エラスムスの信奉者であったヴィンプフェリング（Wimpfeling）(60)の師弟で、シュレットシュタットとバーゼルで活躍していたベアートゥス・レナーヌス（Beatus Rhenanus）(61)と、宗教改革者に成長する途上のツヴィングリは一五一八年一二月から一五二二年七月までの間、密度の濃い情報交換と意見交換を行った。レナーヌスの最初の手紙（一五一八年）はこのように呼びかけている。「ヘルヴェツィアにあなたのような人達が多くおられればどんなに素晴らしいでしょう。」彼は、ルターの登場を先ずは人文主義的に捉えた数々の宗教改革志向者の一人であった。一五二二年、ルターとエラスムスの間の乖離が明らかになると、彼はエラスムスを支持した。同年の一五二二年、エラスムスがツヴィングリをも何度か批判した時、ツヴィングリの方からさらに何度か努力したものの、レナーヌスはもはや答えることはなかった。――ルツェルン出身のオスヴァルト・ミコーニウス（Oswald Myconius）は、グロースミュンスター教会附属学校教授としてツヴィングリの招聘に尽力し、成功に導いた人達の一人であった。彼は一五二四年からフラウミュンスター教会で働き、その教会の附属学校を（事実上）「預言大学」の新約聖書学部門に改造した。ツヴィングリの伝記を最初に手掛けたのも彼である。彼は誠実で控え目な教師であり、後に、政治と教会の方の表舞台にあまり好んで姿を現すことのないバーゼル（改革派）教会の指導者として活躍した。活動的な人達は時には語り合える静かな友を必要とする。宗教改革的転回に向けてのツヴィングリの内的進歩の一歩一歩を示す手紙がミコーニウスに宛てられている。例えば一五二〇年七月二四日の手紙（Z VII,341ff; Ref.-br.196ff）の中では、自分と友人を同時に慰めようと、キリスト御自身が抵抗勢力を打破する必要があり、打破するであろう、と述べている。――献身的で学識高い同業者レオ・ユート（Leo Jud）（背が低かったため、「ロイ君」（Leulein）と呼ばれた）は、常に支援や代理を務める用意ができおり、没我的な倦むことのない翻訳者であり、チューリヒの「メランヒトン」と称された。「ロイ先生」は神秘的な感情に駆られながらも大変庶民的に振舞ったり、反抗的な一面をも見せたりすることもあり、その意味ではメランヒトンとの比較は的を射ていない。時にはツヴィングリ以上に勇ましく突き進むことさえあった。カッペルの大惨事の後、彼が示した大胆さのお蔭で市が宗教改革に繋ぎとめられたが、そこには友人であるツヴィングリのライフワークに対する誠実さも働いている。――緊張の全く無い、広範にわたって影響を及ぼしたバーゼルのヨハンネス・エコランパディウス（Johannes Oekolampad）との協働を描いた記述が必要だが未だなされていない。いっそう驚くべきことは、活発で知的なフランク人エコランパディウスの動機と歩んだ道が異なっていたし、彼の目的も必ずしもツヴィングリの目的と同一のものであったわけではないことである。バーゼル市民エコランパディウスはより自由な教会を求めていた。また、聖餐論に関してもそれぞれの決まり文句が必ずしもいつも完全に一致していたわけでもない。バーゼルはシュトラースブルク寄りであった。それにも拘わらず、彼らは何ら摩擦なく協力し合ったのである。一人が没した後にもう一人が追うようにして没した。しかし、ヨーロッパでは何十年もの間、それほど攻撃的ではないエコランパディウスの著書の方がよく読まれた。――ツヴィングリと凡そ同年代の一般信徒（医師、首長）ヨアヒム・ファディアーンは、ツヴィングリに続いて「東スイスの宗教改革史における最も著名な人物」（Egli, Z VII, 5）であった。彼の活躍したザンクト・ガレン市は領主大修道院の領地に囲まれており、改変に関しては政治的にも神学的にもチューリヒに依存していた。一方、ザンクト・ガレンは帝国との友好関係も保っていた。ファディアーンは、国際舞台ではツヴィングリよりも慎重に行動しようと考えていたし、聖餐論争においてもそれほど決然とした態度をとらなかった。恐らくそのためにツヴィングリはマールブルクから帰郷して後、とくに信頼を寄せていることの証しとして自身の綿密な報告書を直ちにファディアーンに送りつけたのであろう。（Z X, 316ff）ファディアーンは後にヴィッテンベルク和協信条を支持した。――ヘッセン方伯フィリップ（Philipp von Hessen）との短くも密度の濃い交流も忘れてはならない。ルネ・ハウスヴィルト（René Hauswirth）の指摘通り、カッセルにおける政治的な中・長期目標はチューリヒのそれとは異なっていた（そして両者もそれを自覚していたに違いない）。しかしながら、密書の口調は、単なる外交のレベルを遥かに超えている。説教者ツヴィングリがヘッセンへの名誉な招聘を断ったにも拘わらず、方伯の側からは以下のように告げられた。「あなたは私を不信に思ってはなりません。私は常に真理のもとに留まり、教皇にも皇帝にもルターにもメランヒトンにも目を向けまいと考えています。私は次第に未解決の乱用も改善することを望んでいます。私の気持ちをいっそう良く理解してもらえることを確信していますので、これをあなたにお伝えせずにはいられなかったのです。……」（Z X, 421）ツヴィングリの側からは、「情け深い、敬愛する閣下、私が貴殿にこのように素直に、自由に手紙を認めるのは、神が貴殿を大いなる業にお選びになった、と信じているからです。その業について私は敢えて考えることはできても、とても書くことはできないのです……」(Z X, 334) そしてアウグスブルクへ次のように書いている。「出自と権力の栄誉はすべて小さいばかりか、虚しいものです。それよりも、すべての王侯の中で唯一、しかも最初に貴殿が後ろを見ることなく手をすきにおかけになった(ルカ九・六二)こと、この栄誉こそ天と地で告白され賛美されるのであります。しっかり把握していなさい、信仰の厚い農夫よ、把握していなさい! 万事うまく運ぶでしょう」(Z XI, 35)。

誠実さが最も深くその真価を発揮しなければならないのは、幻滅によって真意が試される時である。一五二三年秋の第二討論(建前上の議題は「聖画像とミサ」についてであったが、実質的には宗教改革の実施について論議された)で、基本的にツヴィングリがその意志を通したが、民衆に深く結びついていたチューリヒ湖沿岸のキュスナハト出身の騎士修道会管区長コンラート・シュミート(Konrad Schmid)[62]が確たる理由を盛り込んだ感動的な演説で先送りをするように計った。この地域では農民も司祭たちもこれらの措置を受け入れるまでに成熟していない、と言うのが彼の言い分であった。(G.W.L., Ref., 129) ツヴィングリは涙をこらえざるを得なかった。彼の不安が正しかったということが後に明らかになった。というのは、その間、急進派が隊列を組み、後にその中から再洗礼派運動が芽生えたのである。しかし、コンラートとの関係にはひびが入らなかった。ヨハネ騎士修道会士コンラートはカッペルの近くで戦死した。C・F・マイヤー(Meyer)[63]作の譚詩「騎士修道会管区長の黒馬」にはその記憶が刻み込まれている。——シュトラースブルクのマルティン・ブツァー(Martin Bucer)との往復書簡の内、六五通以上の手紙が残されているが、恐らく遥かに多くの手紙が存在していたに違いない。その書簡からは、両者がどのように意気投合し、互いから学び合ったか、示している。互いの間に緊張が生まれたのは、一五三〇年のアウグスブルク帝国会議の後にブツァーが同盟との繋がりを考慮して、南部ドイツ特有の比喩的解釈を密かに盛り込みつつも、聖餐に関する論述をルター派の定義に基づいて表現するようになった時からである。例えば『四都市信条』(Tetrapolitana) のドイツ語版がそうである。[64] その結果、過度の仕事を抱えていたツヴィングリは、一五三一年二月一二日の「夜明けの頃」、つまりおそらく徹夜の末に、次のような怒りの手紙 (epistola irata, Z XI,339ff; cf. 344; Gloede, 301ff) を書いたのである。「あなたがアウグスブルクにいた時、私がそうするよりほかなく、あなたにも忠告した心配事とはむしろ、あなたたちが彼らの強情なしつこさに負けて、今や彼らの言葉を口にするまでになったということです。なぜなら、彼らはそれを字義通りに、そのままの意味で言っているのに対し、あなたたちがこれらの言葉を単なる比喩的な意味で用いているのなら、これは無謀な誤魔化し以外の何ものでもありませんから」。互いの友情はこのような非難にも堪えた。ブツァーの即答は、ツヴィングリの不信感が彼を傷つけたことを明かしている。しかし、その後、彼らは気を取り戻して文通を継続している。反ローマ、反皇帝、さらに反ルター派を掲げた一致と団結を疑うことはなかった。これは、失われてしまったが内容を推測できるツヴィングリの手紙に関しても言えることである。――ある微妙な点に関して情報を少しばかり引き合わせると、ツヴィングリのおおらかさの一面が見えてくる。一五三一年夏のブレーメルガルテン(アールガル地方)における不運な経済封鎖をめぐる仲介交渉の最中、ツヴィングリはベルン市を予防的軍事行動に駆り立てるために、八月一〇日にその地のハインリヒ・ブリンガーの牧師館でベルンの特使たちに秘密裏に面会した。しかし、若い説教者ブリンガーはその数か月間、平和を保つよう切々と、それもチューリヒ市参事会代表者たちの面前でも訴えていた。われわれがこのことを知っているのは、これが一二月に、つまり破局の後に、グロースミュンスター教会に招聘される道を開かせたからである。この深い意見の相違にも拘わらず、八月一一日「未明の」別れは心のこもったものであった。「そこでツヴィングリは三度目に私を祝福し、涙を浮かべ、愛するハインリヒよ、神があなたを守られますように、そして主キリストとキリストの教会に忠実でいなさい、と言った」。信憑性のある情報に従えば、胸騒ぎがした宗教改革者はその後カッペルへ出兵する前に自らブリンガーを、もしかしたら他の人名も並記して、相応しい後継者として提案したのである。

自己評価　注意深い読者が気付くことがよくあったのは、フルトリヒ・ツヴィングリが、緊張した最後の数か月間だけではなく、驚くべきことに、一五一九年に快復してから、福音のための非業の最後を遂げることを考慮に入れていたということである。その一二年にわたる資料の中にはすでにいわゆる「ペストの歌」も含まれる。その歌の最終行では次のように歌っている。「それゆえ私はやはり／この世の／頑なさと傲慢に／喜んで耐えよう、報われるために／あなたの助けによって／あなたの力なくして何一つ完成することはないのだから」。これは前述した「病の始まり」に対する心の準備を深め、翌年にミコーニウスに宛てた手紙の中で再び現れる。「私は、聖職者と一般信徒を含めすべての人からのあらゆる悪意をもう永らく覚悟しています。私がすべてを雄々しく背負う力をキリストがお与えになり、キリストの器であるこの私をキリストが御旨のままに砕かれ、あるいは強められることだけを私はキリストに懇願しています。」（Z VII, 344; Gloede, 200）。なぜなら、「教会が血によって命を得たように、血によってしか新たにされることができないからです」（ib. 343/199）。このような発言は宗教改革者の自己評価に触れるものである。「ツヴィングリの自己評価」を書いているフリッツ・ブランケ（Fritz Blanke）は、ツヴィングリが自分自身について、特に気性の激しさと洗練されていない文筆活動について、謙虚過ぎるだけではなく、明らかに正しくない判断を下しているという結論を出している。しかし、使命に燃える一六世紀の宗教改革者たちは、自己分析などをする時間が全くないのである。但し、彼らを理解するためにここでわれわれにとって重要なのは、彼らが自分たちを評価した基準である。つまり、より厳密に言えば、彼らの人生において神からの召しを実現した度合いを基準にしていることである。このことに関してツヴィングリの場合、とても明確な情報が得られる。その中からわれわれは以下の三点に絞ることにする。一、すべての信徒同様、彼自身も神の器であること。「かく神のものであれ。あなたがそれを望もうとも望まないとも、あなたは神のものなのだから。／神はあなたをも／器に作り上げる／尊いもののためであれ、卑しいもののためであれ、／思うままに、神なのだから。」（Z III, 91）二、キリストの「傭兵」（Reiser）であるということ。「隊長」には「家来」たちの命を意のままにする権利がある。「神が御言葉を潤し増し加えるためにあなたの命と血を用いることをあなたは喜ぶべきです」（Z II, 320）。三、「預言者」であること。この理想像は最後の数年に明らかに前面に出てくる。ここには公の場をも全キリスト教会をも視野に入れた宗教改革的責任の念が込められている。「チューリヒで……私がラッパのように声を上げる、するとローマの教皇陣営では私の声が鮮明に聞こえるだけではなく、恐れられるほどだ……」（Z VII, 487）。ここで宗教改革者ツヴィングリは自身の個人的存在を彼の召命感の内にすっぽり組み込んでいる。「しかし、どのような意志と意図によってこれらのことが相応しからぬ僕である私を通してなされることを全能の神がお望みになったのか、私には知る余地がありません。なぜなら、神のみが御計画の奥義を認め知っておられるのです」（Rö 11, 23. Z I, 488）。

（2） スイス誓約同盟の一員として

スイスでは健全な人にとって私生活を公的生活から切り離すことは不可能であった。スイスの同業者組合的体制に伴って、職と家族と並んで公益のためにかなりの時間と労力を割くこととなったからだ。これはいわゆる従属州にも適用されたものである。なぜなら、ここでも行政は大抵の場合、都市と農村および「地域共同体」の管轄に置かれていたからである。ツヴィングリは、一五世紀末頃から発展しつつあった連邦制度的国家の思想と相俟って、同業者組合の体制をキリスト教的精神によって刷新しようとする運動の中に位置づけられる。彼のスイス誓約同盟に対する熱意、つまり、スイス全土を視野に入れた情熱は当初から指摘されてきた。これは当たり前の感情ではなかった。愛国主義的一致と志向は、普段、軍事行動と歴史の文脈の中で、つまり傭兵と人文主義者たちの間でのみ存在していなかった。ベルン、ルツェルン、チューリヒ等の「旧諸州」の政治家たちにとって、種々の同盟は自分たちの地位と特権を守護し拡大していくための単に便利な手段に過ぎなかった。ツヴィングリの見解に関して言えば、ここでは彼の政治的千里眼と神学的基本姿勢の他に、トッゲンブルク地方の出自が一役買っていたと思われる。トッゲンブルク伯爵領は、ザンクト・ガレン領主大修道院長の「従属領」であり、シュヴィーツとグラールスとの同盟において「属領」である（Z I, 166）という、法律上微妙な地位に置かれていた。一九世紀同様、中央集権型と同権型の傾向が共存していた。教会の事柄における独立を宗教改革者ツヴィングリはとりわけ、共同支配下の諸州と従属州の各共同体のために確保しようとした。それは、それぞれの共同体が州代表者議会におけるカトリックの多数決決議に煩わされることなく、「福音」に同意する意志表示を選挙によって議決することを可能にするためであった。ただし、これで各々の共同体が自分たちの教会財産を独自に管理する権限を持つことになり、これによって経済的に、ひいては政治的に相当な勢力拡大を伴い、それをカトリックの多数決で行政に当たっていた主要な諸州が当然のことながら見抜き、反撃したのである。

ツヴィングリが当時の、あるいは将来のスイス連邦のあり方について考えるときに必ず想像していたものは「同盟」である。彼にとって「上に立つ権威」とは、彼が宣誓した当局のみ、つまり、チューリヒ市の首長と参事会員のみであり、決して皇帝ではない。帝国はそれぞれ地位が異なりつつも、多かれ少なかれ独立した政治体制から成る法的集合体として捉えられていた。時には帝国への帰属性を重視したものの、一定の距離を保った。皇帝に抵抗するということは、ルターにとって良心にかかわる重大な問題であったが、ツヴィングリにとって祖先から受け継いだ行動パターンであった。そして、とくにカール五世は政治的には第一に宿敵オーストリア王家の頭、さらに都市の自由に常に敵対するものと見なされ、教会の文脈においては、超大国を率いる反動の象徴であった。自然と両方が繋がっていた。「教皇制と帝政／両方ともローマより来る」、とツヴィングリが書いている（Z XI, 157）。

外的危険と内的崩壊に脅かされている国民を救えるのは、唯一「神の言葉」、つまり、革新に至らせる、公の場における聖書に基づいた説教である。「あなた方のところで神の言葉が忠実に説教されるように配慮しなさい！……これがあなた方を信仰厚く、神を畏れる人達に成長させてくれるからです。これであなた方は祖国を守るのです、それが悪魔にとってどんなに悔しくても。何故なら、神への畏怖があるところに神の助けがあるからです。この助けが無いところは、あらゆる嘆きと不正でいっぱいの地獄です。だから、神の言葉に従いなさい、神の言葉だけがあなた方を再び正しい道に導くからです」（Z III, 112f; H VII, 121f）。

人文主義者ツヴィングリの考える「正しい道に導く」とは、自由と（正当さ、つまり“aequitas”としての）正義の原則を徹底的に打ち立てるということである。ここで言う、中世における「自由」の場合、個人の自由よりも共同体の自由が優先される。しかし、スイス人ツヴィングリにとって、主なる神が諸民族の自由、ことにスイス誓約同盟の自由に対して好意的であるということは疑いの余地がない。イスラエルをエジプトから導き出されたことがその証拠である、と。この世の正義は、神の正義と区別されなければならないにしても、条件が変わる度に常に新たにできる限り入念に神の正義に適合させせなければならない。ここで上に立つ権威がその義務を怠れば、選挙によって立てられた民間の代表者たち（例えば、同業者組合の組合長）が介入しなければならない。国民は通常、悪質な権威にも従うべきだが、あからさまな不信仰（例えば、福音的説教の禁止！）を許してはいけないからである。イスラエルは、背教した王マナセを意のままにさせた罰としてバビロン捕囚を被った。抵抗する権利だけではなく、むしろ抵抗する義務があり、究極の場合、キリスト自身が「民を復讐のために武装」するであろう。（Z III, 65）

国が神の怒りを買ってしまう公的弊害とは具体的に、年金、つまり「給与を伴った兵役」、初期資本主義的専売権制度、為政当局の貨幣の下落、教会財産の増加による地価の高騰、不適切な利子と十分の一税による圧迫、小作人と農奴の専横な搾取――つまり、貴族の政治家と教会の高位聖職者たちが巻き込まれている経済・軍事にかかわる一連の問題のことである。システム全体を構築し機能させている私利私欲を福音的説教が攻撃すると、争いが生じる。宗教改革の声明文にさえ組み込まれており、あらゆる都市政府の古典的な基本要求である一致と市民の平和の遵守（concordia et pax）は、宗教改革者ツヴィングリ本人の場合は前面に出ることはない。彼は、神の言葉を受け入れることによって安息を取り戻すであろうと確言するだけである。宗教改革は危機を通って実現される。新たに共同でキリストを信仰することこそ破滅から救う手段であり、新たな平和の源になると同時に、その平和の基準でもある。これはスイス誓約同盟そのものにも当てはまる。旧来の諸同盟が福音の自由を妨げるのであれば、改造されなければならない。「信仰が支える同盟は、羊皮紙と共に朽ち果てる同盟より勝る」（Z VIII, 381）。

ブリンガーの話によると、襲撃開始直前にカッペルで、宗教改革に対して特に好感をもっていたとは言えないパン職人のリーンハルト・ブルクハルトがツヴィングリに尋ねた。「あなたはこのことをどう思うかい。蕪《かぶ》に塩が乗っているのかい。だれがこれを最後まで食い尽くす（責任を持って成し遂げる）のだい」。ツヴィングリは答えた。「それは、神の御手のうちにここに立っており、生きようが死のうが神のものである私と少なからぬ正直者たちです」。ブルクハルトが言った。「おれも協力して食い尽くそう、思い切って命を賭けよう」。「これを彼は戦闘の中で誠実に果たしたのである。」（Bull. III, 137f）

（3）学者として

宗教改革者ツヴィングリの自己理解に目を向ける前に、もう一度彼の人文主義を強調しなければならない。何百年もの間、ツヴィングリが専ら人文主義者として捉えられてきたこともあり、現在の評伝の中では、彼のこの側面が聖書学者としての側面ほどは評価されていないことが少なからずある。人文主義から出発して宗教改革者に成長したツヴィングリにとってここには対立ではなく順位が認められる。つまり、（人文主義的）教養（eruditio）とは、本来神に依拠しているものだが、劣悪な動機や目的と結びついて危険な毒物にもなりうる、と。（S VI/I, 375）――これは意外にも非人文主義的な、それだけにとても重要な認識である。したがって教養は、正しく神を崇め愛するという真の知恵（sapientia）に結ばれる必要がある。そうすることによって、「教養とはいわば知恵なる女主人のはしためである」（Eruditio veluti ancilla est herae sapientiae, ib.）ことになる。この文脈でツヴィングリはマタイ二三章三四節の注解をしており、教養の対象として歴史、「哲学」と法律（leges）を挙げている。彼の研究と活動全般を視野に入れると、これらに加えて特に（解釈学に仕えるための）文献学と、教養を身につけさせること自体を対象とした教育学をも挙げなければならない。

ツヴィングリ自身の神学的基礎教養の方向性についての意見は未だ別れるところである。

O・ファルナー（Farner）、G・ゲーテルス（Goeters）、F・ビュッサー（Büsser）とW・ノイザー（Neuser）はスコトゥス神学の、W・ケーラー（Köhler）と筆者はトマス神学の系譜と思想を強調する。いずれにせよ、旧神学（Via antiqua）から人文主義に移行する最後の世代において、もはや境界が明白ではなくなっていたのである。肝心なのは、新神学（Devotio moderna）から派生した教養思潮が古代のルネサンスを古代教会の復興によって完結させようとした「キリスト教の復活」（Christianismus renascens）への移行である。その際、ヒエロニュムスを初め教父たちと同時に新約聖書が最も注目を集めた。ツヴィングリはピコ・デッラ・ミランドラと特にデシデリウス・エラスムスから解釈学的ものの見方を学びとった。われわれはグラールス、アインジーデルンとチューリヒでのツヴィングリの豊富な蔵書をかなり正確に把握しており、彼の欄外覚え書きを手掛かりに、彼がどの著書を熱心に研究したか、断定することさえできる。より重要な問題は、古代の異教とキリスト教作家の中で、教区司祭と宗教改革者ツヴィングリが自分の説教、著書と手紙において引用するほど彼の心に生き生きと響き続けたのはどの著者かという問題であるが、これは未だ体系的には研究されていない。ブリンガーはチューリヒでの最初の数年に関して以下の名前を挙げている。教父たちの中では、アウグスティヌス、アンブロシウス、クリュソストムス、「ことに、聖書について書かれてあるもの」、古代ギリシアの著者の中では、アリストテレス、プラトン、トゥキディデスと（「特に好んで」）ホメロス。「ラテン語著者」の中では、ホラティウス、サルスト、「そして特にセネカ、何故なら彼は常に魂を耕してくれるから」。ブリンガーは、ツヴィングリがヨハンネス（ブリンガーは「アンドレアス」と書いているが、これは間違い）・ベッシェンシュタイン（Johannes Böschenstein）[65]の許でヘブライ語の研究を再開した、と付け加えている（Bull. I, 30）。これらが確かに最もよく挙がる人名である。ツヴィングリの研究をした人なら、恐らくさらにプラウツス、アリストファネス、プルタルコスとプリーニウスを付け加えるであろう。宗教改革者ツヴィングリにとって人文主義的教養全体は補助的な機能を果たしている、つまり、聖書釈義と神の言葉の実存的適用のために必要なのである。この意味でツヴィングリは生涯人文主義者であり続けた。宮廷で流行していた復興志向の論述が見られる最後の数年間の著書（De Prov.; Fid. Expos.）には、再び人文主義的な論法が増加していることさえ認められる。決定的であり続けたのが聖書的・宗教改革的目標である。ツヴィングリは人文主義者の黒衣を身にまとった宗教改革者であった。

このような「形式的」な捉え方が問題提起とその内容に「質的に」影響を及ぼさずにはいない。聖書に基づいた創造主と被造物の区別、霊と肉の区別は、ツヴィングリの神学においてギリシア的に天と地、永遠と現世、不可視と可視という区別に沿ってある程度の解釈が加えられる。

前述した通り、フルトリヒ・ツヴィングリは聖書を最も熟知していた人たちの一人である。彼が当意即妙、自由自在に活用しえた古代、教父たち、スコラ学派、教会法、典礼、歴史、そのうえさらに経済に関する知識は相当なものであるが、それは言うまでもなくそれぞれの専門家（例えば教父神学者エコランパティウス）の知識には及ばない。しかし、このいわば「十種競技選手」の事業全体を視野に入れ、その世紀の学問を説教、教義学、論争と実践に生かす能力を鑑みると、彼はやはり同時代の学者たちの中では最前線に立つ。

この業に数えられるのが、福音主義牧師の再教育及び養成が意外とモダンな演習スタイルで行われていた学校、つまりグロースミュンスター教会附属の「預言大学」の設置である。ここでツヴィングリは旧約聖書学の教鞭を執り、その傍ら、ミコーニウスのフラウミュンスター教会附属学校で新約聖書の釈義も担当した。そしてブリンガーの指揮で統合が実施された。ツヴィングリの生存中から早くもここで彼が創始した一連の優れた翻訳書と広く流布した注解書が刊行されるようになった。

聖書釈義家としてツヴィングリは、比較文献学、アレゴリーに対する用心深さ、伝統的な常套句からの独立と、（神との）契約の歴史に根差して聖書全体を見据えた展望で、宗教改革的聖書解釈全般の模範的存在になった。編集者エドヴィン・キュンツリ（Edwin Künzli）は彼の釈義を以下のように描いている。「一方では、個々の箇所に間違いが紛れ込んでいるにも拘わらず、テクストの意味を中世の解釈全体よりも鮮明に捉え、他方では、聖書釈義の伝統には比類ないほど広い視野を持ち合わせている」。「実践的な目的の設定に関してもツヴィングリの聖書解釈は孤高の高みにある……」（F. Büsser,44 より転用）。

ツヴィングリの教義と論争に関する著書全体から伝わってくるのは、彼自身が何度も嘆いている通り、多忙なため大急ぎで執筆しなければならなかったことである。構成と多数の論の展開と表現はよく練り上げられているものの、繰り返しや回りくどい表現が目立つ。彼の使うラテン語は洗練されており、読み始めると難解であり、（数多くの東アレマン方言の言い回しを含んだ）南部ドイツ文章語を理解することは、今日のスイス人にとってもなお困難である。そのため、彼の著書が読まれることはあまりない。しかし読み込んでいく人はだれしも、どこを開いても読書が決して退屈になることはなく、常に魅力的で、興味をそそり刺激を与える、と認める。

因みに、ルターとカルヴァン同様、ツヴィングリもまた著者の虚栄心に対する警鐘を鳴らしたこともある。「われわれ愚か者にとって何と心地良いことか、われわれの名前が本に収められ、香り高い薬草に紛れ込んだあざみのように、疑いなくいっそう心高ぶっていることが」（Z IV, 588）。

（4）「預言者」として

われわれがツヴィングリの宗教改革的意向を、「預言者」（propheta）というキーワードで纏め、ここでその大筋を短く描写するのは、ツヴィングリ自身がいつもこの言葉を用いて福音的説教の公共性と社会的・批判的・創造的意義を強調しているからである。何故なら、彼にとって都市（civitas）と教会（ecclesia）の関係は身体と霊魂の関係に類似しているからである。

一、その原因は根本的な動機にある。ルターと同様、ツヴィングリも神の怒りを畏れて宗教改革者になった人である。修道士ルターとは異なり、教区司祭ツヴィングリは先ずもって自分の魂の救いを憂慮するのではなく、同胞とすべてのキリスト教徒に下される裁きを憂慮する。二、従って彼は、例えばキリストの現存（Christus praesens）と聖書原理などの福音主義的認識の閃きが芽生え始める時（一五一六／一九年）から意識的にそれに相応しい実践を目標にし、反発を伴う実践がそこからさらに認識の掘り下げを迫るのである。ただし、実践とは、生活の革新を意味しており、しかも個人と公共の領域、教会と政治の領域は神の言葉の前では区別されないのである。このようにチューリヒにおいてツヴィングリが宗教改革者たちの中でも、目標と実践を最も鮮明に意識していた人になる。三、チューリヒ市の貴族的・民主主義的組織の働きを生かしながら説教を通して彼が市を導くことに成功した道程は、大体以下のような過程を経て市の改革派教会の設立に至った。聖書に基づいた福音的説教、公の法的基盤を確立するための公開討論決議、社会福祉の整備のための教会財産の活用、高等・初等教育機関の整備と改変、福音的聖餐、社会的規制の緩和、福音的洗礼、修道院の廃止（残留する居住者には福音的会則）、福音的礼拝規定とサクラメント、婚姻裁判所（結婚、社会生活一般）、教会会議の招集。これらすべてが一般信徒と、可能な限り、共同体の積極的な参加のもとで行われた。四、福音が境界を越えて広がることによって、他所の信仰における兄弟姉妹との連帯と、彼らを迫害する者から守るという倫理的責務が生まれる。五、これが一五二六／二八年以来、当初から存在していたこの宗教改革における政治的要素の強化をもたらす。福音、民族と教会の自由のために、また宗教改革の法的確立のために、外交・同盟の政治が遂行されなければならなくなる。六、ツヴィングリと彼の同労者はすべての出来事、政策と反発に直面して、この運動は復活のキリストと臨在するキリストの霊に支えられているという比類ない、責任の重いこの時の歴史的意義に感銘を受ける。宗教改革は救済の歴史を示している、と。「追放されたキリストがいたるところで再び復活しておられる」(Z II, 445)。

Ⅳ　遺産についての考察

ツヴィングリの宗教改革は歴史的に見て、孤立して実行されたものではなく、バーゼルの他にシュトラースブルク、コンスタンツ、ウルムとアウグスグルクにも類似した拠点が存在していた、典型的な南部ドイツ全土の運動であった。一五三一年のカッペルでの激しい反撃によってではなく、またシュマルカルデン同盟と一五三六年のヴィッテンベルク協定(66)との関連で概ね政治的理由によるザクセン選帝侯国との仲間入りによってだけではなく、むしろシュマルカルデン同盟の敗北(一五四六/四七年)後、仮協定の後、君主同士の争いの後の帝国都市の自由・憲法・信条の抑圧と故意の無視の後、同じくパッサウ条約(一五五二年)の前後に、あとまで残ったツヴィングリの影響は主にドイツ語圏スイスの領域に限定された。

その後の影響が地域的に限定された理由には、外的なものの他に内的なものもあった。この運動が時代とともにあることは、同時に時代に制約されていることも意味した。南部ドイツにおける宗教改革は、「キリスト教共同体」(Corpus christianum)(“christlicher Körper” という表現は、ルターの著作にある)と称された、中世の理想が福音的に革新されたキリスト教的統一文化の形を目的としていた。都市説教者ツヴィングリ、ブツァー、エコランパティウス、ブラーラ、ザーム、ミヒャエル・ケラー等が先頭にたった運動は、都市国家のそれぞれの地域において官僚及び同業者組合によって形成されている徹底したプロテスタント的社会を推し進める。その後まもなく、追放されたブツァーが『キリストの支配について』(De Regno Christi)という本の中で同じ基準をイングランド王国に当てはめる試みをする。共同体のサクラメントとしての聖餐を伴った、同業者組合的共同体の快復を目的としたツヴィングリの説教は、チューリヒその他で、彼の巧みな、忍耐強くひたむきな行動によって、宗教改革の比較的早い勝利をもたらした。このように生活と状況に密着していたツヴィングリの運動が時代の変動の中で早くも滅亡しないためには、保守的組織化と魂に配慮した内面化を進めたブリンガーの働きが必要であった。同業者組合は消えていき、「国家」が到来した。(67)

まさにこのようにツヴィングリの言葉と働きが教会史において、また宗教改革史においても、「文脈」を巻き込んだ信仰のダイナミックな姿を示す比類のないモデルであり続ける。無論、このダイナミックな姿は、彼が西洋の伝統における他の神学者と比べて聖霊の力と臨在をより強く強調することと関係しており、これは同時に、彼の全世界に開かれた姿勢――非キリスト者にも一定の神認識と純粋な宗教心があること――と神政主義的な傾向――信仰において宣教されれば、真理の勝利を信じること――の前提にもなっている。われわれに与えられた主題であるツヴィングリの全体像、彼の人格を見据えるとき、この文脈の中でこの人格の霊的・預言的生き方が理解されよう。そこから、この「預言者」が苦心した思考と形成の主題へとさらに進んでいけば、今日の教会と社会の状況という文脈の中から次のような問いが見えてくる。十字架の前で得た神よりの個人的赦しと導きへの信頼、共同体の体験としてのサクラメント、信仰の倫理的方向付け、同業者組合的生活様式に向けての「組織の聖化」、しかもすべて聖書的・イデオロギー批判的冷静さを伴って、これらのことが「世界のための教会が取り組むべき課題」ではないか、と。恨みながらではなく、血の気がない複雑な考察を伴ってでもなく、むしろ、神の器であることを知っている者の無心さを伴ってこれらの問題に取り組むべきであろう。"Laeta est veri facies"——「真理の顔は喜びの顔」(Z III,820)。

(富田恵美子・ドロテア訳)

訳注

(1)　ゴットフリート・W・ロッハー　一九一一年にエルバーフェルトで生まれ、一九九六年にベルンで没する。神学博士、教義学と教理史をベルン大学で教え、ベルン大学学長も歴任。

(2)　「旧一三州のスイス誓約同盟」　一五一三年から一七九八年まで同等の権利を有し、周辺の領土を支配した一三の州。スイス誓約同盟に加盟した順で挙げると、以下のとおりになる。ウーリー(一二九一年)、シュヴィーツ(一二九一年)、ウンターヴァルデン(一二九一年)、ルーツェルン(一三三二年)、チューリヒ(一三五一年)、ツーク(一三五二年)、ベルン(一三五三年)、グラールス(一三五二/八六年)、ソロトゥルン(一四八一年)、フリブール(一四八一年)、シャフハウゼン(一五〇一年)、バーゼル(一五〇一年)、アッペンツェル(一五一三年)。

(3)　「シュヴァーベン戦争」(一四九九年一月—九月)　ハプスブルクとスイス諸州との間の領土をめぐる権力争い。スイス諸州が勝利を収め、バーゼルの和平により、旧八州は実質的に帝国から独立することになった。Wolfgang Reinhard: Probleme deutscher Geschichte 1495-1806. Reichsreform und Reformation 1495-1555, 10. völlig neu bearb. Aufl., Stuttgart 2001, S. 68 を参照。

(4)　ブルグント戦争　グラーソー、ムルテン、ナンシの野戦(一四七六—七七年)。スイス誓約同盟がブルグント公爵カール賢公に勝利した。

(5)　ヴィルヘルム・テル　スイス英雄伝説上の人物。射手の名人テルは、帝国の官吏への表敬を怠った罪で、息子の頭の上の林檎を射止めることを命じられ、それを見事に果たす。しかし、もう一つの矢を隠し持っていたことを理由に投獄の刑に処せられるが、獄に向かう途中に逃れ、官吏を待ち伏せて殺す。

(6)　アルノルト・ヴィンケルリート　歴史的人物であるかどうかは、定かではないが、彼の戦死により、一三八六年、ゼンパ

ハの戦いでスイス誓約同盟がオーストリアのレオポルト公に勝利したと言い伝えられている

(7) ヴィルトハウス　標高二五〇四メートルのセンティス山の麓にあるトッゲンブルク地方の山村、チューリヒの南東。

ヴェーゼン　グラールス市の北にある小さな町。

(8) コンラート・ツェルテス（一四五九―一五〇八）　別名・ツェルティス。人文主義者、作家。ケルンとハイデルベルクで学び、修士号を取得。ライプチヒ、イゴルシュタットとヴィーンで詩学の教授を務めた。詩集と劇作品を書き、古典の編集・出版、詩学研究に関する著書も多く残している。Deutsche Biographische Enzyklopädie & Deutscher Biographischer Index, CD-ROM-Edition, München 2001（以下、DBE-DBI）を参照。

(9) ヨアヒム・ファディアーン（一四八三―一五五一年）　人文主義的教養を受けた医者。ザンクト・ガレンでヨハネス・ケスラーと共に宗教改革を促進した。最初はエラスムスの影響が強かったが、ツヴィングリの影響により宗教改革の運動に傾倒、信徒聖書研究会を通じて宗教改革を推し進めた。一五二四年、市参事会の提供した教会で福音の説教を展開した。一五二六年、市長に選ばれ、宗教改革を決定的なものにした。聖画像のような「偶像」と祭壇は深夜に静かに取り除かれ、一五二七年、福音主義の聖餐が導入された。Handbuch der Kirchengeschichte（Digitale Bibliothek, 35）, Berlin 2004（以下、HK）, Bd. 4, S. 174 を参照。

(10) トーマス・ヴィッテンバッハ（一四七二―一五二六年）　スイスの神学者。バーゼル大学で教鞭をとり、ツヴィングリも彼の講義を受けている。後にビール市に移り住み、そこで一五二三年から公の場で宗教改革を提唱。結婚を果たしたため、職を失った。ビール市は、彼が死んだ二年後福音主義に転じた。

(11) ヨーハン・ウルリヒ・スルガン（一四五〇年頃―一五〇三年）　人文主義者、神学者。バーゼルとパリで学び、一四七二年、司祭に叙階され、クラインバーゼルの教区司祭に任命され、一四七九年、教会法博士号を取得。牧会のかたわら、法学部で教鞭をとり、バーゼル大学学長も数回歴任した。DBE-DBI を参照。

(12) フーゴ・フォン・ホーエンランデンベルク（一四五七―一五三二年）　カトリック神学者、コンスタンツ司教。エルフルトで司教座聖堂首席司祭、バーゼルとクールで司教座聖堂参事会員、聖堂参事会長を歴任した。一四九六年から一五三二年までコンスタンツの司教を務めた。一五二〇年からツヴィングリとその信奉者との軋轢が増し、一五二六年、コンスタンツ市が福音主義に転じ、彼はメールスブルクへ逃れた。DBE-DBI を参照。

(13) グラールス　同名グラールス州の州都、チューリヒの南東。標高二三三一メートルのフォルデルグレーリシュ山の麓のリマート川の谷間にあり、六世紀頃からアレマン人が住み着いた。聖フリードリンによってキリスト教化されたと言われている。黒い修道服を纏った聖フリードリンの像が州都の紋章になっている。一三世紀からハプスブルク勢力に圧迫され、一三八八年に独立を果たした。一四五〇年にスイス誓約同盟の一員になった。

(14) エラスムス　本書五一―九一頁を参照。

(15) マリニャーノの敗戦　一五一五年九月一三・一四日にフランス国王フランソワ一世がミラノの公爵に仕えるスイス傭兵部隊に勝利した。

(16) アインジーデルン　シュヴィーツ州アインジーデルン地方にある同名の町。南部ドイツの修道院から移り住んだ隠遁者("Einsiedler")のもとに修道士たちが集まるようになり、九三四年にベネディクト会修道院が創設された。一二七四年、ルードルフ・フォン・ハプスブルクが大修道院長たちに領主の位を授け、一四世紀からアインジーデルンは巡礼地として栄え、黒い「アインジーデルンのピエタ」が巡礼者たち惹きつけた。ツヴィングリは一五一六年から一五一八年までこの地で教区司祭を務めた。

(17) 『始終』　Apologeticus Archeteles と題する書は、コンスタンツ司教フーゴ・フォン・ホーエンランデンベルクに異端視されたことへの論駁文であり、宗教的強制、教皇制と主の晩餐の「変更」を批判し、「聖書のみ」の原理に立脚した初代教会の復帰・復元を訴えた書である。詳細については、出村彰『ツヴィングリ―人と思想』(再版)日本基督教団出版局　一九七九年、一一五―一一九頁を参照。

(18) ルター　本書九三―一八三頁を参照。

(19) ライプツィヒ討論(一五一九年六月二七日―七月一六日)　ゲオルク髭公の手配で、プライセンブルク城にてインゴルシュタット大学教授エック対ヴィッテンベルクのカールシュタットとルターが行った。ルターはそこで、公会議も誤りうること、コンスタンツ公会議が異端としたフスの教えのなかにも福音主義的なものが含まれることを発言した。日本ルーテル神学大学ルター研究所編『ルターと宗教改革事典』教文館、一九九五年。二六八ページを参照。

(20) エック　本書三八頁を参照。

(21) グロースミュンスター(大聖堂)教会　リマート川がチューリヒ湖から流れて直ぐ右側の岸辺にそびえるロマネスク様式のバジリカ(一一―一三世紀)。ゴシック様式の二つの塔とロマネスク様式(一八五一年に再建)の回廊が有名。リマート川を挟んでグロースミュンスター教会の真向かいにフラウエンミュンスター教会(一二―一四世紀)がある。チューリヒ第一公開討論：一五二三年一月三日、チューリヒ第一討論会が召集され、一九日、『六七箇条』刊行、二九日に公開討論会を開催。その結果、市参事会が福音主義説教を許可するに至った。

(22) チューリヒ第一公開討論　一五二三年一月三日、チューリヒ第一討論会が召集され、一九日、『六七箇条』刊行、二九日に公開討論会を開催。その結果、市参事会が福音主義説教を許可するに至った。アールガウ地方のバーデンの公開討論（一五二六年）：アールガウ地方バーデン地区のバーデン市は、郊外のマート川から湧いている硫黄の温泉で古くから名高く、タキトゥスもこの温泉地に言及したほどである。一四一五年、市の統治は、ハプスブルクの支配下からスイス誓約同盟の支配下に変わった。一五二六年五月から六月にわたって行われた公開討論会では、カトリックの旧五州が福音派勢力の拡大を阻止するため、バーゼルのヨハン・エコランパディウスとベルンのベルトホルト・ハラーが、コンスタンツのヨハン・エックとヨハン・ファーバと対決し、旧五州が勝利を収めた。そこで、ツヴィングリと彼の支持者たちの主張を退けることになったが、バーゼル、ベルン、シャフハウゼンはこの決議に従わなかった。Wolfgang Reinhard, a.a.O., S. 320 を参照。

(23) アールガウ地方のバーデンの公開討論（一五二六年）　アールガウ地方バーデン地区のバーデン市は、郊外のマート川から湧いている硫黄の温泉で古くから名高く、タキトゥスもこの温泉地に言及したほどである。一四一五年、市の統治は、ハプスブルクの支配下からスイス誓約同盟の支配下に変わった。一五二六年五月から六月にわたって行われた公開討論会では、カトリックの旧五州が福音派勢力の拡大を阻止するため、バーゼルのヨハン・エコランパディウスとベルンのベルトホルト・ハラーが、コンスタンツのヨハン・エックとヨハン・ファーバと対決し、旧五州が勝利を収めた。そこで、ツヴィングリと彼の支持者たちの主張を退けることになったが、バーゼル、ベルン、シャフハウゼンはこの決議に従わなかった。Wolfgang Reinhard, a.a.O., S. 320 を参照。

(24) シュタムハイムの「殉教者たち」　一五二四年、チューリヒ州最北東のシュタムハイムで農民たちはチューリヒに煽られ、聖画像を徹底的に取り去り破壊した結果、仲間の説教者が逮捕され、苛立ちを募らせた農民たちはカルトゥジオ会修道院を略奪・破壊した。この蜂起に加わった農民たちの中の三人は、バーデンの参事会に引き渡され、一五二四年秋に処刑された。HK, Bd. 4, S. 174 を参照。

(25) エコランパディウス　本書九〇頁を参照。

(26) ヤーコプ・グレーベル（一四六〇年頃―一五二六年）　チューリヒの同業組合長の息子として生まれた鉄鋼商人グレーベ

ルは、ユンカー、市参事会員、代官など多くの政治職を歴任し、チューリヒの重要人物であり、市参事会でツヴィングリの信奉者として彼の思想を広めたが、「年金」を受け取ったことを理由に、ツヴィングリの薦めにより処刑された。Historische Lexikon der Schweiz（以下、HLS）, Bern 1998-2010（www.hls-dhs-dss.ch/textes/d/D18149.php）を参照。

（27） メランヒトン　本書三二九―三六九頁を参照。

（28） カルヴァン　本書三八九―四三七頁を参照。

（29） フェーリクス・マンツ（一四九〇―一五二七年没）　スイスにおける再洗礼派創始者の一人、その派の最初の殉教者。司教座聖堂参事会員の私生児として生まれ、ラテン語、ギリシャ語、ヘブライ語の教育を受けた。ツヴィングリの信奉者から早くも急進派に加わり、一五二四年、ツヴィングリ派に対する不満を訴えるトーマス・ミュンツァー宛ての手紙にも署名した。ルターを批判するカールシュタットの冊子の監修や、チューリヒ市参事会に提出した抗議文の執筆にも関わった。彼は批判の矛先を小児洗礼と聖餐に向け、これらは非聖書的であると非難した。非武装と共同所有を含め、新約聖書が描く世界をそのまま且つ徹底的に生きることを理想としていた再洗礼派は、市政と協働するツヴィングリ派から切り捨てられ、チューリヒ市当局の弾圧を受けたにもかかわらず、チューリヒ周辺の地域で広範にわたって宣教活動を展開した。チューリヒ市当局はマンツを捉え投獄したが、獄から脱出したマンツは、再洗礼を再開したため、一五二七年、溺死の刑に処せられた。Hans J. Hillerbrand（Ed.）: The Oxford Encyclopedia of the Reformation, New York, Oxford 1996, vol. 2, p. 504-505 を参照。

（30） リマート川　チューリヒ湖を源流とする川。チューリヒ市、バーデン市を経由して北西に流れ、ライン川の支流アーレ川に注ぐ。

（31） ブーツァー　本書二九五―三二六頁を参照。

（32） ベルン公開討論　（一五二八年一月六日）。

（33） マールブルク条項　ヘッセン方伯フィリップは、ルター派とツヴィングリ派の一致のために、マールブルクに両者の会談を召集した。同年、一〇月一日から四日間にわたって行われた会談には、ルター、メランヒトン、ツヴィングリ、エコランパディウスらが出席し、ここでいわゆる『マールブルク条項』（ルター著作集第一集第八巻）が創られた。『ルターと宗教改革事典』、二五九―二六〇頁を参照。

（34） ニクラウス・マヌエル（一四八四年頃―一五三〇年）　政治家、画家、作家。参事会員、代官、見習士官など、政治に関与するかたわら、画家として素描、絵画、祭壇画、肖像画、木版画と素描を制作した。アルブレヒト・デューラーとハンス・バルドゥングに感化された。スイス・ルネサンスの代表的画家。自らフランス傭兵として北イタリアで戦った経験を持つマヌエルはツヴィングリに傾倒、宗教改革の思想を謝肉祭の劇作品に織り込み、聖画像の撤去作業にも積極的に参加した。DBE-DBI と HLS を参照。

(35) 「旧教諸州の特殊同盟」　一五二四年四月八日、カトリック旧五州がベッケンリートで集まり、昔ながらの秩序と信仰を守り、ルター、ツヴィングリ、フスらの教えを断固とした態度で撲滅・制圧するための同盟を結んだ。Yasukazu Morita: Zürich und die Reichsstädte. Zwinglis Bündnispläne. In: Zwingliana 19/1（1992）, S. 265.

(36) 「キリスト教都市同盟」　福音派の信仰を擁護するため、一五二七年から一五三〇年にわたって、チューリヒ主導のもと、諸都市コンスタンツ、ベルン、ザンクト・ガレン、ビール、エルザス地方のミュールハウゼン、バーゼル、シャフハウゼンとシュトラースブルクが相次いで同盟に加わった。Wolfgang Reinhard, a.a.O., S. 320 を参照。

(37) ヘッセン方伯フィリップ　本書三〇九頁を参照。

(38) アウグスブルク信仰告白　本書三四三—三四五頁を参照。

(39) シュマルカルデン同盟（一五三一—一五四七年）　本書三四六頁を参照。

(40) 第一カッペル和議（一五二九年六月）　一八条にわたって、旧五州における福音主義説教の公認、年金受取りの禁止、年金取得者の処刑、旧五州による賠償の詳細などを定めた。その結果、福音主義の「キリスト教都市同盟」の存続とカトリックの「キリスト教連合」の廃棄に至った。詳細については、瀬原義生著「第二次カッペル戦争前後——スイス宗教改革の転機」、『立命館文学』六一（二〇〇九年六月）、三二—一〇六頁を参照。

(41) 第二カッペル和議（一五三一年一〇月）　一五三一年、チューリヒの攻撃により、カトリックと福音主義の諸州の間で戦争が勃発。チューリヒの敗北に伴い、福音主義の都市同盟が破綻、第二カッペル和議は、従属州における福音主義の共同体を公認するなど、スイスにおいてアウグスブルク宗教和議より一足早く教派属地権を確立させた。Wolfgang Reinhard, a.a.O., 320 を参照。

(42) レオ・ユート（一四八二—一五四二年）　宗教改革者、翻訳家、学者。司祭の私生児として生まれ、シュレットシュタットでマルティン・ブーツァーと共にラテン語学校に通い、バーゼル大学に進学。ツヴィングリと親交を結び、トーマス・ヴィッテンバッハの影響下、神学を学び、一五〇七年、司祭に叙階された。一五一九年、ツヴィングリの後継者としてアインジーデルンに赴任、ツヴィングリの親友として多方面にわたって宗教改革に加わった。チューリヒの第一・第二公開討論会、家庭裁判、「預言大学」などにツヴィングリの側近として関わった。ツヴィングリの死後、チューリヒの市政を政教分離に向けて大いに前進させた。また、学者としてスイス・ドイツ語訳聖書の翻訳事業に参加、ラテン語教父の翻訳、宗教改革者たちの著書の編集・出版、第一スイス信条の執筆と翻訳、ヘブライ語聖書のラテン語訳の大部分など、彼の翻訳家としての活動は多岐にわたる。彼の影響下、聖職者が修道院を出て結婚したり結婚を公表したりするようになり、自身もかつての修道女と結婚した。Hans J. Hillerbrand, a.a.O., p. 356 を参照。

(43) ハインリヒ・ブリンガー(一五〇四—一五七五年)　スイスの宗教改革者。ツヴィングリの後継者として、彼の死後、カルヴァンとともに『チューリヒ和協信条』をまとめた。メランヒトンと同様、最洗礼派を激しく糾弾した。Wolfgang Reinhard, a.a.O., S.293f. を参照。

(44) ブラーラ兄弟　アンブローシウス(一四九二—一五六四年)とトーマス(一四九九—一五六七年)ブラーラ(ブラウラ、ブラウレルトとも呼ばれる)。兄アンブローシウスは、チュービンゲン大学で神学を学び修道士になり、メランヒトンとの親交や、弟トーマスを通じてマルティン・ルターの著書に触れ、修道院を離れ、南部ドイツの福音主義説教者になった。シュトラースブルクの宗教改革者マルティン・ブーツァーとも親交があり、彼の作詞した讃美歌は、コンスタンツ讃美歌集(チューリヒ、一五四〇年)にも収録された。弟トーマスは、親戚のツヴィック兄弟と一緒に南部ドイツのフライブルクで法学を学び、その後、ヴィッテンベルク大学でマルティン・ルターとフィリップ・メランヒトンのもとで神学を学んだ。コンスタンツで市参事会委員、後に市長になった。兄アンブローシウスとツヴィック兄弟とともにコンスタンツにおける宗教改革を行った。Wolfgang Herbst (Hrsg.):Wer ist wer im Gesangbuch? Göttingen 2001, S. 41-42 を参照。

(45) ヨハネスとコンラート・ツヴィック兄弟　ヨハネス(一四九六—一五四二年)は、フライブルクとボロニャアで法学を学び、シエナで法学博士を取得した。一五二一—二二年、バーゼル大学で法学を教え、エラスムスに出会い、宗教改革運動に加わった。シュヴァーベンで説教者になったが、そこから追放され、一五二三年、コンスタンツの聖シュテファン教会の説教者になり、学校教育と宗教教育に貢献、讃美歌の作詞、編集にも携わった。Wolfgang Herbst, a.a.O., S. 361-362.—DBE-DBI を参照

(46) ヨハネス・ケスラー(一五〇二—一五七四年)　ザンクト・ガレンの教師、改革派教会の指導者。ザンクト・ガレンのラテン語学校を卒業後、ヴィッテンベルク大学に一時籍を置き、メランヒトンに触発され、貧困のため司祭になる道が閉ざさ

れ、ザンクト・ガレンに戻った後、十年以上、大型皮革製品製造職人の親方として身を立てた。一方、数人の信徒から聖書研究の指導を頼まれ、その輪が広がっていくうち、宗教的指導のあり方についてザンクト・ガレン市で議論が巻き起こるようになった。一五三七年、市から教師に任命され、教会会議の運営にも関わるようになった。ファディアーンの側近であったケスラーは、ファディアーンの死後、彼の蔵書の管理も任され、市の家庭裁判員も務めた。自分は一介の職人であると自称していたケスラーは、ザンクト・ガレンの宗教教育を推し進める存在になり、一五七一年、市の主任牧師、教会会議のリーダーも務めた。Hans J. Hillerbrand , a.a.O., vol. 2, p. 375.

(47) オスヴァルト・ミコーニウス（一四八八―一五四二年）　スイスの宗教改革者。バーゼル大学でエラスムスの著書に触れ、ツヴィングリに出会い、ツヴィングリの協力者になった。ルーツェルン、アインジーデルン、チューリヒで教鞭をとり、ツヴィングリの宗教改革を陰で支えた。ツヴィングリの死後、バーゼルに戻り、大学でエコランパディウスの後継者として働くかたわら、聖アルバン教会の牧師も務めた。聖餐についての彼の考え方は、ブーツァーの中立的な考え方に近く、主の晩餐の神秘性に重きを置き、この見方を一五三六年の第一スイス信条にも盛り込んだ。Hans J. Hillerbrand , a.a.O., vol. 3, p. 118.

(48) ハンス・アスパー（一四九九―一五七一年）　スイスの画家。由緒ある市参事会員の家族の息子として生まれ、チューリヒで活躍した。彼の絵画は、画家ハンス・ロイの影響を受けている。ツヴィングリの肖像画は、彼が手がけた最も有名な作品である。DBE-DBI を参照。

(49) プフェファース修道院　七三一年、ザンクト・ガレン州の村落プフェファースでライヒェナウ出身の修道士によって創設されたベネディクト会修道院。一四世紀から温泉地としても知られるようになり、ウルリヒ・フッテンを含め多くの人々を惹きつけた。修道院は一八三八年に廃止された。

(50) マテウス・シーナ（一四六五年頃―一五二二年）　スイスの政治家。一四九九年にズィッテンの司教、一五一一年に枢機卿になり、一五一二年に教皇特使に任命された。北イタリアでフランスとの戦争に関わった。教皇と皇帝の両者の需要を満たし、繰り返しスイス軍の関与も取り付けた。マリニャーノの敗戦後、フランスに対抗するための同盟を立ち上げようとしたが、フランス・スイス間の和平（一五一六年）によって失敗に終わった。司教区を長期留守にしていたため、管理不能になり、教区に帰ることも叶わなかった。後に、カール皇帝の政治を支える重要な人物になった。

(51) 『キリスト教兵士のエンキリディオン』　本書七〇頁を参照。

（52）　第一カッペル戦争　一五二九年二月に決議されたザンクト・ガレン修道院の廃止など、東スイスの福音主義化が急速に進み、カトリックの旧五州は危機感を募らせ、いずれ戦争によって決着をつけようとするための準備を進めていたところ、チューリヒは同市の福音説教者ヤーコプ・カイザーが焚刑に処せられたことへの報復として同年六月にカトリックの旧五州に宣戦布告し、四〇〇〇人の部隊をツーク州境のカッペル村落へ進出させた。しかし、バーゼル、ゾーロトゥルン、シャフハウゼン、グラールスの調停により、戦争を未然に防ぎ、休戦を迎えた。詳細については、瀬原義生著「第二次カッペル戦争前後――スイス宗教改革の転機」、一三一―一〇六頁を参照。

（53）　エギーディウス・ファーバー（一四九〇―一五五八年）　神学者。ブーダで学び、トルコ軍の進撃からヴィッテンベルクに逃れ、同地の大学に入籍した。ルターの推薦でシュヴェリーンの説教者になり、ハインリヒ五世の宮廷内礼拝付き説教者として国中を巡察し、リーグニッツ公に仕えてデッサウなどの説教者として活躍した。彼の残した著書は、教会が迷信の束縛から解放されなければいけないという厳格な教会論を展開している。DBE-DBIを参照。

（54）　ヒロニムス・エムザー（一四七八―一五二七年）　カトリック神学者。チュービンゲンとバーゼルで神学を学び、修士号を取得して司祭に叙階された。エルフルトとライプチヒで人文主義の講義を担当。教会法の学位を取得し、宮廷内礼拝堂付司祭になり、ザクセン公ゲオルクの枢密秘書官も務めた。一五一九年のライプチヒ公開討論会では、ヨハン・エックの側近としてルターに猛反対した。その後、多くの著書を通してルターの神学を攻撃した。一五二七年、ザクセン公の指示により、エックはヴルガタの翻訳を手掛けたが、これは、ルター訳をもとに、カトリックの教理にあてはまるように書き換えたものであり、後世にあまり影響を及ぼさなかった。DBE-DBIを参照。

（55）　アンドレアス・オジアンダー（一四九八―一五五二年）　宗教改革者。鍛冶屋の息子として生まれ、インゴルシュタット大学を中退。一五二〇年、ニュルンベルクのアウグスティノ隠修士会修道院のヘブライ語教師になり、ルターの神学に出会った。同年、司祭に叙階され、一五二二年、改訂ラテン語訳聖書 Biblia sacra を出版した。ニュルンベルク・聖ローレンツ教会初代の福音説教者、数々の著書によって宗教改革を推し進めた。一五二五年にブランデンブルク辺境伯アルブレヒトが福音派に転じたのは、彼の説教によるところが大きい。一五二九年、マールブルク宗教会談に参加し、ニュルンベルクとプファルツ＝ノイブルクの教会規則を作った。仮協定の影響でニュルンベルクを去り、ケーニヒスベルクで牧師になり、ケーニヒスベルク大学で神学を教えた。DBE-DBIを参照。

(56) バルタザル・フープマイヤー　一四八五年頃—一五二八年。

(57) ヨアヒム・フォン・グリュート（一五二七年没）　教師、一五一五年からチューリヒの都市文書官係、一五二一年、スイス部隊のイタリア出兵にも参加している。一五二五年、スイス兵への報酬を取り立てるためにローマに派遣されたが、教皇はグリュートを人質に、チューリヒがカトリック信仰に立ち返る条件で、支払うことを約束した。ツヴィングリの仲介役を担う一方、後には次第に心がツヴィングリから離れていったようである。HLSを参照。

(58) フリードリヒ・シュピッタ（一八五二—一九二四年）　ゲッティンゲンとエアランゲンで神学を学び、エアランゲン大学教会音楽学科の教授、シュトラースブルク大学新約聖書・実践神学教授を歴任。牧師として、また学者として礼拝の実践と研究の両面においてプロテスタント教会における教会音楽刷新運動に大いに貢献した。特に、ルターのコラールの研究、コンスタンツ宗教改革者ブラーラとツヴィックのコラールの研究をした。Wolfgang Herbst, a.a.O., S. 306-308を参照。

(59) ハインリヒ・ウティンガー（一四七〇年頃—一五三六年）　司祭、公証人。一四九六年、助祭になり、一五〇七年、チューリヒ・グロースミュンスター教会の聖堂参事会員になった。一四九九年から公証人も務め、四年後、コンスタンツ司教フーゴ・フォン・ホーエンランデンベルクの委任によりチューリヒに派遣され、二十年にわたり司教代理としてチューリヒの家庭裁判に携わり、教会の運営・法律を行使する側に立った。一五一八年にツヴィングリがアインジーデルンに招聘されたことにも彼は深く関与している。自ら著書を出版することはなかったが、彼が書いたとされる多くの公的文書を残し、学校運営や家庭裁判、聖職禄の再編成など、多くの運営委員会で活躍して、ツヴィングリとブリンガーの宗教改革を組織作りの面から支えた。Biographisch-Bibliographisches Kirchenlexikon, Bd. XVII（2000）, Sp. 1444-1448を参照。

(60) ヤーコプ・ヴィンプフェリング（一四五〇—一五二八年）　人文主義者、神学者。フライブルク、エルフルトとハイデルベルクで学び、一四七一年、ハイデルベルク大学教授になり詩学と弁証法を教え、そこで一四八一年から一四八二年まで学長も務めた。ハプスブルク家に対抗するプファルツの貴族に落胆したヴィンプフェリングは、シュレットシュタットに移り住み、シュトラースブルクを拠点にバーゼル司教の側近、ベネディクト女子修道院の司牧司祭などを務め、多岐にわたる執筆・出版活動を展開した。教会の弊害を取り除くには、教育に、とりわけ歴史とラテン語教育に力を入れなければいけないと説き、ドイツ初のドイツ歴史書と初の司教区歴史書を書いた。DBE-DBIを参照。

(61) ベアートゥス・レナーヌス（一四八五—一五四七年）　ドイツの人文主義者。パリ大学で学び、印刷技術を身につけ、シュトラースブルクで編集者として活躍した。五一一年、バーゼルへ移り住み、文献学者・編集者として出版社で働いた。彼の友人エラスムスの著書を始め、エラスムスの影響下、古典や教父たちの著作の出版にも携わるようになり、また、古代ドイツの歴史の研究をした。宗教改革に傾倒したものの、生涯、カトリック信仰に留まった。DBE-DBIを参照。

(62) コンラート・シュミート(一四七六—一五三一年) ヨハネ騎士団の騎士修道院院長。裕福な農民の子として生まれ、バーゼル大学で学び、修士号と神学リツェンツィアートを取得し、講師に任命された。一五一九年にキュスナハトで騎士修道院長になり、ツヴィングリの側近としてカッペルで戦死した。DBE-DBIを参照。

(63) コンラート・フェルディナント・マイヤー(一八二五—一八九八年) 詩人。チューリヒの名門都市貴族の息子として生まれ、心の病と、厳格な敬虔主義に傾倒する母親の教育に悩まされ、母が自死した後、作家としての才能を開花させた。スイス写実主義を代表する彼は、叙事詩『ウルリヒ・フォン・フッテン—最後の日々』(一八七二年)など、歴史に題材をとった多くの作品を書き、一九世紀に高まる愛国心を英雄たちの細やかな心理描写に投影させた。

(64) 『四都市信条』(Tetrapolitana) ツヴィングリ派の影響を受けたドイツ語圏南部の四都市シュトラースブルク、コンスタンツ、リンダウとメンミンゲンが帝国議会に提出した信仰告白。Wolfgang Reinhard, a.a.O., S. 329. を参照。

(65) ヨハネス(通常・ヨハン)ベシェンシュタイン(一四七二—一五四〇年) ヘブライ語学者。モーゼス、ロイヒリーン、カスパルの元でヘブライ語を学び、インゴルシュタットでヘブライ語と数学を教えた。ヘブライ語入門書と子供向けの数学の本を書いた。一五一八年、ヴィッテンベルクでルターと出会い、アウグスブルク、ニュルンベルク、ハイデルベルクなどを教師として転々とした。チューリヒ滞在の時、ツヴィングリにヘブライ語を教えた。DBE-DBIを参照。

(66) ヴィッテンベルク協定 本書三五二頁を参照。

(67) コンラート・ザーム(一四八三—一五三三年) 宗教改革者。シュヴァーベン地方のブラッケンハイム市の司祭を務めていたが、宗教改革に加担したため一五二四年に市から追放された。その後、ウルム市で宗教改革の運動を促進させた。神学的には、ルター派の支持から次第に改革派の支持へ回った。

カスパール・シュヴェンクフェルト

R・エメット・マックローリン

カスパール・シュヴェンクフェルト・フォン・オスィッヒ（一四八九―一五六一）は宗教改革左派の指導的人物であった。彼はゼバスティアン・フランク、トーマス・ミュンツァーおよびヨハネス・デンクと共に学者たちによって通常霊性主義者（Spiritualist）と呼ばれている。霊性主義とはここでは、キリスト教の外的諸要素（たとえば聖書、説教された言葉、あるいはサクラメント）の意義を弱め、時には否定する一つの傾向を意味している。

シュヴェンクフェルトは一四八九年一一月末か一二月初めにニーダー・シュレーズィエン(1)の祖先伝来の荘園オスィッヒ（リューベン郡の）に生まれた。家族は少なくとも一三世紀以来シュレーズィエンで有力な人々に数えられていた。カスパールは少なくとも三人の子供たちの長子であった。われわれはただ彼の二人の弟妹ハンスとアンナの名前を知っているだけである。カスパールは彼の最初の教育をリューベンと近くにあったリーグニッツの町で受けた。一五〇五年一六歳のとき彼はケルンで大学での研究を始めた。一五〇七年彼はフランクフルト・アン・デァ・オーデル大学の学籍簿に記載されている。恐らく彼はまた他の諸大学にも出席したであろう。彼が何を学んだか明らかではない。しかしそこで彼は学位をとらなかった。恐らく彼は教養学科の基礎コースの初歩に留まっていたのであろう。一五一〇年と一五一三年に相次いでミュンスターベルク・エールスのカール公爵、ブリークのゲオルク公爵とリーグニッツのフリードリッヒ公爵の宮廷に仕えた。各宮廷での勤務の詳しい年数は

カスパール・シュヴェンクフェルト
（トビアス・シュティーマの木版画にもとづく銅版画）

伝わっていない。リーグニッツのフリードリッヒ公の宮廷に滞在した時期に、次第に悪化する難聴が彼を宮廷生活から退くことを余儀なくした。

しかしすでに一五一九年には彼の人生は一つの新しい方向をとっていた。この年——ルターのライプチヒ討論の年——に三〇歳のシュヴェンクフェルトは、かつての廷臣から一人の宗教改革者にならせた、一連の神的「訪れ」の最初の出来事を体験した。ルターの使信はシュヴェンクフェルトの回心のきっかけとなった。そこから直接生じた結果は聖書への沈潜であった。こうして彼は聖書を一年以内に完全に理解することを望んで、毎日四章ずつ読んだ。

すでに一五二一年にわれわれはシュヴェンクフェルトをリーグニッツのフリードリッヒの宮廷に見出す。ルターの友人たちがルターを安全なヴァルトブルクに隠しておいた時、ヴォルムス国会後のルターの消息不明は、シュレーズィエンにおける始まったばかりの改革運動にとっては深刻な打撃だった。シュヴェンクフェルトは意気阻喪している「マルティン派」の集まりの指導を引き受けた。彼らにはまたブレスラウの将来の宗教改革者、ヨハンネス・ヘスも属していた。一五二二年の中葉シュヴェンクフェルトは、彼の君主フリードリヒをルター派訴訟に勝つために獲得することに成功した。それは非常に重大な意味があった。なぜならフリードリヒはニーダー・シュレーズィエンの地方政府長官であったから。シュレーズィエンは事実上独立した公国と領地からなるモザイクであった。その地方の全体はボヘミヤの王冠の所持者に忠誠を誓っていた。中央権力の唯一の機関は、諸侯会議、つまり独立した領地の支配者たちと、貴族と諸都市の代表の会議であった。ボヘミヤ王はこの議会の議長として、同じくまた——一般的な指針において——彼の方針の執行者としてオーバーおよびニーダー・シュレーズィエンの二人の地方政府長官を指名した。彼らは同時に王と諸身分の代表でもあった。リーグニッツのフリードリヒはルター派訴訟を守り推進するために彼の立場を利用した。

一五二四年にその結果が出た。それまでにシュヴェンクフェルトと他のルター派の人々は、ブレスラウのカトリック司教ヤーコプ・ザルツァを改宗させることを望んでいた。その教区はシュレーズィエンの大部分を包含していた。ザルツァが影響を受け入れないことが明らかになった時、人々は力による圧力に移って行った。十分の一税および他の財源のすべての支払いは一時的に中止された。教会的および世俗的権力間の闘争の予想が増大した。最終的に教職者は譲歩することを拒んだ。そして世俗的諸身分はニュールンベルクの分離を承認することによって平和を保たなければならなかった。この分離は宗教の要件を委任されたルター派によって各都市、領主あるいは君侯の手中にあると解釈された。次の諸侯会議にリーグニッツのフリードリヒは、指示を含む命令を公布した。それは、彼の領地内において「なんら追加条項もない純粋な福音」すなわちルターの教えが説教されるべきである、というものであった。ブレスラウ市はそのプロテスタント的路線を継続した。ブレスラウの司教はその地域内に、彼が世俗的領主として統治していた領地に退いた。事実上カトリック教会は多くの教会の中で地域的教会になった。

シュヴェンクフェルトは一五二四年のルター派の勝利の獲得に際して政治的にまさに積極的であった。しかしすでに一五二三年に彼の人生の道が変り始めていた。この年に彼は宮廷から彼の領地オスィッヒに退いた。彼は今や読書し、研究する多くの時を持っていた。その結果として彼の文書は純粋な神学的テーマに対する増大していく関心および問題意識を示している。また彼の宗教改革の見解が変化した。彼は今や郷士であり、もはや公爵の廷臣ではなかった。彼ともう一人の貴族ハンス・マグヌス・フォン・アクスレーベンが、一五二四年にザルツァ司教に送った手紙は、明らかにこの貴族の見解の叙述であるが侯爵の叙述ではないと考えられた。すでにこの初期の数年においてシュヴェンクフェルトは、プロテスタント運動において世俗的権威を演じていた、重要な役割が増加するのに悩まされていた。

しかし領地におけるルター的使信の道徳的および宗教的影響はさらに心配なものであった。ここでは信仰のみによる義認、予定論および意志の不自由に関するルターの教えは、農民および貴族において、同じように、更に広められた宿命論や反律法主義に発展した。シュヴェンクフェルトはその責任の大部分を、自分の無力な説教によってこの嘆かわしい状態を造るのを助けたルター派の教職に帰した。シュヴェンクフェルトは一つの論文「福音の最も重要ないくつかの条項の誤用に対する警告」において批判をまとめた。それを彼は一五二四年に成功したプロテスタント諸侯会議のすぐ後に出版した。ルター派の説教者に対するしばしば厳しい批判にもかかわらず、ここではルターの使信を守るために、ルターの教えを用いているルター派の資料を扱っている。

続く一年の間シュヴェンクフェルトの筆からはわれわれに何も知らされていない。この時期のあとの初めの資料は、一五二五年六月二三日付の一通の手紙である。それはシュヴェンクフェルトがすでに聖餐論争に巻き込まれていることを示している。アンドレアス・ボーデンシュタイン・フォン・カールシュタットは一五二四年にプロテスタント陣営の内部での見解の相違、つまり聖餐におけるキリストの現臨の否定をもって論争を開始していた。ウルリヒ・ツヴィングリは一五二五年の初めにこの問題をとりあげた。彼もまた現臨を否定した。ルターと他のヴィッテンベルクの神学者たちはそれに対して現臨の教えに留まり、それを守った。シュヴェンクフェルトはツヴィングリとカールシュタットの側に歩み出した。しかし現臨の論争に対する根拠は異なっていた。ツヴィングリもカールシュタットも、聖餐のパンと葡萄酒と、天と地におけるキリストの同時の身体的現臨が物理的に不可能であることを強調した。身体は多くの場所に同時にあることは不可能である。シュヴェンクフェルトはこの問題に別の仕方で立ち向かった。ヨハネ六章五四節「わたしの肉を食べ、わたしの血を飲む者は、永遠の命を得、わたしはその人を終りの日に復活させる」をシュヴェンクフェルトは証拠として引き合いに出して論争した。「キリストの身体と血が本当にパンと葡萄酒の中にあるとすれば、サクラメントにあずかる者は皆救われるであろう」。しかし聖餐を受けた多くの人々がキリスト教的生活を行うことはないがゆえに、明らかにそうはならない。シュヴェンクフェルトは、イスカリオテのユダを事例としてとらえ、そこから一つの記録にもとづいて異議を述べた。それは恐らく一五二五年七月か八月からの、いわゆる「一二の問題」に由来する。シュヴェンクフェルトは彼の聖餐論の発見を彼の第二の神的「訪れ」として書いた。シュヴェンクフェルトはツヴィングリと聖餐における現臨はないという考えにおいて一致していたが、彼はそれを全く対立する理由から興味ある方法で行った。ツヴィングリは現臨の論争に際してヨハネ六章六三節「肉は何の役にも立たない」にもとづいて強調した。シュヴェンクフェルトはそれに対してキリストの肉が現実に役立ったことを承認することから出発した。それはとても役立ったのだが、誰でもがそしてすべてがとらえたようには、パンと葡萄酒に含まれることができないと主張した。シュヴェンクフェルトの見解によれば、現臨に関するルターの教えはわざの義を再び導き入れ（人々はただ救われるためにサクラメントを受けていた）、それによってキリスト者を真実の内的な信仰とキリスト教的生活から引き離した。

シュヴェンクフェルトはキリストの身体と血への内的な関与を否認しなかった。反対にそれは一人のキリスト者の生活における中心的出来事であった。しかし内的食事と外的な儀式の関係は問題であった。シュヴェンクフェルトの解決は二重の人間の提示であった。すなわち内的人間が内的聖餐によって養われた。外的人間は外的（聖餐）によって養われた。外的な、可視的サクラメントは内的食事の反映として記念に仕えた。設定辞（マタイ二六章二六節、マルコ一四章二二節、ルカ二二章一九節）「これはわたしの体である」の解釈のために、ルターとツヴィングリは争った。シュヴェンクフェルトは三つの言語に通じていたヒューマニストの同僚ヴァレンティン・クラウトヴァルトに相談した。当然シュヴェンクフェルトはルターのように言葉のままに理解することを拒否した。しかし彼はツヴィングリの読み方も受け入れられないことを見出した。ツヴィングリによればそのテキストは「それは私の体を意味する」と解されていた。クラウトヴァルトの解釈はそれに対してシュヴェンクフェルトの異論を上手に調整した。「これは私の体である」は「私の体はこれである。すなわち、魂のためのパンである」を意味するはずだ。クラウトヴァルトはヨハネ六章五五節「私の肉はまことの食物、私の血はまことの飲み物だからである」を証拠として出した。ヨハネ六章五八節「これは天から降って来たパンである。先祖が食べたのに死んでしまったようなものとは違う。このパンを食べる者は永遠に生きる」。そしてヨハネ六章三五節――「私が命のパンである。わたしのもとに来る者は決して飢えることがなく、わたしを信じる者は決して渇くことがない」。クラウトヴァルトはこの解釈を一つの幻において、つまり聖霊による直接的な啓示において明らかにした。

シュヴェンクフェルトの聖餐理解とクラウトヴァルトの解釈が展開し、防衛した論文によって武装されて、シュヴェンクフェルトは一五二五年一二月にヴィッテンベルクに旅行した。彼は長い実りのない、なかでもヨハネス・ブーゲンハーゲンとの、しかしまたルターとユストゥス・ヨナスとの会談の後に、ヴィッテンベルクからの最終的な判断を待つために、シュレーズィエンに帰って行った。一五二六年四月一三日と一四日付の二通の手紙でルターとブーゲンハーゲンはシュヴェンクフェルトの聖餐理解を退けた。ルターにとってシュヴェンクフェルトとクラウトヴァルトはそれ以後、ミュンツアー、カールシュタットおよびツヴィングリと共に「熱狂派」また「サクラメント主義者」に属することになった。

ルターの弾劾にもかかわらずシュヴェンクフェルトとクラウトヴァルトはリーグニッツにおける彼らの友人や同僚と一緒に彼らの独自の改革案をさらに進展させた。シュヴェンクフェルトはすでに一五二五年九月に真実のキリスト教会はまだどこにも存在しないと確信していたので、リーグニッツの兄弟たちは（彼らの見解に従って）ほとんど異教的な住民に対してキリスト教的信仰に関する基本知識を注入するために一つの教理問答の計画を開始した。彼らはこの目的のために最も早い書き残されたプロテスタントの教理問答書を作成した。しかしこれによって教会が暫らくしてから建設されることができるので、人々は真の教会が再び建設されるまで、聖餐式の「停止」を決定することが最善であると考えた。というのはそうでなければ、サクラメントを受けた人々は食べると裁かれる危険の中に直面することになるからだった。（「主の体のことをわきまえずに飲み食いする者は、自分自身に対する裁きを飲み食いしているのです」Ｉコリント一一章二九節参照）。シュヴェンクフェルト自身一五二六年以後決して聖餐を拝受をしなかった。あるいは彼の信奉者の何人かが行ったがどうかは明らかでない。アメリカ合衆国におけるシュヴェンクフェルト派の教会は、ようやく一九世紀になってサクラメントを再開した。

実現しようと努めた教会の構造は、コンスタンティヌス以前の教会のモデルに方向づけられた。教会の会員数は地域社会の市民的人口と一致していることがあってはならなかった。教会の内部には洗礼志願者と受洗者の間の区別があった。ただ十分に教育された洗礼志願者たちと受洗者たちだけが、サクラメントを受けることが許されるべきだった。破門は洗礼志願者と受洗者の両者において、道徳の改善のために用いられるべきであった。各教会はそれぞれの教職を選ぶべきであった。このような教会によって選ばれた牧師が教会的職制と信徒から選ばれた教会役員に対してどのような関係にあるのか、全く明らかでなかった。しかしここでは分裂的分派が問題なのではなく、むしろ教会自体が問題であることが明らかであった。資料からは、シュレーズィエンのシュヴェンクフェルト派において、そのような教会を建設することが成功したかどうかはわからない。一五二九年初めのシュヴェンクフェルトのシュレーズィエンからの退去までは、いずれにせよ、そうではなかった。

一五二五年から一五二七年の間にシュヴェンクフェルトの神学は、彼がその聖餐論においてすでに告げていたように、さらにその霊性主義的傾向を発展させた。ヴァレンティン・クラウトヴァルトと共に、彼は全般的に二元論が特徴である一つの体系を発展させた。それゆえ山頂にイエス・キリスト、生きたことば、受肉したことばロゴスが立っていた。ロゴスは人間的な肉を新たにするために立っている。苦難、死、復活そして栄化によってキリストの人間的肉は霊化された。栄化されたキリストの体は、彼が神とともに生き支配している天にある。この栄化された肉の一片を受けそれによって再生を経験するとき、堕落した人間が救われる。このキリスト者は現実に二つの人間「である」。霊的な新しい内的な人間と肉的な古い外的な人間である。霊的であることは道徳的とともに形而上的立場を意味している。新しい人間は、聖なる生活を行う状況にあるだけでなく、彼は霊的でもあるかぎり、彼はまた天に住んでいるのである。というのは物質とは相違する霊は空間的にも時間的にも縛られていない。また神と天（それはしたがっていかなる現実的場所ではなく、むしろそれ以前に神の現臨である）は時間あるいは空間に縛られていない。その結果、新しい内的な人間はその自然本性によって直接に神と結びついている。

外的手段および象徴、たとえば聖書、説教された言葉およびサクラメントは内的人間の注意をそらすだけになるだろう。それらは内的人間がすでに初めから直接知っている現実を示すためだけに奉仕している。この思考構造が洗礼のサクラメントに関連づけられるとき、キリストによる内的洗礼は人間による外的な水の洗礼から区別されることになる。とはいえ外的儀礼が、もし信仰者においてすでに起こった内的出来事を示すことができるなら、それはただ一つの意味を持っていたので、シュヴェンクフェルトとクラウトヴァルトは幼児洗礼の上に信仰の洗礼を置いていた。しかし外的儀礼が現実に決定的ではなかったので、彼らは再洗礼派のように再洗礼を主張しなかった。現実には、少なくともリーグニッツで一五二〇年代の遅くには、すべての子どもは教理問答の教育の後に受洗した。子どもたちは何か特別の呼び声を感知しなかった。そして彼らは受洗した時、特別の教派においてではなく、一般的にリーグニッツの教会で洗礼を受けた。シュヴェンクフェルトの聖書と説教された言葉に対する態度は、同様に内面と外面、霊と肉の二元論によって規定されていた。聖書と説教の外的な言葉に、内的なことば、キリスト、生けることば、受肉したロゴスが対応していた。人間を教えそして救う信仰を与えたのはこの神の御言葉であり、聖書あるいは説教ではなかった。シュヴェンクフェルト自身は聖書を絶えず読んでいたし、説教を好んで聴いていた。しかし彼は、一つあるいは他のものが、新しい人間や救う信仰の成立に際して、ある役割を演じることと闘った。聖書、説教、サクラメントおよびすべての可視的な教会規定は、古い外的な人間に、彼にだけ仕えるという目的をもっていた。事実、それらは聖化の過程における手段であった。この生においていかなる人間も完全に達することはできない。それゆえ再生しなかった古い外的な人間を、神が備えた外的補助手段によって監督する必要がある。

したがってこれがシュヴェンクフェルトの神学であった。その聖書と説教された言葉とサクラメントの相対化は「霊性主義的」の特徴を表明している。それはルターに対する敵意をも明らかにしている。シュヴェンクフェルトは、彼とルターが現実にはもはや同じ福音を宣べ伝えていないことを告げるのに、約一年を要した。そのような洞察がシュヴェンクフェルトの第三の「訪れ」の基礎となった。

ブレスラウの司教とリーグニッツのフリードリッヒ公爵に宛てた手紙においてシュヴェンクフェルトは、彼のルターとの意見の相違を明らかにするために、宗教改革の経過と教会の堕落の歴史についての見解を述べた。初期の教会において国民の教師たちは外的な事柄の本来の効用と意味を理解していた。そしてそれにしたがって彼らは教区民を教育した。しかし、時が経つとこの知識は失われて行った。外的な象徴は、それらが代示しただけのものを、現実として見なすようになった。ついにミサの醜さ、祭式と善きわざの高揚同じく人間的律法と教えの増殖が真理を全く暗くした。ルターはそのとき真理のための戦いを始めた。そのさい彼は教皇制の外面性と戦うために聖書のような外面性を用いた、しかしルターはそれ以上進まなかった。彼は新しいものをその代わりに立てないでただ古いものを打倒した。宗教改革の第一段階、つまり聖書の文字の段階のあとに、今や霊の段階という第二段階が続かねばならなかった。

ルターのシュヴェンクフェルト拒否は、彼を孤独にした。ただ決して神学的にそうなのではない。シュレーズィエンは次の三つの陣営に分裂した。つまりカトリック、先頭に立った指導ではブレスラウと同盟したルター派、リーグニッツのシュヴェンクフェルト派に分裂した。一五二六年八月に当時シュレーズィエンの首長であったハンガリの王がトルコ人によってモハーチで殺された。彼の後継者は徹底したカトリック教徒であったオーストリアのフェルディナント大公であった。ルター派とカトリックはその国を「熱狂派」から解放するために、今や無言の同盟を打ち立てた。リーグニッツのフリードリッヒが、シュヴェンクフェルトとその同僚を守る可能性は、フェルディナント大公が彼から地方政府長官の職を取り上げて以来、小さくなった。一五二八年八月フェルディナントは、聖餐を攻撃したすべての異端者すなわちシュヴェンクフェルトとその信奉者を逮捕し処刑するという勅令を発令した。フリードリヒはそのとき彼の国においては一人も異端者がいないという答えを与えた。しかしながら事態は今やリーグニッツでは悪くなっていた。フリードリヒになお残されている可能性を述べた一通の手紙で、シュヴェンクフェルトは、ルター派の教えと典礼を受け入れる犠牲を払ってルター派との和平に至る考えを拒絶した。その代り彼はさまざまな困難を通して進むことを君侯に対して示した。真実の教会は未だ確立されていなかったので、敵は一度もその外的構造を攻撃することができなかった。カトリック教徒は平穏のうちにルター派を根絶したかったのだ。我々はカトリック教徒の脅しを恐れる必要はない。彼らの時代は過ぎ去った。誰も彼らをもう信用しない。シュヴェンクフェルト自身の運命はやがて彼の著作の一つがチューリヒのツイングリにより不適切で原著者の認可をえないで出版されたことによって動かしがたいものとなった。シュヴェンクフェルトにとってそこを立ち去るほうが得策であった。彼は一五二九年二月一四日にリーグニッツから出発した。しかし彼は一五二九年四月一九日まで要件を片づけるためにシュレーズィエンに留まった。シュヴェンクフェルト派に対する脅迫的迫害はトルコ軍のウィーンの包囲によってその年は避けられた。

ヴォルフガング・カピトのウルリヒ・ツヴィングリ宛の一五二九年五月一八日付の手紙は、シュヴェンクフェルトがカピトの町シュトラースブルクに近く来訪することに言及している。この帝国都市は全ドイツから来た再洗礼派と他の逸脱者らの避難場所と成っていた。シュヴェンクフェルトはそこでテオフラストス・パラケルスス、ヨハネス・カンパーヌス、アンドレアス・ボーデンシュタイン・フォン・カールシュタット、セバスティアン・フランク、メルヒオール・ホフマン、ヤコップ・カウツ、ミハエル・セルヴェトおよびリンツのハンス・ビュンダーリンと知り合いになった。シュヴェンクフェルトは彼の滞在の最初の二年間ヴォルフガング・カピトとその妻のもとで生活した。このシュレーズィエン人たちはシュトラースブルクの人々によって、ルター派と団結した者と呼ばれた。すでに一五二七年と一五二八年にはシュヴェンクフェルトとクラウトヴァルトとは、マルティン・ブツァー、カピトおよびバーゼルのヨハネス・エコランパディウスと手紙を交換していた。エコランパディウスは、自筆の推薦序文を付けてシュヴェンクフェルトの一つの著作を出版した。シュトラースブルクに送ったシュヴェンクフェルトのその他の論文は、最後にチューリヒに着いて、そこでツヴィングリがそれを出版した。この文書は同じくチューリヒの改革者による同意を示す序文を含んでいた。シュトラースブルクに到着の一か月後に印刷されたシュヴェンクフェルトの『第一弁護論』は、カピトの手紙形式の序文を含んでいた。しかしシュヴェンクフェルトのシュトラースブルクにおける五年間は、市における牧師職の確立および特にマルティン・ブツァーとの関係が次第に悪化した歴史である。この変化には、二つの理由があった。第一は、ブツァーのヴィッテンベルクとの和解政策の追求であった。キリスト教的一致への崇高な願望と並んで、カトリックによるプロテスタント脅迫の軍事的解決の恐れがブツァーを動かしていた。彼のルター的立場へのはっきりとした方向転換、特に聖餐問題のそれはもちろん気づかれないように進められた。一五三一年戦場での死の少し前に、ツヴィングリは彼らの共通の案件を裏切ったと、ブツァーを責めた。シュヴェンクフェルトもブツァーの神学的な転回について軽蔑して語った。疎遠になった第二の理由はシュトラースブルク教会を新しく組織しようとするブツァーの計画から起こって来た。それは、書かれた信仰箇条、教職の現実的統制、教会規則（破門）および多くの離教者、中でも再洗礼派をシュトラースブルクの市壁から追放することを意味していた。ブツァーは、彼の計画を遂行するために、市の参事会を拠り所としていた。信仰の問題における世俗的権威にこのように接近することはシュヴェンクフェルトによって詳細に検討され、彼がチューリヒにおけるツヴィングリの後継者ハインリヒ・ブリンガーの共働者であるレオ・ユードに宛てた一連の三通の手紙において退けられた。再洗礼派とは違って、シュヴェンクフェルトは、武器をとって戦うかそれとも世俗的な支配に仕えるかという可能性を一人のキリスト者とも争わなかった。市参事会の人々は全く善良なキリスト者であることができた。シュヴェンクフェルトはルターの「二王国説」を支持しただけではなく、彼はルター自身がそれを行ったより忠実にこの教えに従っていた。市参事会の役割は、社会における世俗的な平和を正しく保持することに制限されていた。そのことは宗教について見ると、市参事会員は教会の上にあるいは只中で権力を行使する権限はないことを意味していた。すべての市民に対してさらに礼拝の全面的な自由が保証されていた。参事会が果たすべき唯一の積極的な役割は、宗教的グループや党派が力で統一することを貫徹するのを妨げることであった。要件は最終的にシュトラースブルク教区総会（一五三三年六月三日―一四日）をあてにすることになった。ブツァーはシュトラースブルク牧師会のもとで、教えに適った統一を確立した後、彼は異なる意見の人々に立ち向かった。メルヒオール・ホフマンは終に捕らえられ、そしてその生涯の残りを監獄に引きとめられて、そこで一五四三年に死んだ。シュヴェンクフェルトも教会総会に呼び出された。起訴状には、彼がシュトラースブルクにおける福音宣教とサクラメント授与について真実のキリスト教と戦ったと書かれてあった。同じく人々は、彼がキリストの教会であることについて、シュトラースブルクの教会と戦ったことで彼を非難した。すべてのこれらの告訴は正しかった。しかしシュヴェンクフェルトは（人々が再洗礼派から受け取っていたような）市に対する強い脅迫を意図していなかったので、市から拒絶されなかった。とはいえ彼は、自らの意志で恐らく感情を安らかにするために、市を一年間離れた。一五三四年八月に彼は、シュトラースブルクを最終的に去った。なぜなら彼が受け入れるのを拒んだ新しい宗教的統治に関して黙っていることは不可能であることを見出したからである。しかしブツァーとの分裂は更に広がる結果となった。というのは、シュヴェンクフェルトへの警告を添えて、南ドイツの全市参事会員と牧師たちへ手紙の洪水を出させたのがブツァーであったからである。なお間もなくコンスタンツのアンブロシウス・ブラウラーも彼の仲間に加わった。

シュトラースブルク不在の間にシュヴェンクフェルトは南ドイツの多くの地方を訪問した。それらの地方はさらに彼の活動の中心地となった。それはハーゲナウ、ランダウ、シュパイヤー、エスリンゲン、シュテッテン、ケーンゲン、ウルム、アウグスブルク、ミンデルハイム、ケンプテン、メミンゲン、リンダウおよびイズニーである。この旅行の間、彼はノイブルクの貴族の家族トウムプの仲間と知り合った。シュヴェンクフェルトがシュトラースブルクを去った後、彼はシュトットガルトのそばのオウムプの領地ケーンゲンとシュテッテンを訪問した。彼は近くにあった都市エスリンゲンにおいて長く滞在した。大勢の人々の群れが隣接していた地方から彼あるいは彼の信奉者の説教を聞くためにやって来た。特に強力な長く続いた信奉者のグループがカンシュタットに存在していた。

その首都シュトゥットガルトがすぐ近くにあったヴュルテンベルクのウルリヒ公爵は、ようやく最近になってオーストリアの公爵領を奪還した。一四三四年六月二九日のカーデン（ボヘミヤ）の条約においてオーストリアのフェルディナントとの合意が成立していた。この合意をウルリヒはさらにプロテスタントの路線に沿って、そうはいってもアウグスブルク信仰告白の原則に従って方向づけることを許した。すべての「サクラメント主義者、再洗礼の分派、また他の新しい非キリスト教的分派」は追放されることになった。ウルリヒは一五三五年四月一五日にこの目的のために一つの勅令を出した。ヴュルテンベルクの宮廷の多くの個人的な友人たちの調停によって、シュヴェンクフェルトは個人的な面倒な困難を免れた。その中で彼を頻繁に招待したウルリヒの宮廷の侍従長であったハンス・コンラート・トウムプは、最も有力な人であった。この侍従長は一方においてブツァーとブラウラーの間の裂け目を、他方においてシュヴェンクフェルトを結びつけるために努力した。一つの話し合いが設けられ、一五三五年五月二八日にテュービンゲンで開催された。ブツァー、ブラウラーとウルムの説教者マルティン・フレヒトは、友人で信奉者のティーフェナウのヤーコップ・ヘルトに伴われていたシュヴェンクフェルトに対立していた。シュヴェンクフェルトはキリストの福音を宣べ伝えていた説教者たちと戦ったと訴えられた。彼はブツァーのヴィッテンベルクとの一致への努力に抗議し、栄光を受けたのちのキリストがまさにキリストの人間性に関してはなおも一人の被造者であるということに反対した。最後の非難はウルムのフレヒトによって申し立てられた。彼はシュヴェンクフェルトのキリスト論をめぐる論戦の火蓋を切ったグループを際立たしている。それは、シュヴェンクフェルトの死までまたそれを超えて続いた戦いであった。議長を務める三人の役職者は二つの争っていたグループに一つの平和をもたらした。つまりブツァーと他の説教者もシュヴェンクフェルトを言葉あるいは行為によって苦しめることを止めねばならなかった。それに対してシュヴェンクフェルトは職務、サクラメントおよび教会政治を批判し妨害することを、断念しなければならなかった。この一致はたとえ短期間の関係改善であったとしても、事実として現実的な関係改善に導いた。会談ののちにシュヴェンクフェルトは再びシュテッテンを訪問した。それから彼は宗教的事柄についてヘッセン方伯フィリップと会談するために、恐らくマールブルクに旅行した。シュヴェンクフェルトはフィリップと長年にわたり友好的な文通をしていた。フィリップの保護によってシュヴェンクフェルトがプロテスタントの絞首台から守られていたことは明らかであろう。

一五三五年九月にシュヴェンクフェルトはウルムに定住した。彼はこの住居を一五三九年まで保持することができた。シュヴェンクフェルトはウルムを以前すでに二回訪問していた。すなわち一五三三年と一五三四年である。彼は市長ベルンハルト・ベッセラーの親しい友人になった。そこで彼は五年間生活した。シュヴェンクフェルトは多数の影響力ある信奉者を得た。その中には多くの指導的家族出身の仲間がいた。彼はその後一五六一年にウルムの女医アガーテ・シュトライヒャーの家で死去した。シュヴェンクフェルトの主な対立者は説教者マルティン・フレヒトであった。この人はまたゼバスティアン・フランクの存在を破滅させた。市参事会は平和を保つように努力したが、フレヒトと他の説教者たちが彼らの引退をもって脅迫したので、終に一五三九年にシュヴェンクフェルトを、まだ当地に留まることが可能であったが、強制的に追放した。シュヴェンクフェルトのウルムにおける一年目は平和的であった。しかしブツァーとヴィッテンベルクの間に交わされたヴィッテンベルク協約（一五三六年）はより長い平和に対するすべての見通しを破壊した。ルター派と折り合うために、ブツァーは聖餐についてのツヴィングリ的立場を危険にさらさなければならなかった。マルティン・フレヒトは協約を支持し、ウルムに導入するために戦った。しかしここにフレヒトに対して対抗した強力なツヴィングリ派があった。そしてそれにシュヴェンクフェルトも属していた。南ドイツにおけるシュヴェンクフェルトの成果の大部分は、現臨説に対する彼の永続的な対抗にあるとされた。それで彼は、南ドイツおよびスイスの説教者とルター派の連合によって指導者を失っていた以前のツヴィングリ派から支持をえることができた。

第二の論争点はシュヴェンクフェルトのキリスト論に関してである。すでにテュービンゲン会談（一五三五年）に際してフレヒトはシュヴェンクフェルトが、栄光を受けたのちのキリストの被造性に反対したことを告発した。例外的にフレヒトは正しかった。とはいえシュヴェンクフェルトの霊肉二元論あるいは霊・物質二元論において、他の区別が同時に考えられていた。つまり創造者と被造物の区別である。受肉はシュヴェンクフェルトの見解にしたがって創造者である神をその被造者である人間から分けた深淵の橋渡しを意味した。媒介概念は十字架につけられた方であった。イエス・キリストは天においてなお人間であったが、もはや被造者ではなかった。彼は人間および神として父なる神によって十字架につけられた。最初からシュヴェンクフェルトは、キリストは彼が栄光を受けた後にはもう被造者ではなかったという見解を主張していた。しかし論争の経過において、一五三八年頃彼は「キリストは決して被造者ではなかった」というより筋の通った見解に到達した。

シュヴェンクフェルトの対立者たちは今や次のように論証する。彼はキリストの被造性を否定したことによって、キリストの人間性をも否定した、と。彼らはキリストの母であるマリアを指し示して、キリストは、もし彼が被造物マリアから生まれたのであれば、また彼も被造者でなければならない、ということを強調した。似たような議論をすでにメルヒオール・ホフマンも行っており、天的な肉に関する教えを主張するようになっていた。ホフマンによればキリストの身体は天から下って来て、そして本質も種子も彼女から受けいれることなしに、ただマリアの母胎を通り抜けて行った。ホフマンはマリアをキリストが通り抜けて行った管と比較した。シュヴェンクフェルトはしかしこの主張を退けた。彼は、キリストは事実種子と本質をマリアから受けられたこと、しかし父なる神はキリストを聖霊によって彼の神的本性に従って、また同じく、彼の人間的本性に従って生み出したのであると説明した。そしてそれにしたがって彼は神の子であって単なる被造者ではなかった。人間であることはどういう意味なのかあきらかであった。「人間」とはすでに被造者にもとづく定義を言うのか。それとも起源のあり方は、二次的な徴表、アリストテレスが言ったような偶有性であるのか。更に幅広い宗教改革の文脈においてはシュヴェンクフェルトの位置は、ルターのキリスト論により近く立っていた。ルターは（神的本性を際立たせることによって）キリストにおける二つの本性の統一を強調した。そのさいキリストの人間性の完全無欠性を確立し、それゆえ二つの本性の区別に重きを置いていた、ツヴィングリ的キリスト論よりもルターにシュヴェンクフェルトは近かった。事実南ドイツおよびスイスの神学者たち——ウルムのマルティン・フレヒト、シュヴェービッシュ・ハルのゼバスティアン・コッツィウス、コンスタンツのヨハネス・ツヴィックおよびザンクト・ガレンのヨアヒム・フォン・ワット——が、シュヴェンクフェルトのキリスト論を攻撃した。このキリスト論に関する戦いはシュヴェンクフェルトのツヴィングリ派の指導者たちとのとにかく張りつめた関係を悪化させた。彼らは、市民的地方自治体とぴったり合った、厳しく組織され規制された教会を強調し、シュヴェンクフェルトがキリスト教的自由を固執するとともに、概して一つの教会に連なることを拒んでいたことに直接反対した。シュヴェンクフェルトは今や次第に孤立させられた。一五三九年九月一三日に彼はウルムを後にしアウグスブルクとエスリンゲンに旅行した。すでに彼の出発の前にウルムの説教者たちは、シュマルカルデン同盟の神学者たちに彼らの訴訟事件を提案するという計画を立てていた。そうしてそれは一五四〇年三月に行われた。集められた神学者たちはシュヴェンクフェルトと彼の教えをフィリップ・メランヒトンの指導のもとに何ら説明を行わないで有罪判決に処した。断罪文は彼の教えに対する無知を明らかにしている。このような方法でシュヴェンクフェルトは初めて半ば公的なプロテスタントの断罪の対象になった。

ウルムからの退去のあとのシュヴェンクフェルトの旅路はまだ完全には究明されていない。彼は常に途上にあった。一五四一年秋われわれは彼をケンプテンに見出す。恐らくそこのベネディクト会修道院にいたのであろう。そこで彼は『大いなる告白』を書いている。一五四一年一二月に彼はついにフライベルク家に属していたユスティンゲンおよびオプフィンゲンの自由支配地において永続する逃れ場を見出した。次の六年間彼はおよそウルムの南西に二〇キロメートル離れているユスティンゲンを活動基地として用いた。この時期におよそ五〇冊の本を書き、また二〇〇通以上の手紙を書いた。彼のユスティンゲンの数年は著述とならんで旅行によって満たされていた。彼は、ニュールンベルクからラインまで、ひっきりなしに地方を移動し、彼の友人を訪ね、彼の挑戦者をいさめた。その際、彼は南ドイツの再洗礼派の共同体が有する隠された敵意を目覚めさせた。宗教改革が次第に政府から要求された正統性においてその形態を見出し、宗教的無関心と体制順応主義が広がっていく間に、シュヴェンクフェルトと再洗礼派は絶えず小さくなって行く宗教的非順応主義の群れの中で戦わなければならなかった。一五四二年か四三年にシュヴェンクフェルトは、再洗礼派の指導者の一人ピルグラム・マールベックと対決した。その戦いは、それによって霊性主義者シュヴェンクフェルトをマールベックと再洗礼派から分けた区別が際立つ限りにおいて本質的なものであることを示した。マールベックがシュヴェンクフェルトの徹底した二元論を拒否したことが核心をついていた。マールベックにとって霊と肉、内と外は、一つでありまた分かれることができないように互いに結びついていたし、それでそれらはしたがってマールベックにとって聖書、サクラメントおよび外的な教会は一つの霊的な重さをもっていた。これに対しシュヴェンクフェルトは闘い反論した。それにもとづいてマールベックと再洗礼派は書かれた御言葉と目に見えるサクラメントを中心にして目に見えるように集められた信徒の教会をあくまでも主張した。

シュヴェンクフェルトのユスティンゲンにおける平和な逃避の年々は、一五四七年の初めの数か月で終った。皇帝カール五世が一五四七年一月一八日にシュマルカルデン戦争におけるプロテスタントに対する勝利の後に近くにあったウルムにやって来た。その後間もなくユスティンゲンの資産と居城は占領され、シュヴェンクフェルトは逃げなければならなかった。フライベルク家は彼らの財産をようやく一五四九年に取り戻した。シュヴェンクフェルトは差し当たってエスリンゲンのフランチェスコ会修道院に避難場所を見出した。そこで彼はエリアンダーの名前のもとに、招待してくれた人たちに知られることなく一五五〇年まで身を隠していた。彼の著作の多くはウルムにおける彼の逃避の年々の間に発表された。それらは没収されたが、ようやく一五五〇年には再発行された。一五五〇年から一五五二年まで、再カトリック化という試みを伴った暫定措置の失敗に付随した、全般的な不安定さのおかげで、シュヴェンクフェルトは再びいくらか多く旅する自由を得た。パッサウ協定（一五五二年）はこの自由を終らせた、なぜならそれはプロテスタント的教会規則の再確立を許したからである。シュヴェンクフェルトおよび彼の信奉者に対する迫害の時代はそこから起こってきた。一五五四年ヴュルテンベルク公爵クリストフのシュヴェンクフェルトとその信奉者の逮捕を命じた指令が出された。ほぼ同じ時にアウグスブルク市参事会は市の裁判権の範囲においてシュヴェンクフェルト派に対して攻撃を加えた。ラインランドのプファルツは一五五六年に同様にシュヴェンクフェルトに対して閉ざされた。このようなすべての措置の結果、シュヴェンクフェルトは彼の生涯の残りをひそかに過ごさねばならなかった。彼は今や絶え間なく旅の途次にあってメミンゲンやユスティンゲン、ウルム、カウフボイレンやその他の諸都市や諸城に滞在した。そういう所で彼の友人や信奉者は彼に宿を提供することができた。

シュヴェンクフェルトの生涯における最後の大きな論争は、マティアス・フラキウス・イリリクスとのそれであった。それは一五五三年に始まり六年間続いた。シュヴェンクフェルトは一四冊の本をフラキウスだけに対決して書いた。論争の中心点として堕落した人間の義認と救済に際して、聖書と説教された御言葉の役割があった。シュヴェンクフェルトは外的言葉に対しその一つ一つの意味と闘い、その代わり人間の魂へとキリストが直接介入することを強調した。フラキウスはそれに対して聖書を通してキリストの恵みが仲介することを強く主張した。その際また再び建てられたばかりのドイツのプロテスタント教会の権力や安定性が賭けられていた。シュヴェンクフェルトの教えは全体として確立された教会を二次的な意義の位置に引き下げるように思われた。

シュヴェンクフェルトの辛苦のすべては一五六一年一二月一〇日のウルムでの死と共に終った。それでもって彼の影響がなくなったわけでは決してない。彼は多くの信奉者を後に残した。南ドイツでは都市や地方に、シュトラースブルク、シュトゥットガルト、エスリンゲン、ウルム、アウグスブルク、ニュールンベルクおよびメミンゲンにおいて——単にそのいくつかを挙げるだけだが共同体や集会があった。このような集会の特徴は聖書講義、祈りまた相互に交わされる訓戒や慰めであった。実際にはここでは以前から教会としての集団より学習グループが問題である。たとえ彼らがふだんは聖餐式から離れていたとしても、規定上はその土地の教会の構成員として残った。彼らは大体静寂主義的であった、また以前から、殉教をめざして努めるよりも、それを避けていた。驚いた政府はその運動を鎮めるために首尾よく色々と試みた。三十年戦争はやがてこのシュヴェンクフェルト派の共同体の中でなお残っていたものを、どうやら破壊したらしい。シュレーズィエンではシュヴェンクフェルト派は一六世紀初期においてはひとつの強力な民衆運動であった。しかしルター派とカトリック側の迫害によって彼らの数は次第に減少した。一七三四年五〇〇人のシュヴェンクフェルト派の人たちがアメリカに逃れた。彼らの集会は今なおペンシルヴァニア州に生き続けている。二〇世紀が経過する間に彼らはシュヴェンクフェルトの全集を出版した。シュレーズィエンのシュヴェンクフェルト派の最後の人は一八二六年にシュレーズィエンのハーパースドルフで死んだ。

しかしシュヴェンクフェルトの影響は決してシュヴェンクフェルト派の集会に限定されなかった。彼の一生において彼はかなりの量の書物や論文や手紙を著した。彼の死後彼の信奉者はそのうちから四巻の二つ折り本を出版した（一五六四—一五七〇）。印刷が禁じられたとき、さらに四巻が準備されていた。シュヴェンクフェルト全集（Corpus Schwenckfeldianorum）の編集者が後に発見したように、シュヴェンクフェルトの著作の写しがドイツの到る所で、イギリスで、オランダとスウェーデンで見つかった。そこでは一五三六年以後シュヴェンクフェルトの著作の多くは、もはや彼の名前が付けられていなかったので、多くの彼の著作はだれが真の著者であったか、知ることなしに、読まれていた。

彼がその著者であることを知っていた、他の人たちはそれを報復措置を恐れて名前を付けないで引用した。二つの運動は――一つはイギリスにおいて、他のものはドイツで――充分明らかにシュヴェンクフェルトの遺産に歩み寄っているように思われる。イギリスではクエーカーが明らかに直接的にか間接的にシュヴェンクフェルトの思想によって影響されていた。イギリスのヴァイガンのリンデシア図書館（Bibliotheca Lindesiana）はシュヴェンクフェルトの著作の大きなコレクションを持っている。ドイツでは個々の宗教家、たとえばヨーハン・アルント（一五五五―一六二一）、ヴァレンティン・ヴァイゲル（一五三三―一五八八）およびフィリップ・ヤーコップ・シュペーナー（一六三五―一七〇五）のような人々は、シュヴェンクフェルトから影響をとどめる仕方で学んだのである。――彼らの著作がそれを示している。敬虔主義的運動ととても密接に結びついていた都市、ザーレ川畔のハレの図書館は、今日もなおシュヴェンクフェルトの多くの著作を所有している。

（嶺　尚訳）

訳注

（1）　シュレーズィエンはシレジアとも言われるが、一九四五年までドイツ領であったが、現在はポーランドに属している。

トーマス・ミュンツァー

ジークフリート・ブロイアー、ハンス＝ユルゲン・ゲルツ

トーマス・ミュンツァーに対する評価は以前から大きく揺れ動いてきたが、現在もまだ定まるに至っていない。ミュンツァーは、「不穏な熱狂主義者」あるいは「危険な狂人」（G・R・エルトン）として厳しく非難される一方で、また、「社会的な正義のために戦った献身的な戦士」（M・ベンジング）として誉れ高き地位を保ってきたのである。彼が教会や社会という身体に刺し込んだ棘は明らかにその奥深くに留まっているようであり、そのために現在でもそこに触れればたちまちのうちに傷が痛みだすのである。そして、彼が絶望的な状況の中で人々の心の中に呼び覚ました希望、すなわち、「民衆は自由になり、神がその唯一の主人となられる」（343）という希望は、人々の生活において大きな意味を持つものであり、それゆえに現在でもそれが捨て去られることはないのである。おそらく、これらのことは、ミュンツァーの影響史や解釈史において現在に至るまで繰り返されてきた諸々の極端な反応について説明してくれるであろう。そして、これらの極端な反応が、また、トーマス・ミュンツァーの歴史的実像に接近することを困難にしているのである。ミュンツァーが何を望んだのか、彼はどんな人物であったのか、これらの問いの答えを探ることが本稿の第一の課題である。したがって、ミュンツァーが今日の人々に何を訴えかけるのか、ということについての考察は、無視することは不適切だとしても、これまでの極めて均衡を欠いた解釈史の経験に立てば、少々控えねばならないであろう。

アルシュテットの説教家トマス・ミュンツァー

I　ツヴィカウとプラハでの初期の経歴

成長期初期のミュンツァーについて分かっていることはわずかである。確認できるのは、彼がシュトルベルクの有産市民階層の出身であり、おそらく、一四九〇年頃に生まれ、北ハルツ地方で成長したということを示す資料のみである。これ以外で言われていることのほとんどは伝説にすぎない。ミュンツァーは、一五〇六年からライプチヒで、一五一二年にフランクフルト・アン・デア・オーデルで学んだ。そして、まず、教師として職に就いた後、さまざまな女子修道院で司牧者として働いた。宗教改革が始まって間もなく、ミュンツァーはヴィッテンベルクに滞在し、ルターや彼の同僚たちと親交を持った。そして、一五一九年初頭、彼はユーテルボークのルター主義の説教者として、ようやく世間に知られる存在となった。彼は、鋭い語り口で教皇や司教、そして中世の教会の慣習を批判したが、中でも、フランシスコ会の修道士たちを厳しく攻撃した。ルターはミュンツァーを支持し、一年後、彼を宗教改革派の説教者としてザクセン選帝侯領の重要な都市ツヴィカウに推薦した。ツヴィカウの住民の大半は公然と宗教改革を支持していた。ここでミュンツァーは、説教者、シルヴィーウス・エグラーヌスの代理を務めることになった。この説教者は、著名な学者たちを訪ねるべくかなり長期の旅行を予定していたのである。彼は、住民たちから、そして、さらに市参事会から多大の支持を得て、一五二〇年初頭、ツヴィカウで就任した当初から、またもや有力なフランシスコ会の修道士たちに立ち向かうこととなった。修道士たちはこれに防戦し、教会の政治情勢を利用してミュンツァーに対抗しようとした。こうした中で、ミュンツァーは自分の職務への極めて独自の関わりを育み、自己の運命が宗教改革の仕事と、いや、まさに神の業と固く結びついていると考えるようになっていた。彼はヴィッテンベルクに宛てて、「私が行っているのは、私の仕事ではなく神の仕事である」と書き送っているのである。

間もなく、もう一つの前線でミュンツァーの戦いが始まり、この戦いは彼にとってどんどん深刻なものとなっていった。つまり、ローマ教会勢力からの抵抗に加えて、新たに、宗教改革に共感はするものの、その目的を、従来の教会による重大な弊害を廃することのみに限定する人々からの抵抗が日増しに強くなってきたのである。この慎重な改革者たちは、町に帰還したエグラヌスの周りに集う人々であり、彼らの信仰の理解はルターよりも、ロッテルダムのエラスムスに近いものであった。こうした人々との対立の発端と経過についての詳細は正確に伝えられていないが、しかし、何れにしても、神学的な問題と同時に、教会体制の、いや、市の体制全体の刷新の問題が、常に重大な争点となっていたと思われる。そして、ミュンツァーを支持したのは、個々の悪癖の排除のみで満足しようとしない人々であり、おそらく、彼らは、すでに新しい共同体の創設を考えていたと思われる。しかし、ミュンツァーの支持者は、一部の特定の市民層に限定されていたわけではなく、それは、彼がカタリナ教会へと転任した時にもそうであった。彼の支持者には、貧しい市民層の人々、特に織工たちと共に、市の上層階級に属する人々や市参事会員たちが含まれていたのである。

一五二一年初頭、ツヴィカウにおけるこの対立はますます先鋭化していった。ヴィッテンベルクの仲間たちが仲裁を試みたが、その甲斐もなく、調停の後、一五二一年四月中旬、ミュンツァーは市参事会から解雇を通告された。こういった中で武装した織工たちが市の書記の家に集まるという事態になり、即刻、市参事会と選帝侯の地方官が踏み込んで、僅かの間に五六人の織工を逮捕した。ミュンツァー自身は、二年後、ルターに対して、この事態が全く自分の意図したものではなかったと書き記している。つまり、「もし、私にツヴィカウの騒ぎの責任を負わせようとしても、盲目の支配者たち以外のすべての人々は、私がこの騒動の間、風呂場にいて、私にはそんなことは全く考えの及ばぬことであったということを知っているのです。そして、もし、私が止めなかったら、翌日の夜には、市参事会員の全員が殺されていたことでしょう」と。しかし、この反乱の意気込みがどの程度の強さのものであり、また、社会的な要求と宗教的な要求がどの程度に結びついていたのか、そして、ミュンツァーが実際のところこの試みにどう係わっていたのかについては、資料が残っていない今となっては、完全に明らかにされることはないと思われる。ツヴィカウで解雇された時、ミュンツァーは自分の給与の残りを受け取っているが、その際、彼は領収書の署名に次のような言葉を付け加えている。「この世で真理のために戦う者……」（564）と。これに続く数週間の彼の言葉は、明らかに、当時、彼が身命をなげうっての宣教活動によって神の真理のために戦う考えであったことを示している。彼は、自分にたいする新たな迫害を、いや、それどころか、暴力による自分の最期さえも考えていたのである。反キリストの時代が始まった今、彼の説くイエスの十字架の模倣は、いや、そもそも、神の意志は、殉教への心構えによって最もよく証明されるのである。すでにツヴィカウにおいて、ミュンツァーは、彼の支持者たちによって神の従者たる預言者として見られていたが、今や、彼自ら、初めて自分の筆で明白に自分にその役割を求めている。つまり、ツヴィカウの牧師、ニコラウス・ハウスマンに宛てた手紙の中で、彼は、自分を「神の選ばれた者たちの従者」（371）と記しているのである。

ツヴィカウでの活動の後、ミュンツァーは、何度もボヘミアを訪れるようになるが、この時期についての資料として、一五二一年の秋にミュンツァーがプラハの人々に呼びかけた内容を示すある重要な文書がいくつかの版で残されている。それは、『プラハ・マニフェスト』と呼ばれており、その中では、反教権主義的な攻撃と神秘主義思想、そして終末待望とが混ざり合い、渦巻いている。それは副次的なパンフレットではなく、ミュンツァーの神学の根本的な特徴を示す記録文献に他ならない。彼は、公認の教会における聖職者たちの職務の正当性を否定する。それは、彼らが、神の生きた言葉を聞いたことがないからであり、そして、羊たちがよき羊飼いの言葉を聞くように気を配ることがないからである。また、彼は、「いかにして聖なる不屈のキリスト教信仰が基礎づけられるのか」（495）について、誰よりも深く理解するために、あらん限りの情熱を注いできたことを告白する。この信仰は、魂が苦痛に満ちた内面の苦悩の中で被造物への従属と欲求から浄化された時、「魂の根底」[1]で生まれる神の言葉を根拠とするのである。これは、ミュンツァーが、ドイツ神秘主義の隠喩を用いて繰り返し語る救済過程を簡略に言い換えたものである。これは、神の業を受け止めることで「信仰の到来」へと至る過程であり、これによって人間は新たな「秩序」の中に置かれるのである。しかし、この「秩序」の奥義について、坊主たちが語るのを、いや、彼らが小声で「ささやく」のをすら、まだ誰も聞いたことはないのである。それは、天地創造の時に、「あらゆる被造物に定められた神の秩序」（491）であり、堕罪によって人間はその秩序から堕落し、被造物への従属の状態に陥ったのである。したがって、人間が自分の神的な起源から離れている限り、彼は、人間どうしの従属と抑圧の関係において、神の意図した秩序を逆転させているのである。しかし、この起源の秩序が、そして、それとともに、神が主人である関係が再び創造されるならば、ミュンツァーがボヘミアの人々に約束するように、早晩「この世の国」は選ばれた人々に受け渡されることになるのである。

ミュンツァーは、すでにツヴィカウ時代の終わり頃に、キリストの業を信じよという現在行われている宗教改革の要求が一方的であって十分ではないという確信に至っていたのかもしれない。彼は、それが人々の心を深淵においてあまりにも僅かにしか捕えておらず、また、人々の心をあまりにも僅かにしか変革していないのではないかと、そして、それが人々にとって信仰をあまりにも安易なものとしてしまっているのではないかと疑っていたと思われる。彼は、司牧者として、宗教改革の最初の熱狂の後においても、いかに多くの者が古い信仰にとどまっているのかを見て、苦しんだのである。現在、信仰を求める人々に、そして、悩める人々に、いかにしたら実際に信仰に至ることができるのかを教える者がいないということは、彼にとって苦痛以外の何物でもなかった。そして、ミュンツァーは、とりわけこの事を深刻な問題として受け止めたのである。また、司牧者のこの決定的な使命をヴィッテンベルクの宗教改革者たちも放棄しているという確信が彼の中で強まっていったのであり、そしてそれは、彼にとって、キリストと使徒たちの時代の後、間もなく新たに始まった神からの堕落の歴史が、今やその極みに近づいているということを意味していたのである。しかし、それはまた、同時に、神からの反対の働きかけが新たに始まることを意味していた。それは、慈悲深い罰であり、信仰を求める人々（選ばれた人々）の、頑なな人々（瀆神の者たち）からの分離で始まる神の裁きに他ならい。神の裁きと浄化された新たな教会の時代は目前に迫っており、それゆえに、神は、救済史におけるかつての時代と同様に、今や再び、自分の使者たちと預言者たちを呼び出したのである。彼らは、神の判決を告知し、選ばれた人々を瀆神の者たちから分離すべく努め、そして、彼らを真の信仰へと導く使命を帯びている。『プラハ・マニフェスト』の中には、ミュンツァーのこういった預言者としての使命感がすでに明白に表れているのである。「刈り入れの時がやって来た。それゆえに、神ご自身が私をご自分の刈り入れのために雇われたのである。私は自分の鎌を研ぎあげた。私の心は真理を求めて激しく燃えており、私の唇は、肌は、両手は、髪は、魂は、身体は、命は、不信仰な人々を呪っているのである。」（504）こういった使命感が何に由来するものなのかは分かっていないが、おそらく、ミュンツァーは考えた――の途上で、まさに信仰に至る過程――これがすべてのキリスト者にとって不可欠であるとミュンツァー自身が、信仰を抑えようのない新たな神の確信に至ったものと思われる。そして、ミュンツァーが受けた数々の攻撃は、彼のこの確信を堅固なものとしたと考えられるのである。

ミュンツァーの使命感は、彼の経験した信仰に至る過程に由来するものと思われるが、彼の告知した内容は、また、同時に、彼が当時の人々と同様に抱いていた終末意識によって根本的に方向づけられていた。この点で、彼の告知は普遍的な次元へと広がっており、被造物の全体を包摂するものとなっている。キリストが支配の座に就く時、いや、それに先立って、支配が選ばれた人々に委ねられる時、神が一部分の被造物では満足しないことが最終的に明らかとなる。神は被造物のすべてを自分の秩序の中に引き戻すことを欲しているのである。そして、それは、神の秩序に逆らう人々に対する裁きをもって始まるのである。『プラハ・マニフェスト』において、ミュンツァーは、まだ、トルコ人にこの裁きの執行人となる可能性を見ており、もうすでにトルコ人を、ほとんど千年王国主義と言ってもいい思考に結び付けている。「この忠告を侮るものは、もうすでにトルコ人の手に引き渡されているのである。彼らが荒れ狂うように大暴れした後、キリストの対局である本当の反キリストたる者が自ら統治するであろう。そして、間もなく、キリストがこの世の国を彼の選ばれた人々に永遠に与えるであろう」(504)と。ここで初めて、ミュンツァーは、ダニエル書七・二七にあるように、神が、自分を信仰する民衆に支配を委ねるという思想に至ったのである。また、ここでは、すでに、使徒たちの模範に従って浄化された全く新しい教会がこのために必要不可欠であるとされているが、ミュンツァーは、この教会の役割を、基本的に、もはやヴィッテンベルク主導の宗教改革には期待していなかった。ミュンツァーは、プラハの人々に「あなた方の国で、新しい使徒たちの教会が始まり、その後、全世界に拡がるであろう」(504)と語りかけるのである。

しかし、プラハの人々の状況判断は違っていた。ミュンツァーは、その使命を果たすことなく、ボヘミアの地を後にしなければならなかった。また、この後、一年半足らずの間、彼のメッセージが大きな反響を呼んだ所はどこにもなかった。この間、おそらく、彼は、活動すべく訪れた地を、わずかの間で、そして、多くの場合、強制的に去らねばならなかったものと思われる。しかしノルドハウゼン、ハレ、そして、おそらく、シュトルベルクにも、彼は、自分の支持者たちの小集団を残したものと思われる。

また、ミュンツァーは、かつて共に戦ったヴィッテンベルクの仲間たちの協力を、まだ完全には断念していなかった。彼は、彼らを批判しながら、彼らの協力を求めている。「あなた方の君主にへつらってはいけない。そうしないと、あなた方は、身を滅ぼすことになろう」(381)と。しかし、こういった接近の試みがうまくいくことはなく、一年後、ルターに自分の考えへの理解を再度求めたが失敗し、それが最後となった。そしてこの頃、すでにミュンツァーは、ザクセン選帝侯領の小さな農耕都市であるアルシュテットの説教者となっていた。

Ⅱ　アルシュテットの礼拝改革と「選ばれた人々の同盟」

ミュンツァーは、一五二三年の春から一五二四年の秋まで、アルシュテットに滞在した。この時期、この都市には推定で約一二〇〇家族の住民が居住しており、部分的に極めて著しい社会的分化が見られた。おそらく、アルシュテットの人々は、すでに宗教改革に関心を抱いていたと思われるが、正確なことは分かっていない。一五二三年の復活祭の少し前に、ミュンツァーは、新市街教会の説教者としてやってきた。彼は、ここで一年あまり、神の意志についての自分の理解を述べ伝え、そして、アルシュテットの人々を、また、周辺地域の多数の市民や農民を、選ばれた人々の共同体へと組織する機会を手にしたのである。まず、彼は教会の改革に着手した。彼は、誰よりも早く、福音として受け入れられない部分を除いて、ラテン語ミサを完全にドイツ語に訳し、この新しい礼拝規程を印刷に回した。また、聖職者の聖務日課から日々の週礼拝のための定式をまとめあげ、これを印刷した。彼は、よく知られたラテン語の聖歌を翻訳し、ルターに先駆けて、会衆の聖歌を礼拝の確固たる要素としたのである。礼拝の改革は、宗教改革全体の中でも重要な要素であった。「もし、熱意のある、倦むことのない神の僕が日々、歌と朗読と説教によって聖書の思想を広めるのでないならば、哀れで、惨めで、崩壊したキリスト教会には忠告も救援も与えることはできないということを知らねばならない。」(242) ミュンツァーの行った礼拝は人気があり、遠くからやって来る者もいたのである。

ミュンツァーの礼拝改革が、社会的な領域にどの程度、係わるものであったのかは、もはや解明できないが、彼が、自分の信仰理解に基づいた社会生活の刷新を考えていたことは確かである。彼は、貴族出身の修道女、オッティリエ・フォン・ゲルゼンと結婚し、家庭を築いた。他の地域と同じように、近隣の女子修道院でも、救貧のために、税が廃止されたが、もちろん、この措置は、選帝侯に女子修道院長が抗議して、すぐに再び取り消されることとなった。ミュンツァーは、最初に印刷された自分の著書の中で、自分の活動の当面の目的を次のように述べている。「私の企図によって、私は、福音に立つ説教者の教えがよりよいものとなるようにしたいと思うのであり、また、これに対して後ろ向きであり、遅れているローマ教会の兄弟たちも軽蔑するつもりはない」(240) と。この時期のミュンツァーは、終始、こうした広い視野に立った課題に専心しているのである。

したがって、アルシュテットでは、ほとんど、裁きとキリストの支配への準備という目的が後退してしまったかのように思われるが、しかし、それは間違いである。彼の故郷であるシュトルベルクの先進的な改革勢力による変革の歩みが遅すぎるとき、ミュンツァーは、公開書簡――これは、印刷された彼の最初の文書であると思われる――を記して彼らに呼び掛けたのである。ミュンツァーは、彼らをこう非難する。「君たちは、酔っ払っている時には多くのことを語るが、しらふの時には、臆病者のように怯えるのである」（24）と。彼らは、自分たちが困難な状況にある時には、神がすぐに助けに来てくれると思っている。彼らは、多くのキリスト教徒と同様に、ミュンツァーが「霊の窮乏」(2)と呼ぶ十字架の模倣を避けているのであり、この点において、根本的な真理を見逃しているのである。その真理とはこうである。つまり、「霊の窮乏がなければ、キリストの統治が始まることは全く不可能である。たとえ、頑なな人の中でそれが始まったとしても、それは、間違いなく、再び消えていってしまうのである。キリストの真の統治は、世界の虚栄がすべて暴露された後に実現されるのであり、その時には、主が来られて統治し、暴君たちを地面に叩きつけるのである。」（21）ミュンツァーがこう書いたのは一五二三年の夏であるが、ここで、初めて明確に次のような懸念がわいてくるだろう。それは、不浄な手が、つまり、真の信仰の確信や苦悩への覚悟、そして聖霊による導きではなく、人への畏れや我欲、忍耐のなさや苦悩への尻ごみが、神の新しい全世界的な仕事に関与してしまうことへの懸念である。この懸念は、ミュンツァーを最期の時まで悩ませ続けた。しかし、それは、予想外の出来事や社会状況全体の進展によって繰り返し背後に押しやられたのである。

間も無く、周辺地域のカトリックの領主たちが対抗措置を講じた。彼らは、アルシュテットの「異端的な」礼拝へ通うことを領民たちに禁じ、しばらくすると、暴力を使って、この禁令を守らせようとしたのである。ミュンツァーは、これに対して、当初、説教壇から戦ったが、一五二三年の秋、すでに選帝侯の介入が必至の情勢となった時、ミュンツァーは、すぐさま、期待を抱いて選帝侯に事の展開について自分の見解を説明したのであった。彼は、エレミア書一・一八及びエゼキエル書一三・五にあるように、怯えている信仰者たちの前に堅固な壁として身を投じる神の僕として、自分が特別に召命されたと主張し、さらに、ローマ書一三章に基づいて、君主たちの使命について述べている。ミュンツァーは、支配者に対する信仰者の従順を主張するルターとは異なって、敬虔な人々を保護するという支配者たちの使命を主張するのであり、さらに、選帝侯に、君主たちが決して最も偉大な存在ではないという自分の確信を隠してはおかなかった。いつの日か彼らから例外なく剣が取り上げられ、ダニエル書七・二七にあるように、瀆神の者たちを滅ぼすために、それは真の信仰者たる民衆に与えられるのである。そして、この書簡の結びの部分でミュンツァーは、救世主が、「その怒りの日に（自ら羊を飼おうと望まれて、野獣をその群れから追い払われるのであり、）……王たちを慈悲深く打ち滅ぼされるのです。詩篇一〇九、エゼキエル書三四章」(397) という君主たちの将来についての全般的な叙述に続けて、即座に、選帝侯に、勇敢になり、神が望んでいる保護者としての自分の役割を認識するよう要求したのであった。

その後、九か月の間、ミュンツァーは、繰り返し選帝侯とその弟のヨハン公に、神が彼らに与えた役割を認識するよう攻め立てた。そうすることによってのみ、手に負えない反乱の機先を制することができると。この中で最もよく知られているのが、ミュンツァーが一五二四年の七月一三日にアルシュテット城で、ヨハン公とその息子ヨハン・フリードリヒ、そして、選帝侯権力のその他の重鎮たちの前で行ったダニエル書二章についての説教である。この、いわゆる『御前説教』においても、彼は統治者たちに福音を勇敢に引き受けるように要求しているのである。ミュンツァーは、彼らに、聖書に基づいて、以下のことを明らかにしようとする。つまり、現在、聖職者であれ、学者たちであれ、支配者たちであれ、敬虔な人々が信仰することを許そうとしない悪党たちは、神の領分を侵しているのである。神の目から見れば、彼らは瀆神の者たちに他ならないのであり、そして、こういった神を畏れぬ者たちは、分離の時、すなわち、裁きの始まりの時が来たならば、全く生きる権利を持たないのである。しかし、この時、まだ、ミュンツァーは、敵対者全員の無条件の抹殺や社会全体に及ぶ反乱を考えていたわけではなかった。むしろ、彼は、全く逆に、措置ができる限り穏やかな形で遂行されるべきだと考えていた。彼はこの説教の最終部分でこう述べている。「しかし、こういったことが、ただ、誠実なやり方で、正しく進められるためには、我らと共にキリストへの信仰を表明する我らが気高き父たる君主たちがこれを行わねばなりません。しかし、彼らがこれを行わない場合には、彼らから剣が取り上げられることとなるでしょう。ダニエル書七章……しかし、彼ら〔＝敵〕が、神の啓示に背かないよう、私は、敬虔なるダニエルと共に、彼らのために祈ります。しかしながら、彼らが反対のことをするのであれば、バールの祭司どもを殺害したヒゼキア、ヨシュア、キュロス、ダニエル、エリア（列王記上一八章）といった人々のように、全く憐れむことなく彼らを絞め殺さねばならないのです。他に、キリスト教会が再びその起源の状態を取り戻す方法はないのです」(261)。

この点でルターの考え方は違っていた。彼は、ミュンツァーの活動を、悪魔が宗教改革を壊滅させるために巧妙に仕組んだ新たな企み以外の何物でもないと考えていた。ルターは、優れた同僚たち（ヨハン・ランク、ユストゥス・ヨナス）を通じて何度もミュンツァーに、その企てや計画を思いとどまらせようと試みたが、それが失敗した後の一五二四年夏、『反乱を起こす霊に関してザクセンの君主たちに宛てた手紙』の中で、ミュンツァーに対する自分の見解を人々に表明したのだった。今や、間近に迫ったあらゆる物事の変革とそのために不可欠な備えを呼び掛けるミュンツァーは、最終的に、ルターとカトリックの支配者たちという二つの陣営の間に立っていた。カトリックの支配者たちの側からの圧力は、日増しに強くなっていた。ミュンツァーは、当地の選帝侯の官吏に対して、アルシュテット近隣の自分の支持者たちに対する彼らの暴力的なやり方は、彼らの弱さのしるしだと述べている。「暴君のすることのすべてが単なる恐怖と自暴自棄によるものでしかないということは、私には十分に分かっています。……今、世界の変革が始まろうとしていることを考えてください（ダニエル書二章）」(420)。

しかし、ミュンツァーは、また、キリスト教会に、まだ、その準備ができていないうちは、すなわち、まだ、キリスト教会が「被造物に強固に」（421）執着しているうちは、その時はやって来ないということを確信していた。彼は、真の信仰のための共同体の準備にさらに力を注ぐ傍ら、防衛策をとって、ある種の防衛同盟を創設した。婦人たちも武装し、ミュンツァーの夫人もこれに深く係わった。ミュンツァーは、また、他の地域の支持者たちや同調者たちとの援助同盟を創設しようと努めたが、カールシュタットとオーラミュンデの共同体からは断りの返事がきた。そして、さらに、ザクセンの宗教改革派の君主たちも、ミュンツァーと行動を共にすることを拒否したのであった。ルターの働きかけと、ザクセンのゲオルク公による圧力のもとで、彼らは、一五二四年の八月初め、ミュンツァーの活動を阻止すべく、断固たる措置を講じ、ミュンツァーは、ワイマールの法廷で審問を受けることとなった。彼に科せられた処置の中でも、アルシュテットの印刷所の閉鎖と同盟の解消は、最も大きな打撃を彼に与えたと思われる。すでに、これに先立つ数日、ミュンツァーの支持者たちがますます苦境に陥る中で、福音主義の君主たちが、信仰のために逃亡しアルシュテットに滞在していた人々を、求められるままに引き渡そうとした時、ミュンツァーは憤怒してこう述べた。「もし、領主たちが、キリスト教信仰に反する行いをしていないとすれば、それはまさに正当だと言えるでしょう。しかし、今や、彼らは、信仰に反しているだけでなく、さらに自然法にも反して行動しているのです。したがって、彼らは、犬のように絞め殺されねばならないのです」と。また、彼は激昂してこう付け加えている。「彼ら〔＝統治者たち〕がキリスト教信仰について全く何も考えていないことは、極めて明白なのです。したがって、彼らの権力は、終わりを迎えようとしているのであり、それは、近いうちに平民に与えられるのです」（417）と。人々の流血なく変革が実現されることへの彼の期待は、ここに潰えたのである（414）。

この時期に、多くの人々の流血が避けられないであろうと考えたのは、ミュンツァーだけではなかった。一五二四年の夏には、南西ドイツの農民と市民たちのもとで、そういった考えがすでに湧き上がっていた。当初、蜂起は、最初のうちは、まだ、限られた地域でのみ始まったが、それらはその後の長い反乱の連鎖の始まりに過ぎなかった。経済的、社会的、法的変動が、人々を反乱へと駆り立てる誘因となっていた。宗教改革はその推進力に新たに弾みをつけたのである。古い結びつきの崩壊はますます顕著となり、広範な領域で諸関係の新たな秩序化が不可欠であると思われた。ミュンツァーは社会的領域全体の経過を鋭敏に察知していた。しかし、アルシュテットの市参事会が一五二四年の八月初めに近隣の領主たちの要求に屈し、彼から距離を置こうとした時、彼はそれを阻止することはできなかった。結局、彼は、密かに街を抜け出し、アルシュテットの人々に、「教会が怒りの炎によって奮い立たされるまで」自分が、また、「他の人々」のためにも活動せねばならないことを知らせたのである。

Ⅲ　農民戦争への道

ミュンツァーが当面、共に神の怒りの炎をかき起こそうとした他の人々とは、テューリンゲンの帝国都市ミュールハウゼンの住民のことであった。ミュールハウゼンでは、すでに一年ほど前から、元修道士のハインリヒ・プファイファーが、進歩的な市民勢力と共に市の上層階級に対する社会革命的な運動を導いていた。ミュンツァーは、数週間でこの地に足場を固め、この運動を共に推し進めることに成功した。一五二四年の九月、市の体制を変革するための理念がミュールハウゼン十一箇条として書き記された。この内容には、明らかにミュンツァーの影響を見て取ることができる。おそらく、この時、すでにミュンツァーは「神の永遠の同盟」を設立していたと思われるが、これを彼は、アルシュテットのものよりも軍隊としての性格を強く持った同盟に組織していた。しかしながら、まだ彼は、戦いのない権力諸関係の変革に希望を託しており、また、ミュールハウゼンにおける運動の勝利を確信していた。それは、「(神を讃えよ)平民が真理をほとんどあらゆる地域で受け入れている」(448)からに他ならなかった。こう彼が書いたのは、一五二四年の九月二二日であったが、その五日後にミュールハウゼンの指導勢力が再び優性となり、ミュンツァーとプファイファーは追放処分となったのであった。

その後、半年の間、ミュンツァーは、南西ドイツに滞在した。ニュルンベルクで彼は、ルターを最も厳しく批判した二つの著作である『間違った信仰の明白な暴露』及び『極めて必然的な弁明と霊なく優雅に暮らすヴィッテンベルクの肉の塊への反論』を印刷させたが、この両著作は、すぐさま押収されてしまった。この著作では、ミュンツァーの論調の社会的色彩が以前よりも幾分強く感じられる。民衆は、常に生活の保持に忙しく、神のためにわずかの時間も残すことができないのであり、そのために真の信仰が心に到来し得ないのである。「貧しい人々を敵としているのは、領主たち自身なのである。反乱の原因を彼らが取り除こうとしないのであれば、どうして、近いうちに、困難が訪れないで済むことがあるだろうか？　もしこう言うことで、私が反乱を煽る者とされるなら、それでよい」(329)。もし反乱が起こったとしたら、その原因は聖俗の権力者たちにある。そうミュンツァーは確信していたのである。彼らは、神の意志に逆らっていて、人への畏れが神への畏れに屈服することを妨げている。彼は、神がもはや黙って見てはいないと、つまり、裁きの執行についての予告の段階はもう終わったと考えているのである。そして、今や、神の道具となるのはトルコ人の暴力ではなく、信仰に篤い民衆の蜂起なのである。しかし、ミュンツァーは、自分が是が非でも反乱を起こそうとしているという非難を、きっぱりと否定している。「ここで、正しい判断をしようと思う者は、反乱を好んではならないが、しかし、また、正当な謀叛を嫌ってもいけないのである。つまり、その者は、全く理性的に中庸を保たねばならないのであって、さもなければ、自分の都合によって、私の教えを嫌いすぎたり、好みすぎたりすることになるのである。これは、決して私の望むことではないのである」（335）と。

ミュンツァー自身、この理性的な中庸を保ち、時のしるしを注意深く見守るよう努めていたのである。彼は、バーゼルの宗教改革者たちと接触し、始まりつつあった南西ドイツの数々の反乱について情報を得ていた。反乱運動が北へと拡大した時、ミュンツァーは、そこに神のしるしを見て取った。彼は、急いでミュールハウゼンに向けて引き返し、一五二五年二月中旬に到着した。彼の支持者たち、特に、すでに一二月にこの市に戻っていたハインリヒ・プファイファーは、その間、準備作業に熱中していた。旧市参事会は、一か月の内に解散され、新たな市参事会が選出されたが、それは、「永遠の市参事会」と呼ばれる、執務期間が無期限のものであった。しかし、この新市参事会は、本当の意味で革命的な審議機関ではなかった。それは、主に、有産市民の代表者たちによって構成されていて、市の貧民層やミュールハウゼン周辺諸村の住民は、そこに参与していなかったのである。また、その上に、この新市参事会は、後援者たちとの固い結びつきを維持していたのである。ミュンツァーはこの市参事会に所属していなかったが、それでも、ミュールハウゼンでの彼の影響力は、あなどりがたいものであった。彼は、ミュールハウゼンで最も大きな教会である聖マリア教会の主任司祭として、かつてのアルシュテットを模範に、すぐさま礼拝改革を行ったのである。ミュンツァーは、市の住民たちや周辺地域の農民たち、そして、関心を持ってよそから来た多くの人々からなる真の信仰者の共同体を形成する作業に全力で取り組んだ。そして、今や、こういった彼の努力は、進展しつつある革命的な状況によって強く方向づけられていた。

一五二五年四月中旬、ヘッセンとテューリンゲンの境界領域で、反乱が勃発し、四月末、及び、五月初めには、テューリンゲンの六万人の農民と市民が支配者たちに対して蜂起した。また、ハルツからスイス、そして、ヴォゲーゼン山地からオーストリアに及ぶ広大な地域において、反乱の兆しが現れていたのである。ミュンツァーは、さまざまな反乱の拠点を結びつけようと努めた。しかし、彼の影響力は、せいぜい、テューリンゲンの比較的大きな五つの反乱集団のうちの三つに及ぶにすぎず、また、これらの集団への影響力も程度はさまざまであった。いずれにしても、ミュンツァーが、時々に、自分の計画の支援のために当てにできたのは、反乱勢力の約半分であった。ミュンツァーとミュールハウゼン勢は、敵対する君主勢との戦闘が起こった場合に備えて、急いで軍備を整えた。ミュンツァーは、新しい浄化された教会を築くための基地として、ミュールハウゼンの周囲一〇マイルの土地と、それに加えて、ヘッセンを占拠しようと計画していた。それどころか、彼にはヴィッテンベルクまで進軍しようともくろんでいた節もあった。とはいえ、差し当たり、ミュールハウゼン近郊及びアイヒスフェルトへの進軍が企てられた。真の信仰の敵対者が所有する城塞や宮殿、そして綾堡は、すでにその地の領民たちによって火をつけられている場合を除いて、荒らされ、焼き払われ、そして、戦利品はミュールハウゼンに持ち込まれた。テューリンゲンの貴族たちは、驚くほど長い間、全く抵抗せず、ショックを受けたような状態であった。また、一部の貴族は、ミュンツァーの運動に加わることを余儀なくされたが、その中には、ホーエンシュタイン伯やシュトルベルク伯、シュバルツブルク伯のような有力な伯爵も含まれていた。彼らは、もはや伯爵ではなく、キリストへの信仰で結ばれた兄弟と見なされた。宗教改革を指示するザクセンの君主たちも一時、この反乱が神の裁きとして甘受すべきものではなく、単なる暴挙にすぎないのかどうか、また、「この苦難と不安に満ちた状況がすっかり治まって、人々が満足するように、神が恵みを与えようとしておられるのかどうか」(Fuchs,

190 Nr.1304）自信を失っていた。重病の床にあった選帝侯は、さらに次のように述べている。「おそらく、人が貧しい者たちに反乱の原因を与えてしまったのである。特に、神の言葉を拒絶することによってである。貧しい者たちは、われわれ世俗の支配者や教会の支配者からのさまざまな負担に苦しんでいるのであり、神は怒ってわれわれに背を向けてしまわれたのである。もし神がそう望んでおられるとするならば、平民が統治するという事態が起こることになるであろう。しかし、それが神のご意志ではなく、神を讃えるものでないならば、じきに事態は異なったものとなるであろう。われわれの罪の赦しを神に請い、神のご判断に委ねよう。神はそのご意志と誉れによって、最善の計らいをなされるであろう」と。当時、宗教改革に取り組んでいた、若いヘッセン方伯のフィリップと、厳格なカトリック信者であった彼の義理の父ザクセンのゲオルクは、一五二五年五月、自分たちの軍を率いてテューリンゲンの反乱勢と対決すべく進軍した。それは、この方伯が自領で起こった蜂起を鎮圧した直後のことであった。

支配者の問題の新たな、そして揺るぎなく定まった打開策は、戦いへの参加の呼びかけを根拠づけるミュンツァーの言葉が示すように、彼にとって終末論的な意味を持つものであった。「彼らがあなた方を統治している間は、あなた方に神について語ることはできない。進め、進め、日のあるうちに、神があなた方を先導する、続け、続け！　すべてはマタイによる福音書二四章、エゼキエル書三四章、ダニエル書七章、第四エズラ書一〇章、ヨハネの黙示録六章に書かれている通りであり、これらの文書のすべてをローマ書一三章が明らかにしているのである」（455）。そして、ミュンツァーは、ミュールハウゼンで陥った困難な状況についても、これを神学で乗り切ろうとした。彼は、裏切ったアイゼナハの人々に宛てた、ある警告文書の中で、すでに、自分を「ギデオンの剣を持つトーマス・ミュンツァー」と記していたが、その後、ついに、一五二五年五月一一日、かつてギデオンが三〇〇名のイスラエル人と共にペリシテに立ち向かったように、やはり三〇〇名をともなってフランケンハウゼンの農民軍のもとへ向かったのである。そして、ミュールハウゼンで動員された人員の半数に当たるこの三〇〇名は、神の同盟のしるしである虹が描かれた旗を掲げて進んだのであった。また、この旗には、宗教改革のよく知られた標語、つまり、「神の言葉よ、永遠にとどまらん（Verbum dei maneat in aeterum.）」という言葉が記されていた。同時代の人々の報告によれば、かつて、ミュールハウゼン軍は、この他に、出来事の終末論的な性格をより明確に示す二つのシンボルを、つまり、抜き身の剣と赤い十字架を持っていたということである。剣は瀆神の者たちの撃滅を、十字架は選ばれた人々の苦しみを意味していた。この苦しみは、今や、もちろん、わずかにではあるが、現実の苦しみを、すなわち、聖なる戦いという、主への特別な形の模倣において命を犠牲にすることもありうるということを意味していた。そして、フランケンハウゼンの農民陣営では、反乱勢の側から最初の血が流された。つまり、すでにアルシュテット時代からミュンツァーが特に嫌っていたマンスフェルト伯エルンストの三人の従者が裁判にかけられ、死刑を宣告された後、ミュンツァーの同意のもとに処刑されたのであった。そして、その翌日、ヘッセンのフィリップの軍勢との最初の戦いが行われ、反乱勢は彼らの戦闘能力を発揮したが、さらにその翌日、一五二五年五月一五日、約八〇〇〇人の農民軍に対して、数においては少々劣るものの、はるかによく装備が整い、統制のとれたヘッセン・ザクセン軍がこれに戦いを挑んだ。ある目撃者の証言によれば、ミュンツァーは何度も農民たちの前に立って説教をしたということである。彼は、よく知られているあのメッセージを告知した。「全能の神は、今や世界を浄化しようとしておられ、支配者から権力を奪い取られた。そして、それを臣民にお与えになるのである」（Fuchs,897 Nr.2102）と。さらに、ミュンツァーは、敵と交渉しないように警告し、晴天時の大気の現象、いわゆる、虹色の太陽の暈《かさ》を、自分たちの同盟のしるしに結びつけ、神が自分たちを支援している証として説明したということである。戦いの日に起こった事の詳細については、今日まで明らかになっていない。確かなのは、交渉とヘッセン軍の大砲による砲撃の後、農民勢の陣地が諸侯軍によって撃破されたということのみである。おそらく、諸侯軍の側は、完全に戦術の規則に従っていたわけではなかったと思われる。敗残兵があげた停戦破りに対する非難の声のみでなく、勝者の陣営からの性急な弁明の試みも、このことを示していると考えられる。また、損失の比率も同様のことを示している。フランケンハウゼンの戦いで、反乱勢の戦死者は約六〇〇〇名であったが、諸侯軍からは六名の死者が出たのみであったことが明らかにされているのである。ミュンツァー自身は囚われの身となり、当時の厳しい慣習に従って拷問された後、死刑の判決が下された。彼は、別れの手紙の中で、ミュールハウゼンの人々に、これ以上の流血を避けるために戦いをやめるよう求めている。この手紙の始めの部分には、また、ミュンツァー自身がこの敗北にいかなる判定を下していたのかを明白に見ることができる。「神の名の真の認識において、そして、私の言うことを正しく理解せず、神の真理を滅ぼすことになる自分の利益のみを求めた民衆が行ったいくつかの過ちを償うべく、私があなた方と別れることが神のお気に召されるのだから、神がこのようにお命じになられたことに私は心から満足しています。……したがって、あなた方は、私の死に憤激するべきではありません。それは、善良だが物分かりの悪い人々のためになることなのです。……愛する兄弟たちよ、あなた方に最も必要なことは、フランケンハウゼンでの惨禍をあなた方までもが被ることのないようにすることです。というのも、それは、疑いなく、誰もが、キリスト教会に裁きを下すことよりも、自分の利益を求めたことによって生じたことだからです」(473)。これは自説の撤回ではない。ミュンツァーは依然として自分の使命に忠実である。そして、また、この敗北の解釈も、神学的にミュンツァーのそれまでの確信の枠組みに沿ったものである。つまり、この反乱は、反乱に加わった人々が自己の利益を求めたために失敗したのである。人の利益の追求と人への畏れが、神の意志への服従を排除してしまったのであり、それゆえに、この敗北は、結局のところ、神の罰として認識されねばならないのである（474）。したがって、また、自分のメッセージが決定的な状況の中で人々に受け入れられることのなかった主の預言者として、ミュンツァーは自分の死を、神のためになすべき務めとして位置づけたのである。一五二五年五月二七日、彼は、ハインリヒ・プファイファーおよび他の反乱者たちと共に、ミュールハウゼンの門前で処刑された。ミュンツァーに敵対していた君主たちは、後に、彼が堂々と死に赴いたと証言している。

マルティン・ルターは、フランケンハウゼンの敗北を「ぞっとする出来事」であり、「人殺しで、血に飢えた預言者」である「トーマス・ミュンツァーに神が下した裁き」であると解釈した。そして、彼は、メランヒトンやアグリコラと共に、その後長く続く有罪宣告の伝統の基礎を築いたのであった。それに対して、ミュンツァーの思想、つまり、黙示録的・革命的思想や同じく神秘主義的思想を、親近感をもって受容したのは、中部・南部ドイツの再洗礼派の人々であった。ミュンツァーの思想は、ハンス・フート、ハンス・デンク、メルヒオール・リンク、そして、ハンス・レーマーといった人々を通じて、彼らに伝えられたのである。フートは、自分の支持者たちに、剣を再び鞘に納めるように命じたが、しかし、これは、彼がキリスト教的な平和主義に転向したことを意味するものではなかった。彼は、全く絶望的な状況の中で、瀆神の者たちに復讐すべき日に備えて、選ばれた人々が準備を整えるために時間を使おうとしただけであった。しかしながら、フート派の再洗礼派は、間もなく解散し、トーマス・ミュンツァーへの好意的な記憶は、その後、長らく、薄らいでいくこととなったのである。

トーマス・ミュンツァーの思想は、しばしば、奇抜で連想的であり、また、彼の信仰や論法は、それぞれに異質な源に由来するものであって、それらを正確に特定することはほとんど不可能である。また、彼のさまざまな行動の動機についても、必ずしも明確に理解することはできないのである。しかし、それにもかかわらず。ミュンツァー研究は、彼の活動を秩序立てて整理することのできる手掛りを、また、彼の活動の首尾一貫した説明を探し求めねばならないという要請に応えるべく進められてきた。こういった手掛かりは、中世神秘主義の伝統的な潮流の中に、あるいは、ヨアキムによる終末の思索やタボル派の千年王国論に由来する黙示録的な気運の中に探り出された。また、それは、かつてミュンツァーが読んだと思われる宗教改革初期の時代におけるルターの著作から引き出されたり、中命記の歴史理解の根本原理から探り出されたり、あるいは、初期市民革命の構想から導き出されたりしたのである。こうした研究の中では、ミュンツァーの思想や活動の背景や原動力についての有益な理解が提示されたが、また、同時に、無論、彼の複合的性格から徐々に生じてきたミュンツァー理解も有益である。こういったミュンツァー理解は、ただ一つの手掛かりを求める手法――そういった手法は、過去の時代の大がかりな解釈をより精緻なものとするために必要ではあったが――に終止符を打ったのである。

報告されているミュンツァーの最初の活動は、旧教の聖職者に対する戦いであった。彼は、当時の教会政治の中で、ヴィッテンベルクから始まった宗教改革運動に転向し、格別の熱意をもって宗教改革の完遂を導こうとした。彼は、人々の間に広まっていた反教権主義の声――それは、ヴィッテンベルク陣営の多くの人々を駆り立て、また、社会的抗議や経済的不満と結びついていた――に和したのであった。彼は、ユーテルボークでは、教皇や司教、そして修道士の権威を批判していただけであったが、ツヴィカウでは、すでに、社会全体の緊張の中に巻き込まれることとなった。そして、まもなく、反教権主義的な扇動活動を通じて、彼はエグラヌスとの戦いを始めたのである。双方から悪口、ののしり、落首が飛び交うのが毎日のお決まりであった。また、ミュンツァーには、霊的力に恵まれ、幻視的・黙示録的な性向をもった織工のニコラウス・シュトルヒが、この聖マリア教会の教養ある説教者の対極に位置する存在に思われたに違いない。聖職者と学者に対する平信徒の反乱は、彼の宗教改革者としての自覚を強め、彼の思想――彼独自のものも、吸収したものも含めて――の飛躍する方向を定める経験となったのである。

すでにツヴィカウにおいて、ミュンツァーは、旧教の聖職者や人文主義者のきどった主知主義に対抗して宗教改革の目的を説明し主張する上で、霊性主義的思想や神秘主義的思想そして黙示録的終末思想が非常に役に立つことに気づいていた。このことは、少し後の『プラハ・マニフェスト』において、ツヴィカウの時よりも明確に示されている。そこでは、「高利貸しをする」、「税を取り立てる坊主ども」(501)、「悪魔の坊主ども」(503)、「愚かで、陰嚢のような不信仰な坊主ども」(501)、「ネロのような、神聖なる、ほとんど木偶の教皇とローマのおまる」(502)といった具合に、強い調子で聖職者が非難されているのである。こういった聖職者には、教会で職務を務める資格はない。というのも、彼は、神の生きた声を「魂の根底」で聴こうとしないからである。ミュンツァーはこういった聖職者に正しい羊飼いを対置する。それは、羊たちに、この神の生きた声への扉を開くことができ、そして、これ以上、信仰者たちを誤りへと導かない者に他ならない。この旧教の聖職者と全く反対の性格の者をミュンツァーは、ドイツ神秘主義の用語を使って考えている。それは、選ばれた者、すなわち、自分をこの世に縛り付けている欲望を苦しみに満ちた過程を経て滅ぼし、自分の目を神から逸らす被造物への畏れから自分を解き放って、自分の魂の根底を浄化した者であり、その結果、この根底で生まれる神の言葉に活動の場を用意し、聖霊が自分を内側から完全に満たすことができるように、「空」となった者なのである。(3) この救済過程は、『プラハ・マニフェスト』では簡単に説明されているのみであり、後の著作の中でより詳細に記述されるようになる。しかし、すでに、ここでミュンツァーが、神の経験を持たない聖職者に、その経験を持った選ばれた者を対置しているということは明らかである。「神を経験するとはどういうことなのか」(502)を学ぶことに、すべてがかかっているのである。反教権主義的な闘争とは、聖職者の権威の否定に尽きるものではなく、それに対抗して、神との本源的な意志の合一から生ずるキリスト教信仰の真の権威を引き受ける担い手を生み出すことなのである。このようにして、反教権主義は、言葉の、そして、霊の教えから神学的な基礎づけを獲得するのであり、同様に、ミュンツァーはドイツ神秘主義の伝統的な潮流からそれを引き出したのである。反教権主義は、宗教改革を動機づけるための単なる手段なのではなく、それ自体が宗教改革のプログラムなのである。

人間の内面の変革は、外界の変革を招く。救済過程によって生み出された新しい権威の関係は、この世界全体の支配関係にも影響を及ぼすのである。人間を被造物への従属の中に止めておくものはすべて退けて、打ち砕かねばならない。被造物への従属は、神への畏れの活動を妨げるのであり、要するに、神が被造物の中に定めた秩序を逆転させるのである。時は熟した。したがって、ミュンツァーは、瀆神の者たちの支配が打ち砕かれ、そして、――ここには、黙示録的な観念が持ち込まれているが――「この世の国」は選ばれた人々に委ねられる(505)と告知するのである。ミュンツァーの宗教改革のプログラムは、すでに、この初期の時代から、新たな内面性の告知と司牧以上のものであった。つまり、それは同時に、普遍的・終末論的な次元へと広がっていたのであり、全世界の変革を意味していたのである。

こういった考えを抱いて、ミュンツァーはアルシュテットにやって来た。彼は、ここで、自分の考えに手を加え、それを自分が置かれた新たな状況に適合するものとした。その状況は次のような事情のもとで生じたものであった。それは、まず、この農耕小都市の改革を推し進める機会が彼に与えられたということであり、そして、ヴィッテンベルクの宗教改革との激しい対立が始まるとともに、ワイマールの宮廷との争いが避けられないものとなったということであった。ヴィッテンベルクの宗教改革者たちは、すでに以前から、ミュンツァーが敵対する者と戦う時の激しさを批判していた。彼らは、ミュンツァーの性格や気性を、そして、彼のキリスト教信仰に対する純粋さを考慮して彼に接していたが、ミュンツァーが反教権主義的闘争を宗教改革のプログラムへと高めていたことには、そして、彼の一途な行動の不寛容さが、終末観に突き動かされた使命感に由来するものであることには気づいていなかった。「悪魔の坊主どもには、全く情けをかける必要などないのだ」。これに対して、ミュンツァーは、ルターがローマ教会に対して与えた打撃がいかに強力なものであったのかということに、もはや目を止めようとはせず、自分の反教権主義的な激情をヴィッテンベルクの宗教改革者たちへと向けたのであった。ミュンツァーは、彼らを「聖書学者たち」と罵る。彼らは、やり方は異なるが、実質的には、ローマ教会と同じように、信仰者たちが直接に神の声に到達する道を塞いでいる。彼らは、信仰者たちを聖書の文字に縛り付け、聖書に秘められている神の霊を覆い隠しているのである。ミュンツァーは、自分の批判を根拠づけるための論拠を霊性主義や神秘主義の伝統から引き出した。しかし、彼は、ヴィッテンベルクの宗教改革者たちによる聖書解釈の独占のみを批判したわけではなく、また、彼らの信仰義認の教説をも批判したのである。人々が、ただ、「創作された」信仰のみを受け入れ、経験の中で獲得される信仰に到達するために必要な苦しい神の業に耐えるのを拒否するのは、まさに彼らの所為なのである。ミュンツァーは、「甘いキリスト」に対置して「苦いキリスト」を説くのであり、この点においても、ミュンツァーが異なる理由から旧教の聖職者に向けた非難が、今度は、宗教改革者たちに対して向けられたのである。したがって、ミュンツァーが反教権主義の観点から宗教改革者たちを攻撃した時に問題であったのは、尊大な学識や、知識による煩瑣な聖書解釈の手法ではなく、異なる神学的内容が結果としてもたらすものだったのである。

ミュンツァーは、旧教の聖職者に対する戦い——それは、ヴィッテンベルクの宗教改革者たちが彼に対して張った戦線を経験することでより激しいものとなった——の中で、人々の全体を、瀆神の者たちと選ばれた人々という対立する二つの陣営に分けて考えるようになった。瀆神の者たちのもとでは、被造物への畏れが支配し、選ばれた人々のもとでは、神への畏れの霊が支配する。一方は、神に対する反抗であり、他方は、神の意志への服従に他ならない。戦いの経験——聖職者に対する戦いは、神の言葉のための戦いであった——が、そして、新たな人間を生み出す神秘主義的な救済過程の高い位置づけが、この二元論の中に溶け込んだのである。また、この二元論は、麦と殻が分離されるとミュンツァーが信じていた黙示録的な裁きの状況に対応している。現在、すでに、自分の中で裁きを受け止めた者は、間もなく世界に下される大審判をもはや恐れる必要はない。聖霊を受けた選ばれた人々は、終末の審判において永劫の罰を下されることはないのである。ミュンツァーは、自分を、洗礼のヨハネに倣って、人々が自分たちの魂における神の経験に備えるように、彼らを裁きへと導く司牧者として理解していた。神の業から自分を閉ざす者は、自分が瀆神の者であることを証明しているのであり、永劫の罰を受けることになるのである。したがって、アルシュテットの宗教改革を脅かす世俗の支配者たちも、また、瀆神の者たちの最前列に立っていることになる。「瀆神の統治者たちが領地の平和を自ら破棄し、福音を理由として人々を獄に繋いでいるのは、全く明白なことであるのに、我らの君主たちは、それに全く口をつぐんで沈黙を守っているのです」（421）。ミュンツァーは、選帝侯の兄弟に説教を行った時、周辺地域の旧教の支配者たちについてのこうした判断を語り、さらに、自分の「将来に向けた、不屈の宗教改革」（255）の計画に対してワイマールの宮廷からの支援を獲得しようとした。そして、それは、反教権主義と支配者批判との結びつきを示す脅し文句、つまり、「神聖な福音を異端だと罵り、それにもかかわらず、自分たちが最善のキリスト教徒であるとする瀆神の統治者たち、特に、坊主どもや修道士たちは殺されねばならないでしょう」（262）という言葉をともなっていたのである。しかし、もちろん、宮廷はこの提案を断り、ミュンツァーは、自分が宗教改革を試みた都市を立ち去った。そして、この後、彼は、宮廷をも瀆神の者たちの陣営に組み入れたのであった。

選帝侯の宮廷に失望したミュンツァーは、『明白な暴露』の中で、潜在的にすでに以前から存在していた、瀆神の者たちの支配に対する抵抗権を説明して、民衆は、良心にしたがって自らの手で支配を奪取することができると語った。支配者は、ただ、人々が神から被造物に堕落しているがゆえに人々に与えられたのであり、また、彼らは、人々が「神よりも被造物を上に置いている」（285）がゆえに権力の座にとどまっているのである。ミュンツァーは、終始、「ああ、神への畏れは、人への思いが大きいと、純粋にはなりえないのである」（285）という嘆きを繰り返すが、それに続く論述では、さらに、そこに社会批判の論調が加わる。「利息のことを、税や貢のことを考えていると、誰も信仰に至ることはできない。この世の害悪は、長く続けば続くほど、増大し、拡大していくのであり、そのために、理性的な信仰に至る道までもが塞がれてしまっているのである」（303）。したがって、じきに、その結果がでることになる。つまり、神への畏れの霊が支配するためには、結局のところ、「逆転した統治」（288）が廃止されねばならないのである。ミュンツァーは、ホセア書一三・一一を引いてこう語る。「神は、怒りをもって、この世に主人と君主を与えられた。そして、神は、再び、憤りをもって、彼らを取り除かれるであろう」（284f.）と。そして、支配は民衆に委ねられることになるのである（417）。

ミュンツァーは、こうして、ほとんど当然の成り行きとして、聖俗の支配者に対して反乱を起こした農民たちと市民たちの陣営に合流した。人々を教え導いて、被造物への従属から解き放つことは困難であったが、彼は、神の意志に自分を開こうとする民衆の根本的な覚悟を疑わなかった。彼は、革命的な戦いに、神学的な論拠と黙示録的・普遍的な視角を与えたのである。彼は、人間個人を根本から再定義することで、封建制的な身分秩序の中で育まれた個々人の従属・支配関係を解消するとともに、新しい神権政治的な関係の土台を据え、これによって、民衆を自由にしようとしたのである。つまり、「民衆は自由となり、神のみがその主人となるであろう」（343）と。彼は、教会改革や社会改革の中で分解してしまうことのない宗教改革を追い求めた。教会と社会は神秘主義的な救済過程の中に引き入れられ、また、世界審判や神の支配といった黙示録的な目的へと方向づけられたのである。彼は民主的な性格の神権政治、もしくは、神権政治的な性格の民主制を目指していた。彼は、社会全体に関わる要求をした点で中世後期型の宗教改革の伝統に従っているが、また、内的世界と外的世界とを同調させる論拠を示したことで、この伝統に独自の特徴を与えたのである。悪い意味においても、良い意味においても、人間のあり様は社会のあり様に応じ、そして、社会のあり様は人間のあり様に応じる。人間の中で神の霊の支配を可能とするためには、人間の内側の「現世」が打ち砕かれねばならないが、これと同様に、外側の領域における「現世」も革命によって破壊され、新たに再形成されねばならないのである。「不屈の」宗教改革は初めから革命であり、ミュンツァーは革命の神学者であった。彼は、人間の内面への注目が、既存の社会状況の克服を邪魔することなく、むしろ、終始一貫してそれを要求し、推し進めた珍しい例である。したがって、ミュンツァーは、初期宗教改革の時代の錯綜した宗教的、社会的な問題叢に決定的な影響力を持つことができたのである。彼は、ヴィッテンベルクの宗教改革に重大な脅威を与え、また、世俗の支配者たちを一時的に苛立たせたのであり、そして、平民たちを支援して抑圧と搾取に対して立ち上がったのである。しかし、民衆の目標は実現の機がまだ熟していなかった。そして、ミュンツァーが考えたような神の目標は、おそらく、その実現の機が熟すことは決してないであろう。とはいえ、神が主人となる自由の国を期待しつつ、互いの生活をまずまずのものとする道がさらに模索されていくことであろう。

（木塚隆志訳）

訳注

（1）魂の根底（Abgrund der Seele）　ミュンツァーが中世の神秘主義的伝統から受容したとされる概念。ミュンツァーの場合も、魂の二つの領域のうち、表層の身体的な領域と区別される奥底の霊的な領域を意味し、この領域において神の霊の直接的な認識が可能となる。

（2）霊の窮乏（Armut des Geistes）　これもミュンツァーが神秘主義から受容したとされる概念で、霊的に窮乏した状態を意味し、神の霊を直接に経験するための不可欠の条件とされる。

（3）空（leer）　魂がすべての現世的欲求や思考から開放され、その「根底」が開かれたこの状態を、ミュンツァーは、他に、同じく神秘主義に由来する用語によって「平静な（gelassen）」状態と表現している。

マルティン・ブツァー

マルティン・グレシャート

ブツァーの死後五年、長年の助手であり同僚であったコンラード・フーベルトは、シュトラースブルクの宗教改革者について公に評価してこう書いた。「マルティン・ブツァーは……まずシュトラースブルクのための教会の奉仕者であり、卓越した教養を積んだ教師、信仰深く忍耐強い人物、そして最も高潔な人々と王との傍らで教会の一致のために倦むことのない情熱を注ぎ、とりわけすべての好意的な人々の傍らで生涯最も熱心に熟慮した人であった。ブツァーは、世の終末のこの時に、教皇の暴政とあらゆる種類の邪教に抗して福音を流布するために、全能の神が覚醒させたまことのキリストのしもべであり、決して小さな者ではなかった」と（Pollet II,30）。この書が力説していること、そしてそれをどれほど強調しているかが、この男とその業績を後世の者が評価するに際し、重要な光を投げかけている。ブツァーは当時、教会一致のための骨折りのゆえに、神学者としての最大の称賛を浴びたことをわれわれは知っている。またブツァーの腹心によれば、カトリシズムにおける福音的真理の放棄について、少なくともブツァーはひと言も語ることはしなかった。これは極めて明白な事実であるが、ただこれは自己弁護でもあり、ある時代においては的確な表現方法である。というのは、この時代にはこの種の神学的なことをあからさまに表現することがまだできなかったからである。

しかしながらフーベルトの異論にもかかわらず、旧プロテスタント正統主義によって色づけされたブツァーの

マルティン・ブツァー，53歳頃

像は偶然の産物ではない。風見鶏で、あまりにも妥協的な仲介者の像は、神の真理を探求するというよりも、天秤の効用を求めるものだからである。驚いたことに、後代の一人はブツァーの書を読み、まったく異なる像にぶつかった。例えばカール・ホルはひどく狼狽して、一九〇八年一一月一七日にアドルフ・シュラッターに宛ててこう書いた。「私はこれまでブツァーに対して極めて不当な扱いをして来ました。『仲介者』という下品な像、狡猾な外交官を思い描いていたからです。しかしいま私は、この男が福音との繋がりにいかに真摯に留まっていたかを知りました。私は彼の思慮深さ、大胆な力、統制力、とりわけ慎み深さにまったく感嘆しています」と（DS IV,7）。

それゆえにブツァーについて明瞭に言えることは、彼の時代とその時代の状況を念頭に置いてこの男を見なければならないということである。ブツァーは彼の思想のあらゆる独自性からして、ルターやツヴィングリのような宗教改革の偉大な先駆者たちに加えることは相応しくない。彼は次世代の男であった。しかしながらブツァーは、宗教改革によって積み残された課題を一六世紀の三〇年から四〇年代にかけて、集中力、広がり、巧みさをもって取り組んで行った。それが彼をさらに大部分の同時代の神学者たちを凌ぐ存在へと押し上げたが、それはプロテスタントの陣営に留まらなかった。宗教改革によって、見るからに制御できないほどに大きな広がりを持った凱旋行進の中に、最初の裂け目が生じようとしていた。このことを内的に沈静化させ、外的には確立させることが求められる中、彼の世代に提起された課題とは、教会の一致を成し遂げ、それを維持することであった。そこでブツァーは目を見張る成果を上げたのである。彼は宗教改革史の中で間違いなく聳え立つ人物であった。ただ名目上、メランヒトンの陣営に位置づけられるに過ぎないのである。

ブツァーの実に広範囲にわたる活動とその活動によってもたらされた強い影響力は、基本的に常に「好意」をもって理解し、調停し、合意することへと向けられていた。これに反して極めて稀なことであったが、彼は独自なことを作り上げ、貫徹するという「教説家」の立場に身を置き、相違点を強調する告白者のタイプでもあった。それゆえに後にすぐに、とりわけヨハネス・カルヴァンとその対極にあったイグナティウス・デ・ロヨラに対して、頑なで先鋭化した人物として刻印されたタイプに属することになったことは矛盾することではなかった。ブツァーの理念と構想は、プロテスタント陣営に立ち、新しい信仰告白的な情勢の中で開花し、また埋没した。彼はさまざまな信仰告白において起こった衝突と興奮の渦中で調停したが、それらは個々においても、全体から見ても決して十分な成果を上げることはなかった。しかしながら、ブツァーの直接的な影響史が認識されうるよりも実り多く、また時宜にかなったものであった。今日までまったく異なった教会と神学界で、シュトラースブルクの宗教改革者の姿としての魅力が形成されてきたが、とりわけそこに根拠を置くことができるであろう。

I

マルティン・ブツァーは一四九一年一一月一一日にエルザスの自由都市シュレットシュタットに生まれた。彼の父は桶職人で、祖父もそうであった。若き時代を彼らの傍らで過ごした。恐らく両親が仕事に忙殺されていたので、シュトラースブルクで独自の人間性が形成されたのであろう。ブツァーはそれから故郷にある有名なラテン語学校に入った。その学校は教会的なことを重要視し、厳格な倫理が伝承されていた人文主義をヴィンフェリングの精神のもとに教え、養育していた。

さらには、かけ出しの宗教改革者の少年時代には深い闇が存在する。恐らく彼は一五歳の一五〇七年の夏に、シュレットシュタットにあった改修されたばかりの名声あるドミニコ会修道院に修練士として入会している。彼に入会を強いた祖父クラウス・ブツァーの動機については、ほとんど知られていない。確かなことは、宗教的、知的、社会的な見解が相互に作用したことである。しっかりと繋ぎ合わされた当時の階級制度の社会秩序の中では、事実上は教会だけが有能な職人の子供に出世の可能性を提供したのである。ルター、ツヴィングリ、メランヒトンなど宗教改革者たちの大部分がそうであったように、ブツァーは社会的な出世を遂げた人であった。ただ少なくともブツァーの場合には、成功への渇望と勝利への意志に相応する気質を見通すことはできない。

ドミニコ会士たちはブツァーを訓練し、彼を学問的に養育した。一五〇七年にはすでに彼は、神学の研究を行うための前提であった侍祭の聖別を受けた。それからハイデルベルク大学の学籍名簿に彼の名前を見つけ出すことができる。そこには一五一七年一月三一日と記載されている。修道士の場合、もし学位を取得しようとするのであれば、ただ学籍登録するだけで良かったのである。ブツァーはその時まで彼の馴染みの修道院にいたが、その後は学問的な指導者層を養成するハイデルベルクの修道会の一般教養において基礎的研鑽を積んだ。三月になると司祭の叙階を受け、ハイデルベルクの正規の学籍登録に基づいて、ようやく神学教育の最終段階に至った。それは、神学博士になるための厳格な課程を経て完成されなければならなかった。しかしそこに至る前に、ブツァーは一五二一年一月の終わりに修道院から逃げ出したのである。

この逃走がさらに展開して行く結果を生み出し、最終的には、正真正銘の劇的な動向をもたらしたのである。アルザス的人文主義の精神を刻印され、彼の修道会の教えを受け、特に偉大なドミニコ会士であったトマス・アクィナスの神学的思想によって教育され、ブツァーはハイデルベルクにやって来たのである。ここでエラスムスの思想と出会い、明らかに新しい視野が開かれた。それがブツァーを強く魅了し、まるで彼を解き放ったかのようであった。とりわけ、ラテン語とギリシャ語の古典言語とその人間理解への回帰によって魅せられた。また、ある種極めて単純なものとしてのキリスト教的信仰を経験し、同時に直接的な実践、すなわちキリストを素朴に信頼することと愛の精神において服従する生活を体験することを通して、彼は解放されたのである。ブツァーはこの人文主義的精神をさらに開拓した。彼は思いを同じくする者たちとの連帯と文字通りの交流を求め、彼の崇拝の対象であるエラスムスのすべての出版物を可能な限り購入し、現代教育の世界に少なくとも部分的に所属していることを楽しんだ。

このような状況下ブツァーは、一五一八年四月二六日〔これはヴィッテンベルクの人物と詳細な論議を交わした翌日のことである〕に開催されたルターのハイデルベルク討論の証人となる。それはルターの人がらと神学についてで弁護するものであったが、自身の人文主義的親近性を逸脱するものではなかった。ブツァーはかつて自身の遺言をしたためたが、それには、必然的に分断され、固有の問題に強く方向づけられたルター派神学の継承よりも、ルターとの出会いによって刻み込まれた強烈な印象の方が、より明瞭に確信をもって記されている。このような関連から、神学的にはブツァーは、罪のゆえの人間の深い喪失性について、またそこから救済論とキリスト論の中心的な意味について理解を深めた。

トマス・アクィナス、エラスムス、ルター、この霊的な対立関係にある領域について短く解説するならば、この間をブツァーはハイデルベルクの時代に動き回るのである。しかし、彼が目指した神学的、実践的なものを総合すれば、それは明らかに折衷的なものであり、すべての必要条件の多くが欠けている。修道会の指導者たちは彼に要請した。すなわち、ロイヒリンの申し渡しに忠実であった同じ修道会の代表者であり、あるいは、人文主義者がドイツの学問と教育の模範として偏りと同様に自負をもって賞賛した人たちの代表者であるようにと。この要請にも拘わらずブツァーは、ただ人文主義者としてではなく、「マルティン派」として、すなわち揺るぎない一人のルター信奉者としてその両者の間に立った。ここから事実上は、ヴィッテンベルクの修道士に対抗していまや異端裁判を主導していた彼の修道会の敵となったのである。

ブツァーは無論、彼自身の独特の考えに反するほどの調停不可能な対立はないと見なしていた。彼の修道会のエリートたちが新しい精神に同調することにまだ希望を抱いていた。それはゆっくりと、たとえ呻きと怒りがあったとしてもである。この信頼のゆえに、修道会の異端審問官であったホーグストラーテンからすでに脅迫を受けていたときに、彼は一五二一年一月に教皇使節のアレアンダーと協議するために敢えてヴォルムスへ向かった。ここには以降も繰り返し頭をもたげるブツァーの特質が表れている。彼は自画自賛と境を接している領域の中で、合意と妥協の道備えをしたのである。しかし妥協が承諾されなかったところでは、徹底的な抵抗が始まった。すなわち、修道院生活と修道会の輝かしい経歴からの離反であった。劇的な時間との競争の中で、彼の強力な敵であったホーグストラーテンとアレアンダーもまたローマで精力的に活動していたが、ブツァーは自分の修道誓願に関する教皇の特免を得るために尽力していた。有力な友人のお蔭で彼は成果を得た。一五二一年四月二九日にブツァーは修道誓願から解かれ、教区司祭の身分に置かれることになった。

波瀾に富み、先を見通すことのできない年が続いた。ブツァーはフランツ・フォン・シッキンゲンとウルリッヒ・フォン・フッテンと懇意になった。ずっと以前から社会的に、政治的に、経済的に地位を高めていた帝国直属騎士階級に、宗教改革の名において新しい目標を設定しようとしていたのである。時を同じくして、新しい教区司祭となったブツァーは一五二一年五月から一年間、領邦政治の名目上の指導的立場にあったプファルツ選帝侯フリードリッヒの下で仕えた。しかしながら、教会の改革のために働くことができるというブツァーの希望は、無垢な幻想であることがすぐに証明された。シッキンゲンが彼の要塞の下流にある牧師の椅子をブツァーに提供したからである。結局は、これは彼にとって喜ばしいこととなった。ここでブツァーは一五二二年夏に、かつて修道女であったエリザベト・ジルバアイゼンと結婚した。しかしトリアーに対するシッキンゲンの反目が、ほんの数か月後にこの夫婦を追い出すことになった。ブツァーはヴィッテンベルクへ行くことを検討した。しかし牧師のハインリッヒ・モテラーの要請により、彼の協働者として、またアルザス地方のヴァイセンブルクの説教者として留まった。しかしこの滞在もまた短い期間に過ぎなかった。シュパイエルの監督が彼の説教と結婚を理由に陪餐停止したからである。その上町の議会は、フランツ・フォン・シッキンゲンに勝利を収めた同盟の怒りが彼に向かわないように、ヴァイセンブルクを去るように彼に勧告した。ブツァーは夜中に密かに町を後にした。

一五二三年五月、彼はシュトラースブルクにやって来た。彼の父親はここを愛し、彼もこの町で友人に恵まれたが、市当局は、結婚をし陪餐停止になった司祭が滞在するという罪科に対して、当然のことながら少しばかりの制裁を科した。にも拘わらずブツァーは一歩一歩、シュトラースブルクで足場を固めていった。献身的に、巧みに、新しい宗教改革運動の側に立って働いた。その際には、市当局による政治的な暴力的処分の痛手を被らないように腐心した。一五二四年三月にシュトラースブルクの園丁たちが、彼を彼らの牧師として選出した。八月二四日になると市当局は、今なお有効な教会法の破棄を公に認めることを敢行した。これによってブツァーはようやく自分の足場を見つけ出したのである。このことによってブツァーは、ドイツ帝国の中の最も大きく、最も名声があり、政治的にも最も大きな力を持った都市に宗教改革を促進することを可能としたのである。

ブツァーの宗教改革的活動の背景には、明瞭で練り上げられた神学的構想が当初から存在していた。シュトラースブルクに到着するとすぐに、彼はこの神学の根本的特長を著作で展開した。一五二三年の簡潔な論文『人は自分自身のためではなく、他者のために生きるべきである』は、彼の処女作であり、最も練り上げられたものである。ブツァーは生涯にわたり、この萌芽期の象徴的な手法の下に誠実に留まったままであった。彼の最後の偉大な作品は、一五五〇年にイギリスで執筆した『キリストの統治について』であるが、それは最初の書を展開させたものであり、同じ根本理解を目的としたものであった。それには、「すなわち、人は自分自身のために生まれるのではなく、神、教会、祖国と隣人のためである」とある（LS XV, 268）。

ブツァーはここで、さらに繰り返し語った隣人と社会的領域に向かう人間の方向を、人間存在の重要な構造的目じるしと理解した。この彼の確信をまさに、すべての人にとっての共同生活と社会的な共同生活の根本法則と呼ぶことができよう。それに呼応して、ブツァーはこの真理をあらゆるところで、文学において、古典的な法律において、生活において、旧約聖書と新約聖書においても最も明瞭、かつ印象深く証明した。ブツァーにとってはここに、創造の秩序とすべてのものの総体としての神の意志が、この形において変わることのない有効な法則として明白に啓示されているのである。すべては変わろうとも、この神の存在の秩序は変わらない。すなわち、「この方は神であるので、人のように変わることはない」のである（ebd.,178）。

この永遠の真理を理解し、解明することに尽力することで、彼はものを書く神学者となった。そこから彼は聖書の絶対性を強調した。すなわち、聖書のみである。彼はこの貫徹のために他の思想、資料、書物を引用しようとした。とりわけシュトラースブルクでの最初の年は、ブツァーの活動の中心に聖書講義が置かれた。それ以降の目に見える業績として、聖書の諸書簡の数多くの註解書があった。それらは一五二七年以降に次々と著された。一五二七年には福音書（第二版が一五三〇年に、第三版が一五三六年に）と使徒書の註解書、一五二八年にはヨハネによる福音書とゼファニヤ書の講義、一五二九年には詩編の大註解書、一五三六年にはついにローマの信徒への手紙について彼の基本理解となる講義を行った。

ブツァーの書いたこの年月の註解書や諸執筆の中には、明瞭に、疑問の余地のないほどに、彼の神学の第二の中心的な根本的特徴が著されていた。すなわち、罪人としての人間にキリストを通して与えられる義認、個々の人間が新しくなることが実現したこと、そしてさらにそれが共同体にも及ぶことである。一五二三年の処女作の全タイトルは特徴的であり、「人は誰でも自分のためではなく、他者のために生きるべきである。それは人があなたに心を配るのと同じである」と付けられていた。ところが、神の根本法則は人間によって放棄されてしまっている。実際には罪は、神によって設けられたすべての存在の救いの秩序の全面的な破壊を意味した。その結果、人はもはや隣人のために生きず、ただ自分のために生きたのである。それによって人はすべての社会的な関わりを諸力に従うことで破壊し、腐敗させてしまった。言葉の最も真実な意味において必要不可欠なことは、新しくなること（reformatio）、神の欲せられる根源的な状態の再構築（restitutio）であった。ただ個人主義のためではなく、社会的領域すべてのためであった。確かにこの新しい形態が、個々の人間にもたらされなければならなかった。しかしそれは、根源的な存在の秩序の再構築の意味において、そしてまた個人主義を超えて働きかけたのである。それゆえに不可欠なことをブツァーは、「聖霊が聖書の中でわれわれに明白に要点を言い遺したような、そのような再構築」と表現した（ebd., 129）。

ブツァーにとって信仰者はいまや、しかも常に、聖霊の命令下に立つ人のことであった。そのようなものとして、神の根本原則の再構築の必然性を彼は理性的に認識しただけでなく、それによって狼狽する人やそのことのための奉仕を担う人のことを肯定した。とりわけ信仰者は、そのことを聖霊による力と天賦によって可能としたのである。すなわち、「それゆえに、信仰によって心情がそれを認識し保持するように、そして心情がこれから後すべての人に善を示すようにと、愛と完全に自ら進んで行う力とを注ぎ込まれるのである」（DS I,62）と。

律法と福音についてのルター派の弁証法の局面では、律法と聖霊の弁証法が導入されている。キリスト者は根源的な神の存在の秩序を認識するだけでなく、聖霊の力によって、まさにそれを再構築することへの招きを受容するのである。これは遠い射程を持つ実践的な結論である。ブツァーにとって信仰者とは、深い理解を持ち、広範囲に及ぶ教会的、かつ社会的な改革の代弁者である。彼はいま、ただこのことを強調するために、教育的に、政治的に従事した時代の申し子であった。神の目的設定を認知している者として、キリスト者はこの真理の仲介のために、また説教と教理問答を通しての教会の教理を届けるためだけでなく、できるだけ多くの観点での人々の教育のために任命されている。ここからそれぞれの固有の能力を発揮することができ、それによって人はより良く、より有効に隣人に仕えることができるのである。それゆえにブツァーはシュトラースブルクと他の都市で、可能な限り多様な形態の学校制度の構築のために、特に力を注ぎ始めた。それはドイツ語とラテン語の学校から大学にまで及んだ。彼は、すべての能力が完全に引き出されることはまず信仰を通して、すなわち聖霊を伴う天賦によって可能となるという確信を持っていた。しかし教育の最終目標は公益へと向かわせることであり、ブツァーの確信によれば、神の不変の存在の秩序について、それぞれの人の心の奥底に何かを知らせることであったので、この原則を刻み込む教育によって、社会の「真の改革」のための根本的なことはすでに起こっていたのである。

この原則に神学的、実践的な高い評価を与えるに際し、とりわけ揺るぎない基礎と信頼をブツァーはキリスト教的役人に置いていた。彼らはキリスト教的、社会的生活のために、神のみ心に適った法令を公布することができるし、しなければならないのである。彼らの使命は、神の真の秩序に反対して立ちはだかっている神学的、道徳的な弊害を取り除くことであった。役人は、神の原則において啓示された真の行いへと向かわせるために、あらゆることで教育しなければならなかった。他方、誤りのない社会的秩序は、人々がその原則を自らの内面に取り込むところで、また彼らが自由に、心から他者に目を向けるところで、要するに彼が聖霊に満たされた真のキリスト者であるところでただ維持され実現されうるので、役人は十分に理解された自身の関心事において、教会とその働きを力の限り支援するためにすべてにおいて尽力しなければならなかった。「神に対し不義と不信仰であるような人間の下では、どんな義も栄えることはできないので、キリスト教的役人はとりわけ、市民に対して正しい信仰が真に教えられ、彼らが信仰に熱心に勤しむことのために配慮しなければならない。そのためには役人自身が知恵と熱心さを伴った信仰において、他のすべての者たちより率先することが重要である」とした（LS XV,270）。

ブツァーの理解では、国家と教会は確かに独自の範囲に留まる。しかし両者の目的設定においては、それぞれの任務は著しく互いが交差する。教会は、純粋な神の欲したもう社会秩序の実現のためにも、役人は真のキリスト教的信仰をもたらすためにも責任を認識すべきである。「他者に自らを結ぶ」として、ブツァーは一五三八年に重要な書『真の牧会について』で以下のように記した。「彼ら支配者と権力者は、主によって地上の彼らの小羊の最高の羊飼いに据えられたのだから（主は彼らにすべての魂を服従させようとされている）、彼らは迷い出て誤った道を歩んでいるその小羊たちを熱心に探し出し、適切に主の下へと集め、すべての誤った力と能力を求められている方へと正し、鍛錬するという責任を負っているのである。支配者は他のすべての人たちの前に、そして上に立っている神々であり、キリストなのだから、彼らは失われた者をいつも捜し求め、救い出すという神とキリストのわざを他のすべての人たちの前と上で証し、行うべきである」と（DS VII, 147）。

教会的生活とこの世的生活は一つになっていた。両者は神の律法と神の霊の賜物のように、互いに密接な関係にある。これらはキリスト教的共同体を互いに形作っており、それぞれが一致する場所で、すべてのものの平和と幸いのために奉仕した。ここから目に見えて表出したものが、政治的に主導的な立場にある教会の信徒の役人であり、教会管理者、献金管理者、裁判長、結婚裁判官であった。また他面では、役人はただ教会から発布された公的な道徳を守るだけでなく、確かな手段で教会規則のために配慮し、教会員の生活の規範の達成を彼らの手において行ったという事実があった。

この点から見た役人の任命に関して、ブツァーが満足するには程遠い状況だったので、彼はここで政治的権力との絶え間ない話し合いを行った。より熱の入った道徳規律やより厳密な教会規則を行政に作成させるためにせきたてる努力が、彼の著書を通して一貫して行われた。個々人の自己責任による堅信礼の導入もまた、この関連の中に属している。しかし政治的権力が力の限り、社会生活のすべてに教会的に統一された信仰を浸透させるという試みには反対した。人は「新しい教皇制」を求めていたのではない。つまり、すでに衰退してしまった公的団体での古い教会の優位を、新しく改革された教会のそれに交換するために宗教改革を支持したのではなかった。この認識からブツァーは晩年において、役人に対する教会の自立性を強く主張した。ただ、役人から独立することは彼には考えられないことであった。この足取りは、ブツァーの神学にとっての中心的理解と言える、存在の根拠としての神の原則という考え方を放棄することを前提とした。

トマス・アクィナスからエラスムスとルター、さらにはエコランパディウスとツヴィングリに至る豊かな神学的伝統と並んで、中世後期の都市の社会的現実が、ブツァーの神学的概念に決定的な影響を与えたことは紛れもない事実であった。特にツヴィングリはブツァーにとってある時期から重要なものとなった。それはもっぱら権威に関することで、シュトラースブルクで一五二四年以降に、教会共同体の刷新のために具体的な措置が慎重に講じられたときであった。その際ブツァーは決して指導的立場をはじめから取らなかった。ヴォルフガング・カピトの方は長年にわたりそのような人物として見なされたが、彼は一五二七年頃にブツァーのことをツヴィングリに「われわれの農夫」と語っている。しかしブツァーは口とペンという手段でまさに素早く、巧みでありつつも、日々の闘いでの無作法も決して恐れないという激しく緊迫した方法で、益々シュトラースブルクの説教者の仲間たちの頂点に立ち、いまや最初から名声を博していた人々であったカピト、カスパー・ヘディオ、マテウス・ツェルを凌駕した。ツヴィングリとエコランパディウスの死後の一五三一年には、ブツァーは南ドイツ地方ですでに宗教改革の指導的立場に立っていた。そのためにもちろん、この地域におけるシュトラースブルクの特別な地位が大きな貢献をしたのである。ブツァーは教会共同体刷新の手助けをすることで、他の帝国都市の勇気を喚起した。それはウルム、メミンゲン、ビーベラッハ、そしてアウグスブルクである。シュトラースブルクでは一五三三年に都市の教育規範を定め、教会規則を打ち立てる教会会議を招集し、開催することが彼の第一の仕事であった。この努力はとりわけ再洗礼派たちの反発を招いた。シュトラースブルクが彼らに対して巧みな寛大さをもって扱ったために、彼らはここを長年にわたり滞在するのに好ましい地としていたからである。

しかしブツァーの社会的、倫理的傾向を持つ神学は、帝国都市の現実からの影響を受けていた。それに呼応した諸都市の中の第一のモデルがシュトラースブルクであり、とりわけ南ドイツではそのモデルが賛同され、模倣された。ブツァーの理念と行動はそれだけに限定されるものではない。諸領地における宗教的、教会的、政治的な目標設定は、基本的に都市におけるものと変わらないように見えた。確かに諸国におけるその影響は見渡す限りわずかなものであった。行政機関は能率的と言うには程遠い状況であり、行政と市民との距離は驚くほど遠かった。しかしこの時代の多くの人々にとっての問題はただ温度差であった。キリスト教的社会有機体（corpus christianum）の理想像、そして真の包括的なキリスト教的教会共同体の実現への思いが、ここに価値あるものとして存在していた。だからヘッセンのフィリップ方伯は、捕縛された再洗礼派の指導者たちを教会へと連れ戻し、同時に教会会議をヘッセンの教会領地で開催させるためにブツァーを招いたのである。その会議の成果に、ツィーゲンハイン規律令とカッセル教会法令（一五三九年）があった。いまやこのシュトラースブルクの男は神学的顧問に登りつめ、方伯の信頼を獲得した。重大な結果を招く恐れのあるフィリップの重婚の成立の際にも、ブツァーが力を貸した。他の領地の領主、世俗と霊的な指導者たちもまた、宗教改革の導入のために尽力する際にはブツァーの助言と助力を求めた。例えば一五四二年には、ヴィードの大司教ヘルマンがこの目的のためにブツァーをボンに招いた。帝国のすべての地域から質問と招聘状が届いた。フランス、イタリア、イギリスにまで、ブツァーの書簡と所見が発せられた。カンタベリーの大司教のクランマーからの招待は、宗教改革の達成という同じ目標のために貢献した。それにもかかわらず、ブツァー自身の願いは同じであった。この世にキリストの主権を促進し、そこで働くことに価値を置くことであった。このことを彼は最後の大著でこう書いた。「市民は信仰深く、義とされ、正しい方法で彼らの神を認識し、神に仕え、彼らの隣人に対してすべての彼らの行いにおいて、本当の親切さを表すのである」と（LS XV,7）。

Ⅲ

この促進のためにはブツァーは、正しい聖餐理解を巡る福音主義内の抗争を極めて不幸なことと見なした。彼によれば、人はその際にただ言葉と瑣末なことについて争っており、主要なこと、すなわちこの世にキリストの主権を促進するということから逸れていたのである。すべての力と集中をもって個々と社会の刷新を目指して努力し、秩序、規律、そして互いの真の愛を目指す代わりに、宗教改革の代表者たちは神学的な定式化についてむきになり、誹謗、口論、抗争に花を咲かせ、宗教改革運動の一致と福音的説教の外的な卓越性と内的な説得力を砕いてしまった。それに伴いブツァーの意図は、聖餐問題をできるだけ早く一つの理解に至らせることへと向かった。周辺的な問題によって足止めされることなく、宗教改革運動が再び本来の主題に立ち戻るためであった。

シュトラースブルクにおいてもまたすぐに、ローマ・カトリックのミサ理解に反対する者たちが、神学的な興味と実践的な教会的討論を前面に押し出した。この状況は基本的に変わることはなかったが、カールシュタットが一五二四年一〇月にシュトラースブルクにやって来て、そこで聖餐についての大量の小冊子を刊行することで、この問題についての宗教改革的信仰告白の不安定さを少なからず引き起こすことになったときに、新たな局面が生じた。シュトラースブルクの説教者は、聖餐についてのどの見解がそれぞれの地で代表されているのかを知るために、ルターとツヴィングリのいるヴィッテンベルクとチューリッヒに向かった。本質的なツヴィングリの立場は、キリストの霊的な現在と信仰者たちによる食事の霊的な享受が強調されており、より納得しやすく、説得的であるように思われた。無論シュトラースブルクの人たち、とりわけブツァーはこの時期においても、ツヴィングリの理解を取り入れることでヴィッテンベルクに反対する先駆者的立場とすることや、あるいはルターとの決裂と見なすことから距離を置いていた。人はこの特別な状況を相変わらず、ルターと予め原則的に合意しているのかという視点から理解していたからである。この確信により、宗教改革全体の活動の根本において何が重要なのかについてツヴィングリの理解を取り入れ、より明瞭に、疑いの余地のないように表現することへと結びついていった。この背景から、一五二六年にブーゲンハーゲンの詩編註解の翻訳をブツァーが行った際に、ツヴィングリ的色合いの聖餐論を挿入したことが事実上の理解となり、同年のルターの教会説教集の第四巻の翻訳でもブツァーは同じ理解を挿入する。ルター自身が彼の初期の著作で頑固に、重要な手段であるサクラメントにおいても信仰が問題であると強調していたのではないだろうか。ヴィッテンベルクの男が怒りを表している中で、もしある人が結論を出したとしても、その人は基本的に正しくなかったのだろうか。この陽気な楽観主義がこのときのブツァーを覆っていた。それは彼の手紙、特にツヴィングリとの手紙において証明される。どれほどの極めて本質的で、そして人間的な対立の中で、あのような解釈がルターと彼の信奉者に語られていたのかについて、彼はただ余裕をもって理解していたのである。

ブツァーはそれにもかかわらず、何を具体的に重要なこととしたのかを、一五二六年三月にシュトラースブルクの議会のために所見で次のように要約した。「従って以下に要約される。もしキリスト教的に、全く共同的に満足しようと欲し、そしてまたすべての他の人たちにより優れた者として振舞いたいのであれば、牧師たちによって敬意を払うべきぶどう酒とされて来たように、晩餐を保持しなければならない。しかしその際には、キリスト教的な絆に結ばれるようにし、その思いを全く共同で、敵対する者とも共に行うように努め、彼らすべてがキリストのからだと血によって救いを得るキリスト者となるように心がけなさい。だからキリストの聖卓の交わりによって証しすることと、すべての兄弟たちとのキリスト教的な絆を新しくすることとを面倒なことと考えるべきではない」と（DS II,481）。正しい聖餐の祝い方の具体的な模範として、ここに一五二四年のクリスマス礼拝が挙げられる。その礼拝はテオバルト・シュバルツの典礼式に従ってドイツ語で執り行われ、会衆は初めてパンとぶどう酒の二つの形態を受領し、聖餐式を祝ったのである。この聖餐の交わりがブツァーにとっては重要であった。そこに、彼の神学的な基本理解の完全な一致を見たのである。この聖餐の交わりは、片や信仰とそこから起こる新しい生活を安定させ促進させるための媒介であり、他面では、ブツァーに教会規則の達成のための本質的な手掛かりを提供した。ただ当然のことであるが、この会衆にすべての者が加わることができたのではなかった。ある者たちは自分たちの生活様式にこだわり、神による存在の秩序に立ち戻ることに抵抗したからである。すでに一五二六年に、神学的な激しい議論の中心に置かれていたパンとぶどう酒の物素におけるキリストの現在の問題は、ここでは特にブツァーに触れられることはなかった。ただそれは、彼が自説を持っていなかったということではない。むしろ彼は聖餐におけるキリストの現在の形態と様式を秘儀、奥義と見なしていたので、当然のことながら、サクラメントの意味と効用についての問題が個々人にとって、また会衆全体にとっても益となるように、この問題について不毛な議論を行うことを放棄するように推し進めたのである。ヴィッテンベルクとチューリッヒの神学的な不一致が益々硬直化したときに、この方針を堅持させ、可能であればそれを前面に押し出すために、ブツァーはこの後にもまた尽力することになった。一五二八年には、無愛想にツヴィングリに無条件の拒否を表したルターによる書『キリストの聖餐について』の中に、ブツァーは一致を目指し尽力するための具体的な出発点を見いだした。ルターによって広められた「サクラメンタルな一致」という表現を、ブツァーはさらに彼の聖餐理解の鍵となる概念へと押し進めた。彼はそこで、聖餐におけるキリストの真の現在（リアルプレゼンス）を堅持しながら、この現在の秘儀をも維持し、それによって信仰の意義を強調した。この流れの中で、相応しくない者は聖餐においていったい何を受領するのか、というブツァーの疑問が提示されることにもなった。真の信仰のない者たちが、パンとぶどう酒を受け取ることができるのかという問題である。

ブツァーはこの基本の下に、彼の出版物、註解書において、また『キリストの聖餐についてのルター博士と彼の反対者との比較。友好的に話す対話』（一五二八年）を著したときにも、ルターとヴィッテンベルク陣営との合意を得るために腐心した。「宗教改革陣営においては、すべての本質的なことについては一致している」と彼は強調し、違いはただ周辺的な事柄に関することだけであり、互いの愛によって克服されうるとした。ヴィッテンベルグの人たちは、これとまったく異なる見方をしていた。一致の提案の受け入れを拒絶しただけでなく、シュトラースブルクの人々を「キリスト臨在否定論者」、「徒党の輩」、あるいは「熱狂主義者」と呼ばれたスイス人たちと同様に見なし、同じ非難を浴びせた。ヴィッテンベルク陣営から明瞭な神学的独自性についてのお墨付きを得るために、一五二九年一〇月のマールブルク宗教会談の機会を利用し、ヤコブ・シュトゥルムとブツァーが試みたことは完全に頓挫した。「われわれの霊とあなた方の霊は符合せず、われわれはひとつの霊を持っていないことは明らかである」（DS IV,355）とルターはブツァーに当時反対した。これによりマールブルクでの会談が提示したことは、ブツァーの聖餐理解はツヴィングリの理解と単純に同一ではないということであった。シュトラースブルクの人々はヴィッテンベルクとチューリッヒのほとんど中間の位置に立った。無論その結果、この町とこの町の神学者たちをさらに孤立させることになった。それは特に、アウグスブルク国会（一五三〇年）で明瞭となった。シュトラースブルクの人々は、聖餐の項目に関するルター派の信仰告白の責任を担うことができず、またそのつもりもなかったが、スイスの陣営にいることを欲し、スイスの人々もまたそれを強いる必要はなかった。ブツァーとカピトはアイレで固有の信仰告白『四都市信仰告白』を起草し、勢力的な働きかけを行ったが、最終的にはシュトラースブルク以外には、コンスタンツ、リンダウ、メニンゲンしか加わらなかった。シュトラースブルクのこのような神学的、政治的な孤立化により、ブツァーにとっては聖餐に関する合意という目標が、まさしく中心的な意味を獲得することになった。メランヒトンはアウグスブルクではブツァーとの会談を組み入れるつもりはなかったので、彼はすぐにコーブルクへ馬で乗り入れることにした。そこには国会開催の期間、ルターが滞在していたからである。ルターはいまなお、追放状態だったのである。ルターは新しい一致信条を知ろうとはしなかったが、しかしこのシュトラースブルクの神学者をただ追い返したのではなかった。ブツァーはそれを励ましと理解した。

彼は根気強く宗教改革者の陣営で、聖餐に関する合意という目標のために長きにわたって時間と労力を注いだ。そのために何千キロにもわたってドイツとスイスの足場の悪い道を馬で走り、行き来した。数え切れないほどの会談と協議を行い、いつも新しい不和、猜疑心、嫌疑を一掃し、あるいはそうしようと試みた。そうすることで彼は、承認や説得、公式文書の技能において、また定式表現の解明や解釈の技法において、およそ疲れ果てることのない名手であることを証明した。しかしブツァーにとって最後まで解決とならなかった問題は、互いに反目した二つの神学的立場の関係であった。それぞれが神の真理と理解され、それに相応しく擁護されていたのである。それゆえに、ブツァーが両方の立場を取り入れた公文書と理解したとしても、ヴィッテンベルクにしてもチューリッヒにしても、それをもっぱら自分たちの意味に解釈するよう常にせきたてた。だからブツァー自身がひとつの派でなければならなかったし、とにかく前進することを望んだ。実際に彼は神学的信条や政治的考慮から、ルターに次第に近づいた。それによってツヴィングリから距離を置き、疎遠となった。カッペルで彼が死んだ（一五三一年）以降は、自ずとブリンガーや彼の弟子との距離も増した。一五三七年には、スイス陣営がブツァーの一致のための計画を拒否することが決定的となった。

これとは逆に、ブツァーは南ドイツでは成果を収めた。ここで彼の努力は公共の政治的伸展をもたらすことで大いに報いを得ることになった。というのは、チューリッヒの敗北と第二カッペル戦争でのツヴィングリの死の後は、このような伝統的、政治的、神学的目印となるものは、南部ドイツの都市には実際には存在しなかったからである。その後はただシュマルカルデン同盟の場合と、ヴィッテンベルクとクアザクセンに接近した場合にのみ、実際に支援を見いだしたに過ぎなかった。すべてに労を必要とし、決して一筋縄には行かない伸展の中で、ブツァーは中心的な役割を担った。南部ドイツの改革をルター派へと導く目論みにおいても、また少なくとも一派ごとの固有の神学的、教会的特色を保持するという視点でもそうであった。一五三六年に締結された聖餐理解に関するヴィッテンベルクとの協約が決定的な日となった。

この過程での最初の重要な著書が一五三四年に執筆され、ヴュルテンベルグ公国での穏健なルター派の精神に基づく宗教改革の導入について著された。その後、ブツァーとメランヒトンの神学的な類似性が益々明瞭となっていった。それは一五三四年一二月に行われたカッセルにおける討論を契機にして顕著となった。いまや味方に得なければならないのは、残るところただルターだけであった。入念な準備の後、ブツァーは一五三六年二月に南部ドイツの使節の代表として、ヴィッテンベルクの人たちとの新しい交渉のためにアイゼナッハへ向かった。しかしルターの姿はなかった。彼は病気であった。ブツァーは躊躇することなくヴィッテンベルクへ向かい、ルターの影響下において、そしてまたこの条件と疑いに満ちた状況下で勝利を収め、一致の合意を推し進めた。ブツァーは、過去の不信と不当な中傷と対決するために一〇〇キロほども前進しなかったと、ルターを非難した。相応しくない者が聖餐においてキリストを真に受け取るのかという問題については、彼は素早く対処し、信仰なき者と相応しくない者とを区別した。後者は単にパンとぶどう酒を受け取るだけであるが、前者はキリストを受け取るものの、しかしそれは裁きとなるのである。これをとりわけルターが受け入れる用意があったことから、さらに精緻な議論を行うことは断念し、最終的には、ルター派と南部ドイツの間での聖餐についての和協を目指した諸条件を創出することになった。一五三七年の推移の中でブツァーは、新たに尽力すべき交渉に直面することになる。それは、南部ドイツの大方の神学者と政治家にこの合意を取り付けることであった。

この同盟の締結は何にもまして、ブツァーの働きと功績によるものであった。彼はもちろん、ルターにとっても他の陣営にとっても、この合意は共同の信条を表現したものではなく、両者の互いの異なる神学的解釈の承認であったことは知っていた。ルターは自分の信条を、他者に配慮することなく主張することに終始したが、しかしブツァーはここからルターとは異なる結論を導き出したのである。ブツァーはその後には、安心を与え、興奮を鎮めることによって、取り返しのつかなくなるような争いごとが再び勃発することを阻止するためにあらゆることを行った。一五四九年夏のペトロ殉教記念の日に、聖餐についての新たな議論が表面化したときに次のように書いた。「私は確信する。もしあなたが、〔ドイツにいる〕われわれの下でこの争いが原因で簡単に生じてしまった不幸を認識し、そこからすべてのサクラメントとキリストのあらゆる秩序のなおざりがどれほど生じ、それによって多くの人々にどれほどの憎しみが広がったのかを知ることができたならば、あなたはこの争いが再び起こっていると耳にするたびに、驚愕したことであろう」と（Pollet I,271）。

聖餐を巡る論争はときおり、ブツァーの本来の神学的関心事を覆い隠すことになった。しかし実際には、彼はそれを決して押し隠すことはしなかった。三〇年代初期には、宗教改革運動の一致を目指す課題に献身的に身を捧げた。内面的な福音理解に終わることなく、真の宗教改革の目標設定のための前提を形作ることに、一切の疑いも抱かなかった。すなわち、この世においてキリストの支配を貫徹すること、つまり、根源的な存在の秩序の再構築のために神の法則を行使することである。ここから、ドイツに留まらず、あらゆる古い信仰の領域に宗教改革の展開と貫徹を図ることが、ブツァーにとって避けられない重要なことであった。すべての教会が新しくされなければならなかった。いやそればかりか、この世のすべてがそうであった。神は創造者であり、すべての支配者だからである。この前提を根拠とし、ブツァーは異邦人への宣教の促進も行った。それは一つの解釈であったが、宗教改革の内側においてはほとんど行われることはなかった。

とはいえ、ブツァーの尽力の前面には、まず第一にドイツにおいて改革するという意志が立っていた。この考えを彼は一五三三年に『一致のための準備』という書に記した。通常の教会会議を期待するしかない状況下で、エラスムスの書『教会の一致を目指して』に関する問題をどこにもって行くのか、そして教会における和睦と和解のためにすべての陣営のキリスト者たちがどこに突き進んで行くのか、このことの解決のためにブツァーは、再び彼が評価していた対話の形態を目指し、ドイツの全国教会会議の開催のために尽力した。しかし「教皇とその信奉者からは、教会の望ましい改革は決して期待できない」とブツァーは書いた。ゆえに選帝侯たちと、とりわけ世俗的公僕たちがいまや、この状況を手中に収めることは間違いなかった。ブツァーは、彼の神学に特徴づけられた政治権力への高い評価と真のキリスト教的な社会秩序の実現のための政治権力の義務を、ドイツ国内のすべての政府を視野に置いて押し広げた。教会の刷新の尺度として、ブツァーはここでも聖書を示した。なぜなら、聖書には啓示された神の意志が記されているからである。しかし同時に彼は教父たちの意義を強調し、「彼らは聖書のもっとも優れた解釈者であり、同時に偉大で、古典的、不変の模範的な教会の歴史の代表者たちである」とした。

エラスムスとの関連に関しては、ブツァーは「すべての教派がキリストを本当に彼らの主としているように、これと同じく人々は教会の一致に親しみを増している」と表現しているだけで、はっきりしない。しかしさらに正確に見通す者はすぐに、実際は驚くほど異なることに気づくのである。もしエラスムスが、ここでは第一にキリストと共にある互いの人格的な結束が重要であるとの認識の下に、論争している者たちに、神学的な相違を広く相対化し、忍耐と愛の教えに基づいてその違いを甘受することを推奨するのであれば、ブツァーにとって問題ではなかった。彼にとっては神の意志を貫徹することが重要であり、この世にキリストの支配が伸展することが問題であった。「というのは、われわれにとってキリストが可能な限り広く支配されることだけが重要である」（Anrich,141）とこの時期にブツァーは書いている。しかしこの目的がドイツにおいてはもはや達成することができなかったので、新しい戦術が必要であった。それは前線での硬直化を打破し、教派間の多岐に渡る対立点を解きほぐすことであった。それはただ一歩一歩しか進むことはできないとブツァーは判断した。それゆえに宗教改革の陣営は、多岐にわたる教会改革のテーマが協議日程上に停滞しているというブツァーの認識に従って、すべてに取り組まなければならなかった。その目標に向かってブツァーは、特に政治に力を注いだ。政治が帝国内での教会の刷新の課題を促進したからである。それによって硬直化した障害を取り除くことに成功し、福音主義の使信がようやくパン種のように、旧い信仰の領域にもはや引き止めることができないほどに浸透した。それを目指してブツァーは、すべてのキリスト者にキリスト教の本質を自覚するように求めた。このことが本当に始まったときに、広範な教会改革へ向かう第一歩が踏み出されたのである。さらにブツァーは、反対の陣営が変革の道程に参画しなければならないと考えた。その道程が支障を来たすことなく、教会と社会の現実的な再生の方向へと歩み続けるためである。その第一はもちろん旧い信仰を持つ者たちであった。しかし真の、実り豊かな人生の新しい姿という意味ではプロテスタントの信仰者も同様であった。

この間ヘッセンのフィリップ方伯に対するブツァーの影響は増大し、片や皇帝の宗教政策はプロテスタントとの合意を狙った。このシュトラースブルクの人ブツァーはこの目標を絶え間なく——後にも先にも——著書と手紙で国内外に著しただけでなく、それらを責任ある立場で具現化しようと心がけた。皇帝カール五世との不名誉な休戦協定となったフランクフルト和議（一五三九年）をブツァーは厳しく、激しく攻撃した。彼はそこに、改革の伸展と貫徹のためにさらに尽力するのではなく、手に届くものを確保しようとする近視眼的で、自己満足的な意図を見たからである。彼の無条件の合意はこれと異なり、教皇の関与のない宗教会談の企画において見いだした。それはその会談の関連で生じたものであった。ブツァーは同時にその企画の雄弁な弁護者となり、「ニュルンベルクの和平についての神と聖書の権能からの若干の対話」（一五三九年）という匿名による対話を行った。そこで彼はすべての善良なキリスト者の願いと信念として次のようにまとめた。「人は正しい信仰条項に立つキリスト教的共同体において和解できるのであり、他のことについてはキリスト教的自由によってキリスト教的な一致を容易に見させることができるのである。人はただ心から神を仰ぐべきであって、そのことをローマによって阻まれてはいけないし、この教会の宝物のゆえに折り合うことができるのである」と（DS VII, 439）。プロテスタント側もまた譲歩を示さなければならなかった。すなわち、その教会の宝物においてそうである。構想された政治の真の勝利者たちは、いずれにせよ、少なくとも長期的視野に立つ者たちに違いなかった。たとえ宗教改革の完全な勝利とは言わないまでも、ただ神のみ心に目を向けるという願いのもとに敷かれた道の終わりに立つことができることとは何であろうか。このような問題意識を抱きながら、ブツァーはハーゲナウ、ヴォルムスそしてレーゲンスブルクでの宗教対話に臨んだ（一五四〇／四一年）。彼は皇帝の意を汲んで、主要な教理の合意についてグロッパーと秘密裏に協議する準備に取りかかった。グロッパーによって起草された教理条項が一五四一年一月七日にギーセンで、ブツァーとヘッセンのフィリップの同意を得た。彼らは、両陣営の神学者の委員が出席したレーゲンスブルクの国会でカール皇帝が公開した、いわゆるレーゲンスブルク書の核を作成したのである。これによって彼らは神学的な一致のための基盤に到達することになった。集中した交渉の後、義認論についての事実上の一致に至ったが、その際にはブツァーの神学に特徴づけられた信仰による人間の新しい存在の強調が本質的な役割を担った。しかしながら、ローマもヴィッテンベルクもこの一致を拒否したことが明らかになる前に、この協議はレーゲンスブルクにおいてすでにミサなどの問題で暗礁に乗り上げていた。

この状況下でブツァーは、少なくとも合意できる条項と、それとの関連でさらなる教会改革の推進のために必要なことを今期国会終了時か、あるいは次期終了時に確定することに全力を注いだ。この宗教対話は本筋と関係ないことで停滞することは許されなかった。そこで突き当たったままになったことは必ずさらに協議され、先に進められなければならなかった。このためにブツァーはとりわけ方伯に心を配り、新たな改革の仕事を彼に提案し、同時にキリスト教的公務機関の義務が神の目や神の怒りの前にあることを強烈に提示した。もし彼らが認識した神の真理を実現するために、すべての手段を用いて努力することを怠るならば、神の怒りはいやおうなしに彼らとすべてのプロテスタントたちに臨むのである。「神の愛は、われわれが神のプロテスタントと呼ばれているように、われわれに恵み深く注がれている。これはわれわれすべてに当然のごとく与えられていることである。それゆえにすべての者が神の家のために城壁をこしらえ、教会が助けを得るまでその働きを緩めない。来たる日には（次の国会に）彼らは正しいキリスト者に留まり、提示されている問題点を十分に把握するのである。すなわち、われわれがトルコ人にまったく歯が立たず、われわれ自身の中に悩みが尽きないときには、われわれは宗教の誤解の中におり、それによってもっとも深刻な神の怒りのもとに留まっている」（Lenz II,37）。しかしヘッセンのフィリップはこの要請に同意しなかった。自身の重婚の問題ゆえに皇帝の厚遇に頼らざるを得ず、もはや自主的な政治を遂行する状況にはなかったのである。カール五世は教会の問題の解決の任を帝国貴族たちに委ねようとは考えていなかった。

ブツァーには、「いまや、改革の願いを帝国に要請し、もし可能であれば神学的な概念の一致だけでなく、この見解がドイツの現実の状況においても徹底的に適合されるようにさらに強く働きかけるために、すべてのことがなされなければならない」という確信があった。多くの場所で改革の努力が営まれた。しかし帝国北西部では、まったく予期せぬ視野が開けることになった。ケルンの大司教ヘルマン・フォン・ヴィートは、明瞭な教会の政治改革へと舵を切ったのである。静観しながら、しかしほとんど秘密裏とも言える同意をミュンスターとオスナブリュックの司教、並びに力を持つクレーベの侯爵との間に得ようとした。もしひとたび教会的な選帝侯の一人が自身の領域に加えて、古い信仰から離れたハプスブルク家のオランダに改革を取り入れたとすれば、帝国政治においてもまた、計り知れない影響を及ぼすに違いない広範囲な大改革が間近に迫っているように見えた。

ケルン地域のこの改革を遂行するために、ブツァーは選帝侯から招聘を受けた。一五四二年一二月一四日に彼はボンに到着し、早速仕事に没頭した。計画された刷新作業の基本的特質をブツァーは一五四三年に、同様にラインに短期間滞在していたメランヒトンと一緒に構築した。それは『素朴な意見』（第二版は一五四四年出版）というもので六〇章からなっていた。抑制さが目を惹き、そこでは古い教会の本質の基本的な構築について論じられた。教会施設、修道院、そして参事会がまず維持されるべきであった。しかしそのような慎重さと調停的心構えにもかかわらず、ブツァーはケルンの無条件の抵抗の解除に至ることはできなかった。ここに大聖堂参事会、大学、市の議会は、多勢の抵抗連合体を組織することになった。ブツァーが実績のある改革推進に多大なる期待を寄せていたグロッパーも、まもなく向こうの陣営に寝返った。選帝侯と地方貴族の大部分がブツァーの改革構想に固着したが、この一撃を根本的には変えることはできなかった。影響力を持つ神学と教会の代表者にとっては、本当の後ろ盾なしにこの改革の試みを実際に遂行することは不可能であった。領邦貴族たちによって表明された改革への一般的な同意というものは、多くがほとんど中身のないものであり、あまりにも脆弱なものであったために、クレーベの侯爵のカール五世への降伏、並びにシュマルカルデン戦争でのプロテスタントの敗北の後は、この領域の軍事的な再カトリック化のために、有効な対抗を行使することはできなかった。ブツァーにとってこのさらなる希望の消滅は、単なる人間的・政治的考慮と期待の崩壊に留まらなかった。彼はこれを神の刷新への思いに反する福音主義的キリスト教の拒否と理解した。それに呼応して、ブツァーの以降の展開には驚愕と深い失望感が伴うことになった。その後は書物の中に、特に手紙の中にプロテスタントにおける信仰の欠如、不一致、分裂と口論、とりわけ領邦の至るところに見られる倫理的、道徳的欠如状態についての苦悩に満ちた嘆きを積み重ねた。ブツァーは疲れを覚え始めた。同時に目に見えて老いて行った。教会、並びに政治の発展についての陰気で悲観的な判断は、シュマルカルデン戦争、特にプロテスタントの敗北に伴い必然的に先鋭化したものであった。ブツァーはそれにもかかわらず、福音主義キリスト教徒に対する神の罰の行使と義なる怒りを見た。彼らはまさに上は支配者から下は一般の者まで、ただ自分自身を愛していたに過ぎなかったからである。

この状況下で改善しうることを助け、良き方向へ導くために、ブツァーは一五四五年にシュトラースブルクで「キリスト教共同体」、つまり中心的信徒の作法を整える準備を始めた。これを支持する者は名簿に名前を記入し、まことのキリスト者の生活を思いを同じくする者の視点の下に導くという義務を負った。市議会に対してブツァーは、キリスト教共同体がここではそもそも福音書によって強調された様式で存在しないのであれば、実際に福音に則った教会と役所の共同作業について語ることはできないことを理由に、彼の計画を堅守した。キリスト教共同体がまず築かれなければならなかった。そのための初期段階として、教会規則の厳密な運用が必要であった。ブツァーは彼のキリスト教共同体を用いて、自由教会とはまったく異なるものを設立しようとした。思いを同じくする異なったキリスト者の連合は、まったく当然のごとく教会に根を下ろし、合同教会の機能を達成した。ブツァーは再洗礼派の聖なる信徒の権利については、一線を画す目論見を持っていた。その他の市教会に対して、磁石のような働きをする結晶の核の創造が重要であった。「神、その教会と市民的共同体」の救済と登用のためである。このテーマについての所見に書いてある通りである（DS XVII,240）。ブツァーは彼の神学のこの中心点において、再び完全に彼の努力の出発点へと押し戻されたことを認識した。

にもかかわらず、彼の努力をもってもほんど成果を上げることはなかった。戦争による不安定な関係は、その計画にとってはまさに有益なものではなかった。しかしより決定的なことは、中途半端に独立した市内の教会の伸展に対する克服しがたい市議会の不信であった。役所は他の場所と同様にいつもここに、政治とこの世の全部の領域を飛び越えた教会の統治権の要求の始まりを見たのである。いうまでもなくブツァーにとってはこのすべてが、生まれ故郷でのわずかな可能性であった、真のキリスト教的新しい始まりへの期待が決定的な崩壊に至ったことを意味した。

V

一五四九年四月五日の夜から六日にかけてブツァーは、二五年余り前にシュトラースブルクに足を踏み入れたように、亡命者としてその町を後にした。

過ぎる歳月のうちに彼の足場は目に見えて弱まっていた。教会規則の厳密な運用のためのさらなる新しい提案と所見を始めようとする情熱は、シュトラースブルクを最終的には真の「キリスト教的都市」に変革するという恒常的な強要と同様に、彼の同胞たちに好まれることがほとんどなかった。一五四八年のアウグスブルク帝国議会で、勝利者の皇帝がプロテスタントに課したカトリック的な教会の本質の新しい秩序を定めたアウグスブルク仮信条を契機にして、最終的な崩壊に向かった。ブツァーは最初にためらった後、この仮信条の導入に反対する決意を表明した。疑いの余地なく神の真理に反抗している行政に同意するという最悪の事態に至る前に、数々の所見によって彼は市の議会に要請した。議会ととりわけヤコブ・シュトルムが、仮信条の導入を先延ばしにさせるか、少なくとも二三の項目の遂行を回避させるために尽力している間、ブツァーは妥協することなく反論し、彼の姿勢に対する役人同僚の同意、ならびにできるだけ多くの住民の賛同を得るために全力を注いだ。実用的な政治的考慮を彼はこの状況下では正しいこととは考えなかった。なぜなら、「聖なるキリストの福音を正しく認識している者なら誰でも、この仮信条を神の恵みとして受け取ることはしないし、明瞭な拒否なしには済まされない」(DS XVII,541) ことは明白だったからである。ついに一五四九年二月にシュトラースブルクが皇帝の最後通告に屈したとき、ブツァーは去らなければならなかった。三月一日に彼は解任され、三月三日には彼の長年の活動の場所であったトマス教会で最後の説教を行った。

ブツァーはその間に複数の亡命先の提供を受けた。彼が英国を選んだ理由は、この国には改革の達成と伸展の特別な可能性が見えたからである。それに加えて、英国ではキリスト教の環境が解放的であり、秩序立てられていなかったので、ブツァーはここでもう一度全面的に新たに、彼の神学的企画の実現を本当に始めることができると考えた。もしかしたら、この教会がヨーロッパ大陸の教会を結び付ける磁石になるのではないか。それがどうであれ、ブツァーが一五四九年四月に彼の同僚パウル・ファギウスと一緒に英国に到着したとき、教会と政治の実情、また経済と社会の実情など英国の実際の環境について彼はあまり知らなかったことは確かである。

二人はケンブリッジ大学の教授に任命され、ブツァーは一五四九年九月には神学博士を取得した。国中の旅行を重ねながら彼は、新しい生活環境に習熟しようとした。しかしファギウスが間もなく死んでしまい(一五四九年一一月一三日)、ブツァーは益々孤独に陥った。会話、生活習慣、調理などすべてのことが彼にとっては不慣れなことであった。英国式の暖炉では凍えるようであったために、故郷のタイル張り暖炉に取り換えてもらった。しかし彼は病気がちとなり、疲れを覚え、しばしば不必要な人間となった。それでも彼の講義は興味を抱く聴衆を魅了した。一般祈祷書(共同祈祷書)の監査や司教の式服の保持を巡る議論の際のような教会の新しい規定の重要な問題に関してもまた、所見を求められた。しかしながら、その意見は賛同を得られないばかりか、古い信仰者たちを始め、一部ブツァーと激しく闘ったブリンガーの友人や支持者たちをふくむ反対者を憤慨させることになった。この状況下でもブツァーはなお、英国の改革の貫徹のために、広範囲に及ぶ神学的、政治的、社会的な企画書によって道を切り開くことに残る力を振り絞った。一五五〇年一〇月に完成させた『キリストの王国について』という表題の最後の著書は、改革の貫徹という視点の中での生涯にわたる体験と尽力の総括となった。細かな変遷が見られるとしても、それはブツァーの神学の基本理解の揺らぎではない。彼は国王エドワード六世に、六〇章にもわたり記された広範囲に及ぶ複雑で、詳細に解説された法令の公布を請願した。それによって理想的な、すなわち真のキリスト教的な国家機構の樹立の前提条件が確立するはずであった。規定と規律の中でのキリスト教的生活のため、すなわち個人的、かつ個人を越えた意味での隣人愛の具現化のために、国家と教会が共同で任を果たし、形あるものにして行くことへと、ここでもまたすべてが向けられていた。

それはあらゆる点でブツァーの最後の言葉であった。カピトスの死後（一五四一年）に結婚した二人目の妻ヴィブランディスがシュトラースブルクへ帰った後すぐ、彼は一五五一年二月中旬に重い病に倒れた。二月二八日の夜、ブツァーは六〇歳を前にして息を引き取った。三月三日にケンブリッジの主教会であるセント・メアリー大教会に、厳粛さと大学のすべての敬意の下に埋葬された。

その後恐ろしい事件が続いた。女王マリアによる英国の再カトリック化が一時進行したときに、ブツァーとファギウスに対する異端審問が行われた。一五五七年二月六日に、その暴君は彼らの遺体を著書と一緒にケンブリッジの中央広場で焼き払った。ブツァーの友人の一人であったパーカーは二人のために尽力し、その途上にカンタベリーの大司教に就任した人物であったが、彼の骨折りにより、ついに女王エリサベス一世は大学に対し、二人の名誉を正式に回復させるように命じたのであった。それは一五六〇年七月二二日に、荘厳な大学の儀式により執り行われた。

マルティン・ブツァー

（立山忠浩訳）

フィリップ・メランヒトン

ハインツ・シャイブレ

一五一八年四月二五日、二一歳のギリシア文学教授がヴィッテンベルクにやって来るわずか数か月前、宗教改革の始まりとなるルターの贖宥状論争が起こった。この「ドイツの教師」(Praeceptor Germaniae) が神学者との争いに疲れ果て一五六〇年四月一九日に息を引き取ったとき、ドイツ帝国における二つのキリスト教会の並存が、アウグスブルク宗教和議によって正式に認められた。メランヒトンの生涯は、ヨーロッパ史のなかのこうした画期的な大改革によって特徴づけられ、その結果は今日でも世界中に及んでいる。彼ほど当初より助言し、解決に当たり、印象深くこれに関わった者はいない。彼の人生の支えであり、中心にあった宗教的な力とは、恩恵による罪人の義認という、再発見された福音である。この認識に対してこの教師〔メランヒトン〕は、宗教改革者〔ルター〕に対して、生涯を通じて感謝していた。円熟した人間として、ルターとの関係を、遺言のなかで彼はまずこう語った。「わたしは彼から福音を学んだのだった」。メランヒトンはこの福音を御言葉と書物において明らかにし、弁明した。そのために必要な知的学問的な能力を、彼はヴィッテンベルクに携えてやって来たのだった。彼はすでに少年の頃から、若いヒューマニスト世代のなかではずばぬけた才能の持ち主であって、ルードルフ・アグリコラの弁証法で訓練され、叔父であるロイヒリンのために積極的に戦い、すべての方面から尊敬されたエラスムスによって早くから賞賛されていた。というわけで、彼はザクセン侯フリードリヒとその助言者によ

フィリップ・メランヒトン，47歳頃（1543年）

る先見の明をもった招聘のかけひきを通じて、ヴィッテンベルクに呼び寄せられたのだった。メランヒトンもまた困難な日々でも彼らに対してよく信義を守った。

ルターならびにプロテスタント諸宗派に対して最大の忠誠を誓いつつも、彼独自の神学的政治的思考と行動は、今日と同様その当時においても、無理解と批判とに出くわした。にもかかわらず、ドイツで当時の最も多く学生を集めた大学の教師として四一年以上勤め、広く普及し世代を超えて使われた教科書の編集者としての業績は――彼の敵対者にとっても――測り知れないものであり、後世に残る門弟という大きな一群を作り出した。ドイツの文化にとって、キリスト教の伝統の改革とギリシア・ローマの教育財との、かくも実り豊かな結合は、何といってもメランヒトンのライフワークによるものである。宗教改革の基本的な信条の編纂者として、彼は今日においてもなお多くの教会で生きている。諸宗派和解的な視点は、エキュメニカルな時代において新しく取り上げられ、少なくともプロテスタンティズムの中では、一九七三年のロイエンベルクの和協を通じてようやく実現したのであった。

I

フィリップ・メランヒトンは、ハイデルベルク出身で選帝侯の兵器係長ゲオルグ・シュヴァルツェルトとバルバラ・ロイターの第一子として、一四九七年二月一六日、プファルツ選帝侯の官公都市ブレッテンに生まれた。バルバラは、ブレッテンの裕福な大商人で町長のハンス・ロイターと、偉大なヒューマニストの姉であるプフォルツハイムのエリザベト・ロイヒリンの娘であった。フィリップは正直とたたえられた選帝侯の名にちなんで名付けられた。ブレッテンの中央広場にある祖父の家で、彼は人生はじめの十一年間を、四つ下のゲオルグ、三つ下の妹という兄弟たちとともに過ごした。七歳のとき彼は王位継承戦争に際して故郷の町が包囲されるのを経験した。この戦争から父は病気になって故郷に帰ってきた。彼のまじめな敬虔さは、その息子に後々まで感銘を与えた。ラテン語の教育には家庭教師のヨハネス・ウンガーが尽力した。彼は後にプフォルツハイムの福音派説教師となった。弟のゲオルグと母の最も下の弟が、この授業を一緒に受けていた。

一五〇八年一〇月、祖父と父は相次いで亡くなり、三人の子どもたちは祖母とともにその故郷プフォルツハイムに移り住んだ。そこでゲオルグ・ジムラーとヨハネス・ヒルテブラントの下にあって栄えていたラテン語学校に入学するためである。フィリップはギリシア語でもその能力を存分に示した。シュトゥットガルトおよびその近郊で暮らしていたロイヒリンは、書物を送ることで彼を援助し、一五〇九年三月、彼にその名前のギリシア語形を授けた。

わずか一年後、一二歳の彼はハイデルベルク大学に入学することができた。彼は神学者のパラス・シュパンゲルのところで生活した。シュパンゲルは、ケルティスによって作られたレナーニアの信心会〔ライン川信心会〕を代表する最後の人物であり、メランヒトンは、ルードルフ・アグリコラ、ヨハネス・フォン・ダルベルク、ディートリッヒ・フォン・プリーニンゲン、そして歴史研究について、フィリップ選帝侯に多くのことを率直に語った。メランヒトンは命じられていた学修課程を難なくこなし、一五一一年六月、「古く尊い方法」(1)による教養学士となった。一四歳のメランヒトンはヴィンプフェリングの著作にさえも、その最初の詩が記されているのを見ることができる。そして、メランヒトンはレーベンシュタインの二人の伯爵の学習指導者として働いた。修士号は一年という最短期間をもってしては、彼の若さゆえに取得することができなかった。一五一二年夏、シュパンゲルもまた亡くなった。メランヒトンはチュービンゲンに移り、一五一二年九月一七日付で学籍登録した。ここではプフォルツハイムのときの教師であるジムラーならびにヒルテブラントと再会することになる。ハインリッヒ・ベーベルは人文主義の文章技法を教えていた。メランヒトンの成長にとっては、新しい年上の友、エコランパディウスとアンブロシウス・ブラーラーとの出会いが、より重要である。メランヒトンは、スコラ哲学の二つの方法において公の学修課程を歩んでいた。ここではノミナリスト〔唯名論者〕であるにもかかわらず、彼はリアリスト〔実在論者〕からも信頼を得ていた。しかし並行して友人たちとのあいだで進めていた人文学研究だけが、彼を夢中にさせた。エコランパディウスとともにヘシオドスも読んだ。年長のヨハン・シュティフラーからは天文学を学んだ。エコランパディウスからの贈り物で、一五一五年に著されたルードルフ・アグリコラの弁証法は、スコラ学的論理学を乗り越えるのに重要なポイント切り替えとして役割を果たした。シュトゥットガルトのロイヒリンとは活発な交流が続いていた。そして、〔スコラ学者を批判する〕匿名者たちによる攻撃には、メランヒトンとヒルテブラントによる「高名者たちの手紙」（一五一四年三月）が序文として付された。[2] かつてはプフォルツハイムの、いまはチュービンゲンの、後にハーゲナウの印刷業者トーマス・アンセルムとの変わらない結び付きから、校正の依頼もされた。テレンティウス版（一五一六年三月）は、喜劇史に関する導入を付した、メランヒトンの最初の文献学的業績である。偉大なエラスムスもまた、この希望に満ちた大学の講師に公然たる注目を注いでいた。ギリシア語文法と修辞学の教科書は、彼の次の研究プロジェクトであった。一五一七年の終わりころ、大学の祝典を機会に彼は学問学科に関する講演を行った。彼は中世の三学科と四学科の上に、さらに歴史と詩を加えた。とうの昔（一五一四年一月二五日）に、彼は学芸修士号も取得していた。ギリシア語の教職への招聘は、ロイヒリンのとりなしによって止まりようもなかった。ザクセンのフリードリヒ賢公は、わがヴィッテンベルク大学をヒューマニズムによって改革しようと企てたのである。

Ⅱ

数か月来、贖宥状に関する提題で有名になったアウグスティヌス会修道士マルティン・ルターが教えていたのが、ヴィッテンベルクであった。メランヒトンがそこに行こうとは、当時まだ誰も予測できなかった。しかしヴィッテンベルクには、キリスト教的ヒューマニズムの精神による学習課程改革が進行中の大学があった。一五一八年八月二八日、土曜日、学芸学部生の討論日に、メランヒトンは学習改革に関する綱領的な就任演説を行い、ヴィッテンベルクの人々がすでに望んでいたことを要求したのだった。つまり、源泉へと向かう道、そしてその手段としてのギリシア語とヘブライ語、さらに歴史に関する知識の必要性である。数学と自然学もその重要性の点では看過されることはなかった。メランヒトンはこの学習綱領から外れることは決してなかった。しかし、まず彼はルターの個性の吸引力のなかに捉えられることになり、彼とともに学問的には緊密な共同作業を行った。彼はルターの講義を聴き、正規の神学研究まで始め、聖書学士の学位を取得し、それによって正式に聖書釈義学の講義をもてるようになった。彼自身が（少なくとも部分的に）――例外的にだが――そのために作成し、一五一九年九月九日に弁護した提題は、ルターが当時行ったものよりも、聖書原理の明確な定式化と、全実体変化[3]が問題とならないという点で、進んだものであった。「極端だが本当だ」とルターは、この若き達人の提題を呼んだ。

メランヒトンは、そうこうしているうちに、すでにルターのジャーナリスティックな弁護者にもなっていた。ライプツィヒ討論（一五一九年六月二七日から七月一六日まで）では、エックの不機嫌さに際してルターに情報メモを用意し、その後一五一九年七月二一日のエコランパディウス宛の公的な手紙では、ことの経過とヴィッテンベルク勢の勝利とを記した。これによって、エックとのパンフレット合戦、さらにイタリアの神学者トマーゾ・ラディーニやパリ大学神学部との争いが展開されていった。後に彼は、教皇をロバに見立てる解釈を通じて大衆扇動の下層にまで浸透し、クラナッハの「受難のキリストと反キリスト」では、描写の枠組みと文章を提供した。彼がルターの側に立ったことは、ロイヒリンとのあいだに断絶をもたらした。ロイヒリンはメランヒトンをインゴールシュタットに連れ戻そうとしたが、無駄であった。こうしてロイヒリンの貴重な図書は、甥子ではなく、プフォルツハイムのミカエル参事会が受け継いだ。いまやメランヒトンは活動の場と密接に結びついていた。そしてルターと他の友人たちからそっと紹介されて一五二〇年一一月に同年齢のカタリーナ・クラップと結婚した。彼女は、ヴィッテンベルクのすでに亡き織物商人の娘であった。

メランヒトンの教授活動は非常に実り豊かなものであった。ギリシア語学者として、この聖書学士は原典で新約聖書を扱った。言葉から内容、そしてそれを人生に活用するに至るまで、彼の解釈技法は突き進んだ。彼の講義では何百もの学生が押し寄せ、マタイの福音書や数多くのパウロの手紙に学んでいった。その傍らで、彼はほんの数人の優れた学徒たちと、古典ギリシアの著作家を繰り返し扱った。一五一九年一月から七月まで、彼は空席であったヘブライ語の教授職もこなさなければならなかった。

とりわけローマ人への手紙のなかに述べられた福音の救いの知らせの内容を、自らにも、また聞いている者たちにもはっきりと分からせるために、彼は中心的な概念（「ロキ」）を取り出し、それらに罪、律法、恩恵という主節を立てて、テキストから得られた体系へと導いていった。学生たちの間で私的に用いられていた要約が大きな共感を得たことで、メランヒトンは概念の解説を付加して分量を著しく拡大し、一五二一年三月から全体を印刷させ、これらは四月から一二月のあいだに分冊で刊行された。これによって彼は聖書のメッセージを、ヴィッテンベルクの宗教改革を通じて新しく理解された形として、はじめて体系的にまとめたのであった。しかも、それとともに学問的な記述の新しい方法をも展開させた。これは福音派の教義学およびカトリックの教義学でも、さらにまた法学や史料編纂においても、広く行き渡ることになった。その際、メランヒトンはエラスムス、ルードルフ・アグリコラ、そしてキケロから示唆を得た。彼はこれを実行することで影響力ある先駆者となった。キリストの本質に関するスコラ学的な思弁を退けるなかで、彼はただ救済の行いだけを述べようとした。彼はそこで使徒パウロによって導かれ、パウロと重なり合うことを知ったのであった。罪深い人間、そうした人間に対する神からの要求、恩恵によって贈与される救い、そしてその手段ならびに市民的な領域における生活もまたテーマであった。この書物〔『神学要覧《ロキ・コムネス》』〕は、出版と同時に増刷された。これをルターは熱狂的に称賛した。

当時、宗教改革者ルターはヴァルトブルクに滞在中であったが、ヴィッテンベルクの友人たちと絶え間なく接触していた。メランヒトンとは、とくにそうであった。いまやミサと修道制に対する文書による攻撃が実際に行われ始めた。ルターと同じ修道士であったガブリエル・ツヴォリンクは、その攻撃的な口調の説教を通じて、このための地盤を整えた。メランヒトンとその学徒の何人かに一五二一年九月二九日、町の教会で聖杯が渡されて以来、ヴィッテンベルクでは福音派による聖餐式が催されるようになった。読誦ミサはまずアウグスティヌス修道会で問題となり、一一月からこの修道院は空になり始めた。町での古い形式と新しい形式との並立は、それに我慢のならない市民や学生たちによって耐えがたいものと感じられた。ときどき保守的な聖職者や修道士はしつこくからまれ、教会の財産に属する物品が破壊された。ルターは一二月はじめにそっとヴィッテンベルクにやって来たが、安心してヴァルトブルクへ戻った。クリスマスの日には、大執事と著名な神学教授であるアンドレアス・カールシュタットが、およそ二千もの信者で埋め尽くされた城教会で、法衣なしで伝統的なサクラメントに対しては敬意を示すことのない、決定的な聖餐式を執り行った。聖夜には幾人かの乱暴者が町の教会のランプを粉々にし、参事会教会では礼拝を妨害した。

他の町々でも当時不穏な空気が渦巻いていた。とくにツヴィッカウでは。一二月二七日、そこから織物職人のニコラウス・シュトルフとトーマス・ドレッツエル、ならびにヴィッテンベルク大学の学士、マルクス・トーマエ、別名シュトゥーブナーがヴィッテンベルクにやって来た。彼らは自らを預言者であり使徒だと名乗った。メランヒトンは三日間にわたって、かつての生徒であるシュトゥーブナーやその友人たちと語り合った。まず彼はこうした人たちのカリスマ的な力に印象づけられた。神学上彼は聖霊の働きを除外することを決して許さなかった。これらの聖書を知る男たちとの討論を通じて、彼はその主張を究明しなければならなかった。即刻、彼は第一日目にして当局に知らせ、ルターを帰還させるよう提案した。それはヴィッテンベルク市民のかねてからの願いであった。しかし皇帝との確執の代償は、選帝侯にとってはなおも大きかった。ヴィッテンベルクの神学者たちは招かれざる客人たちと自ら対面しなければならなかった。こうした黙示の主張に対してメランヒトンには抵抗する力があった。シュトルフは生涯を通じて熱狂主義者の原像となり続けた。しかし幼児洗礼は聖書に根拠のない伝統であるという主張は、正しいと認めなければならなかった。当局ならびにルターはこうした問題をまだ背負いこみたくなかったので、メランヒトンに不満を抱いてはいなかった。芽生えつつある再洗礼派との神学的対決は、まだ起こっていなかった。

そうこうしているうちに、カールシュタットがことの経過の前面に出てきた。彼は派手に結婚式を挙げた。典礼上の、そして社会的な改革は、当局や、温和なメランヒトン、アムスドルフ、ヨナスにとって適切と思われるよりも、より素早く容赦なく断行された。断食と告解は無視された。カールシュタットは、ただ内容的に気に障るものだけではなく、すべての宗教的な彫刻作品を除去しようと宣伝した。ほとんど空になっていたアウグスティヌス派修道院だが、一五二二年一月一〇日には空っぽになった。何人かの諸侯は学生たちを家に招いた。メランヒトンは狼藉な学生たちからは距離をとった。しかし改革の定着に関する委員会では、ともに熱心に働いた。なお二月はじめはまだ、これらの温和な人々も市参事会ならびに大学でことの展開に対する抑制を保っていた。カールシュタットとツヴィリンクは批判されなければならなかった。というのも、カールシュタットは「聖像破壊運動」を達成してもなお、個々人にしつこく干渉したからである。このことで彼らは逃亡しない限り、もともとは聖像には敵対的であった市参事会からも処罰された。これに選帝侯の参事会が介入し、二月一三日に温和な宗教改革的な礼拝形式に関する妥協に達した。それは選帝侯が全く追認していないものであった。三週間後には、どうやらメランヒトンや他の門弟たちに呼ばれてルターはヴィッテンベルクに帰ってきた。そして宗教改革の今後の予定表をカールシュタットに対して押し突けた。

メランヒトンはこうした動きの日々から得られた自らの経験を、一五二二年の『神学要覧』の新しい改訂版に組み込んだ。それはすでに何度も出版された最初の版にもはっきりとその進展が確認される、とりわけ意志論と新約と旧約聖書との関係は明確にできた。キリスト教的自由は律法を超えているが、市民的秩序は尊重されるべきである。断食や衣装のようなアディアポラ(4)〔善悪いずれでもないもの〕に、救いの意味はない。しかし不快なことが起きないために、これらは故意にないがしろにされてはならない。なぜなら人間の習俗も神による善き被造物であるからである。

ルターはヴァルトブルクから新約聖書の新しい翻訳を携えて戻ってきた。彼はすでにメランヒトンの生徒として、自らのギリシア語の知識を改善していた。一五二二年九月に印刷へ回されるまで、草稿はメランヒトンと他の同僚たちとの共同作業によって原典との徹底的な点検がなされた。後年にもメランヒトンはドイツ語聖書の翻訳と修正の際に、ルターの最も重要な協力者となった。

一五二二年から一五二四年までの主な仕事は大学でのものであった。一五二三年三月までにメランヒトンは一年をかけてヨハネ福音書を読んだ。それから再びその力を、哲学〔学芸〕部を強化するのに向けた。彼を神学部に引っ張ろうとするルターの試みに、メランヒトンは粘り強く抵抗した。彼は自らの生涯にわたる主な課題を、ギリシアとローマの教養の振興、ならびに学問の初心者を教育的に世話していくことのなかに見いだしていた。より上の学部での進歩した者たちとの仕事においては、そこにはよき教員がすでにいた。それに比べ学芸学部は伝統的なスコラ学的科目が崩壊したことで、その構造は神学部よりもより強力な変化にさらされ、計画的な再構築が緊急に必要とされていた。

新しい教育要求には資金が付与され、的確に確保されなければならなかった。メランヒトンはいまやヴィッテンベルク大学を改革する推進力となった。彼の長年にわたる活躍は大きな成果によって飾られた。一五二三／二四年の冬学期に務めた学長職は、最初の頂点に過ぎなかった。演説を彼は導入した。これは、あるテーマを人文学的な語りの形式において取り扱うもので、討論の外形的な訓練を補完するものであった。これは後にまた新しい精神でもって満たされることになる。神学から逸れることとこれとは全く何の関係もない。学長職の後、彼はまた聖書釈義を行った。彼の円熟した神学的業績は総じてなお未来に属していた。

人生の根源にある問いに応えるなかで、内的決断が最高に達する六年間の精神的な緊張は、おびただしい生産性と結びつきながら、メランヒトンを力の限界にまで至らせた。宮廷は故郷への保養旅行を許可し、彼は何人かの友人たちと一五二四年四月一九日から六月八日まで馬で出かけた。ブレッテンで彼はハイデルベルク大学からの使者によって表彰された。枢機卿ロレンツォ・カンペッジオはその秘書フリードリヒ・ナウセアを彼のもとに送り、ルター派から引き離そうと試みた。メランヒトンはこのことを、当時印刷された手紙のなかでも堂々と断った。帰郷旅行では二十歳のヘッセン方伯フィリップと出会った。対話は生涯にわたる相互の好意関係の基礎を築き、宗教改革の根本的な関心をドイツ語で簡潔に説明したことは、この出会いによって広く知られた成果である。

メランヒトンは民衆のあいだですでに知られていたので、農民戦争の際、フォルスト（現在ではノイシュタット／ワイン街道）での集会でプファルツの農民たちは、彼をブレンツとならんで仲裁人に指名した。メランヒトンの専門家としての意見が実現される前に、プファルツのルートヴィッヒ選帝侯は農民たちを壊滅的に打ちのめしてしまった。メランヒトンは、すべての「市民」が賛成しなければならないというように、次のことに賛成した。正しい要求がたとえ暴力と法律違反によって達成されるとしても、批判能力をもつ権威は強制手段を使用して平安と秩序とを打ち立てなければならない、ということに。ブレンツもこのように考えた。が、彼は農民の窮状をより理解する意志を示した。ところがヴィッテンベルクの人々はトーマス・ミュンツァーとの経験から冷酷になっていた。

すでに農民戦争騒動以前から帝国都市ニュルンベルクはメランヒトンを獲得しようと務めていた。彼は世俗化されたエギディエン修道院で福音派の学問的ギムナジウムを創立する際、学長となるはずであった。メランヒトンは代わりに友人のヨアヒム・カメラリウスを斡旋し、学校規則を起草した。(5) 一五二六年五月の開校の祝賀会に彼はやってきた。この町と何人かの優れた市民たちとの生涯にわたる結びつきは収穫であった。しかしカリタス・ピルクハイマーの聖クララ修道会のような清廉な修道士会が宗教的生活を大事にするのに接して、彼は激しい変化を拒む人々との戦いを経験した。ここで彼は、修道士的なものを退けることはさておき、常に正しさを守ることを大事にした。都市というものは、そこに権威をもつ場所でのみ改革を実践することができる。むろん良心は強要されるべきではない。

しかし少数派の正しさに比してローマの司祭の責任下では、宗教と教養が絶望的に放置されているという印象のほうが、ずっと強力であった。テューリンゲンで権威をもって神学上の査察をした際、メランヒトンは驚くばかりの無知と迷信とを見いだす一方、福音を安易に無思慮のままほめそやす人々にも遭遇した。彼に統制が依頼されたことで、巡察行動の最初の経験からメランヒトンは、聖職者のための手引き「巡察指導書」(6) をまとめた。これは根本的な精査の後、一五二八年四月にルターの序文とともに公刊された。すでに一五二七年の夏にはラテン語の巡察要綱が出回っていた。これらはエラスムスの喝采を受けたものの、多くのルター派の人々の批判にさらされた。とりわけ悔い改めを律法主義的にメランヒトンが高く評価する点が攻撃された。かねてより近しい学友ヨハンネス・アグリコラは名をあげて、この点を攻撃した。彼は当時アイスレーベンの学校長をしていた。そこでメランヒトンは、ヴィッテンベルクで疫病が蔓延していたため、当時はイエナに移っていた大学で大きな役割を担いつつ、一五二七年一一月二六日から二八日までトルガウで討論をすることになった。こうして最初の反律法論争(7)が調停された。

それにもかかわらず、メランヒトンの反対者たちはもっともらしくも見えた。三〇歳で彼はルターと接近したピークを越え、自分自身の神学的な立場を見いだした。それを彼は続く年月のあいだに明確に定式化しようと試みた。エラスムスとの自由意志をめぐる論争においても、彼は最初から沈黙してルターと距離をとった。そして、生涯にわたってこの人文学者〔エラスムス〕ともゆるやかで敬意に満ちた結びつきを保持した。メランヒトン自身が出版し、絶えず改善されていくことになる聖書解説、一五二七年のコロサイ人への手紙のスコリエ〔講解〕のなかで、彼は自由意志に対するそれまで横行していた論争を止め、講義途中での注目に値する脱線のなかで、自身の哲学的理解をはっきりさせた。聖餐論争についても同様に自制していた。彼は常に聖餐におけるキリストの生きた現存というルターの教えの側に立っていたので、ツヴィングリを嫌悪していた。この現存の神秘に対しては、彼はむしろ強い感受性をもっていた。これによって宗教改革的見解との合意は開かれていた。彼のとくに聖餐論の展開過程は、この問題が発生してくる特定の根本的立場への忠誠にもかかわらず、神学的思考が、教会政治上の日々の要求によっていかによく影響されるかを明らかにしている。

Ⅳ

一五二九年のシュパイエル帝国会議で、メランヒトンははじめて大きな政治上の舞台を体験によって知ることになるが、まだ自身は積極的に行動する必要はなかった。方伯と帝国都市シュトラースブルクが分離主義同盟によって手を結ぶ計画に彼がかかわったことは、すでにもっていた反感を強化するのに十分であった。このことに関しては、彼は帝国に忠誠を誓う選帝侯当局と一致していた。帝国の敵が、神を恐れぬ〔聖餐式での〕キリスト臨在否定論者であることは、当時の彼にとって確実であった。方伯により招集されたツヴィングリ派とのあいだのマールブルク宗教対話は、はじめから失敗する定めにあった。宗教改革の中心にある信仰の問いについて、それでも十四回も一致を確認したことは、感情的な対立に直面するなかで、まずまずの収穫であった。

信条に関する問題が一致に至らないなか、すべてのプロテスタントが政治的に同盟するのに失敗した後、ルターとその信奉者の多数が皇帝に対する抵抗は許されないと表明したので（ついに一五三〇年五月六日）、福音派の諸侯ならびに都市は、分かれる途中でまず皇帝の前で弁解しなければならなかった。カール五世側は、一五三〇年四月八日にアウグスブルクで帝国会議を招集し、そこでの平和的な討議を約束した。選帝侯は（他の都市と同様に）すでに以前から皇帝と談判しようと試みていた。その際、本質的なところはルターによるいわゆるシュワーバッハ条項が（ひどいラテン語訳で）提出された。これは宗教改革の教えとカトリック教会とが一致するのを示すはずのものであった。皇帝にはこうしたことは全く興味がなかった。むしろ、宗教改革が自力で推し進められるような措置を基礎づけることが問題であった。それは聖職者結婚、平信徒聖杯、礼拝活動、告解、司祭の裁判権、牧師任職式、修道制、聖人崇拝、ドイツ語による礼拝である。トルガウでメランヒトンとその他の者たちによって対応する所見がまとめられた。アウグスブルクに到着するや否や、宗教改革の教えは守られなければならないことが示された。そこでメランヒトンはシュワーバッハとトルガウの条項に依拠して選帝侯側の弁明書を記した。これは五月一一日コールブルクに滞在していたルターに手渡された。彼はこれらを事実上無条件で認めた。軽い皮肉が丁重な物腰の上に覆っていた。その間にアウグスブルクではさらに仕事は進められ、ドイツ語とラテン語の版が並行して編集された。ザクセンの弁明書は宗教改革の可能な限り多くの信奉者の信仰告白となるはずであった。ようやく方伯が連署を認めたのには、大きな意味があった。一五三〇年六月二五日、アウグスブルク信仰告白はドイツ語で帝国会議の際に読まれ、皇帝には両方の版が提出された。メランヒトンはそのあいだブレンツとともに宿屋にいた。数週間にわたるストレスと歴史的瞬間の緊張した雰囲気から二人の男は解放され泣きだしたのだった。

その後はもちろん、すでにアウグスブルク信仰告白の引き渡しの前から、交渉に当たるメランヒトンに対して反対派からの数多くの主張、とりわけ教皇特使ロレンツォ・カンペッジォからのものが強まっていった。彼は外見上取るに足らない平信徒聖杯を容認する代わりに、司祭による教会制度を修復し保護することを押しつけ、それと福音派の礼拝と聖職者結婚とを結びつけた。これはどうやってできたのであろうか。恩恵のみからの義認の説教は、宗教改革派の聖職者に対して、規律あるふるまいのきっかけにはならない。つまり、独身制という教会法に対する違反の権限、あるいは典礼を自力で変えていく根拠が必要となる。こうしたものがもはや罰せられたり妨げられたりしなければ、宗教改革による説教には自由な路線が与えられることになり、修道制や聖なる礼拝その他のことがらに関しても説教が目的を達成できるようになり、これを人は確かに受け入れられるようになる。〔パンとぶどう酒とから成る〕完全な聖餐式と結婚した牧師とは、宗教改革の目に見える表現であった。これを許した司教は、すぐに福音派の司教と見なされた。しかしその代償は高くはなかったのだろうか。福音派の牧師は、伝統的なカトリックの司祭に叙されながら、教皇制のなかに止まれたのだろうか。福音の力への信仰によってここでは心配の必要はなかった。時間とともにひとつの非分離的な保守的な福音教会が成立することになろうからである。政治的にはザクセン選帝侯にとっての危険は小さかった。ナウムブルク、メルセブルク、マイセン、そしてブランデンブルクという所轄の司祭は弱体であったので、その国会での講席をほとんど守ることができなかった。そしてマグデブルクの大司教にザクセン選帝侯は抵抗しようとし、その自らの居城ハレでは影響力をめぐって闘争が強まっていた。ニュルンベルクのような帝国都市では全く異なった状況が見られた。これらの都市では市壁のなかで、すでに教会統治をめぐって司祭との前宗教改革的闘争が起こっていた。教皇支配に戻ることは、努力して勝ち取った都市当局の一元的な命令権によって否定された。したがってメランヒトンによる反対派への話し合いの提案は、無理解と情け容赦ない批判に遭遇した。この提案は、メランヒトン側の信仰の仲間たちからも、さらに個人的にはニュルンベルクの参事会員である友人のヒエロニムス・バウムガルトナーからも、さまざまな理由から、成果を導き出すことはできないとされた。しかし、選帝侯の顧問としてアウグスブルクに来たメランヒトンが、そこの当局と対立するところに立ち、ヴェネツィアからでさえ心配の問い合わせを引き起こすような提案を、ザクセンの参事会員たちに秘密にできるとは考えられない。メランヒトンはすぐに上司の指図に対して徹底的な探りを入れた。いずれにせよ、ルターがいるところですでに吟味したことの他に、彼は申し出をしなかった。コールブルクでの無為責めに会い、それで神経質になって怒り寸前のルターの批判は、そうした妥協に向けられていたのではなく、彼自身が実現可能だと思っていた誤った希望に対して向けられていたのだ。

アウグスブルク信仰告白は、その教理内容においてカトリック教会つまり普遍的な教会と一致するものと理解される。それは不当な自己弁護の主張ではなく、宗教改革的教会論の自己理解から必然的に帰結したのであった。聖書の真理は教会のなかで一度も没落したことはない。反対派のセミ・ペラギウス的で教皇首位的な流れは、それゆえにカトリック教会の正当な担い手ではない。ローマ派はこれに対して、アウグスブルク信仰告白第一部の反駁を試みることで、広範囲の賛同を期待できた第二部の誤解に向けられた批判を逸らさなければならなかった。それは、宗教改革による離反を確信する者に対して、断罪に値すべき異端の刻印を押すためである。だが、政治家はさらなる協調を求めた。信仰告白に対する反駁は弱められなければならなかった。そして八月三日の反駁

——そこにメランヒトンは居合わせることを許されなかった——が読み上げられた後、集中的な委員会審議が行われた。八月一六日から二九日までメランヒトンとエックは、それぞれの派のもっとも学識ある神学者として一四、さらに六つの委員会で対面した。アウグスブルク信仰告白をめぐる議論は注目すべき水準に達した。だが対立する不信や実際の相異が協調を妨げた。プロテスタント諸侯と都市とのあいだでは、選帝侯による平和政治に対する不満が大きくなっていた。これに積極的に関与している代表者がメランヒトンであった。九月にもう一度試みられた私的な調停の試みは同様に成果のないままであった。メランヒトンはついに反駁に対する、信仰告白の弁明を書いたが、その文面はまだ渡されずにあった。九月二二日に皇帝に渡す試みは失敗に終わった。二三日メランヒトンは選帝侯とともに旅立った。皇帝は四月一五日までに服従するように求めていた。

いまや行動が必要であった。すでに十月の終わりにヴィッテンベルクの神学者たちはトルガウで法律参事会から納得させられていたので、所与の状況においても現行の法の下で、皇帝に対する反抗は可能とされた。宗教改革を守るための同盟への道が、ここに開かれることになった。司教の裁判権を可能な限り容認することに不快感を示していた帝国都市ニュルンベルクは彼らの側に従うことはできなくなったので、皇帝への忠誠のままに止まることを望んだ。アウグスブルク信仰告白への署名者は、シュマルカルデン同盟には加盟しなかった。(8)

V

ルターとメランヒトンは、トルガウへ戻ることを原則的に強いられた。福音はこの世の法を破棄しない。これはルター主義の根本原則であり、人間の共同生活をただ福音から描くという試みに反対する。ルターとメランヒトンは、次のような場合、それを熱狂主義と見なした。カールシュタットのような者がイエスもどきの行動様式で大学改革を行う場合、農民が福音を引き合いに出してその正当な政治的・社会的要求を唱える場合、再洗礼派が市民的責任の遂行を拒む場合、宗教改革による説教者やルター派の牧師がその教会管理を市民的な領域にまで拡張しようと欲する場合などである。その際、市民的正義の自主性は創造の秩序に組み入れられたものとして見られていた。悪魔による堕落は視野に入らない。この後にいわゆる二国論と呼ばれるものを通じて、市民的正義を唱える古典的哲学者であるアリストテレスが再び評価を高めることになる。ルターは若き講師としてアリストテレスの倫理学の下で苦しめられたことがあった。というのも、二つの領域を区別することをまだ学んでいなかったからである。宗教改革者として彼はアリストテレスを後々までキリスト教的な救済論からは放逐した。その際、彼の野卑な言葉は、多くの読者たちに、アリストテレスが論理学とこの世の倫理学を全く顧慮していないかのような思い違いをさせてしまった。メランヒトンは初期の文章ではルターの論駁を引き継いでいたが、すぐにこうした考えに関する誤解を明らかにした。ギリシア語の教授として、彼には責任があったのだ。清められた新しい課題である彼の青年教育計画は、宗教改革の嵐の年のなかで確かに沈んでしまったが、一五二七年八月に彼はアリストテレスの倫理学に関する最初の講義をする約束をした。続く年から彼は再三再四これを取り上げた。同様に、政治学、人間学そして自然学も取り上げた。論理学と修辞学の講義は決して中断することがなかった。一五二九年以来、彼はアリストテレスの解説を常によりよい形で公刊した。一五三八年より、これらの分野においてメランヒトンによる独自の組織的教科書が現れることになる。

一五三〇／三一年にかけての冬、メランヒトンはすでに帝国議会の際に起草していた弁明を拡張した。福音的義認論の効果的表現が、そのとき彼にとってとくに重要であった。加えて、四項目を新たに定式化するため、彼はすでに印刷された全紙〔一般書籍の一六頁分〕六枚分を再び破棄した。一五三一年五月はじめに、弁明はアウグスブルク信仰告白とともに出版された。それからすぐの第二版は、さらに改良された。しかし一五三二年夏のローマ人への手紙講解においてメランヒトンは、義認論の定式化にはじめて十分満足したのであった。彼の宗教的な関心の中心は、救いの確かさの疑う余地のない保障であった。義認は人間の性質とは何の関係もなかった。義認はもっぱら神の判決として理解されなければならなかった。なお弁明のなかでメランヒトンはルターと同様、義とされた罪人の更新を義認のなかに含めようとした。しかしブレンツとの手紙のやり取りの後、カトリック的に誤解される危険性が大きくなると彼には思われた。したがって一五三二年以降、彼は義認を純粋に法定的なものとして定義した。道徳的上のことがらはどうでもよいという逆の誤解を排除するため、いまや彼は義認に続く善行の必要性も強調するよう強いられた。すると、行いは救いの条件ではなかったのではないか、という問いが現れた。それとともに、行為義認とそれに伴う疑いが、再び神学体系の裏口から入ってくることになってしまった。メランヒトン自身は、神による救いという賜物と人間による行いとのあいだの不安定な弁証法を、思索によって持ちこたえた。しかし彼の学徒たちのなかには若干、プロテスタント内での教義論争にまで及びかねない重点移動が見られた。

Ⅵ

ローマ人への手紙講解は、ニュルンベルク宗教和議が成立したことへのお礼と、さらなる平和のための尽力を求めて、マインツの枢機卿アルブレヒトに捧げられた。彼は、ドイツで最高位の大司教であり選帝侯でもあった。

この期限つきの平和条約の締結は、宗教改革安定化への可能性を内にも外にも開いたのであった。

一五三二年に統治者となった二三歳のザクセン選帝侯ヨハン・フリードリッヒは、新たに包括的な教会巡察を実行させた（メランヒトンは選帝侯の側で活躍していた）。フリードリッヒは宗教改革とともに成長し、すでにその父ヨハン賢明侯の下で統治の仕事にもなじんでいた。牧師と教師の俸給に関する財産面は、よりよく調整された。彼は余分な教会財産を没収し、奨学金基金を設けた。ヴィッテンベルク大学は堅固な経済的基盤の上に立てられることになった。メランヒトンはルターと同様、最高の俸給をもらい、また既定の教授義務からも解放された。彼は、何をどう読もうとも許されることになった。選帝侯はファムルス・ヨハンネス・コッホを紹介したし、メランヒトンは三人の子どもに恵まれた。娘や生徒たちもまた一五三六年から一五三九年に建てられた狭い典型的なルネサンス風の家で暮らしたのだった。

大学の内部改革によって、定期的な討論の革新がもたらされた。一五二三年に演説が導入され、上級学部では三か月ごとに、哲学部では二週間ごとに行われた。神学の博士学位授与も再開されるようになった。教会法も再び学ばれるようになった。ほどなく按手式も行われた。役員会が設立された。メランヒトンは決定的な役割を果たしていた。彼は、大学および学部の規則、按手式の形式、多くの演説と討論提題を起草した。博士号を彼自身は取得しなかった。これを人はおおむね彼の慎み深さのせいだとした。博士となってはもはや哲学部には所属できなかった、というのが決定的であったのかもしれない。そこでは彼はずっと以前から果たさざるをえない課題を見いだし、学部長室を何度も切り盛りしてきたのだった。ここで彼は神学部のルターと同様に優勢を保っていた。神学部でもメランヒトンは十分に個人的影響力をもっていたし、神学的テーマのものについても常に読んでいたのだった。

彼の主著である『神学要覧』は、まずは通常通りの講義として、全く新しい形をとるようになり、それは一五三五年に出版された。第一版の純粋に救済論的な問題設定は、ここで三位一体論とキリスト論によって補完された。メランヒトンは、パウロ的な神学をヨハネ的なものを通じて補おうとした。一五三二年以来活発になってきていたセルヴェトゥスとカンパヌスの反三位一体論が、彼にこうした決心を促した。しかし、その他はすべて新しく書き直され、多くは内容的にも違ったものとなった。純粋に法廷的に理解された義認論には、再生した者でも律法に責任をもつ性格を強調することを通じて、道徳上のことがらを軽視する者たちからこれを守ることが必要であった。つまり律法には市民的用法や罪を告発する機能に加えて、いわゆる第三の教育的用法が割り当てられるようになる。救いを受け取る際の、自由意志の機能もまた定義される必要があった。聖餐論はメランヒトンの新しい認識と慎重に適合させられた。教会は目に見えるものとして定義された。真の教えに関する一致了解と、それに伴う信仰内容は、より大きな重みをもつようになった。聖書原理と解釈学が明確に定式化された。背景には、もちろん信仰は神秘にあふれていること、不可視の教会、サクラメントに際しての聖体の要素と救いの賜物との関係、神論とキリスト論の神秘があった。これらはすべてメランヒトンによって無視されることはなく、ましてや疑われることもなかった。それどころか、そうした内面的な信仰に関する問いは、学校的定義から引き離すという認識を通じて、ますます重ねられていった。メランヒトンは、理性的な明晰さを求めるあらゆる努力によって、おそらくこの努力のおかげで、神学者のあいだではまれな認識をもった。それは、信仰と存在との問いにおいては、多くのもの、そしてまさに最も重要なことがらは、定式化も定義もできないという認識であった。

メランヒトンは『神学要覧』を一五四三／四四年にさらに書き直し、その後もなお改訂していった。が、彼の神学システムは一五三五年には、すでに最終的な形に達していた。これを彼は遺言のなかで公言している。彼はそのとき次のような完全な認識をもっていたし、これを友人に対しても表明したのであった。つまり、ルターとは違う形で、教えの確実な要点を定式化はしたが、ルターと最終的には共通の土台をもとうとしたことである。その際、まずは自由意志、とりわけ予定論や善行といった領域が問題となる。ルターの多くの発言は、ヒューマニストおよびカトリックからの顰蹙を買っていた。多くのルターの門下生たちがしたように、頌栄のごとき発言が組織化されるならば、これらは実際には是認できないものであった。ルター自身まだ生きているときに若干の訓戒を与えたが、メランヒトン神学は、個人的で即物的な一時的緊張にもかかわらず、正しいと認められていた。つまり組織家メランヒトンにとっては、聖書釈義家ルターよりもむしろ、次のことを顧慮しなければならなかった。つまり神の全能と人間の責任性、無償の救いと道徳的な義務とを、定式化可能なひとつの教え学びうる関係にもたらすことである。というわけで彼はその際、ヒューマニズムとのつながりが断たれないことを意識的に望んだし、ときおり老いたエラスムスと誠意に貫かれた手紙のやりとりをしたのであった。

宗教改革の陣営では、メランヒトンの架け橋能力が疑問視されていた。しかし疲れを知らない調停者マルティン・ブツァーが推進力となった。ツヴィングリの死後、南部ドイツのプロテスタントたちは完全にシュマルカルデン同盟の加護下に置かれた。聖餐論争という困難もまた取り除かれなければならなかった。このためにすでに一五三〇年にアウグスブルクでブツァーはメランヒトンと話し合い、コーブルク滞在中のルターを訪ねたが、直接的な成果はなかった。打開が一五三四／三五年のあいだの変わり目にカッセルで起こり、そこでメランヒトンとブツァーは真冬に会うことになる。メランヒトンは、自らの教父研究を通じてルター的〔な聖餐におけるキリストの〕現在論には自信がもてなくなっていて、そのころは違った考えの代表者だと理解されていた。さらなる文通の後、一五三六年五月二九日ヴィッテンベルク宗教和協への重要な署名に至った。これは同盟ではなく、他者がなおも、ある確かな領域に止まる限り、その者の立場を尊重するというものである。聖餐において完全なるキリストが実際に現在していることについては共通していた。このキリストの現在がサクラメントの賜物とどう関係するかについて、信仰上の意見は一致する必要もなかった。メランヒトンは、聖餐論のこうした変化を一五四〇年に大幅に拡張されたアウグスブルク信仰告白のなかに組み込み、儀式を遂行するなかでキリストが生きて現在しているという教えを、スコラ学者による静的で実体的なサクラメント理解に対抗する形で、神学上に持ち出したのであった。

宗教改革「左翼」に対してメランヒトンは架け橋をしなかった。反三位一体論者や再洗礼派に対して、死刑という現に有効で積極的な権限を行使することに疑問を差しはさむ根拠はない、と彼には思われた。彼の再洗礼派に対する判断は、ツヴィッカウの預言者たち、トーマス・ミュンツァー、ミュンスターの再洗礼派圏、テューリンゲンの捕えられた再洗礼派に対する尋問経験によって刻印されていた。彼らはメランヒトンにとっては単なる暴徒であった。温和な再洗礼派もまた、その頑なさにおいて追放されるように望んだ。というのも彼らは社会のなかでは、その異質性において耐えがたい異物と見なされていたし、メランヒトンは正しい礼拝を守ることが当局の課題だと考えていたからである。彼は社会的秩序の存在に対しては明確な意義を見いだしていた。彼の学問上の活動は、繰り返しアリストテレスとキケロの倫理的・政治的著作の周辺を巡っていたのである。人間的な共同生活は、罪のなかにある世の中においては、ただそうした秩序によってのみ可能となる。それゆえ政治的な職務を拒絶することは、彼にとって神が望む創造の秩序に対する攻撃なのであった。

国際的にもメランヒトンはますます尊敬をえていた。教皇特使カンペッジォは、ぶざまにもメランヒトンを買収する試みを通じて、一五二四年からアウグスブルク帝国会議まで自らを貶める活動を繰り返していた。ポーランドの司祭アンドレアス・クリキウスの勧誘も試みられていた。デンマークの王クリスティアン三世のような福音派の諸侯ならびにプロイセンのアルブレヒト公爵とは、非常に友好的で助言者的・報告的な文通によって結び付いていた。フランス宮廷からは、一五三四年に神学上の鑑定人として求められ、招待されたりもした。宿敵ハプスブルクへの訪問を選帝侯ヨハン・フリードリヒは禁止していた。彼はフィリップ方伯を通じてヴュルテンベルクの公爵と原状回復した直後、カーデンの条約に決着をつけなければならなかった。そこで、メランヒトンは一五三四年八月一日フランスで可能な宗教改革に関する所見だけを送った。それは、彼のペンによるもっとも保守的な書面ではあるが、その神学を否認するものではない。階層的な教会制度やアディアポラ的な伝統は保持しうる。彼にとって重要なのは、良心の義務の領域を自由にすること、そして義認論であった。これらに関して、彼は合意可能だと考えていた。唯一の問題は礼拝（サクラメント、犠牲についての考え、司祭制）にあると見なされた。平信徒聖杯、聖礼拝、修道誓願、そして聖職者結婚に関して、彼はローマからの歩み寄りを期待した。このように素描される福音的ガリア主義の教会は、周知の通り実現しなかった。イギリスでの展開はより成功を収めた。そこでは最終的にエリザベス一世の下での若干の反動の後に国教会が成立した。そこにはメランヒトンの賛成があった。その発端は国王ハインリヒ三世がアルゴンのカタリーナと離婚したいという願いにあった。一五三一年にヴィッテンベルクの神学者たちもアドバイスを求められ、離婚を回避するため二重婚に賛成した。それからイギリスのヘンリーが一五三五／三六年にシュマルカルデン同盟に政治的に加入しようとしたとき、ドイツのプロテスタントたちからは福音派の教えを受け入れることを条件とされた。一五三六年の二月から四月に行われた宗教交渉の結果は、メランヒトンによって定式化された。同盟交渉が最終的には失敗したにもかかわらず、このいわゆるヴィッテンベルク条項は、結果としてイギリス国教会の教えを形成するのに影響を及ぼした。

メランヒトンはすべてのこうした交渉のなかで、福音派の教会制度に可能な多様性を知った。彼にとっては福音のメッセージの中心だけが重要であった。それは、恩恵のみによる罪人の義認である。これが彼自身の人生にとって指導的な教えとして純粋に止まっている場合、彼は聖職者の独身制に関して親しみのある言葉さえ見いだせたし、司教による親密な働きの下で、ヨーロッパ教会の統一や、教皇に第一の栄誉を与えることとさえ考えられたし、あるいはそのための努力のしがいもありえた。一五三七年のシュマルカルデン連邦会議で、彼は教階制度の機能と限界についても必要な明晰さをもって定式化したが（教皇の権力と首位権についての小論）、同時にドイツの指導的なプロテスタント神学者の一人として、ルターのシュマルカルデン条項における、必要以上に厳格な教皇制の拒否という考えからは、距離をとった。

Ⅶ

不必要な論争はせずに重大な問題を把握し明確に定式化する能力。これをローマ・カトリック派とのさまざまな宗教対話の際に、メランヒトンは福音派のなくてはならない代弁者として用いた。すでに一五三四年四月二九日と三〇日、そして一五三九年一月のライプツィヒでの地域交渉に彼は参加した。一五三九年三月から四月までのフランクフルト諸侯会議では、メランヒトンは選帝侯の助言者として参加し、皇帝による催しとして、帝国レベルでの宗教対話の実施が約束された。帰りにはザクセン公国を訪問した。そこではちょうど福音派のハインリヒ敬虔公が、明らかにカトリックである兄弟のひげのゲオルグの後継者となったところであった。メランヒトンは最重要な牧師の地位に個人的な配役を当て、ライプツィヒ領邦大学の改革のための助言を与えた。結果としてライプツィヒとヴィッテンベルクとのあいだにはよい関係が展開し、メランヒトンは個人的には輝かしい頂点に達した。そうして、彼のよりよい友人であるヨアヒム・カメラリウスが一五四一年一〇月にチュービンゲンからライプツィヒへと移ったのであった。

切迫した宗教対話は、可能な譲歩について反省し、それについて福音派神学者ならびに帝国等族の相互の採決を必要としていた。一五四〇年一月ヴィッテンベルクの神学者たちは大部の意見書を記し、三月にシュマルカルデンで他の福音派神学者たちに渡した。この覚書の注目すべきところは、教えと必要とされている外的なことがら、そしてアディアポラとの明快な区別であった。ただ最後のものだけが交渉の主題となりうるもので、本当は受け止められなかったが、ある有利な条件の下にあった。シュマルカルデンに集まった神学者たちは、セバスティアン・フランクやカスパール・シュヴェンクフェルトといった者たちの霊性主義には反対の態度を示した。彼らは当局を頼り、教会および学校の目的のために、没収された教会の財産使用を強く要求した。

交渉が始まる前に、メランヒトンはヘッセンのフルダ川ほとりの官公庁都市ローテンブルクへと、二日間旅をさらにしなければならなかった。そこでメランヒトンはブツァーとともに、方伯フィリップ——彼はなおもザクセンのクリスティーナと結婚したままであった——とザーレのマルガレーテとの結婚式で証人となった。一五三九年一二月にヴィッテンベルクの神学者たちは、ブツァーによって伝えられたフィリップからの問い合わせのなかで、聖書主義的な異議にさらされつつも、すでに一五三一年イギリスのヘンリーにおいてですら、重婚が完全には禁じられていないと説明した。方伯の場合には告解として、良心の苦悩を解くための正当な結婚であり、秘密保持の義務をともなって許容された。すでに当時、政治的な方面では、まず私的に扱うことがらとしてこれは明らかとなってきた。方伯はあからさまに皇帝と手を結んで特免を獲得するために、福音派の神学者を通じ、もし拒絶の場合には脅かしを用いようとした。しかし、これほど多くの人々が知り、文書でも残っていることがらが秘密のままでありうるはずもなかった。方伯はついに皇帝から政治的に脅かされるようになったのである。メランヒトンが一五四〇年六月に、シュパイエル、それからハーゲナウで召集された宗教対話へと向かう途中で、このスキャンダルはすでに日に日に評判となっていた。メランヒトンは、冬には、仕事の超過と疲病によって、健康がひどく損なわれていた。彼自身の家でも犠牲者が出た。そこで四二歳の彼は遺言を書いた。やっとワイマールに到着し、宮廷から公になったいざこざについて知らされ、彼は完全に気落ちしてしまった。三週間、彼は生死をさまよった。結果、ルターでさえ急いでかけつけてきて、信仰に満ちた慰めの言葉を通じてこの危機を乗り切らせたのであった。しかし、一〇月にヴィッテンベルクからヴォルムスへと場所を移した宗教対話に旅立ったときには完全に快復し、続く年には過度の辛苦を何とか克服したのであった。

ヴォルムスでメランヒトンは反対派からの妥協はほとんど期待できないことをすぐに感知した。手続きをめぐる問題について数週間にわたるにらみ合いと闘いの後（その背景には、クーアマルク、クーアプファルツ、そしてチューリッヒの「離反」を通じて多数派が失われてしまうという、古い信者たちの不安があった）、一五四一年一月一四日から一七日まで、ようやくアウグスブルク信仰告白の第一項と第二項について、ヨハネス・エックとメランヒトンとのあいだで討論が行われた。プロテスタント派は〔信仰告白の〕最新版を配った。メランヒトンによってはじめて強力に拡張され、ヴィッテンベルク和議の聖餐条項に適用されたテキスト、後にいわゆるヴァリアータと呼ばれるものが示されたのだ。エックは両方の版の違いを重大なことだとしたが、それに対してメランヒトンは実質的な差異を見いだそうとはしなかった。この確認だけでそこは甘んじなければならなかった。というのも、神論に関する違いは決してなかったからである。メランヒトンは公然と古代教会の信条の肩をもち、討論は原罪の理解、とりわけ義人のなかに残る欲望を神学上いかに評価するかをめぐって展開した。エックはついに妥協を公式に述べた。が、福音派からは独自の解釈による保留の下で受け入れられた。そこでレーゲンスブルク帝国会議での宗教対話へのレールが敷かれたのであった。四日間の討論は、三か月以上も続いた旅の結果としては確かに乏しいものではあった。にもかかわらずメランヒトンにとってその時間はむだなものではなかった。彼は再び指導的な宗教改革神学者たちと会い、高い水準の神学的対話をしながら、待ち時間を過ごしたからである。

しかし、皇帝の代理人、ニコラウス・グランヴェラと方伯が秘密裏にレーゲンスブルクでの譲歩に備えて話し合ったことを、同様に参加していた選帝侯ヨアヒム二世がブランデンブルクからヴィッテンベルクにメモ帳を送ったとき、メランヒトンは、はじめて帰宅してから知ったのであった。メランヒトンは驚いた。彼はすでに二年前からフランクフルトでグロッパーによるケルンの宗教改革を知っていて、イギリスとフランスの改革されたカトリックについて聞いていた。これらは、理性的な解釈を通じて、典礼上伝統的なものを最大限に守ろうとしたが、メランヒトンにとっては明らかな混合主義であった。彼は一五四一年二月二二日の大学での式典で、「ソフィスト的」統一化を試みないよう警告した。ヴォルムスでエックと繰り広げられた義人における罪の問題を、彼は討論を通じて深化させた。

六週間も彼は家に止まることを許されなかった。それから彼はレーゲンスブルクへと宗教対話を継続するために旅立たなければならなかった。旅の途中で彼は交通事故にあい、それによって何週間も彼の利き手は麻痺させられ、書くことを妨げられた。

舞台裏では、アウグスブルク信仰告白に関するヴォルムスでの論争を大勢の公衆の前で続けるのではなく、双方の派から選出された三（後に二）人の神学者が八人の政治家にまずは秘密裏の妥協を助言すべきことが、すぐに決定された。この妥協案は、いわゆるレーゲンスブルクのメモ帳と呼ばれている。人間学と罪論についてはヴォルムスでの先立つ仕事のおかげですぐに片づけられた。しかし提案された義認の定式は、メランヒトンによって拒否された。彼から提案された代案は反対派には気に入られなかった。最終的には共同で条項を仕上げた。これによって、双方の側で妥協への準備が作り上げられた。その上、メランヒトンはブツァーやグロッパーという調停者の骨折りよりもエックの無愛想な振舞いに同情した。その背景には、二重婚によって脅かしうる方伯を皇帝の政治の引き綱にする予感があった。教会の理解に関しては争いとなった。メランヒトンは、司教制度や多くの儀式を受け入れることにやぶさかではなかったが、公会議の無謬性を承認することはできなかった。福音派の集まりは反対票を提示した。同様に告解についての条項でも同じことが起こった。罪の一覧表は受け入れがたいものであった。聖体のサクラメントについては長く競り合った。メランヒトンは全実体変化論に対しては、行為の実行のなかにおいてのみサクラメントは存在するという原則を主張した。聖体行列にも出くわした。司教の権力、聖人への祈り、故人のミサ聖祭とミサの執り行いについても争われた。休会と反対条項に慣れた頃は、事態は急速に収束した（五月二六日）。にもかかわらずメランヒトンはなおもまる二か月間帝国都市にがまんして止まらなければならなかった。代表がヴィッテンベルクとローマに派遣され、拒絶されて帰って来た。そのあいだにブランデンブルクの選帝侯ヨアヒム二世は、教会と聖餐について一致をえようと試みたが、同様に失敗した。「和解による」と名づけられる条項は、プロテスタントの危機のなかで再度、皇帝宛の建白書という目的とあわせて十分に審議された。メランヒトンは、妥協交渉のときほどここでは自制する必要はなく、間違いの完全な一覧を起草した。彼はその際、ヘッセンとシュトラースブルクからの支援は確かではなかったが、レーゲンスブルクのメモ帳を受け入れようと思っていた。これは福音派を破壊に導いた。六月二五日のプロテスタントの会議における討論結果の評価のなかで、ブツァーとメランヒトンとのあいだの明らかな違いが露呈した。

異なった提案と所見が帝国会議のすぐ後にブツァーから、続いてメランヒトンからも公にされた。結論として同時代の人には次のことが明らかとなった。その気になれば何とか、罪と義認に関する教義的な文章が定式化可能であること。エックとメランヒトンのように神学的には正反対の者でも正確な字句内容に従って同意可能であることなど。しかし、教会とサクラメントの理解においては克服しがたい対立があった。これは次のような結果をもたらした。義認に関する不安定な一致が分裂し、それによって双方の側が、取り下げていた自己の願望を再び押し通すという結果である。

Ⅷ

宗教対話が失敗して、再び政治的状況に暗雲がたちこめた。まずザクセン選帝侯は、空白の司教区ナウムブルク＝ツァイツにまで、ヴィッテンベルクの神学者たちが助言したよりも、強力にその影響力を及ぼした。一五四二年四月、戦争の危険が、プロテスタントのザクセン侯、ヨハン・フリードリヒ選帝侯、そしてモーリッツ大公とのあいだで生じつつあった。司教の下にあるマイセンへの影響力が問題であった。方伯は仲介に入り、ルターとメランヒトンもまた強力な呼びかけによって介入した。一五四二年四月、プロテスタントに対する主導的な敵対者であったブラウンシュヴァイク・ヴォルフェンビュッテルのハインリヒ大公がシュマルカルデン同盟によってその土地から追い払われ、宗教改革が導入された。しかし、この福音の勝利に際するメランヒトンの喜びにはすぐに水がかけられた。トルコ出兵が同時に失敗したのだ。徐々にえられた確信から、ケルンの大司教であり方伯であるヴィートのヘルマンは、その司教区を改革しようとした。彼はブツァーとメランヒトンに教会規則を作成させた。ところが、ケルン選帝侯領での領邦会議がこれについて審議しているあいだに、カール皇帝は隣のユーリッヒ＝クレーヴの選帝侯を服従させ、彼から財産を奪ってしまった。これによってケルン選帝侯領では反対派が優勢となった。低地ラインでのカトリックの礼拝式がメランヒトンにとりわけ反感を起こさせた。

数か月も留守にし、しかも大学での教授職の傍らに専門家として忙しく要請を受けていたにもかかわらず、メランヒトンはこれらのすべての都市において文筆上では実り豊かであった。彼の神学体系である『神学要覧』は、一五三五年と一五四四年に決定的に新しく改訂された。哲学的倫理学は、アリストテレスの注釈を通じた下準備の後、一五三八年にはじめて体系的な形であらわれ、一五三九年と一五四〇年にはすぐに改訂され、一五五〇年には決定版が公刊された。何十年にもわたって彼は自然科学の教科書を書いた。一五四〇年には人間学（魂について、最終版は一五五三年）が公刊された。一五四九年には自然学が続く。同様に粘り強く彼はダニエル書の注釈をし、それはすでに一五二九年に発表されていたのだが、ようやく一五四三年に公にされた。ダニエル書は世界史に対する神学的な基礎を提供してくれた。メランヒトンはすでに一五一六年に印刷されたナウクレルスの壮大な年代記やさらに一五三二年にヨハン・カリオンが短くまとめた世界史の改訂版を信頼していた。が、メランヒトンはすでに一五歳のときに世界史に対して注意を向けていた。加えて、聖書や古典のテキストへの注釈、さらに時折に応じた数多くの書物が続く。大学での討論や提題や詩までもがさらに纏まってあらわれる。バーゼルのヨハンネス・ヘアヴァーゲンによる一五四一年のメランヒトン著作集初版には、メランヒトン自身はかかわらなかった。

メランヒトンはルターの傍らでヴィッテンベルク大学の疑う余地なく指導的な代表者であった。学者としても国際的な名声においても、彼はなおも凌駕していた。当局からも評価され、ヴィッテンベルクや国中至るところの講義室や聖堂や説教壇で数え切れないほどの学生たちから尊敬された。それにもかかわらず、彼はヴィッテンベルクで自身が争いの対象とされないわけではなかった。それまでは彼をルターがいつも守っていた。しかし、ケルンの宗教改革を通じてルターとのあいだに軋轢が生じていた。ナウムブルク‐ツァイツの福音派司教ニコラウス・フォン・アムスドルフは、メランヒトンが賛同したケルンの教会規則にある聖餐論――ブツァーによって定式化された――にも、メランヒトンが書いた意志論にも、異議を唱えた。ルターは当時新たなスイス人たちに激昂していたが、彼はこの聖餐論をヴィッテンベルク和議のものとは区別することを心得ていて、それはケルンの宗教改革にも適うことであった。彼はこのことについてメランヒトンと一五四四年四月四日に語り、おそらくもう一度話し合っている。その他には何も起こらなかった。しかし続く週ヴィッテンベルクではメランヒトンがその立場を維持できないことを予想して、これを早まって外部に伝えてしまうのでは、という緊張が走った。双方の人物が宗教改革にとっても、ヴィッテンベルク大学にとっても必要不可欠であるという事実は、今回も再び真の個人的で事実的な特異性を意識しながらも、共同作業を生じさせた。しかし、ともに大きなことがらに仕えているのだという確信は共有していた。ルターへの追悼文のなかでメランヒトンは、ルターも福音の再発見者として真実の証人という崇高な群れに組み込んだ。にもかかわらず彼はルターの個人的ないろいろなことについて沈黙していたわけでなく、それゆえ彼固有の苦しみは、不適当な場所で表現されてしまうこともあった。

一五四六年夏にシュマルカルデン戦争が勃発した際には、メランヒトンは専門家ならびに時事評論家として、皇帝に対抗する防衛の正当性と義務とを主張した。皇帝は、政治上の口実の下に福音を根絶しようと欲していた。

それから福音派のザクセンのモーリッツ公が、嫌悪する従兄弟のヨハン・フリードリヒを突然裏切り、一一月の中頃にヴィッテンベルクへと進軍したとき、メランヒトンとその家族は、ツェルプスト方面の中立地帯であるアンハルトへと逃れた。そこから彼はヴュルツの争いの時と同様熱心に、アンハルトの選帝侯を介して調停を試みた。ミューレンブルクでの戦い（一五四七年四月二四日）後、ツェルプストももはや安全ではなくなった。メランヒトンは、ルターの子どもの後見人のひとりとして、デンマークに行くことを欲する寡婦を連れて、マグデブルクから北方のブラウンシュヴァイクへと向かった。しかし、ギフホルンでこれら逃亡者の群れは、リューネブルクの荒野での部隊の移動のゆえに、引き返さなければならなかった。この群れには、ゲオルグ・マヨールとたくさんの子どもが属していた。メランヒトンの家族はノルトハウゼンでミヒャエル・マイエンブルクのところに避難し、ルター夫人はブラウンシュヴァイクに避難所を見いだした。

ヴィッテンベルクへの帰還は、メランヒトンによるたゆまぬ旅と交渉を通じて入念に計画され準備された。ヴィッテンベルクはすでにアルベルトのザクセンに属していて、それはすでに領邦大学ライプツィヒを従えていた。ヴィッテンベルク大学の再開に際しては、その後もメランヒトンのような人物が教えることになれば成功が見込まれた。ライプツィヒでは修辞学者としてとにかく気の合うヨアヒム・カメラリウスが活躍していた。メランヒトン自身は勤め先を心配する必要はなかった。彼はイエナのまだ全くはっきりとしない大学からよりも、よい提案を受け取っていた。このイエナ学校は、捕えられた選帝侯がその息子を通じてヴィッテンベルクの代わりとして設立しようと決心したものであった。メランヒトンは競合し合うヴァイマールとドレスデンの宮廷と徹底的に対話をした。結果としてヴィッテンベルク大学は救いだされ、同時にその学生や友人たちの職場も救われた。メランヒトンは個人的には家族と家があるためヴィッテンベルクに慣れていた。過ぎし年月のなかで、エルネストによる統治とヨハン・フリードリヒ選帝侯にメランヒトンは満足していなかった。ライプツィヒ大学およびアンハルトのゲオルク公の精神的指導の下に高教会派的に改革されたメルセブルク司教区とは、神学的に事実上一致する点で、個人的には最良の関係を保っていた。信仰告白と教授の自由に変更はないという、新しい領邦君主の約束がヴィッテンベルクへの帰還を可能にした。一五四七年一〇月一六日、メランヒトンの友人であり生徒であるカスパール・クルーツィガーは大学の再開を公表することができた。クルーツィガーは、その最後の力を賭して戦争の時代を通じ学長職をつかさどった。およそ一年間にわたって教授活動が中断していた。根本的な改訂を経たメランヒトンの論理学は、ちょうどこの時期に公刊された。たちまち三千部が売り切れた。第二版は——メランヒトンにおいてはいつものように——さらなる改訂がなされた。

IX

ザクセンのモーリッツは、帝国のプロテスタントのなかでは最高位の選帝侯の位を獲得して以来、——エルネストの前任者とは異なって——皇帝と同盟を結んでいた。しかし、これは皇帝による教会政治を無条件で支持したことを意味するわけではない。ヴィッテンベルクでメランヒトンはトリエント公会議、とりわけその義認論と贖罪論を論駁することから講義を始めていた。彼はこれらに対する自らの拒絶の態度を鑑定人としても選帝公に伝えることができた。一五四八年一月のアウグスブルク帝国議会以来、秘密裏に「仮信条協定」が準備されたとき、これによってプロテスタント派はカトリック司教の管轄権に従属するべきとされたが、モーリッツはこの決断を、神学者たちによる専門鑑定およびラントシュテンデの投票によって行ったのであった。メランヒトンは当時福音派の神学者のなかでは最も情報に通じた宗教政治的人物のひとりであった。法律が帝国会議に公示される以前に、メランヒトンは差し押さえられたノッセンのアルトツェラ修道院の孤独のなかで、三月三〇日から四月二日まで初めての鑑定をしなければならなかった。そこでは譲歩するにしても最大限のものを獲得することが彼に課せられていた。こうした条件の下においてでさえ、彼の判断は否定的であった。さらなる審議において、いまや同僚のクルーツィガー、マヨールそしてプフェフィンガー、後にはブーゲンハーゲンやその他の者たちとともに、アウグスブルク仮信条協定は、さらなる批判にさらされた。五月一五日に仮信条協定が帝国会議に提示されたとき、秘密保持の義務は消えた。実質的にはメランヒトンによってまとめられた六月一六日のヴィッテンベルクからの所見および六月初めにマイセンに居合わせていた神学者たちの所見は、すぐに印刷された。仮信条協定が六月三〇日のアウグスブルク決議によって法的効力を獲得する前にも、これはメランヒトンによって神学的な論駁にさらされた。仮信条協定に反対する数多くの評論家たちは、メランヒトンの論拠を用いることができた。

選帝侯モーリッツにとっては、神学者たちやラントシュテンデ(9)の投票を通じて、仮信条協定を導入することが不可能になった。この代わりに彼は、領邦レベルで教会立法を促進しようと試みた。その際、彼は戦争前の法案を引っ張り出すことができた。当時すでに牧師制における教会会議の構成メンバーとアンハルトのゲオルグによる熱心な司教監督の試みとのあいだで緊張が生じていた。その結果、戦争の過程を通じて状況は困難になっていた。ヴィッテンベルクの新しい味方となった選帝侯たちは、宗教改革の中心的場所として、一五三九年にはじめて保守的に改革されたアルベルトのザクセンによる古い教会の伝統からより遠ざかることになった。教会の復古に対する反感は、ここではエルネストの諸侯たちとの政治的な癒着や、「マイセンのユダ」に対する嫌悪の念と結びついていた。他方では、カトリックの土地の子どもたちの自意識が成長していた。仮信条協定をともに起草したプフルークのユリウスが、ナウムブルク＝ツァイツの司教アムスドルフに取って代わっていた。古い地域と新しい地域における教会形態の統一は、内政上値うちがあるように見えた。ナウムブルクおよびマイセンのカトリック司教との合意が、仮信条協定導入の代償となりうることが皇帝に提言された。

メランヒトンはこうした助言に神学の専門家として参加しなければならなかった。彼は危険を自覚しつつそれを行った。そして、当時生じていた問題のある文書には自ら署名はしなかった。彼が結果としてもたらすことができたのは、福音的義認論を保護することであった。教会の慣習や組織形態に関する決定は、彼の職権にはなかった。にもかかわらず彼には当時からも、そして後にもザクセン選帝侯領の教会政治に対する主な責任が背負わされた。そしてジャーナリスティックな才能に恵まれた、ルター派の反対者であるマティアス・フラキウス・イリュリクスという主導者が、一五四八年一二月のライプツィヒにおける領邦会議で提言された規則に対して、「仮信条協定」のレッテルを貼り付けたとき、メランヒトンは、非福音的なアウグスブルク仮信条協定に対して従順であったとして悪い評判を立てられてしまう。フラキウスとその同士はなおも彼を迫害し、仮信条協定がもはや機能しなくなると公的な謝罪を要求した。一五五六年九月四日にようやく提出されたメランヒトンによる書面の声明は、その過ちを、彼がこの審議に全く参加していなかったことにあるとしたが、これはフラキウスには認められなかった。フラキウスは迫害の時代、そうした妥協もまた教会の僧衣と同様どうでもいいことだと見なしていた。彼にとって告白に関する場合にアディアポラは存在しなかった。ルター派和協信条は彼には正しかった。それに対してメランヒトンにとって教えは重要な位置を占めていた。この純粋さが傷つけられない限り、彼は「不必要な外的ことがら」については話し合いに応じる用意があった。さらに典礼と教会制度に関して、メランヒトンは南ドイツの帝国都市や領域といったところに比べて、いずれにせよ保守的な考えをもっていないという事情が加わる。こうした場所では、仮信条協定は軍事的勝利者によって厳しく押しつけられたのであった。そうした状況にあってメランヒトンは、福音の説教者が自らのポストに可能な限り辛抱し、共同体を純粋な神の言葉によって強化することが、たとえ同じ教会で仮信条協定によって司祭がカトリックのミサを行っていてさえしてでも、正しいと思っていた。あたかもオジアンダーのような有名人が信頼する福音派当局に対して皇帝との最初の協定に立腹して背を向けたように、粘り強くあることは一介の説教者にとっても能力を必要とした。有力な北ドイツの都市は全く安全な場所にあった。マグデブルクだけが一五四八年の帝国会議の後、しばらくのあいだ抵抗する者たちに対して軍事的難所を乗り切らなければならなかった。その際政治的な要因がからんでいた。それは最終的にはカール五世に対する反対に向かい、一五五二年のパッサウ条約ならびにそれに伴う仮信条協定の終焉に行き着くことになる。

メランヒトンは、その主体的で首尾一貫した、しかし外からは仮信条協定の期間に立場が危うくされるような態度をとることで、多くの――とくにより若い――ルター派のなかで権威を失ってしまった。これら「純正ルター派」(10)は、自らこそがルターの遺産の真の保護者だと思っていた。彼らは、宗教改革の古き選帝侯家、その大学イエナとともにザクセン＝ヴァイマールのエルネスト、そして彼らの自由のために戦う司教都市マグデブルクに支援を見いだした。しかし、彼らは牧師としてほとんどがドイツ中、さらにはオーストリアにも分散していた。すでにルターによって骨折りの末に鎮火された、救いの過程における自由意志と善行の働きの正しい定義、つまるところ義認論の本質、さらには聖餐論にまで及ぶ争いが、またもや惹起させられたのは驚くに値しない。メランヒトンはこれら信奉者たちの素朴な言明を正した。そしてオジアンダーの義認論を純正ルター派も了解していたやり方で退けた。聖餐の問題に関しては、一五五九年秋にハイデルベルクでの聖餐論争で所見を述べなければばならなくなるまで沈黙した。それ以来、彼はルター派に対しては完全に不信感を抱いていた。すでにそれ以前、ワァイマールから指図された純正ルター派が（プロテスタント内の）誤った教えに有罪判決を下さずに見放した際、福音派の戦線は、一五五七年のヴォルムス宗教対話において大々的な仕方で二つに割れていた。アウグスブルク信仰告白に二つの異なる版が存在するという意識が、この際にも問題となった。

腹を立てた反対派に扇動された古き信奉者らの考えは、しかし、一面的であった。彼らは「神学者の狂乱」から救われることを楽しみにしていたのだ。メランヒトンは妻を通じてヴィッテンベルク市民と姻戚関係にあった。彼は、数多くの家庭内の心痛や戦争による逃走の後も、なお十二年間の幸せな年月を生きた。その近代的な家で彼は、ファムルス・コッホ（一五五三年死亡）、一五五七年に死亡した妻、さらに末娘のマグダレーナと才能あふれ誠実な娘婿のカスパール・ポイケル、たくさんの愛する孫たちに囲まれて世話された。彼の名声はヨーロッパ中で最高点に達していた。もう少したてばトリエント公会議におけるプロテスタント側の出席者にもなるところであった。その準備のために彼はザクセン信仰告白を起草した。神学的には彼とは全く一致しない者でも、さらに多くの反対者でさえ、彼を尊敬と敬意をもって扱った。教会と学校ではいたるところで彼のかつての学生たちが活躍していた。彼らを通じて福音派の領邦教会と大学建設が進められた。一五五二年のメクレンブルク教会規則は、彼によって記された福音派教義の簡潔なまとめを含んでいる。教職審査は、一五五四年以来別に印刷されて、多くの他の教会規則のなかに引き継がれた。彼の死の直前、ある出版社によって企画された、彼の最も重要な神学上の教えを記した書物を「コルプス・ドクトリナエ」としてまとめるという体験もした。それは和協信仰書に至るまでの数多くの他の集録の見本となった。彼によって早くから再三試みられ、委員会を通じて作成された規範教義を、彼はもはや見ることはなかった。ここでは、ヤコブ・アンドレアエが成果を上げた。

学問上ではこの最後の年に彼は主に歴史と取り組んだ。カリオンの年代記は完全に新しく改訂された。そして、何倍にも拡張された。ただしカール大帝の後の時代はポイケルが完成しなければならなかった。自然哲学の書物も、完全なものに近ずいた。一五四九年に自然学は二〇年の準備を経て公刊され、さらに改訂された。一五五三年には魂論が新しい形で出版された。『神学要覧』に関しては、彼自身がドイツ語版の決定版を出し、それは一五五五年に彼の友人であるカメラリウスの妻に献呈された。彼は一五四一年以来、ライプツィヒの近郊に住んでメランヒトンにとっては喜びであり、学問的な刺激でもあった。一五四七年以来両者は同じ支配者の下にあり、多くの課題を共同で片付けなければならなかった。一五六〇年三月にもメランヒトンはライプツィヒに奨学生試験のために赴いた。四月五日に彼は病気で帰ってきた。一九日、彼は家族とヴィッテンベルクの学生たちに囲まれて亡くなった。彼の墓は、いまでも城教会にある。

（菱刈晃夫訳）

訳注

（1） 信仰と理性との分離が明確となり、信仰は理解されるものではなく意志により同意されるものとするオッカムの唯名論的立場が「新しい方法」(via moderna) と呼ばれたのに対し、信仰と理性との調和を唱えるトマスらのスコラ学的立場が「古く尊い方法」と呼ばれた。

（2） ロイヒリンの『カバラ的術について』(本書四二—四三頁参照) への批判に対して人文主義者たちの反論が『無名者たちの手紙』(Epistolae obscurorum virorum) として一五一四年三月に出版された。この「無名者」というのが「匿名者」のことで、その序文を書いたメランヒトンは「高名者たちの手紙」(Clarorum virorum epistolae) を書いた。

（3） 聖餐で用いられるパンとぶどう酒がキリストの肉と血に変化するという教え。化体説ともいう。

（4） 善悪の区別がつかないどうでもよいこと。とくにアウグスブルク仮信条協定（一五四八年）に際して、教会の習慣や儀式に関する「どうでもよいこと」の争いが、アディアポラ論争といわれた。アディアポラを問題にする代表者が、本文にも登場するフラキウスである。メランヒトンは、平和と一致のために特定の慣行は受け入れられるとして対立した。

（5）一五〇〇年バンベルク生まれ。メランヒトンと終生まで変わらぬ親交を結んだ。一五二六年ニュルンベルクにラテン語学校（いまのギムナジウム）が設立されたとき、メランヒトンが校長として彼を推薦した。宗教改革的人文主義の代表者の一人。教育者としても活躍した。一五三五年チュービンゲン大学教授、一五四一年ライプツィヒ大学教授。一五七四年死亡。なお、メランヒトンをめぐる時代に登場する多くの人物については、R・シュトウッッペリッヒ『ドイツ宗教改革史研究』森田安一訳、ヨルダン社、一九八四年、三一二頁以降の伝記資料に詳しいので参照されたい。

（6）宗教改革時代、混乱した教会を立て直し改革を導入するために、教会への巡察が各領邦君主の命令の下に行われた。これはザクセン選帝侯領内で行われた巡察の結果、メランヒトンによって著された指導書であり、これは以後の各地の教会規則の基本的原型となった。『宗教改革著作集15　教会規定・年表・地図・参考文献目録』教文館、一九九八年、を参照されたい。

（7）Antinomismus 反律法主義、道徳律不要論をめぐる論争。とくにメランヒトンとアグリコラとのあいだでなされた。律法の意義と用法をめぐる論争であり、本文にもあるように、メランヒトンは律法の第三の〔教育的〕用法をも重要視した。一五七七年のルター派和協信条では、律法には三つの用法があることが宣言された。

（8）一五三一年、チューリンゲンの小都市シュマルカルデンでプロテスタントの諸侯・帝国都市が、カール五世の弾圧に対抗して結成した同盟。しかし、シュマルカルデン戦争（一五四六―四七年）の際、内部分裂によって敗れ、瓦解した。

（9）領邦議会への出席資格をもつ諸身分。領邦等族ともいわれる。

（10）アウグスブルク仮信条協定に際して、メランヒトンをカトリックに対して妥協的であるとし、ルターの教えからも逸脱していると批判した人々。ルター派厳格主義者、あるいは厳格ルター派ともいわれる。本文にもあるフラキウスは、その代表者。

セバスティアン・フランク

ホルスト・ヴァイゲルト

自由著述家セバスティアン・フランクは、疑いもなく、一六世紀の最も重要な人物に属する。なぜなら、彼は歴史学、地理学、文化史、とりわけ神学に関する数多くの、部分的には浩瀚な著作によって、みずからの時代の精神的議論に介入し、それに価値のある刺激を与えたからである。一匹狼として党派を超越していた彼は、部分的には批判的な問いによって、部分的には挑発的な言述によって、同時代人たちに挑戦した。たしかに後世にも、とりわけ一七世紀の神秘主義的な霊性主義《スピリチュアリスムス》、敬虔主義《ピエティスムス》、ならびにイデアリスムスにも、彼はきわめて強い影響を及ぼしたので、ヴィルヘルム・ディルタイが「百般の水路を通して彼の思想が近代に流れ込んでいる」（ディルタイ『ルネサンスと宗教改革以降の世界観と人間の分析』〔第九版、ゲッティンゲン、一九七〇年〕、八五頁）ことを確認したのは不当なことではない。いずれにせよ、近代の神学史ならびに精神史は彼を抜きにしては理解できない。

セバスティアン・フランクは、一四九九年に小さな自由帝国都市ドーナウヴェーアト（Donauwörth）に生まれたが、この都市は十六世紀の始めに経済的好況を経験した。おそらく彼は、郷里にあるベネディクト会のハイリゲン・クロイツ修道院の学校に通った後、一五一五年の春以降、まずインゴルシュタット大学で自由学科を学んだ。しかしながら、当時この母校は——彼自身がのちに残念がったように——往時ここで花開いていた人文主義《フマニスムス》によってもはや全面的に規定されてはいなかった。一五一七年一二月に最下位の学位を取得した後、彼はバチェラー

Von dem greüwlichen laster
der trunckenhayt / so inn disen letsten zeytten erst
schier mit dē Frantzosen auffkomen / Was füllerey / sauffen vñ zůtrincken / für jamer vñ vnrath / schade der seel vnd deß leibs / auch armůt
vnd schedlich not anricht / vñ mit sich bringt. Vñ wie dem vbel zůraten wer / gründtlicher bericht vnd rathschlag /
auß götlicher geschrifft. Sebastian Franck.

Hůt euch das ewer hertz nit bschwert werd mit fressen vñ sauffen
vnd sorg der narung / vnd kom̃ diser tag schnell vber euch. Luc. xxj.

1528.　1528

セヴァスチャン・フランク著「酩酊というまわしい悪徳について」（1528年）の扉

として ハイデルベルクにおいて、当地の大学に併合されていたドミニコ会学寮で、研究を継続した。一五一八年の七月、彼がハイデルベルク討論の期間中にルターと出会ったかどうかは、資料に基づいて確定することはもはやできない。万が一これが――ほとんど一般的に推測されているように――事実であったとしたら、それは彼個人にとってヴィッテンベルクの宗教改革者との最初にしてただ一度の出会いであったであろう。

アウクスブルク司教区の聖職者として一定期間働いた後、彼は一五二五年の初めから、つまり彼が断固として手厳しく批判した農民戦争がその絶頂にさしかかったときに、アンスバッハ地方の村シュワーバッハ近郊のビューヘンバッハにおいて、説教者ならびに代理牧師として、みすぼらしく意気阻喪する状況下で活動した。その三年後、彼は領邦主権的にはアンスバッハに、保護権的にはニュルンベルクに属していた、グステンフェルデンという村落で、早朝ミサ担当の副牧師の職に就いた。ちなみに一五二七年一〇月二七日、ブランデンブルク―ニュルンベルク地域で大々的に行われた教会視察の議事録には、彼はそのようなものとして賞賛をもって言及されている。

彼はまた、すでにグステンフェルデンの一隅から、おそらく近隣のニュルンベルクの霊性主義ないし再洗礼派のサークルとも交流していた。いずれにせよ、彼はニュルンベルクで伴侶を見いだした。つまり一五二八年三月一五日、彼はオティーリエ・ベーハイムと結婚したが、彼女はいわゆる三人の「背神の画家たち」のグループに属していた、銅版画家にしてデューラーの弟子たるハンスとバルテルの妹であった。ルターは『卓上語録』でフランクの妻について、彼女は「霊」に満たされており、彼すなわち自分の夫に霊を吹き込んでいる（WA Tr 4, 671, 23, Nr. 5121）、との判断を下しているが、これもたしかに理由のないことではない。おそらく宗教改革者ルターはこれによってまた、彼女がその兄弟たちと似通った見方をしていたことを、示唆しようとしたのである。

おそらくまだグステンフェルデンの牧師職にあったとき、彼ははじめて用心深くヴィッテンベルクの運動に対する若干の批判的な所見を書き記し、そして一五二八年にふたつの処女作において、つまり序言と無数の挿入語句を施されたアンドレーアス・アルトハマーのラテン語の著作『一見矛盾して見える聖書の諸論点の統一についての対話』*Dialage* のドイツ語訳と、繰り返し再版された道徳的小冊子『忌まわしき酔っぱらいの悪習について』*Von dem greiwlichen laster der trunckenhayt* において公表した。このふたつの著作において、彼は宗教改革の義認論に対する間違えようのない辛辣なあてこすりをもって、キリスト者たるものは倫理的・道徳的な生活態度によって正当性を証明しなければならない、と強調した。ところが、みずからを宗教改革運動の信奉者として理解している人々のところでは、そのような道徳的改善が大幅に欠如していて困るというのである。彼は、『一見矛盾して見える聖書の諸論点の統一についての対話』への序言において、次のように嘆いた。「だがわれわれは、まさに仕事に切りをつけてリラックスし、あたかも万事が満足のいくようになり、安全で誇らしく、裕福に暮らしているかのように振る舞っている。そこには悼み悲しむことも、苦行をすることも、損害を受けることも、断食することもない。それどころかわれわれは、あたかも福音がそれらのことを禁止しているかのごとく、まさにそれらのことをあざ笑う。要するに、われわれは口腹の神に従って、贅沢三昧に暮らしている」(Fol. A 8 r)。彼が強調したことは、今日多くの福音主義者――彼らは言葉だけの聖者であり口先だけのキリスト者である――が間違って思い込んでいるように、信仰のみで十分だというわけではない、ということである。むしろ信仰には――フランクはこの件に関して共観福音書の現実的弁証法を引き合いに出した――わざがつけ加わらなければならない。道徳的小冊子――ちなみにそれは、彼が貴族に献呈した唯一の書物であるが――における彼の批判は、〔以下の引用と〕同一の水準で動いている。「だがいまや断食は罪となった。そしてその見解を斥ける〔反駁する〕

者は、教皇派《パピスト》であり行為義認論者《ヴェルクハイリッヒ》である。満腹していることのみがわれわれの多くにとって福音なのである」(Fol. A 4 v)。キリスト教共同体を実現するためには、「コリント人への第一の手紙」第五章にしたがえば、破門によってすべての不信仰な輩をそこから排除することが必要である。世俗的権威と霊的権威は、共同してこの課題に身を捧げるべきである。すなわち「説教者は御言葉と破門をもって、諸侯は剣と法律をもって」。しかし今まで破門は実践されなかったのであるから、彼はまた「福音ないしキリスト教について一般的な仕方で語る」(『忌まわしき酔っぱらいの悪習について』Fol. B 4 v) 術を知らないという。

すでに一五二八年に、あるいは遅くとも一五二九年に、フランクは一見したところ唐突かつ不意に牧師職を放棄し、「ドイツの目と耳」(1)といわれた、ほんのわずか離れたところにあるニュルンベルクに、著述家として移り住んだ。なぜ彼は説教ならびに司牧の職を辞めて、最終的に教会的職務から退いてしまったのだろうか。外的なきっかけは、彼自身が飲酒癖を論難した書物のなかで示唆しているように、疑いなく彼が教区の信徒たちに期待した道徳的改善が起こらなかったことへの失望であった。「人々が福音によって改善されるどころか、肉を褒めそやし、肉の恥を覆い隠すためにのみ福音を濫用していることに、もし説教者が気づいたとしたら、その職にとどまってはならない。さもないと神に見捨てられるであろう。真珠を豚に投げやり、聖なるものを犬に与えるよりは、自分で保持しておいた方がよいからである。それゆえ静かに沈黙するか、そこから立ち去らねばならない。われわれにはやって来て説教する義務があると同時に、誡めを語らずに立ち去る義務がある。つまり、もし人々が神の言葉を尊敬せず、そして(イスラエルの子らが天のパンに逆らったように)反抗的に〔うんざりして〕投げ捨てるのであれば、そこから立ち去る義務がある」(Fol. B 4 r)。しかしながら、彼が職務を放棄した本当の理由は、さまざまな源泉や動機から彼に注ぎ込み、いまやますます強い爆破力を展開しつつあった、神秘主義的な霊性主義の中に求められるべきである。かかる神秘主義的な霊性主義のせいで、彼はますますヴィッテンベルクの宗教改革とその発展を信用しなくなった。

ニュルンベルクでは、彼はおそらくとりわけ親戚の絆によって、霊性主義的なサークルのみならず再洗礼派のサークルとも接触していたが、その地で彼は自由著述家として活動した。一五三〇年、彼は自由著述家として『トルコ年代誌』*Türkenchronik* を出版した。この書においては、二二年間トルコで捕虜となっていたジーベンビュルゲンの一住民の筆になる、ある書物の翻訳が本題となっている。けれどもフランクはそれに序文をつけただけでなく、加筆することによって本文の分量を約五分の一だけ増やした。この加筆部分において、彼はまたルター派の教会理解とはじめて綱領的に対決した。真実なる可視的教会は目下どこでも出会うことができない、という確信を彼は表明した。たとい表面的であるとはいえ、これに対する最も明白なる証拠は、キリスト教はイスラム教よりも多くの宗派に分裂している事実だというのである。「ここでわれわれがいかに多くの異端に分裂しているかと言うつもりはないが、キリスト教信仰だけでも一六ないし一七の分派ならびに主要な信仰に分裂しているのを見る。各々の信仰はみずからのうちでも分裂し、その状況はトルコ国内のトルコ人の場合よりも、まさにわれわれの場合には、たしかにはるかにひどいものである。なぜなら、トルコ人は四つの分派に分裂しているだけであるが、われわれは数限りなく分裂しているからである」(Fol. A 2 r)。

フランクはその代案として、すでにここで、不可視的な霊の教会という表象を発展させている。この霊の教会は――神によって直接集められ統治されているが――、諸国民の間に散らされて存在しているという。『トルコ年代誌』を上梓した直後、おそらく一五三〇年のうちに、フランクはニュルンベルクを立ち去って、シュトラースブルクへと赴いた。彼が当地へと向けて歩を進めたのは、おそらく宗教的な理由からであったと思われるが、しかしひょっとすると経済的な理由もあったかもしれない。自由帝国都市シュトラースブルクは、当時諸々の宗教共同体や個人主義者たちの真の結集の場を形づくっていたが、この帝国自由都市においてフランクと宗教改革の《左派》(2)を代表する面々との以前の接触は、増し加えられ深められた。彼はこの地で、例えば反三一論者のミカエル・セルヴェトゥスならびに再洗礼派のハンス・ビュンダリーンと出会い、神秘主義的な霊性主義者のカスパル・シュヴェンクフェルトとおそらくはじめて個人的により親しく知り合いになった。この追放されたシュレージエンの貴族は、その後さらに繰り返してフランクの人生行路と交差する運命にあった。このような面々と知り合いになったにもかかわらず、しかしながらフランクは一匹狼の役割に固執した。彼は宗教改革の偉大な側流のいずれにも与せず、またそれらに吸収されることも許さなかった。なぜなら、彼は再洗礼派のうちにも、神秘主義的な霊性主義のうちにも、あるいは反三一論のうちにも、自分が切に待ち望んでいる更新が、それらのうちで、もしくはそれらを通して、実現されるであろうという兆候を見いだせなかったからである。反三一論者のヨハネス・カンパーヌス宛の彼の重要な書簡は、当時の彼の立場に対する雄弁な証拠となっている。彼は一五三一年二月四日のこの書簡にこう記している。「神の御子である主イエス・キリストについての真実なる、あるいは自然なる言葉は、この時代でもまだ認識されないということ、それどころか、まだ誰も信仰による義を認識し始めていないということを、わたしは信じており、また確信している」(TA Elsaß I, 319, 20-22)。

シュトラースブルクにおいて、フランクは『歴史聖書』*Geschichtsbibel* を印刷に伏すことに直ちに着手した。彼はそれをすでに草稿のかたちでニュルンベルクから当地へ持ち込んでいたのであった。国家、社会、ならびに教会に対する強烈な批判を含むこの年代記が、一五三一年九月初旬にシュトラースブルクの印刷所バルタザール・ベックで出版されるやいなや、あらゆる方面から嵐のような非難が突然起こった。この著作に抗議したのは、例えば『歴史聖書』の一部である「異端者列伝」（Ketzerchronik）のなかに、自分が分類されていたために、著しく体面が傷つけられたと感じたエラスムスのような、個々の人だけではなかった。そうではなく、世俗的権威も霊的権威もともにこれに抗議した。かくして国王フェルディナント一世が、皇帝をしている兄カール五世に関するこの年代記の扱いを盾にして干渉してきた。しかし最も激しく憤慨したのは、なかんずく彼のかつてのハイデルベルクでの学友マルティン・ブツァーであった。なぜかといえば、フランクがこの分厚い書物において、宗教改革の教会制度のみならず教会のあらゆる経験的な現象をも、敢えて徹底的に問題に付そうと企てたからである。彼の理解によれば、神は使徒の時代に限って、教育的理由から可視的な教会を許したのであった。これは少なからぬ点において、レッシングの『人類の教育』の中に出てくるある観念の先取りのように思える表象である。けれども、「使徒が亡くなった後すぐに」（Fol. oo 2 r）、とりわけコンスタンティヌス以来、可視的なものとしての教会の時代は過ぎ去ったというのである。それゆえ、経験的な教会共同体を再建しようとする試みは、すでに克服された存在形態への逆行を意味することになる。真の教会は今日では不可視的であり、ただ霊的な眼によってのみ認識され得るという。内なる言葉を所有する者はみな、したがってキリスト者のみならず、「神の像と種子」（Fol. b 1 r）をみずからのうちに宿している敬虔なる異教徒も、真の教会に属している。しかしキリストの教会《ゲマインデ》の正統性を立証する標識は、「ヨハネによる福音書」第一三章にしたがえば、苦難ととりわけ愛とである。「なぜなら、キリストの教会は外的には愛と聖なる十字架にほかならず、人々はそれによってキリストの教会を知るのであるから」（Fol. SS 2 v）。

さて、フランクがシュトラースブルクで上部ドイツの宗教改革者たちの辛辣な敵意を経験したとき、彼の側でも彼らに対する攻撃を強めた。彼の敵対心を証拠立てるものとしては、例えば『学者はさかしま』*Die Gelehrten die Verkehrten* と『信仰の強要について』*Vom Glaubenszwang* という、彼が作ったふたつの風刺的な詩である。これらはおそらく一五三一年に、つまり『歴史聖書』のせいでシュトラースブルクの世俗的ならびに霊的権威との対決が起こったのち、あるいはその期間中に、成立したものである。自由なクニッテルフェルス(3)で、彼は押韻詩『学者はさかしま』において、神学者たちの不寛容に抗議し、彼らが起因となった当局の抑圧的態度を鞭打った。「かくして彼ら〔神学者たち〕は信仰の事柄を／すべての人間の共通項にしようと欲する／そして当局の強制力を用いて／信仰において統一をつくり出そうとする／……／そして自分たちはそれによって神に仕えていると考える／だが神はそんなことを任せられはしなかった」(Joh. Bolte, 112, 175-178; 113, 183-184)。フランクはその霊性主義的な教会理解に基づいて、原則的かつ無際限な信仰の自由を求める声を上げた。シュトラースブルクの市参事会は、『歴史聖書』の出版を理由に、まずはフランクを塔牢に投げ入れ、その著作を没収せしめた。それから少しのちに、市参事会はさらにまた、この書を新たに刊行することや、彼の書いた他の書物を売ることは罷《まか》りならぬとの禁止令を発令した。これによってフランクは彼の生存の基礎を奪われた。ほんの半年前に足を踏み入れたばかりであったが、一五三一年の年の瀬、彼は最終的にシュトラースブルク市からふたたび追放された。経済的には破綻し人間的には失望して、フランクは妻子とともにライン川沿いのケールに引っ越して、そこにほんの一時留まり、それからエスリンゲンへと移り住んだ。この地で彼は一五三二年の秋、のちに彼が相当満足げに強調したように、推薦も口利きもあるいは請願書もなしに市民権を獲得した。いまや彼は石鹸製造の職人として生活費を稼いだ。その際彼は、自分が作った石鹸をみずから荷車に乗せて、自由なシュヴァーベンの毎週一定の曜日に開かれる市へと運び、その石鹸をここで売りに出した。ついでながらエスリンゲンでは、彼はおそらく一五三三年の九月半ばに、シュヴェンクフェルトと二度目の出会いを果たした。それはシュヴェンクフェルトが

アウグスブルクに向かう旅の途中、この地に数日間休憩したときのことである。フランクはこのシュレージエンの貴族に付き添って、さほど遠くないところに位置しているケンゲンのハンス―フリードリヒ・トゥムプのもとへ、つまり当時のキルヒハイム・ウンター・テク[4]の上級官吏のもとへ赴いたのち、彼はシュヴェンクフェルトと一緒にウルムへ旅し、シュヴァーベンの都市同盟のこの指導的な都市へと彼を導き入れた。

おそらく一五三三年の年の瀬のうちに、したがって約半年ほどエスリンゲンに滞在したのちに、フランクは経済的な理由からウルムに移住したが、彼は前年の十月にはじめてその地で市民権を取得することができた。この地において彼は、まず印刷屋のハンス・ヴァニアーの印刷助手として働いた。しかしのちに、フランクと同じようにドーナウヴェーアト生まれの、アウグスブルクの世襲貴族ゲオルク・レーゲルの後援のおかげで、三人の仲間とともに自分の印刷工場を経営することができた。いまや手工業的活動の傍らで、彼はただちに並はずれて実り多い文学的生産性を展開した。たしかに、あたかも長きにわたって押し留められていた理念が、いまや遂に堰を切って自由に迸り出ることができたかのような印象が迫ってくる。一五三四年には、ドイツ語による最初の包括的な世界の地理学的叙述である『世界の書』*Weltbuch*と、四つの小さな書物の集成たる、いわゆる『王冠の書』*Kronbüchlein*が出版された。同じ年、内なる言葉についてのみずからの考えを主題化した小冊子『神は唯一かつ最高の善である』*Das Gott das aing ain*と、そして遂に主著『パラドクサ』*Paradoxa*が上梓されたが、後者において彼は、みずからの神学的な根本思想をおそらく最も才気と含蓄に富む仕方で定式化した。

これらの重要な出版物は、一五三四年以降刷り上がったものであるが、それらの出版物において、義認論や宗教改革の教会理解に対する相変わらず存在する批判と並んで、ルター派の聖書原理に対するよりいっそう不躾な反駁が見いだされる。彼は力を込めてそれに反対したが、その理由はそれによって聖書が紙の教皇に、一種の「偶像」(『歴史聖書』、Fol. mn 4 v) になってしまうからだという。宗教改革の運動の発端とは異なって、いまやひとは聖書を救いの源泉と見なす。それゆえ、彼は一五三四年に、例えば小冊子『善悪を知る木について』*Von dem bawm des wissens* において、紛れもない皮肉をもって次のように記している。「もしひとが読むことができ、聖書をもっていさえすれば、いまでは十分である。ひとは聖書のうちに信仰と聖霊とを見いだし獲得する術をよく心得ているからである」(『貴重にして巧妙なる小著 痴愚神礼讃』、fol. o 4 v)。たしかに、聖書はいまや信仰の源泉であるのみならず、行為の最高の規範をも表わす。もちろん、これに関して聖書は、弛緩した生活態度や同胞に対する非道徳的な態度を正当化するために、誤用されもするという。かくして道楽者は、イエスもカナの婚礼に参加したことを引き合いに出せるだろうし、吝嗇家は、「ソロモンの箴言」では保証人にならないよう警告されているとして、みずからの思いやりのない行いを正当化した。しかしフランクによれば、聖書ではなく――聖書と伝統にしたがえば――内なる言葉 (das Innere Wort) が、究極的な権威を所有している。この内なる言葉に対して、彼は実にさまざまな概念を用いた。例えば、彼はそれを「神の言葉、意志、御子、種子、御手、光、生命、真理」(『パラドクサ』、Fol. R 3 v, Nr. 101-102) と表示した。かかる内なる言葉はすべての被造物のうちに見いだされるが、しかしとりわけあらゆる人間のうちに見いだされるという。もちろん、それは堕罪の結果、灰の山のなかで燃えさかる石炭や、埋もれた状態にある泉のなかの水や、穀物の粉の下の酵母にも似て、隠されているという。さて、人間が外的には聖書によって、そしてとりわけ内的には神の霊によって、内なる言葉を思い起こし、みずからのうちで意図的にこれに活動の余地を与えるやいなや、再生という出来事が生起する。この出来事を具体的に示すために、フランクはしばしば好んで、神秘主義に由来するものとして知られている、花嫁の愛のイメージを利用した。「われわれがいまや言葉を虚心に受け容れ、そして純情な花嫁がその夫に許すように、われわれの魂がこれに立ち入りを許すやいなや、その瞬間に再生が起こるのである」(『パラドクサ』、Fol. r 4 r-v, Nr. 254)。このような表象からフランクは、救いの経験は決してキリスト教信仰においてだけでなく、他の諸宗教においても可能である、との結論を導き出した。『パラドクサ』において、彼は例えば次のように言明する。「われわれと同じように信仰についてもキリストについてもかつて語らず、キリストの言葉や名前についてもかつて何かを認識もせず、あるいは信仰について知らなかった多くの人々は、幸いである。むしろ彼らは神、キリスト、そして信仰について、別の語り方をもっていたのである」(『パラドクサ』、Fol. a 2 r, Nr. 135-137)。

しかしやがて一五三五年のはじめに、ウルムでも当地の聖職者とフランクとの間で、彼の最新の出版物をめぐって最初の論争が起こる事態となった。この場合のフランクの主要な論敵は、大聖堂の説教者でありウルムの教会の指導者たるマルティン・フレヒトであったが、彼はブッァー同様、かつてハイデルベルクで彼の学友の一人であった。この論争はほぼ一年間の長きにわたって続いた。その論争はその年の終わり頃にはじめて解決されたとは言い難いが、少なくとも中止されることができた。すなわち、ウルムの市長ベルンハルト・ベッセラーの仲介のおかげで、ウルムの参事会は、今後は事前の検閲なしにはいかなるものも出版しないとフランクが確約したことで、満足する決定を下したのである。

フランクにとってのこの最初の紛争が、このように割と寛大な決着を見いだしたのち、彼は改めて文筆活動を行う立場になった。だが、今まで闕下に存在していた厭世主義《ペシミスムス》は、いまやますます重要なものとして現れ始めた。彼は自分の書物が社会変革的作用を及ぼすことを、かなり長い間考慮に入れていなかった。この世に関しては、三五歳になった彼はもはやいかなる幻想も持ち合わせなかった。彼の希望はますます個人に集中していた。その後の二年間、彼はかなり多くの大小さまざまな書物を執筆したが、彼はそれらの一部は自分の印刷所で出版し、一部はよその土地の印刷屋に委託した。広範囲な出版物のなかでは、とくに『金の方舟』*Guldin Arch* と『ドイツ年代記』*Germaniae Chronicon* が挙げられるべきである。しかしこのふたつの著作——フランクはみずからの確約に反して、この二つの著作について印刷許可を願い出ていなかった——が一五三八年にまだ刷り上がる前に、ウルムの宗教評議会は市参事会に告発状を提出した。それに基づいて、この年の夏、フランクをめぐる論争が再度始まった。その後この論争は、最終的には一五三九年の一月初旬に、フランクのウルムからの追放へと導かれたが、それはなかんずくこの間に、二人の有力な人物、つまりヘッセン方伯フィリップとフィリップ・メランヒトンが、またウルム市参事会に介入したからでもある。フランクが彼自身として保ってきたウルム市参事会との良好な関係は、かくして長い目で見ると、フレヒトによる執拗な扇動から身を守ることができなかった。これから先フランクは、彼自身の証言にしたがえば、いたるところで「変わり者」(sondeling)、「文句の多い人」(letzkoff)、「分派主義者ないし再洗礼派」(sectierer oder widerteufer)(『封印された書物』、Fol. CC 1 r)と誹謗された。

一五三九年七月、フランクは、つねに神の言葉を口にしながらも、自分とは異なる考えをする者を無慈悲に迫害する、神学者たちに失望し憤懣を抱きながら、自分の家族——身重の妻と五人の子どもたち、そのなかには双子の二人の子どもがいた——を引き連れて、ウルムからバーゼルへと赴いた。それから約二年間の試験期間ののち、彼は一五四一年六月にこの地で市民権を獲得した。その後しばらくして、彼はまた印刷業者としてサフラン同業組合への加入が認められた。(5) このようにバーゼルに受け容れられたことは、ブツァーがシュトラースブルクから彼のことを讒言《ざんげん》しようと企てていただけでなく、彼も一五四〇年三月、シュマルカルデンの神学者会議で、フレヒトの主導に基づいて——シュヴェンクフェルトとともに——有罪宣告されていただけに、それだけますます彼を満足させたに違いない。

一五四一年、フランクはこの間に男やもめになっていたが、しかしほどなくマルガレータ・ベックと再婚し(6)、二部からなる重要な『格言集』*Sprichwörtersammlung* を刊行した。ちなみに、フランクのこの最後のかなり大部の著作は、軽はずみと思われる彼の言動のせいで、ヨーハン・フレーダーの『名誉ある結婚についての対話』への彼の序言が示すように、ルターの特別の憤慨を引き起こした。おまけにこの宗教改革者は、その序言において、フランクの書物が「怒れる悪しき男に下る天罰のごとくに」(WA 54, 171, 6-7) 消え去るであろう、との希望を表明した。

一五四二年の晩秋、一〇月三一日以前に、フランクは——ようやく四三歳になったばかりだったが——バーゼルで、ひょっとするとペストに罹って亡くなった。

フランクは——すでに明白になっているように——疑いもなく宗教改革の《左派》の偉大な一匹狼に数えることができる。彼は何らかの霊的、神学的、ならびに教会的な権威に無批判的に与したり、唯々諾々と屈服したり、あるいは盲目的に服従することすら潔しとしなかった。むしろ彼は、あらゆる宗教的運動と教会的制度を——正統的であろうと非正統的であろうと、保守的であろうと進歩的であろうとお構いなしに——原則的に問い質した。彼はあらゆることを何物にも依存しないで考え抜き、自立的に経験することを欲した。その際、直接的ないし間接的にドイツ神秘主義に由来し、とりわけ人文主義からもまた注ぎ込んだ、彼の神秘主義的な霊性主義は、絶対的な構成要素であることが判明した。かかる神秘主義的な霊性主義の立場から、彼は古い信仰に対しても新しい信仰に対しても、多かれ少なかれ原則的な批判を行ったが、その際彼は、晩年のルターを青年期の宗教改革者と争わせて漁夫の利を得ようとしないでもなかった。しかし彼は、宗教改革の《左派》をも、もちろん幾分和らげられ、より分化された彼の批判から排除はしなかった。次に神秘主義的な霊性主義は、彼の思想の一貫した構造要素であった。これは彼に個人的な内面性への道を指し示した。「見よ、これが新しい信仰、教え、そして神である。もし汝が古い信仰にとどまり、それによって死のうと欲するのであれば、再び初代の教会へ立ち戻れ、あるいはむしろ、神の宮である汝のこころの中へと立ち戻れ。神の国はそのうちに宿っている」(『歴史聖書』、Fol. RR 6 v)。しかし内面性はフランクには、個人の道徳的改善ならびに社会の社会的更新の前提であり、それを推進する根拠のように思われた。しかしながら、後者の実現への期待は、彼にあってはますます消え去り、遂には個人的改善の希望へと減退した。彼は一五三八年に『金の方舟』(7)において書き記しているが、「なぜなら、人間は年を取ればとるほど、ますます悪くなり、そしてやぎの頭のごとくに改善されるように、この世もそうである」(Fol. R 4 r)。

フランクは一匹狼だったにもかかわらず、あるいはむしろ一匹狼だったので、近代に対して多様な刺激を仲介した。彼は近代の神学史と精神史に対して持続的に影響を及ぼしてきた。だが、神秘主義的な霊性主義におけるフランクの作用史、敬虔主義における彼の受容、ならびにドイツ・イデアリスムスにおける彼の後続作用は、これを詳細に証明することはきわめて難しく、将来の研究を待つしかない。

(安酸敏眞訳)

訳注

(1)「ニュルンベルクはまとこにいわばドイツの眼であり耳である」(Nürnberg ist ja sozusagen das Auge, und Ohr Deutschlands)と述べたのは、周知のようにマルティン・ルターである。この表現は宗教改革当時のニュルンベルクの活況を示すものとしてしばしば引用される。

(2)「宗教改革の《左派》」(der linke Flügel der Reformation)という用語は、もともとはローランド・H・ベイントンの同名の論文("The

"Left Wing of the Reformation," in *Journal of Religion* XXI (April 1941), pp. 124-134）に由来するが、今ではかなり定着している。例えば *Klassiker des Protestantismus* の第四巻は、Heinold Fast (Hrsg.), *Der linke Flügel der Reformation. Glaubenszeugnisse der Täufer, Spiritualisten, Schwärmer und Antitrinitarier* (Bremen: Carl Schünemann Verlag, 1962) となっている。この書物の副題からわかるように、宗教改革の《左派》と呼ばれているのは、具体的には、再洗礼派、霊性主義者、熱狂主義者、反三一論者などを指している。しかし最近ではむしろ「ラディカル・リフォメーション」（Radical Reformation）とか、「宗教改革急進派」などと呼ばれることが多い。cf. George Huntston Willaims, *The Radical Reformation*. 3d ed. (Truman State University Press, 2000). Hans-Jürgen Goertz (Hrsg.), *Radikale Reformatoren* (München: C.H. Beck, 1978). 倉塚平・田中真造・出村彰・萩原溢恵・森田安一編訳（ヨルダン社、一九七二年）。

（3）強音節が四個あり、弱音節の数は自由で、二行ずつ組になって韻を踏む詩行形のかたち。

（4）ネッカー川の支流ラウター川河畔にあるバーデン―ヴュルテンベルクにある小都市で、シュトゥットガルトの南東約二五キロのところに位置している。

（5）ドイツ語原文は Sanftzucht となっているが、これは明らかな誤植であり、Sanftzunft が正しい。ヴァイゲルトも『セバスティアン・フランクとルター派の宗教改革』*Sebastian Franck und die lutherische Reformation* (Gütersloh, 1972), S. 40 では、そのように正しく綴っている。

（6）フランクの妻オティーリエは、ウルムを追放されたときに病を患っており、かつ身重の体であったが、六人目の子どもを生むとまもなく亡くなった。ポイカートは彼女の没年を一五四〇年と推測しているが（Will-Erich Peuckert, *Sebastian Franck. Ein deutscher Sucher* [München: R. Piper & Co. Verlag, 1943], S. 474）、正直なところこれを裏づける証拠はない。その後フランクは、一五四一年に再婚したが、相手の女性は、資料によって Margaretha とも Margarethe とも表記されている。いずれにせよ、この女性は、かつてフランクが『歴史聖書』をそこから出版した、シュトラースブルクの印刷業者バルタザール・ベック（Balthasar Beck、生年不詳―一五五一／五二年没）の継娘の Margarethe (Barbara) Beck であると見なされている。

（7）「やぎの頭」と訳した gaißkopf という語の背景には、おそらく「レビ記」第一六章二一節に記されている、古代イスラエルにおける贖いの儀式があると思われる。それによれば、アロンは、自分と自分の家族のために、贖いをしなければならないが、その一環として二頭のやぎを幕屋の入り口で主の前に立たせ、その二頭のやぎのためにくじを引かなければならない。すなわち一つのくじは主のためであり、もう一つのくじはアザゼル〔砂漠に住むと考えられた悪魔の化身〕のためである。アザゼルのためのくじに当たったやぎは、主の前に生かしておき、これをもって贖いをなし、これをアザゼルのために、荒野に送らなければならない。「そしてアロンは、その生きているやぎの頭に両手をおき、イスラエルの人々のもろもろの悪と、もろもろのとが、すなわち、彼らのもろもろの罪をその上に告白して、これをやぎの頭にのせ、定めておいた人の手によって、これを荒野に送らなければならない」

ジャン・カルヴァン

リシャール・ストフェール

宗教改革者の「第一世代」の多くがこの世を去った後も、(原注1)彼らによって開始された改革のわざは、その追従者《エピゴーネン》たちによって続けられた。一般的に言うならば、彼らの存在それ自体に重要な意義があったとは必ずしも言いがたい。だがそれでもなお、この宗教改革の「第二世代」から二人の人物が現れて、一頭地を抜いた存在となった。それはチューリヒにおけるツヴィングリの後継者であったハインリヒ・ブリンガーと、この章でとりあげるジャン・カルヴァンである。この両者とも、宗教改革の初期段階に深く関わる、大きな意義を担った人物であった。なかんずくカルヴァンは、ルターの死後ダイナミズムを失っていたプロテスタンティズムに対し、自らの行動と思想によって新たな刺激を与えることに成功した。

I　カルヴァンの生涯

ジャン・カルヴァンは一五〇九年七月一〇日、ピカルディ地方の司教座都市であり、パリからおよそ百キロメートル北東に位置するノワイヨンに生まれた。ジャンの父ジェラール・コーヴァン(原注2)は貧しい家庭の出であった。ジェラールはとある渡し守の息子として生まれ、長じて市の書記官となった。後にジェラールは、司教や地方聖職者

青年時代のカルヴァン

のための事務所を運営するという公職に就くことを許された。これにより、彼はノワイヨンの市民権を得ることに成功した。

他方、ジャン・カルヴァンの母ジャンヌ・ルフランについては、僅かなことしか分かっていない。ジャンヌは、ノワイヨンの市会議員になるほどの権勢を誇っていたある有力市民の娘であった。彼女は敬虔な女性であり、その当時なりの信仰を守り通し、そして非常に若くしてこの世を去ったことが判っている。ところでわれらがジャンは、このジェラール・コーヴァンとジャンヌ・ルフラン夫婦に生まれた唯一の男児ではなかった。ジャンの上には兄のシャルルが、下には弟のアントワーヌとフランソワが生まれた。しかしフランソワは、幼くしてこの世を去っている。

ジェラール・コーヴァンの息子たちは、ノワイヨンの司教座聖堂の庇護の下で育ち、司教による後援を受けることとなった。父親は、息子たちが将来教会に関わる職を得るよう期待していた。その期待どおり、やがて彼らは叙任司祭の聖職禄を得、その収入によって勉学を続けることを許されるようになった。したがってジャンが剃髪し修道士となったのは、おそらく一二歳のころと思われる。

ジャンは学才に恵まれていたため、兄シャルルとともに学んでいたノワイヨンの「コレージュ・デ・カペット」に長くとどまらなかった。多くの伝記作家が考えるところでは、一五二三年にジャンは勉学をさらに続けるため、パリへと送られた。(原注3) 彼は一人で旅立ったわけではなく、ごく親しくしていた三人の若い仲間とともにパリへ赴いた。この仲間たちはノワイヨン司教を幾人も輩出していた名門、アンジュスト家出身の若者たちであった。

さてパリに到着すると、カルヴァンはラ・マルシュ学寮に入学手続きをとった。そこではマチュラン・コルディエが文法学科長となっていた。コルディエは、フランス語圏におけるプロテスタント教育創始者の一人に名を連ねる人物である。しかしノワイヨンからやってきたばかりの少年カルヴァンは、この教育施設にも長くとどまらなかった。彼は間もなく、正統主義のみならず禁欲生活でも知られる、モンテーギュ学寮への入学手続きを行った。学寮では当時、神学者ノエル・ベダ（ベディエ）が学寮長を務めていた。ベダは、ピエール・タンペットの仲立ちのもとで学寮を指導するようになる以前には、ラブレーによれば「生徒たちへの偉大なる折檻者」であり、福音主義への怒りに燃えた反対者であった。

さてカルヴァンには、学芸修士号取得の準備のため（原注4）モンテーギュ学寮で苦労しながら過ごした四～五年の間に、「ルター派」の「誤った教え」を耳にする機会があったと思われる。一五二三年にカルヴァンがパリへやってきた時、アウグスティノ修道会士であったジャン・ヴァリエールが、異端の嫌疑をかけられて火刑に処された。一五二四年には、当時のフランス王フランソワ一世の姉であり、アランソン公妃でもあったマルグリット（1）が夜中に見た幻という形で対話篇を公にし、「信仰のみによる義認」という考えを明らかにした。一五二五年には、パヴィアの戦いでフランソワ一世が捕虜とされた機会を捉えて、高等法院がソルボンヌの支持のもと「偽りの教えを信じるものたち」に対し苛烈な措置を講じることとなった。またその間、自由都市メッスで、羊毛梳き職人かつ平信徒説教師であったジャン・ルクレールが処刑された。一五二六年には、パリのグレーヴ広場でジャック・パヴァンヌ（ポーヴァン）が処刑され、モーのグループに対する痛烈な一撃となった。おそらくカルヴァンは、これらの出来事の多くを知っていただろう。しかし、以上一連の事件が彼を宗教改革の陣営に駆り立てることは、この時点ではなかった。

哲学の学び（原注5）を終えた後、カルヴァンはパリ大学を離れ、オルレアンへと赴いた。当時オルレアン大学の法学部が人気を集めていたからである。一五二八年のことと思われるこの転居により、彼にとって非常に重大な方向転換がもたらされた。父ジェラールは当初、一個の教会人を作り出すことを望んでいたため、息子ジャンは神学を学んでいた。だがジェラールは、今度は法律学を始めるようジャンに勧めたのである。なぜジェラールは、ジャンの人生設計を変えようとしたのか。それは彼が金銭的な理由によってノワイヨンの聖堂参事会と争っていたためか、もしくは息子ジャンが後に「詩編註解」の序文で断言しているように、「一般的に言って、法律の学びはそれに携わる人々を金銭的に豊かにさせる」ということを（こちらの説の方が真実に近いだろう）、父も認めたためであろうと思われる。

さて父に対し従順な息子であったカルヴァンは、熱意をもって（この熱意こそ、カルヴァンの人となりを決定付けた特徴である）法律の学びを開始した。テオドール・ベーズによれば、オルレアンでは、フランスにいる法学者のうち最も明敏であったピエール・ド・レトワールの講義に出席していた。しかし当時のカルヴァンは、法律上の問題にのみ取り組んでいたわけではなかった。彼は、パリにおいて得た人文学への欲求を、メルヒオール・ヴォルマールのもとでギリシア語を学ぶことにより満たしていた。ヴォルマールはヴュルテンベルク出身で、自身は福音主義陣営に立つことはなかったけれども、マルティン・ルターの考えに対し公に共感を示していた人物である。

他のすべての学生たちと同じように、カルヴァンの中にも、多くの教師たちが手に入れていた名声への関心が頭をもたげていた。そこで彼は、おそらく一五二九年ごろのことであるが、マルグリット・ダングレーム(2)の後援のもとブールジュ大学ローマ法講座において行われていた、イタリア人アンドレーア・アルチャートの講義を聴講した。この一聴衆がピエール・ド・レトワールの元からアルチャートのもとへと学びの場を変えたことは、その時代に中世的な法解釈から新しい法解釈への地殻変動が起こっていたことを意味する。つまり当時ヨーロッパでは、ローマ法を歴史的な文脈において捉え直し、法文テクストを文献学的な手段によって研究する人文主義的方法論への道を開く、解釈法の革命的転換が起こりつつあったのである。しかしカルヴァンの深い問題関心は、自身アルチャートの講義に満足することを許さなかった。確かにカルヴァンの、自らの思想を定式化する能力はアルチャートによって与えられたものではあったけれども、彼はレトワールに対しても忠実な弟子であり続けた。ある時、レトワールのライバルであったアルチャートが、レトワールを攻撃したことがあった。その際カルヴァンは、自らの手による最初の出版物である、ニコラ・デュシュマンの『反弁証論』への序文において、師レトワールを擁護することとなったのである。

法学修士号を取得して間もない一五三一年春、カルヴァンは父の病を理由としてノワイヨンに呼び戻された。父ジェラールは、聖堂参事会により破門された状態のまま、五月二六日に死去した。父の死後、息子ジャンはやっと自分が心から望んでいた人生を歩むことが出来るようになった。パリにおいて、人文学の学びを始めたのである。ただし、彼は法学を完全に捨てたわけではなかった。一五三三年に、カルヴァンはオルレアン大学におけるピカルディ出身の博士号取得者団体の代理人を務めた。さて彼は人文学の学びをさらに続けるため、パリの王立教授団による講座にも参加していた。これこそ、三言語（ヘブライ語、ギリシア語、ラテン語）教育を行っていたルーヴァンの学寮を模範とし、フランソワ一世が開いた、コレージュ・ド・フランスの始まりである。ここでは、特に二人の講師がカルヴァンの興味をひいた。ギリシア語学者のピエール・ダネスと、ヘブライ語学者のフランソワ・ヴァターブルである。彼らは両者ともサン・ジェルマン・デ・プレに居住していたユマニストであり、教会改革を企図していたモーのグループの創始者、ルフェーヴル・デタープル（ファーベル・スタピュレンシス）の薫陶を受けた人物である。カルヴァンは、ダネスの助けにより、すでにヴォルマールのもとである程度得ていたギリシア語の知識を完全なものにした。また彼は、（確固とした証拠はないが）ヴァターブルによって、ヘブライ語学習の「奥義」に達したと考えられる。

カルヴァンによる初期の文献研究の成果は、一五三二年四月に結実することとなった。セネカ『寛仁論』註解である。ロレンツォ・ヴァラやエラスムス、ギヨーム・ビュデらの方法論を踏襲したこの著作は、単に「熱心な学生によって、そこそこうまく仕上げられた作品」だったのではない。著者カルヴァンの博識や美しい文体だけでなく、個性や独自性をも明らかにする作品であった。しかし、これらの美点にもかかわらず、『寛仁論註解』はユマニストたちから冷ややかな扱いを受けることになる。カルヴァンが著作の中でかの碩学エラスムスをあえて批判したため、傲慢との誇りを免れなかったためである。だがこのことは、カルヴァンによる註解の美点でもあり欠点でもあった。それはさておき、ここで確認さるべきは、カルヴァンの註解において信仰的な問いがまだ「事のついで」といった役割しか果たしていない点である。カルヴァンがこの文章を著した時点では、やがて自らを不安のどん底に陥れるような信仰上の諸問題が、いまだ意味あるものとはなっていなかった。しかし一五三三年以降、それらの問題が、カルヴァンの生の中に文字通り入り込み始める。

この年、パリにいた「聖書主義者」(原注6)たちの状況は好転した。ソルボンヌ(パリ大学神学部)の法律顧問であったノエル＝ベダが、ルフェーヴル・デタープルの弟子であり、マルグリット・ド・ナヴァールに説教師として選ばれたジェラール・ルーセルを攻撃したためである。これが原因となって、ベダはフランス国王により追放されることとなった。

さて、ナヴァール学寮の学生たちが諷刺劇の中でマルグリットとその説教師ルーセルを侮辱し、またソルボンヌが彼女の『罪深き魂の鏡』と題される書を禁書としたにも関わらず、教会改革派は反撃の動きを見せなかった。パリ大学の新総長であるユマニストのニコラ・コップ―カルヴァンの幼い頃からの友人でもある―は、畏れ多くも王姉マルグリットを中傷した学生たちに対し、懲戒処分を下すことも可能であった。しかし、コップはこのことにつき、あえてお咎めなしとした。

一五三三年の万聖節、学年歴の初頭に際して、コップは総長演説を行う代わりにイエスの山上の説教に関する講話を行った。エラスムスとルターに深い影響を受けた彼は、講話の中で宗教改革にとって重要な幾つかのテーマ、とりわけ「信仰義認」について論じた。だがこれにより、ついに当局の堪忍袋の緒が切れた。高等法院は、国王の不在をいいことに、パリ大学総長の訴追手続きを開始した。コップは国外への亡命を余儀なくされた。同じく身の危険を感じたカルヴァンは、アングレームのクレイ小教区主任司祭であるルイ・デュ・ティエのもとに身を隠した。それにしても、この時点で『寛仁論註解』の著者でしかなかった若きカルヴァンが、なぜ他者からの庇護を必要としたのであろうか。疑いなく言えるのは、彼がコップ演説の起草に何らかの仕方で関わっていたことである。ちなみに「カルヴァンが、一五三三年パリ大学における万聖節の年初演説を独力で起草した」ことは、長きにわたって確かな歴史的事実とされていたが、その後何人かの歴史家によって疑問を呈されるに至った。しかし、シュトラスブルクの歴史家ジャン・ロットの研究により、現在ではふたたびカルヴァン作者説が支持されている。

さてカルヴァンのアングレーム亡命により、ある重要な問題が前面に現れてくる。それは彼の回心、より正確に言うならば、宗教改革陣営への参加の問題である。コップの演説の後、突然に起こった迫害の嵐を避けようと抗いもがくうちに、彼が福音主義の理想に対しある種の関わりを持つようになったことは明白である。一五三三年の一一月に、彼が少なくともルフェーヴル・デタープルが推し進めようとしていた教会改革運動の支持者となっていたことは、確かなことであろう。しかし、カルヴァンは著作において自らの人となりについて語るのを好まなかったため、残念ながらそれ以上のことについては分からない。
詩編註解（一五五七年）の序文において、カルヴァンは“subita conversio ad docilitatem”（原注7）について語っている。彼は「この回心によって、神は教皇主義の『誤った信仰』から自分を引き離し、我が心を馴らして従順にさせた」と述べる。しかし、それがいつ起きたかということについて、カルヴァンは何も語っていない。それでも一五三三年の終わりごろ、彼がルフェーヴル・デタープルの教会内改革運動の陣営から徐々に離れて、宗教改革陣営につくに至ったことは容易に推測できる。そしてこの推測こそ、最も真実に近いと言えよう。

一五三四年春にカルヴァンは、それまで受けていた聖職禄など教会制度上の諸権利を返上するため、故郷ノワイヨンへと赴いた。同時に彼は、それまで身を置いていた聖職者制における地位を放棄した。今や福音主義の理想へと激しく駆り立てられていたカルヴァンは、ノワイヨンからパリへと帰る旅程を中断し、いくつかの場所、特にオルレアンに滞留することとなった。以前に法学の学びの一部を終えていたその街で、彼は最初の神学的著作を世に問うた。それが“Psychopannychia”『魂の目覚め』(3)である。その中で、カルヴァンは再洗礼派に反論して、「魂は肉体から去った後も目覚め、生き続ける」ことを論証しようとした。しかしカルヴァンがこの論文を仕上げて間もなく、ある驚くべき出来事が、彼をしてフランスを去らしめることとなる。一五三四年一〇月一七日から一八日にかけての夜半、カトリックのミサを非難するビラがパリとアンボワーズの両都市の至る所に貼りだされ、ついに王の居室にまで及んだのである。このビラを作成したのは、ヌシャテルの牧師アントワーヌ・マルクールだった。これほどの侮辱を、国王たるフランソワ一世が許せるはずもなかった。ソルボンヌと高等法院、果てはユマニストの一部にさえ支持を受けた王は、福音主義陣営への大弾圧を許可することとなった。自らの信念により、それまで敢えて危険に身をさらしていたカルヴァンも、一五三五年の初めにはバーゼルに亡命し迫害から逃れざるを得なかった。
バーゼルでは、当時オズワルド・ミュコニウスが、ヨハンネス・エコランパディウスの始めた改革運動を引き継いでいた。若きフランス人カルヴァンは、この街で確かな逃れの場を得ることとなった。フランス当局に本人と見破られないようにするため、カルヴァンは「マルティヌス・ルカニウス」と名乗った。彼は神学研究に没頭し、フランスを出る以前にすでに書き始めていた著作を、バーゼルに移って一年足らずのうちに多大な努力によって完成させた。これこそ、かの『キリスト教綱要』である。一五三六年三月、『綱要』初版は、フランス王に対する弁明の手紙を序文とするラテン語著作として出版された。この書はわずか六章から成る神学教科書の体裁をとり、各章は律法（＝十戒）、信仰（＝使徒信条）、祈り（＝主の祈り）、聖礼典（＝洗礼および聖餐）、偽りの聖礼典、キリスト者の自由といった主題に割り当てられていた。よく指摘されるとおり、この著作の構成はルターの『小教理問答書』に似ている。『綱要』の出版以降、著者カルヴァンはフランス宗教改革の魁《さきがけ》と見なされるようになった。その後彼は、生涯をかけて『綱要』を絶え間なく改訂・増補していくこととなる。一五五九年に出版された『キリスト教綱要』[原注8] 最終版は、コンパクトな神学教科書であったはずの初版とは似ても似つかぬものとなった。最終版は八〇の章を抱え、四つの編に分けられていた。これらはそれぞれ、より狭い意味での神学（＝創造者であり、世界の唯一なる支配者である神について）、救済論（＝救い主キリストについて）、聖霊論（＝聖霊について、より正確には「人間における聖霊の働きと、キリストの恩寵の果実について」）、そして教会論（＝教会と聖礼典について）を論ずるものであった。

カルヴァンは『綱要』初版の執筆を終えたあと、友人ルイ・デュ・ティエとともにイタリアへと向かった。フェラーラ公国[原注9]の宮廷に短期間滞在した後、カルヴァンはバーゼルへと戻った。しかし間もなく、彼はフランスへと出立した。それは、二度と故国へ戻れぬ亡命をする前に、自らの身辺整理をおこなうためであった。彼は自分と兄弟の持つ所有地を売り払ったあと、シュトラスブルクに住みつくことを望んでいた。こうしてカルヴァンは、再び帰る望みなきまま、故郷を去ることになったのである。

一五三六年、フランソワ一世とカール五世との間に再び戦争が勃発した（第三次イタリア戦争）。このため、最短経路をとってアルザス地方へと至ることは困難になり、カルヴァンはパリを出てジュネーヴを通る迂回路に頼らざるを得なくなった。しかしジュネーヴに到着して間もない一五三六年七月、ピエール・ヴィレの援助のもと当地で宗教改革を進めていたギヨーム・ファレル（一四八九—一五六五）が、「世にも恐ろしい呪いの言葉」でもってジュネーヴに留まるようカルヴァンに要請した。それは、カルヴァンの力を借りて当地の宗教改革を完遂するためであった。ファレルがカルヴァンを引き留めたことは、彼の先見の明を証しすることとなった。ファレルは、当時およそ一万人もの住民を抱えていたこの都市で始まったばかりの改革運動を、『キリスト教綱要』の著者カルヴァンが成功へと導くと考えたのである。この慧眼こそ、間違いなくファレルに帰されるべき功績である。(原注10)

当時のジュネーヴ市民は、自らが獲得した自由の行く末を案じていた。というのも彼らは、法制上の主、すなわちジュネーヴ司教による後見からのみならず、サヴォア公への従属からも解放されたばかりだったからである。「聖書講解者」の職に任じられたカルヴァンは、しかし聖堂内でパウロ書簡の講解をすることのみに満足しなかった。彼は熱意をもって、ジュネーヴ教会の組織化に取り組んだ。というのも（彼が死の床で同僚に語ったところによれば）、当時のジュネーヴには「いかなる意味においても改革は存在せず」、すべてが「混乱の淵」に投げ込まれていたからである。

カルヴァンはファレルとともに、市議会に提出することになる四つの教会規定を起草した。彼は第二条項において詩編歌の唱詠、第三条項において子供向けの教理問答書の導入、そして第四条項において婚姻規定の改正を提案した。しかしそれらに先んずる第一条項において、最重要事項としてカルヴァンが取り組んだのは、聖餐問題についてであった。カルヴァンはもともと、週毎の聖餐執行を支持していた。彼に言わせれば、聖餐とは「少なくとも毎聖日ごとに」与えられるべきものであったからである。しかしやがて彼は、「人々の弱さを考慮して」、月に一度だけ聖餐を祝うよう譲歩するようになっていた。だがその代わりにカルヴァンは、頑なに悔い改めようとしない罪人を破門する権利を、教会に与えるよう求めた。なぜなら彼は、聖餐がそれにふさわしくない者によって「冒され、また汚され」ることのないよう望んでいたからである。

またカルヴァンは以上の条項の他、新たな任地ジュネーヴの子弟の教理問答書として、『ジュネーヴ教会における信仰の手引きと告白』(一五三七年)を執筆した。カルヴァンはその中で、「キリスト教綱要」における教説を誰にでも理解できるよう、非常にやさしい語り口で叙述した。その他にカルヴァンは、「二一カ条の信仰告白」(原注11)をも、ファレルと共同で起草したと言われている。

これらの努力は、「福音と神の言葉にしたがって生きる」ことが望まれていたジュネーヴ教会において、堅固な教会規律および教理の体系を構築するためのものであった。しかしこの試みは、すぐに激しい抵抗にぶつかった。政治的権威であるところの市政当局は、規律維持の権限を教会に譲り渡すことで、自らの特権の一部を失うことを恐れた。当局は、公共の場での風紀を取り締まるという伝統的役割を保持することに、あくまで固執したのである。他方市民の側では、先の「二一カ条の信仰告白」への署名拒否という事例が数多く発生した。その中には、ローマ・カトリック教会への忠誠を貫こうとした者もあれば、「福音的自由」についての誤った理解のもと、教会規律に反抗した者もいた。こうしてカルヴァンのジュネーヴ到着から一年ののち、彼とその同僚は、後に大きな危険を生む反対勢力に直面したのである。

この内なる難局に加えて、早急な対処が求められる新たな難局が迫っていた。今や、ネーデルラントの再洗礼派からの攻撃を退けることが重要となっていた。加えてカルヴァン自身も、ピエール・カロリの告発から身を守らねばならなかった。カロリは、かつてモーのグループのメンバーであったが、後にローザンヌの牧師となっていた人物である。彼はカルヴァンを、不当にもアリウス派だと非難した。しかしこの事件によって、カルヴァンは死に至るまで三位一体の教理に対し、重大な関心を抱き続けることとなった。

一五三八年には、それまで燻っていた市政当局と教会改革者たちの対立が先鋭化した。カルヴァンとその同僚たちは、「二一カ条の信仰告白」への反対者たちを聖餐式からしめ出すことを主張していた。しかし市議会は、「たとえ誰に対してでも、聖餐の与えられないことがあってはならぬ」と決議した。この決定は、非常に重い意味を持っていた。なぜならこれは、政治的権威が宗教的な事柄に関して介入する権利を持ち、よって教会権威に優越することを前提とするものだったからである。後にジュネーヴ市議会は再び権限を超え、同盟都市ベルンにおもねるため、その礼拝様式を真似て洗礼の際洗礼盤を用いることと聖餐の際ホスティア（聖餅）を用いることを決めた。これに対し、ジュネーヴの改革者たちは強く反発した。彼らは市政当局の指示に従うことを拒み、一五三八年のイースターの日に、説教壇上から当日の聖餐執行を停止すると宣言した。市当局は、迅速かつ厳しい対応策をとった。カルヴァンとファレルは、同僚であるクーローとともに解任され、三日以内にジュネーヴを退去するよう命じられたのである。

さてその後、ファレルがヌシャテルに居を構え、その死に至るまで（〜一五六五年）全精力を傾けて仕事に打ち込むこととなったのに対し、カルヴァンはバーゼルに赴いて再び学問に没頭することを望んでいた。しかしマルティン・ブツァーからの強い要請が、この計画を断念させることとなった。曰く、「ゆめゆめ、ニネヴェの人々に御言葉を伝える使命を拒んだ、ヨナのごとく振る舞うなかれ。」こうしてカルヴァンは、「教えのわざ」の重荷を負うことを、人生の使命とすることに納得した。彼は一五三八年九月に、宗教的理由からシュトラスブルクに逃れたフランス人たちのコミュニティを教導する責任を負うことになった。シュトラスブルクにおけるカルヴァンの滞在期間は、結局三年という短い期間に終わった。しかしこの滞在は、やがて重大な意義を持つことになる。なぜならシュトラスブルクの改革者たちとの交流により、特に礼拝学や教会論の分野において、カルヴァンは自らの学識を大きく広げることになったからである。なお語られているところによれば、カルヴァンはとりわけブツァーから、教会における四職制の教理を受け継いだという。ここから研究者のジャック・クルヴォワジエは、カルヴァンが「一五三八年以前にはルター派」であり、「一五四一年以降はブツァー派、言い換えるならば改革派」となったことを論証した。

カルヴァンは、シュトラスブルクにおいて当地の政治的・宗教的権威から信頼を得ていたため、自らの才能を遺憾なく発揮することができた。彼はフランス人教会の牧師職の他に、ヨハネス・シュトゥルムを学長として開校されたばかりのシュトラスブルク大学において、聖書解釈学の教員の職も得た。さらにカルヴァンは、ハゲナウ、ウォルムス、レーゲンスブルクの各宗教会議に、当初は一参加者として、また後には代表使節として参加した。これらの会議は、神聖ローマ皇帝の援助により開催されたものであった。会議では、カトリックと福音主義の神学者たちが宗教的統一の再構築のためそれぞれ努力したが、結局のところそれは失敗に終わることになった。

さてシュトラスブルクのカルヴァンは、文学的領域においても非凡な才を発揮した。彼は『キリスト教綱要』第二版のラテン語版（一五三九年）と、最初のフランス語版（一五四一年）の準備に取りかかった。またカルヴァンは非常に重要な著作『ローマ人への手紙註解』を出版し、他にも膨大な量の聖書註解書を著した。カルヴァンがシュトラスブルクへ旅立った後に、あるユマニストの高位聖職者がジュネーヴの市参事会と市民に宛てて、再びローマ・カトリックの保護のもとに立ち返るよう促す手紙を書いた。この手紙に答える形で、カルヴァンは「サドレへの手紙」という名で知られる非常に辛辣な文章を著した。そしてカルヴァンは、宗教改革の支持者たちの間で聖餐の問題により生じ、マールブルク会談（一五二九年）でも解決することのできなかった不一致を憂えて、「聖晩餐について」を執筆した。その中で彼は、ローマ・カトリックとは異なる聖餐論を展開する一方で、ルター派・ツヴィングリ派の聖餐論からも距離を置く考えを示した。カルヴァンは、「信仰においてサクラメントを受ける（聖餐のサクラメントを受ける）とき、われわれは実際にキリストの体と血の特別な本質に与っている」ことを示そうと試みたのである。

カルヴァンがシュトラスブルクに滞在している間、ジュネーヴ教会は深刻な意見対立によって揺らいでいた。ギヨーム・ファレルにちなんでギヨーム派と名づけられた人々は、すでに追放された改革者たちを支持し、当局により任命された新牧師団に抵抗していた。宗教改革の未来に危険をもたらすこの対立を、カルヴァンは不安に思いつつ遠方から注視し、ジュネーヴ市民に対しある程度の影響力を行使した。カルヴァンにとって幸いだったことに、最終的にはジュネーヴ教会の対立は収束した。だがすぐに明らかになったのは、福音の大義を守ることを使命とするはずの牧師たちに、混乱した情勢の中ではそれを遂行する能力がないことだった。このことは、ジュネーヴが宗教改革陣営について以来、ベルンがジュネーヴを操ろうと試み続けたことからも明らかであった。ある年の選挙は「ギヨーム派」に有利に終わり、ジュネーヴの政治情勢を変えることとなった。その後「小参事会」は、カルヴァンをただ一人事態を打開できる人物として、呼び戻すことを決議した。

さてフランス人改革者カルヴァンは、シュトラスブルクの人々が話す言葉を理解できなかったけれども、現地での生活に満足していた。彼は、最初に赴任したジュネーヴ教会の危機的状況に再度立ち向かうことなど、微塵も求めてはいなかった。しかしジュネーヴ市民たちが一層必死になってカルヴァンの復帰を求めるうち、最終的に彼は、神により負わされた（と彼の信じた）この使命から逃れることは不可能という考えに至った。そしてカルヴァンは、「悲嘆と涙、大きな恐怖、そして絶望」[原注12]とともに、三年前に追放された町への帰還に同意したのであった。

一五四一年にジュネーヴに戻った時、カルヴァンは教会秩序が回復されるまでの間だけ留まるつもりだった。しかし結局、二三年の在職期間を経て、彼はこの地で生涯を閉じることになった。シュテファン・ツヴァイクをはじめとする後世の批判者たちは、この時期のジュネーヴ市政を苛烈な独裁体制として描いてきた。しかしそのような見解は、不当であるばかりでなく、中傷的でもある。カルヴァンは、晩年に至るまでジュネーヴにとって「外国人」であり続け、結果ジュネーヴ市のどの参事会にも所属しなかった。彼にはじめて市民権が与えられたのは一五五九年、すなわちシュトラスブルクから復帰の後一八年も経ってからであり、彼の死のわずか五年前という有様であった。またカルヴァンの権威には、常に市当局によって疑いの目が向けられていた。研究者ジャン・ダニエル・ブノワが示したように、カルヴァンの権威というのは、結局のところ彼が「徹頭徹尾牧師であった」こと、すなわち明敏な知性・並外れた仕事の遂行能力・揺るぎない根気の強さ・そして他者への影響力の強さといった、われわれ現代人が重視することのない諸点において、卓越した牧師だったことに由来するのである。

さてジュネーヴ到着以後、カルヴァンは再び教会の組織化に着手した。彼は教会規則の草案を作成し、「ジュネーヴ教会規則」の表題のもと市当局に提出した。[原注13]当局は、自らの特権を保持し続けるため草案に何度も手を加えたので、承認されたのは結局一五四一年一一月となった。さてカルヴァンは、シュトラスブルクの改革者マルティン・

ブツァーの影響のもと、教会における四つの職を区別する考えを打ち出した。すなわち、「御言葉を告げ知らせ」「サクラメントをつかさどる」ことを職務とする牧師職・「信徒に正しい教理を教える」教師職・規律が尊重されるよう導く長老職・貧しい人を助け、病を得た人の世話をする執事職である。

「ジュネーヴ教会規則」には、以上の四職制の他に、児童に対する宗教教育について明確な指示が含まれていた。この児童教育の徹底のためには、「教理書」、つまり正しい教理を載せたハンドブックが必要であった。そこでカルヴァンは、一五四二年に、質問と回答の形式をとる信仰問答書を著した。これは、彼によるもう一つの信仰問答書である『ジュネーヴ教会における信仰の手引きと告白』（一五三七年）よりも、さらに児童教育にふさわしいものと言える。この『ジュネーヴ信仰問答』（一五四二年）は、ブツァーの『小信仰問答』と同様、ルターによる信仰問答書の叙述順序に従っていない。『ジュネーヴ信仰問答』ではまず、信仰の問題が取り上げられ、次に律法、そして祈りという順番が取られたのである。『ジュネーヴ教会規則』と『信仰問答』の他、カルヴァンは教会制度を固める努力の一環として、祈りと聖歌唱詠の形式を規定する礼拝式次第を定めた。これはシュトラスブルクの礼拝様式、つまり一五三九年の『韻律付き詩編歌』から、いくつかの要素を借りたものであった。

カルヴァンは教会改革の礎を築いた後、重要な課題に取り組むことになった。彼はジュネーヴを、ジョルジュ・ゴヨーが呼んだように、「教会の町」へと変えることを望んでいた。カルヴァンは、一二人の長老と牧師団から成る長老会の助けを得て、一五三六年五月の誓約のとおり、ジュネーヴの人々が「福音と神の御言葉に従って生きる」よう導こうとしたのである。

ところでカルヴァンは、たしかにジュネーヴの教会改革に一身を捧げてはいたが、祖国のことも忘れていたわけではなかった。彼は一五三七年以来、福音主義に立つにも関わらず、相変わらずローマ・カトリック教会の典礼に参加している人々の危険を指摘していた。フランスにいる福音主義派の平信徒はなおミサに参加し、福音主義の側に立つ司祭たちも、カトリック教会の職位を棄てようとしていない。そのためカルヴァンは、二つの重要な書簡において「どっちつかずの者」を批判し、福音信仰と形式的祭儀への関心を二つながらに持つ人々の妥協的態度を非難することとなった。最初の書簡は特に平信徒へ宛てられたもので、「いかにしてカトリックの祭儀と教皇主義の誤った教えを避け、そこから逃れるべきか」を訴えたものであった（『不信仰者たちの誤った祭儀から逃れるすべについて』）。二番目は聖職者に宛てられたもので、「キリスト者の義務とは、教皇派教会からの聖職録を受けることか、それとも拒否することか」を問うものであった（『教皇派教会の司祭職にある者の、キリスト者としての務めについて』）。

だがこれらの書簡は、何らの成果も挙げることがなかった。カルヴァンの考えによれば、以上の危険は、口では福音主義的な思想を述べているにもかかわらず、愚かにも教皇主義的祭儀にしがみつく人々から生じたものであった。彼らは、「ローマ・カトリックにおける祭儀は付随的なものでしかなく、当地のキリスト者はもはや、この祭儀が重要なものだと感じてはいない」という口実を設けていたのである。後にカルヴァンは、『教皇派の内にある、福音の真理を知った信仰者は何をすべきかを示す小論』（一五四三年）において、この問題を再度取り上げた。『小論』において、カルヴァンが惜しまず与えた忠告は、一言で言えばこう要約できる。すなわち、「キリスト者たる者は、首尾一貫していなければならぬ」。もしどうしても信仰を告白できないならば、バビロン（＝フランス）を去るべきである。しかしバビロンを去ることができないならば、偶像崇拝を捨て去るべきである。この重要な訓告は、フランスにおいて多数の福音主義支持者を生み出した。続く『ニコデモの徒への弁明』（一五四四年）においてカルヴァンは、殉教の道を選ばず、亡命しようともせず、彼のことを非人道的だと批判する人々に対し一切の妥協なく答えている。その中で彼は、パリサイ人ニコデモ(原注14)を引き合いに出し自己弁護をする、臆病かつ不名誉な自称「福音派」を批判した。

カルヴァンがいわゆるニコデミスムを退けた後、福音主義に理解あるフランス人たちを脅かす別の脅威、すなわち熱狂主義が現れた。リールのコッパン（Coppin de Lille）なる人物が、フランソワ一世の姉マルグリット・ド・ナヴァールの援助のもと、「リベルタン」(原注15)一派を創りあげたのもその一例である。このセクトは、一六世紀前半におけるフランス宗教改革左派の中でも、実際にかなり特異なものであった。この汎神論的、かつ反道徳主義的なセクトは、すべての事物は神から生じているのであり、したがってすべては神の聖霊の顕現であるからして、善と悪の区別には何の根拠もないと主張した。カルヴァンは「神の真理がこれほどまでに蔑《ないがし》ろにされているのを見て」、彼らを攻撃することを自らの務めとした。カルヴァンはこの批判を、二つの論争文書によって行った。すなわち、「自らを聖霊派と呼ぶ、夢想的かつ狂気的なリベルタン派に対しての論文」（一五四五年）と、「リベルタン派を支持する、あるフランシスコ会士への手紙」（一五四七年）においてである。以上一連の攻撃と、『キリスト教綱要』その他のおかげで主張が広く流布したことにより、カルヴァンは、福音主義に立つ人々の間にそれまで存在しなかった、教理上の連帯関係を生み出すことに貢献したのである。

さてカルヴァンは、フランスにおける宗教改革の完遂のため奮闘する一方で、ジュネーヴにおいて教会規律をめぐる深刻な争いに巻き込まれていた。彼は、聖餐が信仰箇条に忠実に従うキリスト者のため与えられるべきものと信じ、誰であれ神の命令に従わない人間には与えられぬよう主張していた。しかしこの主張により、カルヴァンは大きな反発を食らうことになる。その第一は、破門執行と停止の権利がただ自分たちのみに属する、と考えていた市当局からのものであった。この俗権による抵抗に続いたのは、教会からの「道徳的干渉」にさらされていると感じ、不承不承従っていた一部の市民から湧き起こった、不満の声であった。こうしてフランス人改革者カルヴァンは、民衆による反対運動の矢面に立たされることになった。彼らはあらゆる機会を捉え、カルヴァンを嘲笑し侮辱した。(原注16) その上カルヴァンは、一五四六年以降、二人の高名な人物による攻撃から身を守らねばならなかった。それは以前「ギヨーム派」の指導者であったはずのアミ・ペランと、その岳父フランソワ・ファーヴルであった。彼らはそもそも、カルヴァンをジュネーヴに呼び戻すのに多大な貢献をした人物である。しかし長老会から、社会的地位の高さも考慮されず何度となく譴責処分を受け立腹した彼らは、やがてカルヴァンに反旗を翻すことになった。ペランとファーヴルは、改革を引き続き進める意志を持ちつつも、自分たちの町に強大な教会体制が作られることを望まないジュネーヴ市民たちを集め、徒党を組んだ。これに対し、「カルヴィニスト」たちの多くは、フランス人、そしてイタリア人亡命者から成っていた。彼らから「リベルタン」と呼ばれたペランの支持者たちは、一五四八年の選挙に勝利した。それから七年の長きに渡り(一五五五年に至るまで)、リベルタン派はジュネーヴ市議会の多数を占めることとなった。リベルタン派が市政の実権を握ったことは、――容易に想像のつくことではあるが――、教会と世俗権力の関係を一層複雑なものとした。

教会規律についてのカルヴァンの強硬さは、彼に対する多くの敵意をもたらした。同様に、福音の真理(あるいは、彼が「福音の真理」であると考えたところの何か)を守りたいという強い意志も、多くの敵をもたらした。一五四三年に、カルヴァンはサヴォア出身でジュネーヴの神学校長をしていた人文主義者、セバスティアン・カステリョを批判した。カステリョは雅歌を聖書正典と認めることを拒んだため、聖書の権威に疑問を抱く者と見なされたのである。また一五五一年にカルヴァンは、元カルメル会士ジェローム・ボルセックの攻撃から身を守ることになった。ボルセックは二重予定説を決して認めず、カルヴァンを「神のことを罪の創り手と見なしている」と考え、批判したのだった。そして一五五三年にカルヴァンは、自著『三位一体論の誤謬について』で三位一体の教理を否定し、俗権により死刑宣告を受けていたスペイン人医師、ミカエル・セルヴェトゥスを告発した。(原注17)ジュネーヴにおいて、教会を汚辱にまみれさせる可能性のある「誤った」教説を一掃した後には、カルヴァンはジュネーヴの外にいる敵に当たることができるようになった。一五五三年に彼は、ハンブルク出身のルター派牧師ヨアヒム・ヴェストファルとの、激しいが益のない論争にかかずらわねばならなかった。このヴェストファルは、北方諸邦での改革派勢力の伸張に危機感を抱き、後で詳述する「チューリヒ一致協約」の内に、カルヴァン派とツヴィングリ派を同時に捩じ伏せるための糸口を見いだした人物であった。

カルヴァンによる、ジュネーヴを福音に従う町へと変革するための努力と、真の信仰を守るための論争に対しては、昔から多くの人々によって鋭い批判がなされてきた。彼らから見れば、それらの所業は「悲しむべき不寛容」の現れだというのである。しかし、この宗教改革者が、教会規律と教理の両分野で繰り広げた論争について以上のような判断を下すならば、ジョゼフ・ルクレールが示したように、『寛容』という概念は、一六世紀半ばになってようやく生じはじめた」という事実を忘れてしまう危険がある。この時代の神学者たちが、神学論争に文字通り全身全霊を捧げていたことを、私たちは忘れてはならない。また、ジュネーヴが教皇派と一部のルター派にとって地獄のようであった時にも、他の何千もの人々にとってはこの町が新しいエルサレムであり、終わりまで生涯を過ごしたい場所であったことも無視できない。(原注18)カルヴァンが敵によって、鼻持ちならぬ教条主義者であり憎むべき独裁者とされていた時でも、支持者たちにとっては、神により召し出された教師であり、聖書をより理解する手助けを惜しまぬ人物と見えたのである。

さてカルヴァンは、まず改革派教会の教師であり、神の御言葉に従う者であった。しかし他方で、彼は分立する諸教会を、卓越した手腕によって統一する者でもあった。カルヴァンは、宗教改革から生まれた諸教会を相互に和解させるためならば、時間も労苦も厭わなかった。彼は、ツヴィングリの後継者ブリンガーとの数年間にわたる議論と交渉のすえ、一五四九年に「チューリヒ一致協約」を結ぶことに成功した。二六条から成る条文において、カルヴァンはローマ・カトリックの化体説のみならずルター派の共在説をも退け、キリストの霊的実在（これは、カルヴァン自身にとって重要な意味を持つ概念であった）を主張した。だが一方で彼は、ツヴィングリ支持者たちを満足させるため、若干の譲歩を行っている。このような合意の結果、カルヴァン派とツヴィングリ派それぞれの改革の目指すところは、次第に近づいていった。また、カルヴァンは対話の相手をチューリヒに限らず、イングランド国教会にも求めた。一五四八年から一五五三年まで、彼は若き王エドワード六世とイングランド護国卿であったサマセット公エドワード・シーモアに助言を与えるため、多くの書簡を書き送っている。カルヴァンがイングランド国教会に対し、ローマ・カトリック支配に打ち勝つための包括的な教会改革案を提供したことは、強調しておくに値するだろう。

カルヴァンはイングランド国教会との対話に取り組んだ後、一五五七年にルター派との対話に着手したが、それはヴェストファルとの論争を理由としていた。カルヴァン側の使者テオドール・ベーズやギヨーム・ファレルは何度もドイツへと赴いたが、聖餐問題について討論相手との合意に至ることはなかった。以上のさまざまな試みは、残念ながらすべて成功に終わったわけではないけれども、教会一致へのカルヴァンの希望を証するものである。彼はプロテスタンティズムにおける多様なベクトルをまとめあげ、ヴィレム・ナイエンハイスが名付けたように、「教会一致者カルヴァン」の名を受けるに値する人物となった。

またカルヴァンは教会一致に尽力したのみならず、卓越した教会組織者でもあった。彼はファレルにより見いだされ、ジュネーヴ改革の戦いに不可欠とされた才能を、福音主義に立つ故郷の同胞のためにも惜しみなく発揮した。ニコデミスムと熱狂主義の危険について警鐘を鳴らした後、フランスの福音主義者たちの間で、カルヴァンの権威は非常に大きなものとなった。そのような権威を手に入れた改革者にとって、フランスにいる「仲間たち」を組織化するのは容易いことだったろう。しかし、彼はその課題を、うまく成し遂げられたのだろうか？エティエンヌ・トロクメが提示した、以下の説について検討が必要である。すなわちカルヴァンは、フランスの教会改革を国王の主導によって進めるよう望んだため、国王と敵対することを恐れていた。そのため、カルヴァンはフランスにおける改革派教会の成立を、故意に遅らせたというのである。実際、カルヴァンはフランスの福音主義勢力に対し、あまりに厳しい要求を投げつけた。彼はそれぞれの教会集団について、牧師と長老会を備えるよう求めた。彼らはたとえフランスにおいてであっても、教会規律に厳格に従わねばならなかったのである。

トロクメによって提示された説が正しいかどうかについては、まだはっきりとした結論が出ていない。しかしその答えがどのようなものであろうと、以下のことは言える。すなわち少数の信徒たちから成る、祈りと福音主義の教理に集中していた小集団が、一五五五年以降には、長老会に率いられ、二種のサクラメントを執行する権限を持つ説教者を用いる集会へと、成長していったことである。このような教会組織を理由として、フランスの改革派は、それ以前にはただ「植えられていた」教会という苗に、「接ぎ木した」と見なされたのである。

フランスにおける教会の組織化のため、カルヴァンはさまざまな方法を採った。自ら記す手紙において彼は、福音を拠りどころとする人々に対し、惜しみなく激励と指示を与えている。(原注19) またフランスに派遣した伝道者たちにより、カルヴァンは当地の宗教改革を組織化することに成功した。自分たちを教え導く「教師」を求めていたフランスの教会集団に派遣された人々というのは、ロバート・M・キングドンが示したとおり、ほとんどが元々フランスから来た亡命者たちであった。彼らは命を賭して祖国に帰還し、自らの使命に従順に従ったのである。これまで推測されてきたほど伝道者たちの人数は多くなかったけれども、(原注20)フランスにおける改革派教会の成立に対し、彼らが決定的な影響を及ぼしたことは確実である。

さて「接ぎ木された」教会、すなわち牧師によって指導され、長老会を持つようになった諸教会が次に必要としたのは、教会同士が互いに確かな関係を築くための統一的な組織体であった。この組織体は、教会会議というシステムにおいて結実した。一五五七年あるいは五八年には、教会規律にまつわる課題を解決するため、ポワティエにおいて牧師会議が行われた。そこで出た結論は、「教会におけるある種の問題については、すべての教会の代表者から構成される機関において議論されねばならない」というものだった。ポワティエの会議は、採択された綱領の第四条項において以下のように宣言している。「教皇主義の例から明らかなとおり、ある教会が他の教会に対し持つ優位性は、それがいかなるものであっても危険であり、専制を生み出す。よって、ある教会が他の諸教会に関わる決定を下すことは、それら諸教会が賛成しない限り、厳に慎むべきである。ゆえに各教会の代表者が参加することのできる教会会議を、規則に基づいて招集し、審議を行うことが必要である。」この原則が出来てすぐに、現実に適用される時がやってきた。一五五九年五月パリにおいて、フランス改革派教会の最初の全国会議が、牧師フランソワ・ド・モレルを議長として開催されたのである。これは、フランス国王アンリ二世にプレッシャーをかけることを狙った、ユグノー貴族の勧告により招集されたものだった。この会議では、すべての「接ぎ木された」諸教会から代表者を集めることは出来なかったが、それでも七二人の代表者が出席することとなった。

しかしカルヴァンは、パリにおける教会会議の招集には慎重な姿勢をもって臨んだ。カトー・カンブレジ条約締結（一五五九年四月）の一月後《ひとつき》というのは、会議を開催するにはあまり良いタイミングと言えなかった。というのも、この条約をもってアンリ二世とスペイン王フェリペ二世はすでに和解していたが、そこからアンリ二世は「異端者」との戦いに全力を注げるようになったからである。なにしろアンリ二世は、王国から「恥知らずのルター派ども」を一掃する誓いを立てていた人物である。カルヴァンは、このように不都合な状況下で行われた会議での宣言が、後に「基本信条」のような地位に祭り上げられてしまう危険を恐れていたようである。自分の同郷人であり、信仰の同志でもある人々の意図には逆らえないことを知っていたカルヴァンは、三五条から成る信仰告白の草案を、先手を打って彼らに送ることにした。草案は、パリ教会会議の最終日になってようやく到着した。「教会規定」の作成に続いてこの草案が採択されたが、フランス改革派教会の代表者たちにより、多少の変更が加えられた。特に重要なのは、「信仰がただ聖書の啓示にのみその基礎を置いている」ことを強調した第一条が、「聖書のほかに、創造のうちにも神の属性とその啓示が現れている」とする、五つの条文に代えられたことである。この一五五九年の信仰告白は、一五七一年の第七回フランス改革派教会全国会議による二、三の微細な改変を経て、結局四〇箇条から成る最終形態へと落ち着いた。この告白は、第七回会議が開かれた都市の名から「ラ・ロシェル信仰告白」と呼ばれる。

カルヴァンの持つ組織をまとめあげる能力は、フランスの改革派教会の地歩を固めるのに役立ったが、ジュネーヴではジュネーヴ学院創立時（一五五九年六月）に際立って発揮された。そもそもジュネーヴ市は宗教改革側に立った頃から、公教育施設を所有していた。一五三六年には、ギヨーム・ファレルが当地に学校を設立した。二年後には、カルヴァンとラ・マルシュ学寮における師であったマチュラン・コルディエ、そしてアントワーヌ・ソーニエが学校規則を制定した。「リベルタン」勢力の抵抗を排除して以来、カルヴァンは上級教育機関を学校に設置することを検討していた。この計画を後押ししたのが、ベルン市当局とローザンヌのアカデミーにいた教授たちの争いであった。ローザンヌの教授たちの一部は、当地での職務を取り上げられた後、ジュネーヴに戻った。カルヴァンは彼らをジュネーヴでの教授職に据え、一五五九年には当初の計画どおり学院を創設することができた。カルヴァンは学院の指導を、後に自分の後継者としてジュネーヴ教会を指導することになるテオドール・ベーズ（一五一九―一六〇五）に委ねた。カルヴァンは、ベーズとともに学院での神学教育（主として聖書講解）にあたった。ジュネーヴ大学の前身であった学院は、これらの優れた教師を擁し、やがて大きな成功をおさめることになる。学院創設からわずか数年後、全ヨーロッパから集まった学生は三〇〇人を数えるようになった。その中には後に、「沈黙公」オラニエ公ウィレム（一世）の顧問となるフィリップ・マルニクス・ド・サント＝アルデゴンドや、一五六二年にプファルツにおいてカルヴァン主義を導入し、ツァハリアス・ウルジヌスとともにハイデルベルク信仰問答を起草することになるカスパル・オレヴィアヌスもいた。

さてカルヴァンは、学院創立以来好転した、ジュネーヴ市当局との関係を有効に活用した。また彼は、かつてジュネーヴへの帰還時に作成した、ジュネーヴ教会規則の改定にも着手した。確かにカルヴァンは、自らの理想をジュネーヴにおいてすべて実現することはできなかった。しかし少なくとも、「教会において、すべてのキリスト者を神への従順と真の奉仕へと導き、躓きを避け過ちを正すためになくてはならない」という「規律監督」の意義を示せたことは、カルヴァンにとって成功であったと言えよう。市当局との二〇年に渡る抗争の後、彼は自らの宗教的権威がついに認められたと感じるに至ったのである。

しかし、安堵に続いてやってきたのは、新たな不安をもたらすいくつかの重大な出来事であった。最初の出来事は、フランス宗教改革の将来へ暗い影を落とすものだった。ポワシーの宗教討論（一五六一年に、フランス王国の摂政であったカトリーヌ・ド・メディシスにより、カトリックとプロテスタントを和解させるため召集された）の失敗の数ヵ月後、一五六二年三月一日にシャンパーニュ地方のヴァッシーで虐殺事件が起き、宗教戦争の火蓋が切って落とされることになった。二つ目は、カルヴァン自身の健康問題であった。彼は数多くの課題と激しい論争に疲れ果て、健康をひどく害されていた。一五六三年以降、カルヴァンの健康状態は悪化の一途をたどり、翌年のはじめには死に向けた準備をするようになった。カルヴァンは次第に学生たちや教区民、市当局の代表そして同僚牧師たちとの交わりを避けるようになっていった。

一五六四年五月二七日、ついにカルヴァンは死んだ。彼の歳はまだ五五歳にも満たなかった。しかしその後には、膨大な著作群が残された。彼の著作量は、五九巻にも及ぶ『カルヴァン全集』と、今なお刊行中の四巻の『カルヴァン全集補遺』（未公刊説教集）(4)からも分かるとおりである。しかしそれよりも驚くべきは、カルヴァンによって惹起された都市ジュネーヴの変化である。スコットランドの宗教改革者ジョン・ノックスは、かつてジュネーヴに亡命していたため町の様子を知悉していた。彼はジュネーヴについて、「使徒の時代以来、地球上に存在した中で、最も完璧な『キリストの学び舎《まなびや》』であった」と述べている。だがこの賛辞は、言い過ぎというものであろう。エミール・G・レオナールの研究を参考にすれば、より真実に近いものが見えてくるはずである。レオナールは、「カルヴァンはジュネーヴにおいて、『新しい種類の人間、つまり改革派の人間』を創り出すことに成功した」と述べている。この目標に到達するため、カルヴァンは生来の才能の他に、宗教的使命を果たすための揺るぎない確信を必要とした。その確信とは、「神により、ある使命が自分に負わされている」という確信である。カルヴァンは、死の一箇月前に、遺言において以下のように述べている。「神は私に、大きな大きな恵みを与えられた。それは、私という人間のすべてと、骨身を惜しまない働きとを、福音の真実を広め高らかに告げ知らせるため、用いてくださるほどの大きさであった。」

Ⅱ　カルヴァンの思想

この稿だけでは、宗教改革の第二世代に属するカルヴァンが、先達たる宗教改革者や人文主義者たちにどれほど影響されていたかを、詳細に論ずることはできない。ここではカルヴァンが、マルティン・ルターに多くを負っていることのみ示せれば十分であろう。（アレクサンドル・ガノクジが論じたように、少なくともカルヴァンの人生の初期においては、ルターから多大な影響をこうむったことは確実である。）教会論の分野では、カルヴァンはマルティン・ブツァーの影響を受けたし、またフィリップ・メランヒトンとも良好な関係を保ち続けた。またカルヴァンはその回心の後にも、ギヨーム・ビュデやエラスムスによる人文主義的な方法論や研究目標を保持し続けた。宗教改革の側に立った後でも、彼は「人文主義者のままであった」（原注21）のである。

カルヴァンは、宗教改革へと至る道筋を整えた神学者や学者たちに多くを負っていた。しかし同様に、彼は多くの中世の著述家たちのことも理解していた。カンタベリーのアンセルムスやクレルヴォーのベルナルドゥスについては、好んで彼らの著作から引用を行うほど精通していた。ペトルス・ロンバルドゥス、聖トマス・アクイナスやドゥンス・スコトゥスに関しても同様である。特にドゥンス・スコトゥスについては、これまで指摘されたこともあるが、恐らくカルヴァンの神理解に対しかなりの影響を与えていたと言えよう。それに加えて、カルヴァンはキリスト教教父たちの著作を非常によく読んでいた。彼は、聖ヨハネス・クリュソストモスの聖書解釈を高く評価していた。また、とりわけ聖アウグスティヌスに対しては深い共感を抱いていて、他の著作家に優った扱いをしていた。要するに、カルヴァンに力を与えた聖書解釈法は、キリスト教の伝統から生まれた偉大な著作家たちに関する、驚くべき知識量によって支えられていたのである。

ここで一言述べておくが、カルヴァンの思想について最も簡単に描くとするなら、『キリスト教綱要』において提示された主要な諸教理について論じれば十分であろう。この稿でも、カルヴァンの思想はそのようにして描かれている。だがカルヴァンが教理学者であったことは重要であるけれども、同時に彼が卓越した聖書解釈者であり、かつ並外れた説教者でもあったことも忘れてはならない。カルヴァンはその講義や説教の中で、旧約聖書中の各書や、新約聖書中のほとんどすべての書について、非常に多くの註解を加えている。またカルヴァン全集の多くは、聖書註解と説教から成り立っている。したがって、「ジュネーヴの宗教改革者ジャン・カルヴァンがものしたのは唯一の著作だけであり、《カルヴィニズム》はただ『綱要』のみをその基礎においている」と誤解されることが多いが、それは誤りである。カルヴァンの神学的集大成とも呼ぶべき『綱要』は、確かに大変重要な著作である。けれども、聖書解釈者・説教者としてのカルヴァンによって成された仕事は、『綱要』のみによって覆い隠されてしまうほど、小さなものではないのである。

さて『キリスト教綱要』最終版(一五五九/六〇年)の第一篇は、「『世界の創造者であり、また無限の支配者』としての神をどう認識すべきか」という問題にあてられている。カルヴァンはこの問題に取り組むにあたって、まず神認識なるものの定義を行う。彼によれば、神認識とは、神的本質に対する理性的考察から成り立つものではない。なぜなら神的本質とは、人間にとって到底理解の及ばないところにあるものだからである。改革者カルヴァンが重視した神認識とは、まず「実践的」な面での神認識であった。これはルターが人々に対し、神を畏れ、敬い、そして讃美するよう教え導いたことにも通ずる。しかしどのようにすれば、人はこういった神認識へと至るのであろうか?

カルヴァンは、「啓示」という概念を導入することによって、以上のような疑問に答える。この「啓示」は、時に「自然的」啓示と呼ばれてきた。(原注22)しかしそれは、より正確に言えば、「一般的」啓示と呼ばれるべきものである。なぜならそれは、キリスト教信仰を持たない者も含めた、すべての人間に向けられたものだからである。一般的啓示によって、神は人間、宇宙、そして歴史においてその位置を占めることになる。人間においては、人的本性が、神的なるものを感じ取るための感覚(sensus divinitatis)と、宗教の種子(semen religionis)を神から受け取る。またそれだけでなく、使徒パウロがアテネの演説で述べたように、人間の生命と、動きと、存在をも受け取る(使徒言行録17:27~28)。宇宙においては、神は御自身を「天空と地から成る、素晴らしくまた巨大な建造物」において現したもう(五章一節)。また歴史においては、通常の自然なる時の経過とは異なった時間の流れにおいて、神は御自身を表したもう(五章七節)。これらが一般的啓示である。

だがカルヴァンは、いわゆる「自然神学」を導き出すために、一般的啓示の存在を強調しているわけではない。一般的啓示によって人間が到達できる神認識などというものは、いずれ人間自身の罪によって、妨げられ破壊されるものだからである。一般的啓示は、人間を神へと導くものではなく、神の前でのいかなる悔い改めにも導くことはない。しかしそうであるとするなら、次の新たな疑問が生じてくる。「では、人間はいかにして神認識へと至ることができるのか?」この疑問に、カルヴァンは答える。「それは、聖書的啓示による」と。(原注23)実際聖書は、「世界の創造主である神が、他の捏造されたすべての神々とは全く異なる存在である」とはっきり認識させるための唯一の道である。教会によってでなく、旧約および新約において聖霊の働きを受けることによって(これは、カルヴァンが逐語霊感説を支持していたことを意味するものではない)、聖書は権威を与えられる。聖霊は隠れたしるしによって、神が聖書において・聖書を通じて語りかけていることを示す証しを、信仰者に与えるのである。それでは、聖書は神について、何を告げ知らせようとしているのか？　この神とは、言うまでもなく唯一の神であるが、三つの位格すなわち父、御子、聖霊において一なる神である。三神論の流布に通ずるような聖書解釈を避けるため、カルヴァンは厳格に三位一体論を守った。[原注24] 彼は当然のことながら三位格の区別を唱えたけれども、その一方で神の一なることについても強調を惜しまない。同時にカルヴァンは、御子や聖霊の神なることも肯定し、特にカロリとの論争以後一層強く主張するようになった。カルヴァンがミカエル・セルヴェトゥス[原注25]に対し、なぜあれほどまで厳しい態度を取ったかは、以上の事実によって説明がつく。

　聖書は三位一体についてのみならず、神が世界とすべての事物の創造者であることを教えている。カルヴァンは、少なくとも『綱要』において語られている創造説の立場に立っており、宇宙進化説に関わることはそれほどなかった。彼は、神の御言葉と聖霊の力により六千年前に「世界の骨組み」が創造され、六日間のあいだにそれが完成されたという説に従っていた。また「神に仕える者」たる天使について、カルヴァンは研究者フランソワ・ヴァンデルを驚かせるほど詳細な叙述を行っている（第一篇一四章三―一二節）。またサタンと同じく堕天使であるところの悪魔についても、カルヴァンは非常に詳しい論述を加えている（一四章一三―一九節）。その後彼は、人間一般についての問題に移る。「なぜなら人間とは、神の創造物のなかで、神の義、知恵、そして恩寵を示す最も貴重で確実な証拠だからである（一五章一節）。」肉体と精神とから成り、[原注26] 創造主により自由意志を（後に堕罪によって失ってしまうものの）備えられていた人間は、神の似姿にあわせて創造された存在である。こうして人間は、他のすべての被造物から区別されるべき価値を備えるに至った。「人間の情や心、魂やその本質において、そこ（＝神）から出たある確かな煌きが輝いていた。」（一五章三節）それはアダムの罪によってさえ完全に消し去られたわけではないが、しかし今となってはひどく歪められてしまっているというのである。

さて神の摂理についての教えは、『綱要』一五三六年版では独立した章として扱われておらず、一五三九／四一年版では予定の教理と抱き合わせに扱われていた。しかし一五五九／六〇年版においては、それは神の選びに関する教理から独立し、第一篇を締めくくるものとなった。しかしカルヴァンは、なぜ神の摂理を創造と結びつけて論じたのであろうか。それは、彼にとっての摂理が、「不断の創造（creatio continuata）」以外の何ものでもなかったからである。神は世界を創造された後、そのままに放って置かれたのではない。神はいかなる時も世界を養い、支え、導き、治めたもう。神の御心は最も小さな出来事において顕されるのみならず、――これは信仰者のみ認めることのできる事柄であるが――、最も残酷で不幸な出来事においても顕される。このように、カルヴァンは創造について論ずる中で、ルター、ツヴィングリ、ブツァーから受け継いだ「創造主による世界への不断の働きかけ」というテーマを取り上げているが、悪の問題に対して彼が非常に敏感であったことは明らかである。カルヴァンは、「神が裁きを執行するために不信仰者たちの行いを用いることがあったとしても、決して悪それ自体の創造者と見なされるべきではない」ことを最後に示して、神の摂理に関する詳述を終えている。

一五五九／六〇年版の『綱要』第二篇は、「キリストにおける救い主」なる神への認識について取り扱っている。『綱要』では、その前の箇所でも狭い意味でのキリスト論について扱われてはいるが、ここで扱われるのは以下の三つの大きな問題、すなわち堕罪とそれがもたらす結果について、律法とその解釈について、そして旧約聖書と新約聖書の関係についてである。

さてアダムの堕罪については、カルヴァンは聖アウグスティヌスに賛同する。アウグスティヌスの議論の出発点は、被造物というものは神の御手から出たものであるから、元来は善なるものであった、ということにある。

しかしそれにも関わらず被造物が当初の地位から突き落とされてしまったとすれば、それは神が望まれたからに他ならない。しかしだからといって、人間自らが罪に陥ったこと自体の責任から逃れることはできない。それについては、やはり人間が責めを負うべきである。人間の罪の源は、高慢と結びついた不信仰に存在する。原初の不服従のために、アダムの子孫もまた罪に汚されてしまった。つまりアダムの子孫も、父祖の堕落の罪を受け継いでいるのである。さてアウグスティヌスによれば、アダムの子孫において、人間の理性や意志は完全に破壊されたわけではないけれども、ひどく弱められている。それに対しカルヴァンの見方では、すでに述べられたとおり、人間の自由意志は完全かつ徹底的に破壊されているとされる。ところでカルヴァンのことを、「人間の自由意志は完全に破壊されているはずなのに、罪を犯すことに関しては人間の責任を認める主張を行った」として非難する人々がいた。そのような人々に対しては、ルターが『奴隷意志論』(De servo arbitrio)において必然と強制との間に設けた区別に立ち返り、カルヴァンはこう反論している。「人間は堕罪以後腐敗してしまったが、意志をもって罪を犯すのであって、決して意志に反して罪へと強制されるのではない。……人間は、本性の堕落のため、悪に向かい悪に従ってふるまうことしかできない(三章五節)。」

人間は堕罪以後、善き存在ではいられなくなったが、神が人間を見捨てたもうことはない。神は人間——より正確にはアブラハムの子孫——に律法を与えることで、人間との関係を回復する。このユダヤ人に対する贈り物こそ、神の恩恵である。実のところ律法とは、「キリストの表徴」(figura Christi)なのである。律法の役割とは、キリストの来臨の時まで「人々の心を高く挙げさせる」ことにある(七章一節)。キリストが来たりたもう後には、律法における祭儀的・司法的な諸規定はもはや古いものとなるが、しかし例えば十戒において挙げられるような倫理的諸規定は、神との新しい契約の恩恵を受けるキリスト者のため有効であり続ける。彼らキリスト者にとって律法は――ここでカルヴァンはメランヒトンやブツァーの見解を踏襲している――、三つの側面を持っている。ルターもしばしば述べているとおり、律法には第一に教育的効果がある。なぜなら律法は私たちの眼の前に神の義をまざまざと見せつけ、私たち自身の不義を白日のもとに曝すからである。「罪を映す鏡」として、「律法はキリストの来臨に至るまで、私たちを調教する（ガラテヤの信徒への手紙三章二四節）」ものとなったのである。第二に律法には、政治的な（ここでは「政治」という言葉が、非常に広い意味で用いられている）効果がある。律法は、強制によってしか正しく振舞うことの出来ない復活否定論者や悪人たちが、災いを惹き起こすことを防ぐ。第三に律法には、規範的な側面がある。律法はすでに神の御命令を心に刻んでいる信仰者たちを、一層御心に従うよう駆り立てる効果がある。以上三つの中で、カルヴァンにとって最も重要であったのは最後の側面である。彼は律法の規範的側面について論ずる中で、「ある種の律法主義を助長しているのではないか」という非難に自らを晒すことになったからである。またこの律法の最初の二つの側面、すなわち「教育し」かつ「良心へと縛り付ける」（七章一五節）側面をカルヴァンは尊重する姿勢を見せてはいたものの、マルティン・ルターが重大な関心を寄せていた律法と福音の区別については、それを曖昧なものにしてしまったと言えよう。

カルヴァンが以上に述べたような価値を律法に認めていたとするならば、ただちに以下のような批判が生まれるであろう。すなわち「旧約聖書を、新約聖書と同等に見なしている」という批判である。カルヴァンが旧約と新約の「類似」――両者とも、キリストに顕れる神の恩恵を称え、同じ契約のしるしとサクラメントを証ししている（一〇章五節）――について強調した後、なお残された仕事とは、両者の違いを明らかにすることであった。旧約と新約の違いとは、両者の持つ本質に関わるものではなく、聖霊がまずユダヤ人のもとに向かい、後にキリスト教徒のもとに向かった際にそれぞれ用いた、神の恩恵の示すやり方に由来する。この違いには五つのものがある。それらはいったい何か。第一に、旧約聖書に比べて、新約聖書は不可視であるはずのものをよりはっきりと啓示する。第二に、旧約がイメージによって真理を描くのに対し、新約には直接に描かれた真理が含まれている。第三に、旧約が律法への注意を喚起するのに対し、新約は福音を中心に据える。(原注27) 第四に、旧約が良心をひざまずかせるのに対し、新約は良心を自由にする。そして第五に、旧約がただ一つの民のためであるのに対し、新約はすべての民に向けられている。

旧約聖書と新約聖書が、以上の相違にも関わらず同じようにキリストを指し示していることを論じた後で、カルヴァンはキリスト論へと向かう。カルケドン公会議で決定された教理に忠実であった彼は、キリストにおける人性と神性という両性論の教義について、自家薬籠中のものとしていた。「キリストはわれわれの仲保者となるお方であったのだから、まことの神であり、まことの人である（一二章一節）ことは、欠くべからざる必然であった。」真の人間ではあるが、しかし一切の罪なき人として、イエス・キリストは十字架において神への全き服従を示した。それによってイエスはアダムのかたちをお受けになり、われわれの罪を贖い、神との和解をもたらして、神の義を十全に充たすことになった。真の神として、イエスは父の前ですべての人間の負債を支払い、死に打ち勝つことを可能にしたのである。『綱要』の著者カルヴァンは、救済をこのように償罪の概念でもって説明したが、これにはカンタベリーのアンセルムスからの影響があることは疑いない。

カルヴァンはキリストの人性と神性という両性論を守り、両性の区別について論じたが、その一なることについても見誤ることはなかった。というのも彼は、キリストの神性が、その人性によって「潰される」可能性を恐れていたからである。したがってカルヴァンは、両性相互の交流（communicatio idiomatum）を斥けはしなかったけれども（これはキリストにおいて、神性が人性に対し自らの属性に与るように促し、人性の側でも神性の属性に与るという教理である)、しかし積極的に用いることは控えた。ルターと異なりカルヴァンは、キリストの神性に認められる遍在という性質をキリストの人性には認めなかった。またカルヴァンは、キリストの神性を守るための同様の努力の一環として、「神の御子は、受肉によって、その無限の本質をわれわれの持つ人間としての性質と一つにされたけれども、しかしわれわれ人間の性質が有限であることを理由として、『有限である』とされることはない」と主張した。この教理については、後に一七世紀のルター派神学者たちが「カルヴァン的逸脱」(Extra calvinisticum キリストの神性が、キリストの肉体を超え出ていること)と名づけることとなった。

キリストの働きについて論ずるため、カルヴァンは再びキリストの三つの職務(triplex munus Christi)について取り上げる(この点につき、カルヴァンはブツァーよりさらに遡って、何人かの教父たちの説を参照している)。まず、キリストは預言者である。つまりキリストは神の恵みの使者、またそれを証しする証人であり、「その教えにはすべての知恵が豊かに隠されている(一五章二節)。」また、キリストは王である。つまりキリストは、この世の王国でも肉的な王国でもなく、霊的な王国を打ち建てた。この王国は、信仰者たちの間にあっては聖霊の働きにより、また悪人たちの間にあっては力により開かれるものである。最後に、キリストは祭司である。キリストは、その汚れなさによってわれわれのために神の恩寵を獲得し、神の怒りを宥め、自らを犠牲として奉げたのである。

さて『キリスト教綱要』の第三篇は、「キリストの恵みに与るためにどのような方式をとるべきか、そこからわれわれのために生ずる実りとは何か、そしてそこから生まれる効能とは何か」という問題に取り組んでいる。第三篇の構造は、いささか驚きを誘うものである。カルヴァンは信仰について定義した後、プロテスタント神学にとっては救済の道において第一の位置を占めるはずの、信仰による義認の問題に進まない。その代わりに彼は、信仰による再生と、贖罪、そしてキリスト教的生活についての問題にまず取り組む。このような長い回り道を経た後、予定の教理について論述する直前になってやっと、カルヴァンは信仰義認の問題に取り組むのである。

なぜ『綱要』の著者カルヴァンは、第三篇においてこのような構造をとることを選んだのであろうか。それは彼が、信仰による再生を信仰義認よりも重要な問題として捉えていたからではないと思われる。それはおそらく、「信仰による義認」を再発見した宗教改革が、しかしそれによって、信仰による再生とキリスト教的生活を軽視することは決してないと、ローマ・カトリックの神学者たちに対して示すためだったのではないだろうか。

人間は救済を獲得し恩寵に与るために、キリストと共に霊的な共同体を建設する必要があるが、この共同体はただ信仰のみによって創り出される。しかし信仰が生まれるのは、人間の主導によってではない。人間の内面に働きかけ、信仰を与えるのは聖霊である。そして信仰とは、(信仰的な見方においては)キリストへの信頼であり、またわれわれに向けられた神の恩寵に対する強く、確実な認識である(二章七節)。人間が信仰によって捉えられると、ある意味においてキリストがその人間の内に住みつき、その人間の全本質を奪い取る。こうして信仰者が主のものとなることこそが、まさに信仰による再生、あるいは聖化の本質なのである。再生を通じて信仰者はキリストの死に与り(このとき信仰者の「古き人」は十字架にかけられる)、同時にまたその復活にも与ることになる(このとき信仰者は新しい生に与る)。だが、人間はたとえ再生し聖化されていったとしても、依然罪人のままにとどまる。ゆえに人間は、その全人生において悔い改め続けなければならないのである。

カルヴァンにとって、信仰による義認とは「われわれの神崇拝を支える、最も重要な柱」(一一章一節)であった。では、信仰による義認の本質はどこにあるのだろうか。人間、それも「行いによる義」という偽りの希望を捨て去った人間は、「信仰によってキリストの義を捉える。その人はキリストの義を着せられて、もはや神の目には罪人として見えず、義人と同様のものと見られることになる(一一章二節)。」このような定義は、カルヴァンにとっての「義認」が――ルターやメランヒトンにとってと同じく――義人の列に増し加えられることによってわれわれに与えられる、「外からの義」を意味するものだったことを示している。また義認の理解についてと同じく、「二重の義」という教説についても、カルヴァンはヴィッテンベルクの改革者たち（＝ルター、メランヒトン）に多く依拠していた。ただしカルヴァンの場合は、「二重の義」のほうにより強調点を置いているところが異なっている。よってカルヴァンは、信仰者が信仰により義認され、義人と見なされたならば、その行いもまた同様に義認されると述べる。信仰は、信仰者の行いをキリストの汚れなさによって満たす。こうして信仰こそが、信仰者の行いを義とするのである。

数多の神学者たちの主張に反して、予定説は実のところカルヴァンの思想の中心を占めるものではない。確かに、予定説は『綱要』において重要な位置を占めており、そのために最終的には四章分もの紙幅が割かれている（二一―二四章）。しかし予定説は、カルヴァン神学の他のさまざまな要素をその周辺に従えるほどには、核心的なものではないのである。予定説は、『綱要』第三篇において相応の紙幅を割り当てられた後、改革者カルヴァンによって以下のように定義される。「それは神の永遠の御命令であり、これに従って神は、各々の人間の身に何が御心によって起こるかを決めたもう。なぜならすべての人間が同じ目的に従って創られたわけではないからである。ある者は予め永遠の生命に、またある者は予め永遠の呪いに定められている（二一章五節）。」「神の予定」は、人間の行うどんな予想にも依拠することなく、ただ神意のみを拠りどころとするのであるが、そこには二重の意味が含まれている。すなわち神の恩寵の果実なる「選び」への定めと、神の義の果実なる「呪い」への定めである。そして後者は、「われわれを恐怖に陥れずにはおかない（Decretum horribile, 二三章七節）。」この厳しさという点において、カルヴァンは聖アウグスティヌスと袂を分かつ。ヒッポの司教アウグスティヌスにとっては、「選ばれた者」だけが神の決定の対象であった。この決定により、堕罪以降人間が捨て置かれたところの「汚辱にまみれた罪の山（massa perditionis）」から、ある人々が取り分けられる。他方邪悪な人間は、アウグスティヌスの観点からすると、ただ己の罪に操られる腐敗の中に打ち捨てられているのである。

一五五九／六〇年版『綱要』の第四篇は、「神がわれわれをキリストとの交わりに招き、養うための外的な方法あるいは補助的手段について」という論考に充てられている。ここにおいて実際に扱われるのは、もっぱら教会論である。ここでは、神に用いられる器としての教会が二つの側面を持つものと見なされる。その第一は、不可視の教会としての側面であって（この問題は、若き日のルターにとって非常に重要なトピックであった）、この側面において教会は「聖徒の交わり」であり、「神だけが知る、選ばれた者たちの集い」でもある。第二は、可視的な教会としての側面であり、ここで教会とは「キリスト者であることを告白した者たちの集団」を意味する。これら二つの側面の上に建てられ、イエス・キリストを主と仰いで一つとなるのが、教会の姿なのである。

さて教会を地上において見えるものとするため、真の教会の基準を見定めようとしたカルヴァンは、その過程において「アウクスブルク信仰告白」の第七条から着想を得、真の教会とそうでない教会を分かつ二つの「しるし」があると主張した。それは、「神の御言葉が、他のものと混ぜ合わされることなく宣べ伝えられていること」、そして「サクラメントが、キリストの御命令どおりに執行されていること」の二点である。こう聞くと、あるいは三つめのしるしとして、教会規律をそこに加えたくなるのが人情というものだろう。しかしカルヴァンは、教会規律に多大な意義を認めてはいたものの、ブツァーと異なり、教会の理想における本質的な重要性をそこには一切認めなかった。

さて教会は、一五四一年の「ジュネーヴ教会規則」に定められた諸規定にしたがって組織される。教会は、四つの職制を用いる。牧師・教師・長老そして執事である。教会には、「霊的事柄における全権（八章一節）」が与えられている。つまり、教会は教権を持ち（それはその成立からして聖書の権威に従わねばならないものである）、また立法者としての権威も持つ。(原注28) この「霊的な事柄における全権」を行使することにより、教会が世俗の権力と対立するようなことがあってはならない。俗権には俗権の権限がおよぶべき領域があり、教会の下に置かれるものではない。俗権と教権の両権は、互いに互いを補い合うものである。しばしば逆の主張を耳にするところではあるが、カルヴァンは決して神権政治体制の支持者ではなかった。なぜなら彼は、一度たりとも世俗権力を教会の後見のもとに置くよう求めはしなかったからである。

前に述べたとおり、教会はその使命を忠実に果たすため、神の御言葉を宣べ伝えサクラメントを執行しなければならない。では、そのサクラメントとはいったい何か。カルヴァンはこの問題について、『綱要』第四篇に含まれる二〇章のうち、六章（第一四―一九章）を費やしている。カルヴァンにとってのサクラメントとは、福音の宣教と並んで「信仰を強め堅くするための補助手段」であった。彼は聖アウグスティヌスと同じように、サクラメントの内に不可視の恩寵の可視的なしるしを見る。それはまた、彼にとって「主がわれわれの良心に対し、その御恩寵についていっそう強く約束してくださっている、という外的なしるし」であり、また「外的なしるしによって保証された、われわれに与えられる神の御恵みの証し（一四章一節）」でもある。カルヴァンは、サクラメントの数を二つにおさえた。すなわち洗礼と聖餐である。なぜなら、それらは聖書において証しされ、主御自らにより制定されたものであり、そしてわれわれに対しキリストをいっそうはっきりと示すものだからである（一四章二二節）。カルヴァンは偽りのサクラメントとして、堅信礼・告解・終油・叙階・結婚を排除した。なぜならそれらは「人間が、自らの考えによりでっち上げた慣習」に過ぎないからである（一九章一節）。

ブツァーと同じように、カルヴァンもその洗礼に関する教説において、ツヴィングリとルターの見解を統合する。彼はツヴィングリから、「洗礼は他のサクラメントと同じく、『人々の前で信仰を明らかにするのに役立つ（一五章一節）』」という考えを借用する。つまり洗礼は人間に対し、教会の前で神への奉仕に身を捧げることを表明させるのである。またカルヴァンが、洗礼における真の宗教的本質という問題に関心を抱いていたのは、ルターからの影響による。ではカルヴァンにとって、洗礼の本質とはどこにあるものだったのか？　彼は洗礼に、罪の赦しのしるしを見た。なぜなら「洗礼はわれわれに、キリストにおいて自らが死ぬことと、新しい生を生きることを示すもの（一五章五節）」だからである。そして洗礼はわれわれに、「キリストとかくも一体となり、われわれすべてがキリストの恵みに与る者となる（一五章六節）」という確信を最終的に与えてくれる。さてシュトラスブルク滞在時から知っていた再洗礼派に対して、カルヴァンは幼児洗礼の正当性を擁護した。彼は幼児洗礼が人間の創りだした捏造でもなければ、使徒の時代より後に新しく創られたものでもなく、神御自らが定めたもうたものであることを証明しようと試みたのである。だがカルヴァンも、論敵に対して、この聖礼典が新約聖書において証言されたものではない、と認めざるを得なかった。したがって彼はブツァーに倣い、キリスト教においては幼児洗礼がユダヤ人の割礼にあたるものであって、神とその民との紐帯のしるしであるとしたのだった。

カルヴァンの聖餐に関する教説は、洗礼のそれと較べてもはるかに独自色の強いものである。『綱要』の著者である彼は、生き生きとした霊的真理、より正確に言えば「目の前に差し出された」真理、つまり聖餐の受領者に対し、パンとぶどう酒という見える形で提供され差し出された真理に関連して、聖餐における三つの側面を区分する。これら三つの側面とは、聖餐における意味の側面、聖餐の持つ物質的あるいは本質的側面、その有効性あるいは効能の側面のことである。第一に聖餐における意味、それは主の約束の内にある。この約束は外的儀礼を伴ったものであり、制定語と同一のものである。第二に聖餐の持つ物質的あるいは本質的側面、それは信仰者が聖餐を通じてキリストの体を受けるという事実の内にある。第三に聖餐の有効性あるいは効能、それはキリストがわれわれにもたらす恵みの内にある。そしてその恵みとは、救済、義認、聖化と永遠の生命なのである。

カルヴァンにとって、聖餐とは決して、「空しく意味のないしるし（一七章一〇節）」ではない。聖餐を通じて、信仰者は「キリストの本質に満たされる（一七章一節）。」しかしこの「本質（Substanz）」という言葉を使ったことから両義性が生じ、ヨアヒム・ヴェストファルとの論争がより激しいものになってしまったことも事実である。だがここで用いられている「本質」とは、スコラ学におけるような、物質的意味を持った用語ではないことは指摘されてしかるべきであろう。(原注29) ここでの「本質」とは、単純に、キリストが聖餐を通じてわれわれに与える恵みの実在性を指す概念なのである。ルター派の神学者たちは共在説に基づき、「パンとぶどう酒の形の中に・その形と共に・その形の下に、キリストの体と血とが、実質的に（物質的な意味で）存在している」と考えた。それに対してカルヴァンの場合、「そもそもキリストの体は、聖餐における物質的要素（パンとぶどう酒）との間に、場所的・空間的な結びつきを持たない」という見解であった。よって彼は、ルター派における遍在説、すなわち「復活したキリストの体は、聖餐におけるパンとぶどう酒の中に肉体として存在している」という説を斥けたのである。むしろカルヴァンが主張したのは、キリストが聖餐の内に在すこと、そしてそれは、実際には仲介者としての聖霊を通じてなされることだった。

大まかに言って、以上が『キリスト教綱要』に述べられたカルヴァンの神学思想である。これまで述べたとおり、カルヴァンは聖書が宣べ伝えていることを、系統的かつ筋の通った構造として組み上げることに、可能な限りの努力を傾けた。この過程において、彼はそれまであったどのような教説をも優遇はしなかった。また聖書に含まれるあらゆる側面を、正しいものと理解していた。この改革者は、聖書神学者としては異例なほど教理史の伝統の成果を多く取り入れ、ルター、メランヒトン、そしてブツァーの影響を受けた人物であった。だが、カルヴァンがその先駆者たちから数多くのものを借用したとしても、彼の天賦の才にけちをつけられるわけでは決してない。カルヴァンが『綱要』を書いた時点では、彼とその著作は間違いなく、メランヒトンとその著作である『神学総覧（Loci theologici communes）』よりも優れていた。ツヴィングリの『真の宗教と偽りの宗教（De vera et falsa religione）』に対しても同様である。こうしてカルヴァンは、宗教改革に対して、膨大な量の神学全集をもって貢献することになったのである。

Ⅲ　カルヴァンが後世に残した影響

カルヴァンが後世の人々に与えた影響について、この稿の中ですべて明らかにすることは不可能である。ここではいくつかの手掛かりを示すにとどめて、改革派の正統においてカルヴァンが果たした役割を明らかにすることに的を絞るべきであろう。その際参考にすべきは、研究者オリヴィエ・ファティオが第二回国際カルヴァン学会で行った素晴らしい発表である。ファティオは、一六世紀終わりから一七世紀にかけての改革派神学におけるカルヴァンの影響が、今日に至るまで多数の教理史家、とりわけアレクサンダー・シュヴァイツァーやオットー・リッチュルなどが推測してきたほどには、目立ったものでなかったことを明らかにした。

カルヴァンの死後も、彼の著作は引き続き流布していった。『綱要』（当初は、聖書解釈と説教学の箇所が省かれた形で出版された）だけでなく、その教理問答や聖書註解、説教なども爆発的に広まっていった。ラテン語版やフランス語版と並んで、さまざまな翻訳が登場した。主なものだけでも、最も数の多い英語訳、オランダ語訳、ドイツ語訳などが挙げられる。これらが指し示すのは、カルヴァンが西ヨーロッパにおいて、非常に大きな読者層を持っていたことである。それはフランス語圏はもちろんのこと、ネーデルラント地域、ドイツ語圏、そしてイングランドにまで広がっていた。特にイングランドにおいては、われわれの大方の予想とは反対に、ピューリタンから国教徒を守る擁護者としてカルヴァンが見なされていたことは、研究者バジル・ホールが示すとおりである。(原注30)

カルヴァンが著した書の中では、『キリスト教綱要』こそ最も大きな成功をおさめた著作であると言ってよい。実際、『綱要』は数多くの教育機関の神学部において、神学的な基礎概念をまとめた理想的なハンドブックと見なされていた。研究者ピエール・フレンケルの言葉を借りると、『綱要』は「若き神学生が、攻撃と守備のための武器を見つけるための武器庫であった。これによって神学生は将来に備え、武器の扱いに習熟することを求められた。」『綱要』は、ジュネーヴのアカデミーと同じように、ハイデルベルク大学でも取り入れられた。後者においては、わずか三つの神学講座のうちハインリヒ・アルティンクに指導された一講座が、『綱要』の読解のためにあてられることとなった。またヘルボルンの高等学校でも『綱要』が用いられた。ここでは、中世においてペトルス・ロンバルドゥスの『命題論集』が果たしてきた役割を、『綱要』が担うようになったという。そして最後に——それはここに挙げたリストの最後を締めくくる、という意味でしかなく、このリストも決して完璧を求めたものではない——一七世紀初めの、ライデンにおけるワロン語使用者のための高等学校では、『綱要』が使用されていたことを付け加えておく。

さてカルヴァンが一般の人々に知られていたこと、また『綱要』が多くの人々の関心を集めていたことは、文学史上におけるある一連の出版物からも理解できるだろう。これらの書物においては、カルヴァンの思想を「適応」させること、すなわち読者の理解力に合わせて改変する試みがなされた。ここでは、その中から三つの題名を挙げる必要がある。まず最初に、要約的な欄外註を加えて、神学教師としてのカルヴァンの後任者であったニコラ・コラドンにより一五七六年に出版された、『キリスト教綱要』が挙げられる。その次は Institutionis christianae religionis compendium simul ac methodi enarratio（キリスト教綱要要録および、その方法論に関する解説）である。これはエドマンド・バニーがオックスフォードの学生のため、同じく一五七六年にロンドンにおいて出版した本である。最後は Institutio christianae religionis...epitome（キリスト教綱要抄録）である。これはフランス人亡命者で、ロンドンにおいて牧師として、また医師として働いていたギヨーム・デローヌという人物が、『綱要』の「体系的な要約」として一五八三年に当地で出版した書物である。この『抄録』は、英語やオランダ語に翻訳され、牧師たちの間でも非常に評価された。そしてラテン語版では、一二回を下らない数の版を重ねることとなった。

さて前掲のオリヴィエ・ファティオは、これらの「一般読者のために適応させられた」著作群とは別に、『綱要』が永続的な成功をおさめたことを証明する第二の著作群があると主張している。それは、カルヴァンの主著である『綱要』を講読する講義から生まれたいくつかの教科書である。ここでもまた、三つの題名を挙げておこう。最初は一五八六年にヘルボルンにて出版された、Institutio christianae religionis epitome（キリスト教綱要要約）である。これはカスパル・オレヴィアヌスによる教育から生まれた成果であり、同時にドイツにおけるカルヴィニズムの攻勢を助けるための武器ともなった。さらに、ヨハネス・ピスカトルによって著された、Aphorismi doctrinae christianae ex Institutione Calvini excerpti（カルヴァン『キリスト教綱要』から抜粋された、キリスト教教理に関する金言集）

が挙げられる。これは一五八九年に同じくヘルボルンにて出版されたが、当時ちょうど行われていたスコラ的論争に適合していたために広く流布したものである。これは一六三〇年に至るまで、実に一一回を下らない数の版を重ねた。最後に、ダニエル・コロニウスによって書かれた Analysis paraphrastica Institutionum theologicarum... Calvini...（カルヴァン『キリスト教綱要』に対する注釈的分析）が挙げられる。彼はテオドール・ベーズの弟子で、ライデンのワロン語話者のための高等学校の校長を務めた人物である。この本は一六二八年に当地で出版され、先に挙げた『金言集』と同じく、神学論争における有効な武器となった。

オリヴィエ・ファティオによれば、カルヴァンを総体的に描くことのできた最後の人物は、バーゼル教会を指導していたテオドール・ツヴィンガーである。彼は一六五二年に Theatrum sapientiae coelestis ex...Calvini Institutione repraesentatum（カルヴァン『キリスト教綱要』によって示された、天上的知恵の劇場）を出版した。これは一〇〇〇ページを超える膨大な著作であって、カルヴァンを多くのまたさまざまな攻撃から守るため、『綱要』に関してツヴィンガーが行った一連の議論から生まれた成果である。この書は、一七世紀におけるカルヴァンの名誉を回復するための試みの中でも頂点に位置するものである。しかしこの著作が現れた後、『綱要』の作者カルヴァンの影響力は、学問的な領域にのみ限定されたものになってしまった。だがそれでもなお、ネーデルラントやドイツにおける「亡命者」中の平信徒集団において、カルヴァンの影響力は保持され、あるいは復活させられることもあった。彼らのために、牧師であったジャン・ド・ラブリュヌが一六九三年にアムステルダムで出版した Traité de la justification（義認論）は、『キリスト教綱要』第三篇一一章から一四章までの翻訳に他ならない。同様に、ブレーメンに亡命した牧師シャルル・イカールは、亡命者たちのため、ラテン語版を底本とした『キリスト教綱要』の新しいドイツ語訳を一七一三年に出版した。

これまでの論述によって、カルヴァンの文学史上における意義が明らかになったことと思う。しかしなお疑問として残るのは、一七世紀の改革派神学者たちがあげた神学的成果に対し、カルヴァンが全体的にどれほどの影響を与えたかということである。ルター派の人々の間では（Loci theologici『神学要覧』におけるヨハン・ゲルハルトや、Theologia didactico-polemica『教育的―論争的神学』におけるヨハン・アンドレアス・クエンシュテットの見解によれば）、宗教改革の次の世紀においてもルターの教説は生き生きとした形で残っていた。しかしカルヴァンの神学は、改革派教会の主流にあった代表的な神学者たちにおける問題関心が、例えばサミュエル・デ・マレーの Collegium theologicum『神学の学び舎』やフランソワ・トゥレッティーニの Institutio theologiae elencticae『論争神学綱要』に見られるとおり変化してしまったせいで、生気を失ってしまったと言えよう。

（鈴木昇司訳）

原注

（1）ツヴィングリとエコランパディウスは一五三一年、ルターは一五四六年、マルティン・ブツァーは一五五一年に死去した。
（2）Gérard Cauvin. 家名をラテン語で書くと Calvinus となるが、他方フランス語では Calvin となる。
（3）T.H.L. パーカーは、僅かの間しか出版されなかったそのカルヴァン伝において、カルヴァンがパリへ向かった時期について、一五二〇年あるいは二一年という仮説を提示している。しかし、これは読者を到底納得させることのできない説である。
（4）ちなみにこの修士号は、一五二八年にカルヴァンに与えられたと考えられる。これについても先述のパーカーは、一五二五年あるいは二六年という別の仮説を立てている。
（5）当時の哲学部においては、哲学と弁論術は重要な学問分野であった。
（6）福音主義の信奉者たちは、当時しばしば「聖書主義者」と呼ばれていた。
（7）この表現には、二重の意味が意図的にこめられている。あえて訳すならば「突然の回心」、あるいは「強いられた回心」となろう。

（8）　これは一五六〇年に、ラテン語からフランス語へ翻訳され出版されることとなった

（9）　当地では公妃ルネ・ド・フランスの周囲に、宗教改革を支持する人々のサークルが形成されていた。

（10）　当時シュトラスブルクでも約二万人、チューリヒが約六千人、ヴィッテンベルクが約二千人の人口しか数えていなかったことを考えれば、驚嘆すべき人口数である。

（11）　カルヴァンは、この信仰告白を、すべてのジュネーヴ市民が受け入れ署名することを求めた。

（12）　カルヴァンは後に出版された『詩編註解』の序文において、このように当時の心境を叙述している。

（13）　特に、牧師の任命手続きに参加し、かつ信徒の破門手続きに介入する権利を指す。

（14）　自らを危険にさらすのを恐れて、夜中にイエスに質問をしようと訪れた。ヨハネによる福音書三章一―二一節参照。

（15）　支持者たち自身は、「聖霊派」と呼ばれる方を好んだ。

（16）　この時期、ジュネーヴ人が飼い犬に「カルヴァン」という名前をつけることは、珍しいことではなかったという。

（17）　一六世紀においては、福音主義地域においてもカトリック地域においても、異端者には俗権による極刑という過酷な運命がもたらされていた。

（18）　ジュネーヴが亡命者たちの目指す場所であったことは、一五四〇年から一五六四年までに市民数が一千人増加したという記録によく現れている。

（19）　その例として、特に一五五五年から五八年にかけ、パリ・ポワティエ・アンジェ・ルーダン・シャンベリー・モー・ディエップの各教会に宛てた書簡が挙げられる。

（20）　一五五五年から六二年にかけてフランスに派遣された伝道者たちの数は、八八人に満たない。

（21）　Wendel, F., *Calvin et l'humanisme*, Paris 1976, p.96.

（22）　この「自然的」という修飾語には二重の意味が含まれており、後にカール・バルトとエミール・ブルンナーを論争に追いやる原因の一つとなった。

（23）　この「聖書的啓示」は、一般的啓示に対して「特別啓示」とも呼ばれてきた。なぜならそれは、ユダヤ人とキリスト教徒にのみ特別に向けられたものだからである。

（24）　ピエール・カロリは、カルヴァンのことを「三位一体論に疑問を投げかけた人物」として告発した。

(25) セルヴェトゥスは処刑される際に、「イエス、永遠の神の御子よ、われをあわれみたまえ」と叫んだことで知られる。しかし正統なるキリスト教の見解に従えば、「イエス、神の永遠の御子よ」とするべきであった。
(26) ただし『綱要』の他の数箇所では、カルヴァンは人間を構成するものとして肉体・精神・霊について語っている。
(27) カルヴァンは、この三番目の違いについて論じた後、すぐ後の部分で表現を和らげている。
(28) その機能は教会法を公布することにあるが、しかしカトリックにおける教会法のように「良心を縛り付ける」ものではない。
(29) スコラ学においては、「本質」は「偶有性」と対になる概念として扱われる。
(30) フランス語版は一七世紀初めには希少本となり、再び出版されるようになったのはその一〇〇年後であった。

訳注

(1) マルグリット・ダングレーム Marguerite d'Angoulême. フランソワ一世の姉。一五二七年にナヴァール王エンリケ二世（フランス語名アンリ・ダルブレ）と再婚後はマルグリット・ド・ナヴァール Marguerite de Navarre とも称した。
(2) 前出の、フランソワ一世姉マルグリットのこと。
(3) 本論文のドイツ語原文では "Der Schlaf der Seelen" となっており、一般的にも『魂の眠り』と訳されることが多いが、吉田隆氏によれば、"Psychopannychia" の訳としては「魂の目覚め」の方が適切であるという。
(4) 二〇一〇年現在、このシリーズは第八巻まで刊行されている。

あとがき

本書を一読された読者の皆さまはどのような感想を懐かれたでしょうか。ドイツ語の原書にはグレシャトのとても長い序文が付いていますが、本書ではきわめて簡潔な序を付け、読者が直ちに宗教改革者の現実に触れていただけるように配慮しました。本書の叙述は、一〇〇頁に近いヨストのルター論を除くと、とても理解しやすい歴史的な叙述が続いており、中にはエラスムス論のようにホルバインの有名な絵にある歴史事実を彷彿とさせる素敵な導入を試みたものもあるので、楽しくお読みになれたのではないでしょうか。本書に展開する宗教改革者の群像は、どの叙述を読んでみても、厳密に第一次資料に基づいて研究されています。ですからわたしたちは本書によって歴史の真相に深く立ち入って学ぶことができます。なお、ドイツ語の原書にはよりマイナーな人物の紹介も多く入っておりますが、これを全部訳すと本書の二倍にもなる膨大な本となってしまうので、全訳は避けることにしました。

ここでもう少しだけ本書に登場する宗教改革者の群像に立ち入って観察してみると、このように優れた資質の改革者でも、単独では何事も実現できず、歴史を転換させるには志を同じくする人たちが一致協力して、新しい世界を創造して行ったことが理解できます。敵対する政治勢力のさ中にあって宗教改革がどれほどの難事業であったかをわたしたちは本書から学ぶことになりますが、本書に展開する現実はまことに厳しく、改革者の日々の生活がどれほど悲惨であったかを痛感させられます。ですから同じ思想を懐く人々がどんなに協力し合っても、事態はいっこうに好転せず、直ちに起こった反動勢力の巻き返しに直面し、多くの人々は志し半ばにして倒れて行かざるをえませんでした。この人々の無念さを歴史から痛切に感得させられますが、それでもわたしたちは、歴史の学びを通して認識できることは、多くの困難に出会っても長い目で見ると、歴史は少しずつ動いていくという事実ではないでしょうか。

現実の歴史がこのようであっても、ヨーロッパの思想史という観点から考察すると、宗教改革の時代は、ヨーロッパの近代が始まる創造的な精神に満ち溢れた稀なる時代でした。宗教改革の思想はエラスムスから発し、ルターに受け継がれ、カルヴァンで完成されたのでした。実際、この思想の流れは悲惨な政治史の泥沼の深みに咲いた美しい花の果実のように想われます。この観点からわたしたちは本書を通して宗教改革を学び直すように招かれているのです。

二〇一一年一〇月一〇日

金子　晴勇

執筆者略歴（執筆順）

Reader, Siegfried　一九二九年生まれ。神学博士　テュービンゲン大学で教会史を教える。『ルターにおけるヘブライ的なもの』

Augustijn, Cornelis　一九一八年生まれ。神学博士　アムステルダム自由大学で教会史を教える。『アウグスティヌス』一九六七年

Joest, Wilfried　一九一四年生まれ。神学博士　エルランゲン大学で組織神学を教える。『ルターにおける人格の存在論』一九六七年、『律法と自由』一九六一年

Locher, Gottfried Wilhelm　一九一一年生まれ。神学博士　ベルン大学で教義学と教義史を教えた。

MaLaughlin, R. Emmet　一九五〇年生まれ。哲学博士　イェール大学、ニューハーヴェン、コネチカットで教会史を教える。

Brauer, Siegfried　一九三〇年生まれ。神学博士　ロイトリンゲン教育大学で宗教教育と福音神学を教える。

Goerz, Hans-Jürgen　一九三七年年生まれ。神学博士　ハンブルク大学の社会経済史研究所で教えた。『トマス・ミュンツァー神学における内的秩序と外的秩序』一九六七年、フリーゼンとゲルツ編『トマス・ミュンツァー』一九七八年

Greschat, Martin　一九三一年生まれ。神学博士　ギーセン大学で教会史と教会現代史を教える。『メランヒトンの神学』

Scheible, Heing　一九三一年生まれ。神学博士　ハイデルベルク科学アカデミーのメランヒトン研究所主任、メランヒトン書簡集の編集者

Weigelt, Horst　一九三四年生まれ。神学博士　ハイデルベルク大学で福音神学（教会史）を教える。『セバスティアン・フランクとルター派の宗教改革』一九七二年

Stauffer, Richard　一九二一年生まれ。哲学博士　ソルボンヌ大学で宗教改革史と神学を教え、パリ、プロテスタント神学部で近代神学史を教える。

翻訳者略歴（担当順）

金子晴勇（かねこ・はるお）（担当）序論、エラスムス、マルティン・ルター　Ⅰ—Ⅳ
一九三二年生まれ。京都大学大学院文学研究科博士課程終了・博士（文学）岡山大学名誉教授
〔主要業績〕『ルターの人間学』一九七五年、『ルターとドイツ神秘主義』二〇〇〇年、『ヨーロッパ人間学の歴史』二〇〇八年

竹原創一（たけはら・そういち）（担当）ヨハネス・ロイヒリン
一九四八年生まれ。京都大学大学院文学研究科博士課程終了。立教大学教授、博士（文学）
〔主要業績〕『ルターと詩篇』二〇一一年　翻訳　ルター『第2回詩編講義』ルター著作集第二集、第三巻、二〇〇九年

江口再起（えぐち・さいき）（担当）マルティン・ルター　はじめに、Ⅴ—Ⅶ
一九四七年生まれ。日本ルーテル神学大学卒業。東京女子大教授
〔主要業績〕『神の仮面—ルターと現代世界』二〇〇九年、ルター『ヨハネ福音書』第1説教、二〇一〇年

富田恵美子・ドロテア（トミタ・エミコ・ドロテア）（担当）フルドリヒ・ツヴィングリ
一九六〇年生まれ。ドイツ・ボーフム大学哲学博士号取得。日本女子大学人間社会学部准教授
〔主要業績〕Emiko Dorothea Araki: Jochen Klepper, Aufbruch zum ewigen Haus. Eine Motivstudie zu seinen Tagebüechern. 1993,「朝な夕な——ヨッヘン・クレッパーの創作の源流を辿って」『日本賛美歌学会紀要』第三号、二〇〇八年

嶺　尚（みね・ひさし）（担当）カスパール・シュヴェンクフェルト
一九三五年生まれ。東京神学大学大学院神学研究科修士課程修了、日本基督教団隠退教師
〔主要業績〕「ルターのキリスト証言」『ルター研究』第六巻、一九九一—九二年

木塚隆志（きずか・たかし）（担当）トーマス・ミュンツァー
一九六一年生まれ。神学校卒業、ゲッティンゲン大学留学。日本ルーテル東京池袋教会牧師、ルーテル学院大学ルター研究所所員。

〔主要業績〕『トーマス・ミュンツァーと黙示録的終末論』二〇〇一年、「神秘主義と社会変革―ミュンツァーの千年王国論をめぐって」『宗教研究』二八九号、一九九一年

立山忠浩（たてやま・ただひろ）（担当）マルティン・ブツァー
一九五四年生まれ。日本ルーテル神学大学、神学校卒業、ゲッティンゲン大学留学。現在、日本ルーテル東京池袋教会牧師、ルーテル学院大学ルター研究所所員。

菱刈晃夫（ひしかり・てるお）（担当）フィリップ・メランヒトン
一九六七年生まれ。京都大学大学院教育学研究科博士課程修了。国士舘大学文学部教授、博士（教育学）
〔主要業績〕『ルターとメランヒトンの教育思想研究序説』二〇〇一年、『近代教育思想の源流――スピリチュアリティと教育』二〇〇五年

安酸敏眞（やすかた・としまさ）（担当）セバスティアン・フランク
一九五二年生まれ。京都大学大学院博士課程およびヴァンダービルト大学大学院博士課程修了。北海学園大学教授。Ph.D., 博士（文学）。
〔主要業績〕Ernst Troeltsch 1986、『レッシングとドイツ啓蒙』一九九八年、Lessing's Philosophy of Religion and the German Enlightenment, 2002。

鈴木昇司（すずき・しょうじ）（担当）ジャン・カルヴァン
一九七五年生まれ。東京大学宗教学・宗教史学専門分野卒業、文学修士（東大）、神学修士（立教大）
〔主要業績〕「セバスティアン・カステリョによる異端迫害批判の神学的論拠について」アジヤ・カルヴァン学会日本支部編『新たな一歩を、カルヴァン生誕五〇〇年記念論集』二〇〇九年

文献一覧表

ロイヒリン

著作

ベンラート編『宗教改革の先駆者』一九六七年，四九八—五〇三頁
ベンツィング『ヨハンネス・ロイヒリンの著作文献目録』一九五五年

研究書

ブロート『ヨハンネス・ロイヒリンとその戦い』一九六五年
ガイガー『ヨハンネス・ロイヒリン。生涯と著作』一八七一年（新版一九六四年）
スピッツ『ロイヒリンの哲学』In：ARG 47（1956）
ツイカ『ロイヒリンとエラスムスおよびオカルトの哲学』In：Journal of Religious History 9（1976 / 77）

エラスムス

著作

ライデン版『全集』全一〇巻、一七〇三—〇六年
アムステルダム版『新全集』全四〇巻一九六九年—（Diese historisch-kritische Gesamtausgabe wird 30-40 Bände umfassen）
アレン編『書簡集』全一二巻、一九二六—五八年

研究書

アウグスティン『エラスムス—その生涯・著作・影響』一九六七年
バイントン『キリスト教界のエラスムス』一九六九年

ホイジンガ『エラスムス』一九二四年
マイシンガー『ロッテルダムのエラスムス』一九四八年
シュツッペリヒ『ロッテルダムのエラスヌスとその世界』一九七七年

ルター

著作
ワイマール版「ルター批判的全集」一八八三年―
ミュンヘン版「ルター著作集」（ドイツ語訳）全六巻、補遺全七巻、一九五一―六三年
ボルヘルト、メルツ編「マルティン・ルター著作集」（ドイツ語訳）全六巻、増補

研究書
アルトハウス『ルターの倫理学』一九六五年
アルトハウス『ルターの神学』一九八〇年
エーベリンク『ルター、その思想への入門』一九八一年
ワットソン『神の神性のために　ルター神学入門』一九五二年

シュヴェンクフェルト

著作
「シュヴェンクフェルト全集」全一九巻、一九〇七―六一年

研究書
エッケ『シュヴェンクフェルト――ルターおよび使徒的宗教改革の思想』一九一一年
マロン『カスパール・シュヴェンクフェルトにおける個人主義と共同体――彼の教会概念への特別の調整によって叙述された彼の神学』一九六一年

シェプス『キリストの天の肉について』一九五一年
ヴェーバー『カスパール・シュヴェンクフェルトとフライベルク支配下におけるユングスティンゲンおよびエプフィンゲンの彼の追随者』一九六二年
ヴァイゲルト『プロテスタンティズムにおける心霊主義的伝統――シュレーズィエンにおけるシュヴェンクフェルト主義の歴史』一九七三年

マルティン・ブツァー

著　作

『マルティン・ブツァー・ラテン語著作集』全一五巻、一九五五年
『マルティン・ブツァー・ドイツ語著作集』全五巻、一九六〇年—

研究書

バウム『カピトとブツァー、シュトラースブルクの宗教改革』一八六〇年
エルス『マルティン・ブツァー』1931.（Nachdr. New York 1971）
コッホ『敬虔に関する研究、倫理学者としてのマルティン・ブツァー』一九六二年
ランク『マルティン・ブツァーの福音書注解とその神学の基本的特質』一九〇〇年
ステハンス『マルティン・ブツァーの神学における聖霊』一九七〇年

フルドリヒ・ツヴィングリ

著　作

宗教改革者全集、『ツヴィングリ全集』一九〇五年—
ブランケ他編『ツヴィングリ主要著作集』全一一巻、一九四〇—一九六三年

研究書

ケーラー『フルドリヒ・ツヴィングリ』一九四三年
ビュッサー『フルドリヒ・ツヴィングリ――預言者的使命としての宗教改革』一九七三年
バウル『ツヴィングリの神学』全二巻、一八八五／一八八九年
ケーラー『ツヴィングリとルター――聖餐論争』全二巻、一九二四、一九五三年
ローゲ『ツヴィングリとエラスムス』一九六二年

トーマス・ミュンツァー

著作

『トーマス・ミュンツァー著作と書簡―批判的全集』一九六八年
フックス編『中央ドイツにおける農民戦争の歴史のための公文書』全二巻、一九四二年（再版一九四六年）

研究書

ベンシング『トーマス・ミュンツァーとツーリンゲンの暴動』一九六六年
エリガー『トーマス・ミュンツァー　生涯と著作』一九七六年
ゲルツ『トマス・ミュンツアー神学における内的秩序と外的秩序』一九六七年
フリーゼンとゲルツ編『トマス・ミュンツアー』一九七八年
シュワルツ『トマス・ミュンツアーの黙示録的神学とタボル派』一九七七年

メランヒトン

著作

宗教改革者全集版『残存するメランヒトン著作集』全二八巻、および補遺、ハレ、一八三四―一八六〇年
シュトゥッペリッヒ編『メランヒトン選集』ギューテルスロ、全七巻、一九五一年―
『神学綱要あるいは神学の基礎概念（一五二一年）』、伊藤勝啓訳「宗教改革著作集」第四巻「ルターとその周辺　Ⅱ」所収、教

文館、二〇〇三年
研究書
ビイッアー『約束の神学――若いメランヒトンの神学的発展に関する研究』一九六四年
グレシャット『メランヒトンとルター　一五二八年と一五三七年の間の義認論の形態』一九六五年
マインホルト『フイリップ・メランヒトン　教会の教師』一九六四年
シュトゥッペリッヒ『メランヒトン――宗教改革とフマニスムス』倉塚平訳、聖文舎、一九七一年

セバスティアン・フランク
著　作
『年代記、時代の書、歴史聖書』一五三一年
『パラドクサ』一五三四年
『七つの封印で閉じられた書物』一五三九年
研究書
ヘグラー『セバスティアン・フランクにおける霊と文字――宗教改革期における霊性主義の歴史についての研究』一八九二年
ヘグラー『セバスティアン・フランクによるドイツ神学のラテン語翻訳とオランダ語で保持されている彼の小冊子』一九〇一年
コムモース『セバスティアン・フランクとロッテルダムのエラスムス』一九三四年
ヴァイゲルト『セバスティアン・フランクとルター派の宗教改革』一九七二年
ヴォルガスト『十六世紀のドイツの汎神論――セバスティアン・フランクとドイツにおける汎神論的哲学の発展に対する彼の影響』一九七二年

ジャン・カルヴァン

著作

『カルヴァン全集』全五九巻、ブランシュバイク－ベルリン版、一八六三—一九〇〇年
『カルヴァン選集』全五巻、ミュンヘン版、一九二六—一九五二年

研究書

ボハテック『ビュデとカルヴァン』一九五〇年
ダンクバール『カルヴァン——その道と著作』一九五九年
キングドン『ジュネーヴとフランスにおける宗教戦争』一九五六年
ニーゼル『カルヴァンの神学』一九三八、一九五七年（第二版）
パーカー『ジョン・カルビン——伝記』一九七五年
シュタウファー『カルヴァンの人間性』一九六四年

注記、ドイツ語の原著参考文献は執筆者によって統一のない仕方で記されていたので、一次資料と基本的な研究書のみをあげました。

人名索引

書 名 索 引

事 項 索 引

ア 行

サ　行

タ　行

ナ　行

ハ　行

マ　行

ヤ〜ワ　行

〔宗教改革者の群像〕　ISBN978-4-86285-119-2

2011年11月10日　第1刷印刷
2011年11月15日　第1刷発行

編訳者　日本ルター学会
発行者　小山光夫
製版　ジャット

発行所　〒113-0033 東京都文京区本郷1-13-2
電話03(3814)6161 振替00120-6-117170
http://www.chisen.co.jp
株式会社　知泉書館

Printed in Japan　印刷・製本／藤原印刷